Karl Landauer

Theorie der Affekte
und andere Schriften zur Ich-Organisation

Herausgegeben von Hans-Joachim Rothe

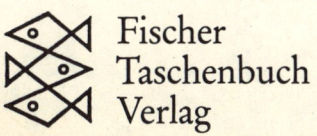

Fischer
Taschenbuch
Verlag

Geist und Psyche
Begründet von Nina Kindler 1964

Originalausgabe
Veröffentlicht im Fischer Taschenbuch Verlag GmbH,
Frankfurt am Main, April 1991

Umschlaggestaltung: Buchholz / Hinsch / Hensinger
Mit einem Porträtfoto, das Eva Landauer
freundlicherweise zur Verfügung stellte
Gesamtherstellung: Clausen & Bosse, Leck
Printed in Germany 1991
ISBN 3-596-42325-2

Inhalt

Anhang

Einleitung

A. Landauers Stellung in der psychoanalytischen Bewegung

Karl Landauer erhält seine psychoanalytische Ausbildung bei Freud zu einer Zeit, als dieser sein topisches Modell des psychischen Apparats, bei dem er einen bewußten, vorbewußten und unbewußten Anteil unterscheidet, durch sein Strukturmodell mit den Instanzen Ich, Es und Überich zu ergänzen beginnt. Im Zusammenhang damit erhält in der Behandlungstechnik die Analyse des Ichs und seiner unbewußten Abwehrmechanismen Priorität vor dem Bewußtmachen des Unbewußten. Diesen historischen Schritt unternimmt Freud in ständigem Austausch mit seinen Schülern, die die moderne Psychoanalyse auch anderen Ortes verbreiten und weiterentwickeln.

In seinem Alterswerk wendet sich Freud besonders kulturtheoretischen Fragen zu und bezieht die Bedeutung geschichtlicher und sozialer Faktoren in die Theoriediskussion ein. Steht zu dieser Zeit in Berlin und Wien bei den politisch links orientierten Analytikern die Frage der sozialen Veränderungen im Mittelpunkt, so entsteht in Frankfurt am Main ein interdisziplinärer wissenschaftlicher Diskussionszusammenhang mit Sozialwissenschaftlern, der sich auch darin zeigt, daß das psychoanalytische Institut Gaststatus am Institut für Sozialforschung hat. Dieses Institut wird von Karl Landauer, Heinrich Meng, Frieda Fromm-Reichmann und Erich Fromm gegründet. Später stößt noch Siegmund Heinrich Fuchs hinzu, der unter seinem späteren englischen Namen S. H. Foulkes bekannt wird. Landauer hat von allen die längste psychoanalytische Erfahrung und steht in ständigem persönlichen Kontakt zu Freud.

Nach der nationalsozialistischen Machtergreifung stellt sich für die Frankfurter Psychoanalytiker die Frage der Anpassung und »Überwinterung« nicht. Sie selbst werden verfolgt, und das Institut wird gemeinsam mit dem Institut für Sozialforschung geschlossen. Im holländischen Exil widmet sich Landauer besonders der Ausbildung jüngerer Kollegen. So soll eine Auswahl seiner Schriften nicht nur an ihn selbst erinnern, sondern seinem ursprünglichen Wunsch dienen, der jüngeren Generation psychoanalytisches Verstehen und Arbeiten zu vermitteln.

B. Die Aufsätze

Landauers Aufsätze umfassen die Zeitspanne des Vierteljahrhunderts von 1914 bis 1939; sie geben einen Überblick über wesentliche Aspekte der Psychoanalyse in dieser Zeit. Landauers Werk läßt sich von seinem Schicksal nicht trennen. Während wir aber gemeinhin psychogenetische Faktoren im theoretischen Werk eines Autors erkennen, die die Einheit von Leben und Werk sichtbar machen, so erleben wir heute Landauers Verfolgungsschicksal und seinen Tod im Konzentrationslager in unauflöslicher Verbindung mit seinen Arbeiten. Nach dem Krieg wurde dieses dem Privaten zugeordnet, das nicht für die Öffentlichkeit zugänglich sein sollte.

Bei der Wiederveröffentlichung des »Psychoanalytischen Volksbuches« (Federn/Meng 1957, 1964) gedachte der Herausgeber Landauers lediglich als eines durch den Tod entrissenen Mitarbeiters. Im zweiten Band wurde anstelle seines Exilwohnsitzes Amsterdam sogar wieder Frankfurt am Main genannt. Im Gefolge der Arbeiten von Lohmann und Rosenkötter (1982) und Brainin und Kaminer (1982) über die Geschichte der Psychoanalyse im Nationalsozialismus und der Ausstellung über die Geschichte der Psychoanalyse in Deutschland anläßlich des Internationalen Psychoanalytischen Kongresses in Hamburg 1985 (Brecht u. a. 1985) wurde sein Schicksal in seiner ganzen Tragik der heute lebenden Generation von Psychoanalytikern bekannt.

Nun überschattete aber die Beschäftigung mit seiner Biografie das Interesse an seinem Werk. Durch eine Auswahl von Aufsätzen, die ungefähr die Hälfte seiner Veröffentlichungen umfaßt, soll dieses Werk wieder leichter zugänglich werden. Die innere Verbindung zwischen den Aufsätzen erschließt sich durch die Zusammenstellung, wobei leider gleichzeitig der Kontext zu korrespondierenden Arbeiten anderer Autoren verlorengeht. Es empfiehlt sich also, einen Aufsatz, der besonderes Interesse erregt, auch einmal im gebundenen Jahrgang der jeweiligen Zeitschrift zu lesen, in der er erschienen ist.

Bei der Auswahl bot sich eine dreiteilige Gliederung an, innerhalb derer die Aufsätze weitgehend chronologisch geordnet erscheinen. Es handelt sich dabei nur um Themenschwerpunkte. Landauer erläutert seine Gedanken im gesamten Rahmen der Psychoanalyse, wobei Klinik und Theorie immer zusammen bearbeitet werden. Seine Schriften berühren Denken und Fühlen des Lesers gleichmäßig. Der Autor bemüht sich nicht, Widersprüche um jeden Preis auszuräumen, und das befähigte ihn, mit einem Philosophen wie Max Horkheimer, der die innere Widersprüchlichkeit der Phänomene betont, zusammenzuarbeiten.

Die erste Gruppe von Aufsätzen ist zentriert um die Theorie von Denken und Fühlen. Der früheste Aufsatz »Äquivalente der Trauer« (Nr. 3) wurde auf der 1. Deutschen Zusammenkunft für Psychoanalyse in Würzburg 1924 nach einem Übersichtsreferat von Felix Deutsch über den »Einfluß des Unbewußten auf den Körper« vorgetragen. Er ist der psychoanalytischen Psychosomatik gewidmet; er ist der erste erhalten gebliebene spezielle Beitrag Landauers zur Klinik der Affekte. Neben die von Freud schon 1895 (b) postulierten physiologischen Äquivalente der Angst stellt er die des Affekts der Trauer. Denkt man an die Bedeutung, die Trennung und Trauer in der modernen Psychosomatik seit Engel und Schmale (1967) und aufgrund der Forschungen Bowlbys (1969, 1973, 1980) spielen, so handelt es sich hier um eine Pionierarbeit.

Der Beitrag »Gemütsbewegungen oder Affekte« (Nr. 1) zum »Psychoanalytischen Volksbuch« bildet eine Einführung und Orientierung für die verzweigte und komplizierte Arbeit »Die Affekte und ihre Entwicklung« (Nr. 2), die Landauer zu Freuds 80. Geburtstag am 6. Mai 1936 vor der Wiener Psychoanalytischen Vereinigung vortrug, nachdem Anna Freud die Rede »Zum 6. Mai 1936« gehalten hatte. Die Bedeutung von Landauers Arbeit wird dadurch akzentuiert, daß am Abend vorher zur Eröffnung des neuen Heims der Vereinigung Ernest Jones über »Die Zukunft der Psychoanalyse« und Joan Rivière im Rahmen der Austauschvorträge London–Wien über die »Genese des psychischen Konflikts in der frühen Kindheit« gesprochen hatten. Dieser Austausch sollte die Verständigung zwischen den beiden psychoanalytischen Zentren verbessern.

Landauer ergänzte seine Gedanken in einer Arbeit für den Marienbader 14. Internationalen Psychoanalytischen Kongreß 1936. Nach dem Vorbild der englischen Fassung füge ich sie als Teil II an. Auf dem Kongreß hatte vor Landauer Marjorie Brierly ihre klassische Arbeit über »Die Affekte in der Theorie und Praxis« vorgetragen (Brierly 1936), in der sie eine feste Verknüpfung von Objekt- und Affekterfahrung darstellt. Bis heute zögern Analytiker, sich dem schwierigen Gebiet der Theorie der Affekte zu nähern (Green 1977; Henseler 1986). Freud selbst hatte dieses Thema lange nicht mehr aufgegriffen. Landauer beschreibt einen phylogenetischen Ursprung der Affekte im Ich, dessen Energien aus dem Es stammen. So erhellt er die schwer zu verstehenden Bemerkungen Freuds, daß »Affekte nach dem Muster eines hysterischen Anfalls verlaufen« (Freud 1926 d, S. 120, 163 f): In jedem Affekt wirken entgegengesetzte Tendenzen, ein Vorgang, mit dem eine ichpsychologische Grundlage ambivalenter Objektbeziehungen konzipiert wird. Landauer fügt hinzu, daß neben den ererbten Reiz-Reaktionsschemata, die in den Affekten wirken, das Selbsterleben durch die Gefühle gesteigert wird. Moderne psychoanalytische Entwicklungspsychologen sehen in Landauers Arbeit neben der Brierlys eine historische Basis für die heutige wissenschaftliche Säuglingsbeobachtung (Emde 1988, S. 284).

Die Einschränkung des Affektlebens durch die Erziehung ist für Landauer eine Hauptquelle späterer seelischer Störungen. So ist sein Fazit für die Therapie: »Bei den seelischen Behandlungen vieler Störungen ist es wichtig, daß der Kranke wieder fühlen lernt: wirkliche Wut, wirkliche Trauer; dann erst kehrt wirkliche Freude, wirkliche Liebe bei ihm ein« (Landauer 1939, S. 186; Nr. 1 dieses Bandes). Analog zu der Einschränkung der Affekte (»Affekte haben darf man nicht«, ebda S. 186) beschreibt Landauer die Hemmung des Denkens als verursacht durch das Ineinandergreifen gesellschaftlicher, politischer, historischer, familialer und neurotischer Faktoren. In seinem Essay »Zur psychosexuellen Genese der Dummheit« (1929, Nr. 4) verbindet er soziale Angst vor Unterdrückung, Kastrationsangst und deren ideologische und neurotische Abwehr. Der Grundgedanke, daß Dummheit erworbene Unfähigkeit zur Erfahrung ist, wurde auf der Basis seiner Annahmen in der Vorurteilstheorie der Frankfurter Schule weiter entfaltet (Psyche-Redaktion 1970). Dieser Aufsatz erfüllt die Anforderungen an die literarische Qualität eines Essays.

Das hier beschriebene, allgemein bekannte Krankheitsbild des vom Wunsch nach ständiger Selbstgewißheit beseelten Mannes, der immer richtig fühlt und von Erfahrung, Denken und Zweifel nicht behelligt wird und mit dem hirnlosen Penis selbst identifiziert ist, erscheint als Gegenbild des Mannes, der das Fühlen und die störende sinnliche Welt tötet und sie mit Grübelzwang und Mechanisierung beherrscht. Diesen beschreibt er in seinem Aufsatz »Gedanken bei Analyse einer Folie du doute«, der später im zweiten Abschnitt des Buches mit klinischen Arbeiten erscheint (Landauer 1925 b, Nr. 8). Die Notwendigkeit der gleichmäßigen Entwicklung eigenständigen Fühlens und Denkens wird von Landauer betont (Landauer 1939 f, Nr. 5).

Bevor Freud 1923 (b) sein Strukturmodell ausformte, um damit theoretische Widersprüche zu klären, hatte er sich einem Aspekt des Ichs besonders gewidmet, den wir heute in seiner Qualität und triebhaften Besetzung als Selbst abgrenzen. Zu der Zeit, als er seine Gedanken, die er in seiner Arbeit »Zur Einführung des Narzißmus« (Freud 1914 c) veröffentlichte, in der Wiener Psychoanalytischen Vereinigung diskutierte, schrieb Landauer die Arbeit »Spontanheilung einer Katatonie«

(1914a), die den zweiten klinischen Abschnitt des vorliegenden Bandes einleitet (Nr. 6). In diesem historisch bedeutsamen Aufsatz, den er mit 26 Jahren verfaßte, gibt er ein Beispiel für den Vorgang der narzißtischen Identifizierung, die an die Stelle der verlorengegangenen Objektbeziehung tritt und die Freud in »Trauer und Melancholie« zitiert (Freud 1917e, S. 436).

Landauers besondere Aufmerksamkeit galt den narzißtischen Störungen, sei es ihrem Anteil an den Neurosen oder den Psychosen oder den heute als Borderline-Störungen bezeichneten Zuständen. War er als junger Arzt zunächst von den unmittelbaren Äußerungen unbewußter Inhalte bei den Psychosen fasziniert und deutete er sie direkt, wurde er durch Diskussionen mit Freud und Federn während der Sitzungen der Wiener Psychoanalytischen Vereinigung angeregt, die Abwehraspekte bei diesen Erkrankungen zu sehen (Nunberg und Federn 1975, S. 212f). Diese führen zu Ichveränderungen, die er bei seinen Behandlungsvorschlägen in der Arbeit »›Passive‹ Technik« (1924a) ins Zentrum rückt (Nr. 7). Ob man seinen therapeutischen Enthusiasmus heute noch teilen kann, steht dahin, aber als Grundlage eines Zuganges zum beziehungsunfähigen Patienten durch selektive Deutung seiner aggressiven Strebungen wurde diese Technik weiter ausgebaut und hat heute Gültigkeit (Reich 1933, Kernberg 1975).

Außerdem legt Landauer Wert auf einen indirekten, nicht frontalen Kontakt zum Patienten, damit sich dieser nicht gleich wieder in sich zurückzieht. Wir finden auch einen Vorläufer der erst viel später von Lorenzer (1970, S. 104–160) und Argelander (1970) ausgearbeiteten Konzepte des szenischen Verstehens bzw. der szenischen Funktion des Ichs, wenn er zu Beginn des Aufsatzes schreibt: »Zum Unbewußten gelangt man durch die freien Assoziationen sowie durch die Handlungen, das ganze Verhalten des Patienten, also durch seine Mitteilungen einerseits in Worten, andererseits in Darstellungen« (ebda, S. 415). Landauers Skepsis gegenüber der Enthüllungskraft der Sprache läßt ihn in einer ihm gewidmeten Arbeit aus der Schule Lacans geradezu als einen Gegenpol zu diesem erscheinen (Kaltenbeck 1987). Bergmann und Hartman (1976) nahmen den Aufsatz in ihren Reader mit Klassikern der psychoanalytischen Behandlungstechnik auf und kommentierten ausführlich seine Besonderheiten (S. 174–181). In diesem Buch findet sich auch die erste veröffentlichte biografische Darstellung Landauers (ebda, S. 59–61).

Zwei Miniaturen über den Traum (Nr. 10, Nr. 11) sollen den besonderen Akzent in Landauers Traumdeutungstechnik demonstrieren, nämlich die aktuelle Beziehungs- und Übertragungssituation des Träumenden als Interpretationsmaßstab zu nehmen. Die klinischen Arbeiten »Eine Dirne« (Nr. 12) und »Die Gemeinschaft mit sich selber« (Nr. 13) entstammen einer Vortragsreihe am Frankfurter Psychoanalytischen Institut mit dem Titel »Störungen des Gemeinschaftslebens« und zeigen am Beispiel einer verwahrlost agierenden Jugendlichen, eines normopathischen Richters und an den Tagebuchaufzeichnungen des schizophrenen Königs Ludwig II. die verschiedenen Aspekte der Störung sozialer Beziehungsfähigkeit.

Im dritten Abschnitt erscheint Landauer als Vertreter der psychoanalytischen Entwicklungspsychologie. Sein Interesse gilt der Bildung des Ichs unter den Triebansprüchen, besonders unter den Belastungen der sexuellen Reifung in der Pubertät. Er beschreibt die bis zur Fragmentierung gehende Lockerung des Ichgefüges als unvermeidlichen Entwicklungsschritt. Auf der anderen Seite greift gerade der Jugendliche in der Auseinandersetzung mit der Realität auf das eigene Ich zurück, das er an ihre Stelle setzt. Die sozialen Faktoren haben für Landauer eine besondere Bedeutung. Diese Position gipfelt in seiner letzten veröffentlichten Arbeit »Bemerkungen zur analerotischen Charakterbildung« (Nr. 19) mit dem Satz, der sogar bei Fenichel (1941) auf Kritik stieß: »In der Tat, der Mittelpunkt unseres Interesses hat nun von den sexuellen Zonen und sexuellen Zielen gewechselt zum Faktor der sozialen Forderungen und der Reaktion auf diese« (Landauer 1939, S. 425). Landauer weist damit auf die Bedeutung der sozialen Gesichtspunkte beim Umgang der Eltern und Pflegepersonen mit den Triebforderungen hin. So leistet er auch einen Beitrag zur Weiterentwicklung der Psychoanalyse als Objektbeziehungstheorie (Hoffmann 1979, S. 146 f).

In dem »Gutachten« für die »Studien über Autorität und Familie« (1936, Nr. 18) beleuchtet Landauer besonders die nachpubertäre Sexualentwicklung. Auf die Bitte von Max Horkheimer arbeitete Landauer zwei Briefe für diese Veröffentlichung aus, in denen er seine Beobachtungen in Holland geschildert hatte (24. 2. und 5. 3. 1935). Hier zeigt sich Landauers Fähigkeit, soziologische und psychoanalytische Konzepte zu vermitteln.

Spezielle Literaturhinweise (zu Abschnitt B)

Argelander, H. (1970): Die szenische Funktion des Ichs und ihr Anteil an der Symptom- und Charakterbildung. *Psyche* 24, S. 325–345.
Bergmann, M. S. und F. R. Hartman (Hg.) (1976): *The Evolution of Psychoanalytic Technique*. New York: Basic Books.

Bowlby, J. (1969): *Bindung*. Frankfurt: Fischer Taschenbuch, 1984.

– (1973): *Trennung*. Frankfurt: Fischer Taschenbuch, 1986.

– (1980): *Verlust*. Frankfurt: Fischer Taschenbuch, 1983.

Brainin, E. und I. Kaminer (1982): Psychoanalyse und Nationalsozialismus. *Psyche*, 36: S. 989–1012.

Brecht, K., V. Friedrich, L. M. Hermanns, I. Kaminer, D. H. Juelich (1985): *»Hier geht das Leben auf eine sehr merkwürdige Weise weiter...«* Zur Geschichte der Psychoanalyse in Deutschland. Hamburg: Kellner.

Emde, R. N. (1988): Development terminable and interminable II. Recent psychoanalytic theory and therapeutic consideration. *Int. J. Psychoanal.*, 69: S. 283–296.

Engel, G. L. und A. M. Schmale jr. (1967): Eine psychoanalytische Theorie der psychosomatischen Störung. *Psyche*, 23: S. 241–261, 1969.

Fenichel, O. (1941): Karl Landauer: Some remarks on the formation of the anal-erotic character. *Int. Z. Psychoanal. und Imago*, 26: S. 335–336.

Green, A. (1977): Psychoanalytische Theorien über den Affekt. *Psyche*, 33: S. 681–732, 1979.

Henseler, H. (1986): Zur Entwicklung der psychoanalytischen Affekttheorie. In: Luft, H. und G. Maass (Hg.): *Theorie und Technik in der Veränderung*. Hofheim/Wiesbaden, S. 61–74.

Hoffmann, S. O. (1979): *Charakter und Neurose*. Frankfurt: Suhrkamp.

Kaltenbeck, F. (1987): Karl Landauer, 1887–1945. Sceptique sur le langage. *Ornicar?*, revue du Champ freudien, Nr. 43, S. 118–132.

Kernberg, D. (1975): *Borderline-Störungen und pathologischer Narzißmus*. Frankfurt: Suhrkamp, 1978.

Lorenzer, A. (1970): *Sprachzerstörung und Rekonstruktion*. Frankfurt: Suhrkamp.

Nunberg, H. und E. Federn (1975): *Protokolle der Wiener Psychoanalytischen Vereinigung*. Bd. 4. Frankfurt: Fischer, 1981.

Psyche-Redaktion (1970): Übersicht zu Karl Landauer: Zur psychosexuellen Genese der Dummheit. *Psyche* 24: S. 463.

Reich, W. (1933): *Charakteranalyse*. Wien (Selbstverlag)

C. Lebensgeschichte

Karl Landauer wird am 12. Oktober 1887 als 3. Kind und einziger Sohn geboren. Vater wie Großvater sind Bankiers. Sie entstammen der in München seit Mitte des 18. Jahrhunderts ansässigen Schicht der »Hofjuden«, die die Finanzierung der Projekte des bayrischen Kurfürsten und späteren Königs bei der Entwicklung des bayrischen Staates und Münchens zur Landeshauptstadt übernahmen. Als Bayern auf seiten Napoleons kämpfte, der die rechtliche Gleichstellung der Juden in Deutschland erzwang, waren sie für die Heereslieferungen verantwortlich. Der Name Landauer ist ein in ganz Süddeutschland verbreiteter jüdischer Familienname.

Der Vater leidet an einer schweren konsumierenden Erkrankung, die als chronische Blinddarmentzündung diagnostiziert wird und die ihn lange ans Krankenlager fesselt, so daß im Haus große Rücksicht auf ihn genommen wird. Es wird ein Student angestellt, der mit dem Jungen viel wandert und so die Funktion eines Vaters übernehmen soll. Auf diesen Wanderungen werden auch der Lehrstoff des humanistischen Gymnasiums, das Karl besucht, besprochen und z. B. lange lateinische Texte auswendig gelernt. Während der Studentenzeit wird Landauer mit seinen Vettern ausgedehnte Wanderungen durch Italien unternehmen. Ob sich dabei klassisches Bildungsstreben schon mit jugendbewegtem Aufbruch verbindet, läßt sich nur vermuten.

Der Tod des Vaters trifft den 13jährigen, nachdem er als Bar-Mizwa, Gebotspflichtiger, zu den Männern der Gemeinde gerechnet wird. Daß ein Junge in diesem Alter die Rolle des Oberhaupts der Familie im religiösen Sinn einnehmen muß, wird als besonders schweres Schicksal angesehen. Da Vater und Großvater vor Vollendung des 50. Lebensjahres gestorben waren, äußert sich Landauer später einmal in einer für seinen lakonischen Humor typischen Weise: »Wenn ich das 49. Lebensjahr überlebe, lebe ich ewig.« Dieser Ausspruch deutet an, daß für ihn Überleben ein Grundthema seines Lebens ist.

Die Mutter, zwölf Jahre jünger als der Vater, ist eine vornehme und gebildete Frau, bei der Geburt Karls noch jung. In ihrer Schulzeit ist sie mit Hedwig Lachmann, der späteren Dichterin und Frau Gustav Landauers befreundet, zu dem keine Verwandtschaft besteht. Karl Landauer stammt aus dem gut situierten Bürgertum. Eine Reihe von Ahnenbildern, alter Schmuck und kostbare Geräte für häusliche religiöse Handlungen in der vom orthodox jüdischen Lebensstil geprägten Familie zeugen vom traditionellen Wohlstand. Daran ändert sich nichts durch den frühen Tod des Vaters. Seinen späteren Beruf muß Landauer nicht zum Broterwerb ergreifen, da genügend Vermögen zu einem standesgemäßen Leben vorhanden ist. Die Familie verbringt die Sommerferien in den bayrischen Alpen. Sein Leben lang liebt Landauer die Berge und das Studium der Natur. Er liest viel und ist besonders an Kunstgeschichte, Malerei, Bildhauerei, Architektur und Anthropologie interessiert. Politisch wird er dem Linksbürgertum zugerechnet; er gehört jedoch keiner Partei oder anderen politischen Organisationen an.

Angesichts der langwierigen Krankheit des Vaters verwundert nicht, daß Landauer Medizin studiert. Sein besonderes Interesse gilt der Kinderheilkunde. Jedoch entscheidet er sich in seiner apodiktischen Art: »Wenn man Kinderarzt ist, kann man gleich Psychiater der Eltern werden!« für die Nervenheilkunde. Während seiner Assistentenzeit an der Münchner Universitätsklinik wird er von einem Oberarzt Kraepelins darauf aufmerksam gemacht, daß seine Gedanken an die Freuds erinnern. Schüler Landauers berichten auch eine Anekdote: Unter den psychiatrischen Assistenzärzten sei über Psychoanalyse diskutiert worden, und man sei sehr mißtrauisch gewesen. Der intelligenteste unter ihnen solle sich umsehen und prüfen, was es mit ihr auf sich habe. Man habe Karl Landauer gewählt, und er sei Psychoanalytiker geworden.

1912 geht Landauer nach Wien zur Ausbildung bei Freud, d. h., er wird von ihm analysiert und hört seine Samstagabend-Vorlesungen, die dieser öffentlich an der Psychiatrischen Universitätsklinik hält. Während der Analyse stellt sich heraus, daß Landauers Familie und die der »Frau Professor«, wie Martha Freud genannt wird, die Familie Bernays, früher befreundet gewesen waren. Zur gleichen Zeit erhält Landauer seine psychiatrisch-neurologische Ausbildung bei Wagner-Jauregg. Im Herbst 1913, noch nicht 26 Jahre alt, wird er als Mitglied in die Wiener Psychoanalytische Vereinigung aufgenommen und nimmt regelmäßig an den wöchentlichen Mittwochabend-Sitzungen in Freuds Praxis teil. Seine Diskussionsbemerkungen und Vorträge beziehen sich auf Fragen des Narzißmus und der Psychosen. Die letzte Sitzung der Vereinigung, an der er teilnimmt, findet am 3. Juni 1914 statt; sie ist die letzte vor Kriegsausbruch.

Landauer meldet sich nicht aus nationaler Begeisterung, sondern aus moralischer Verantwortung zum Waffendienst. Durch das Erlebnis der Inhumanität des Krieges, besonders des Gaskrieges, wird er Pazifist. Er trifft auf Heinrich Meng, einen in sozialmedizinischen und psycho-hygienischen Fragen engagierten Arzt, der im Nachbarbataillon tätig ist, mit dem er, wie es heißt, um tiefste Überzeugungen ringt und den er motiviert, die psychoanalytische Ausbildung zu machen. 1916 macht er eine schwere Typhuserkrankung durch und wird danach für ein Jahr nach Heilbronn als Arzt an das Militärgefängnis beordert. Die dort praktizierte Einzel- und Dunkelhaft wird er später als »Mord auf Zeit« geißeln (Landauer 1927c, S. 36).

In Heilbronn lernt er Lins Kahn kennen, die den kinderreichen Haushalt ihres verwitweten Bruders führt. Sie heiraten, und 1917 wird die älteste Tochter Eva geboren. Nach Kriegsende zieht die junge Familie nach Frankfurt am Main, weil dort Landauer die Stelle antreten muß, für die er sich vor Kriegsausbruch beworben hatte. Er setzt seine psychiatrische Ausbildung an der Universitäts-Nervenklinik fort.

Auch nach seiner Niederlassung im Jahr 1923 als Psychoanalytiker in freier Praxis gilt sein Interesse den psychotischen Erkrankungen, das er zeitlebens beibehält. Wegen seines einfühlsamen Umgangs mit diesen Patienten wird er oft als Konsiliarius, besonders bei Krankenhauseinweisungen, hinzugezogen.

Neben der Praxis widmet sich Landauer besonders dem weiteren Aufbau der Deutschen Psychoanalytischen Gesellschaft, die aus der Berliner Psychoanalytischen Gesellschaft hervorgeht und zu der er von der Wiener Vereinigung überwechselt. Gemeinsam mit Karl Abraham organisiert er die 1. Deutsche Zusammenkunft für Psychoanalyse am 10. und 11. Oktober 1924 in Würzburg, einer Vorläuferin der heutigen Arbeitstagungen der Deutschen Psychoanalytischen Vereinigung und der Deutschen Psychoanalytischen Gesellschaft. Im nächsten Jahr bereitet er den 9. Internationalen Psychoanalytischen Kongreß in Bad Homburg vor. Als dieser aufgrund von Schwierigkeiten in der Schweizer Vereinigung nicht in der Schweiz abgehalten werden kann, gibt er dafür innerhalb eines Tages die Zusage.

In Frankfurt kommt dem in der Diaspora lebenden Psychoanalytiker das aufgeschlossene intellektuelle Klima entgegen, so daß er sich neben der Einrichtung einer örtlichen Arbeitsgemeinschaft auch dem interdisziplinären Austausch widmen kann. Nach dem Homburger Kongreß ergibt sich die Möglichkeit der ersten akademischen Selbstdarstellung der Psychoanalyse in Frankfurt. Kurt Goldstein, Direktor des Neurologischen Instituts, lädt gemeinsam mit Gustav von Bergmann, dem Direktor der Medizinischen Universitätsklinik, zu einer Reihe von sechs abendlichen Zusammenkünften ein, die in Form von Kolloquien die modernen psychotherapeutischen Ansätze zum Thema haben.

Die Leitung der Abende übernimmt Hans Prinzhorn. Der Psychoanalyse soll ursprünglich nur ein Abend gewidmet werden, an dem Landauer als »Vereinsanalytiker« referieren soll. Dadurch wird von vornherein dokumentiert, daß die Psychoanalyse von diesem Auditorium, das größtenteils aus Dozenten und Assistenten der Frankfurter Universitätskliniken besteht, als gleichberechtigte Wissenschaft anerkannt wird. Als Landauer am dritten Abend der Veranstaltungsreihe anhand eines Asthmafalles die hauptsächlichsten Probleme der Psychoanalyse darlegt, entwickelt sich eine außerordentlich angeregte Diskussion, an der sich auch die Psychoanalytikerinnen Clara Happel und Frieda (Fromm-)Reichmann beteiligen. Das Interesse ist so groß, daß auch die nächsten drei Abende der Psychoanalyse vorbehalten bleiben.

Im folgenden Jahr kann sich die Frankfurter, später Südwestdeutsche Psychoanalytische Arbeitsgemeinschaft konstituieren. Außer den späteren vier Gründungsmitgliedern des Frankfurter Psychoanalytischen Instituts gehören zu ihr die schon genannte Clara Happel, die ein besonders schweres Schicksal in der Emigration erleiden wird, Ewald Röllenbleck, Direktor der Darmstädter Stadtbibliothek bis zur nationalsozialistischen Machtergreifung, der seine psychoanalytische Ausbildung bei Therese Benedek in der Bücherstadt Leipzig gemacht hatte, und Franz Stein, über dessen Lebensweg bisher nichts bekannt ist. Daß eine solch kleine Gruppe in wenigen Jahren soviel fruchtbare Arbeit leisten konnte, hängt mit den schon erwähnten guten Voraussetzungen im Frankfurt der 20er Jahre zusammen. Hier war nach langen Vorbereitungen die Universität als Stiftungsuniversität vorwiegend jüdischer Bürger kurz vor Ausbruch des Ersten Weltkrieges gegründet worden. Obwohl sie wie alle Hochschulen der Hoheit eines Kultusministeriums unterstellt ist, ist sie organisatorisch und vor allem finanziell zunächst vom Staat vollkommen unabhängig. Als erste Universität in Deutschland hat sie eine eigene naturwissenschaftliche und wirtschafts- und sozialwissenschaftliche Fakultät.

Auf den ersten 1918 gestifteten soziologischen Lehrstuhl wird Franz Oppenheimer berufen, der als junger niedergelassener Arzt mit den Problemen der armen Bevölkerung konfrontiert war und seine Praxis aufgab, »um die Ursachen des Elends und die soziale Bedingtheit so vieler Krankheiten zu erforschen«. Er hat sich allerdings mit der Psychoanalyse inhaltlich nicht auseinandergesetzt, obwohl er sie beachtet hat. Das ebenfalls aufgrund einer Stiftung 1924 gegründete Institut für Sozialforschung (IfS) will eine vom etablierten Universitäts- und Wissenschaftsbetrieb unabhängige Möglichkeit der Forschung und Anwendung radikaler Wissenschaft bieten. Den kulturpolitischen Rahmen dafür bildet die Reform- und Modernisierungspolitik des Oberbürgermeisters Ludwig Landmann, eines erklärten Republikaners jüdischer Herkunft, der mit der jüdischen Tradition gebrochen hatte. Er versucht eine dauerhafte Verankerung des Geistes und der Werte der Republik und ihrer Verkehrsformen auf der Basis einer menschenwürdigen Daseinsgestaltung für alle zu erzielen.

Als Karl Landauer dann im Februar 1929 gemeinsam mit Heinrich Meng, Frieda Fromm-Reichmann und Erich Fromm das psychoanalytische Institut gründet, wird dieses als Gastinstitut im Institut für Sozialforschung beherbergt, mietet es aber auch Räume in der Universität an, wo Seminare abgehalten werden und sich die Bibliothek befindet. Die Forschung des IfS ist besonders am interdisziplinären Austausch orientiert. In diesen werden die Psychoanalytiker einbezogen, die an der Klärung der Zusammenhänge psychischer Probleme mit gesellschaftlichen Phänomenen interessiert sind.

Bereits um 1927/28 kommt es zu einer entscheidenden persönlichen Verbindung zwischen Max Horkheimer und Karl Landauer. Horkheimer will die Psychoanalyse kennenlernen und glaubt mit Recht, daß das nur geht, wenn er sich selber einer Analyse unterzieht. Im hohen Alter erinnert er sich, daß Landauer eine Analyse ohne medizinischen Grund, ohne Leidensdruck, nicht mit ihm machen wollte, da der Analyse sonst etwas Entscheidendes fehlen würde. Es habe sich ein Symptom gefunden, und die Analyse habe therapeutischen Charakter gehabt, wenn sie auch nach einem Jahr beendet worden sei, weil er »zu glücklich« in seiner Ehe gewesen sei und sich erst in der räumlichen Trennung von seiner Frau Konflikte gezeigt hätten, von denen man bis dahin nichts erfahren habe. Landauer hat offensichtlich die Vorstellung, daß zur Psychoanalyse aktualneurotische Angstentwicklung durch einen Triebstau nötig sei, um entscheidende Veränderungen zu ermöglichen. Offiziell sieht er Horkheimers Analyse und seine theoretischen Bemühungen um sie bis 1930 als Ausbildungsanalyse an. Neben der Zusammenarbeit an dem Institut verbringt man lange häusliche Abende voll anregender Diskussionen. Auch andere Mitarbeiter des IfS erfreuen sich der Gastlichkeit Landauers und seiner Frau, was für manchen schlecht verdienenden Wissenschaftler zur Zeit der Wirtschaftskrise auch eine reale Unterstützung bedeutet.

Die Eröffnung des Psychoanalytischen Instituts am 16. Februar 1929 erfolgt in feierlichem Rahmen und wird von starkem Presseecho begleitet. Hinzu kommt eine vielbeachtete Vortragsreihe mit Beiträgen von Sandor Radó, Siegfried Bernfeld, Paul Federn und Anna Freud. Diese Publizität verbessert sicherlich die Atmosphäre, aus der heraus Freud im nächsten Jahr den kurz vorher gestifteten Goethepreis der Stadt Frankfurt erhält, wenngleich die Nominierung Freuds unabhängig durch das überregional zusammengesetzte Gremium erfolgt, das Heinrich Meng als Experten hinzuzieht. Landauers Beteiligung ist nicht geklärt.

Am psychoanalytischen Institut entfaltet sich ein regelmäßiger Vorlesungs- und Seminarbetrieb. Themen sind Grundlagen der Psychoanalyse, ihre klinische, aber auch ihre Anwendung im sozialen Bereich. 1930 kommt zu den vier Gründungsmitgliedern des Instituts S. H. Foulkes hinzu, der auf Empfehlung Landauers in Wien seine psychoanalytische Ausbildung gemacht hat, nachdem er zuvor Assistent Kurt Goldsteins in Frankfurt gewesen war. Foulkes leitet die jetzt neu eingerichtete Poliklinik des Instituts und führt dort hauptamtlich Gratisanalysen durch, unterstützt durch die Institutsmitglieder Landauer, Meng und Landauers Mitarbeiter Franz Stein. Landauer diskutiert mit Foulkes in langen abendlichen Sitzungen dessen Fälle, war also in der Frankfurter Zeit sein Kontrollanalytiker und Mentor. Viele seiner Gedanken haben in der Technik der Gruppenanalyse von Foulkes ihren Niederschlag gefunden. Hierzu gehört besonders die Beachtung der Motorik der Patienten und ihrer Mitteilungen nicht allein durch ihre Worte, sondern durch Handlungen.

Auch mit Heinrich Meng und dessen Familie verbindet Landauer eine enge persönliche Freundschaft. Durch die Beziehung zu Frieda Fromm-Reichmann und Erich Fromm wird der Kontakt zu Georg Groddeck hergestellt. Nach dem Zweiten Weltkrieg besucht Frieda Fromm-Reichmann regelmäßig Landauers Frau, Lins Landauer, wenn sie in New York ist.

Als aufgeklärte, nicht-orthodoxe Juden führen Landauer und seine Frau ein gastliches Haus, das auf die religiösen Speisegebote Strenggläubiger Rücksicht nimmt. Neben der Arbeit ist die wachsende Familie das Zentrum in Landauers Leben. 1923 wird die zweite Tochter Suse, 1926 der Sohn Paul geboren. Auch an den kulturellen Ereignissen Frankfurts, insbesondere Theateraufführungen und Kunstausstellungen, nehmen er und seine Frau regen Anteil. Jährlich fahren sie nach Wien zu Freud, mit dem sie eine persönliche und familiäre Freundschaft verbindet. Landauers Frau wird zu den Treffen der älteren Analytiker bei Freud miteingeladen. Sie soll die einzige Frau gewesen sein, die Freuds Aufforderung, Psychoanalytikerin zu werden, mit einem klaren Nein beantwortete. Landauer bleibt zeitlebens ein loyaler Schüler Freuds. Im Gegensatz zu Fromm, der Freud nie persönlich kennengelernt hat, erlebt er Freud nicht als Patriarchen, der Unterwerfung fordert, sondern als jemanden, der geradezu zum Widerspruch aufruft. Regelmäßig treffen Landauer und seine Frau in Wien auch Paul Federn und seine Familie.

Trotz seiner linksbürgerlichen, pazifistischen Gesinnung wird Landauer nie politisch aktiv. Es ist anzunehmen, daß er in seinen politischen Ansichten von den Gedanken des freiheitlichen Sozialisten Gustav Landauer, den er als junger Mann persönlich kennengelernt hatte, beeinflußt ist. Dieser trat für einen Sozialismus fern von Marx ein, dessen zentrale Voraussetzung die Befreiung eines jeden Individuums von sozialen, ökonomischen und kulturellen Zwängen ist, wobei die sozialistische Gesellschaft, die ihm vorschwebte, mit der psychischen Befreiung der Individuen zusammenfiel.

In die Zeit fruchtbarer geistiger Auseinandersetzung und persönlichen Glücks fallen die Schatten der drohenden Veränderungen. Im Jahre 1932 muß die Poliklinik aus wirtschaftlichen Gründen geschlossen werden. Im gleichen Jahr organisiert Landauer mit seiner Frau den 12. Internationalen Psychoanalytischen Kongreß in Wiesbaden, der von Störungen durch die Nazis verschont bleibt, weil Foulkes durch seinen Tennisclub über gute Beziehungen zum Wiesbadener Polizeipräsidenten verfügt. Die vierjährige Arbeit des Instituts wird sofort nach der nationalsozialistischen Machtübernahme abgebrochen. Anders als an dem großen Berliner Psychoanalytischen Institut stellt sich die Frage des Weiterarbeitens erst gar nicht. Alle Institutsmitglieder müssen emigrieren, die Räume werden mit denen des Instituts für Sozialforschung im März 1933 geschlossen und die Bücher beschlagnahmt. Karl Landauer flieht nach Schweden, wo ein Bruder seiner Frau lebt. Dort wählt er einen Exilort und orientiert sich an dem Gesichtspunkt der besten Arbeitsmöglichkeit für ihn als Psychoanalytiker. So folgt Landauer im Herbst 1933 der Einladung van Ophuijsens, in Holland seine psychoanalytische Tätigkeit aufzunehmen. Die Familie zieht wie bei einem regelrechten Umzug dorthin.

Außer Landauer kommen auch die Psychoanalytiker Reik und Watermann nach Amsterdam. Durch die Ankunft der Immigranten bricht in der Holländischen Psychoanalytischen Vereinigung ein lange schwelender Konflikt offen aus, der zwischen dem am internationalen Standard des Berliner Psychoanalytischen Instituts orientierten Vorsitzenden van Ophuijsen und der übrigen Mitgliedschaft besteht. Dieser gründet mit wenigen Mitgliedern und den Flüchtlingen eine neue Gesellschaft, die sich erst nach einigen Jahren wieder mit der alten vereint. Landauer nimmt man sein selbstbewußtes Auftreten, mit dem er die Richtlinien der Internationalen Psychoanalytischen Vereinigung vertritt, besonders übel. Trotzdem wird er als der eigentliche Lehrmeister der holländischen Vereinigung in den dreißiger Jahren angesehen, da er die moderne am Ich und der Abwehr orientierte psychoanalytische Technik nach Holland bringt. Einen Großteil seiner Arbeitszeit widmet Landauer den Lehranalysen, die er für Flüchtlinge auch gratis durchführt, und den Supervisionen, da in der Lehrtätigkeit für den inzwischen staatenlos gewordenen Analytiker die Begründung für die Aufenthaltserlaubnis liegt.

Es finden auch für Landauer ehrenvolle Ereignisse in dieser Zeit statt. Er hält zu Freuds 80. Geburtstag in Wien und auf dem Marienbader Internationalen Psychoanalytischen Kongreß Vorträge zur Affektlehre. Bei der Freud-Feier in Amsterdam, die die Holländische Psychoanalytische Vereinigung veranstaltet, hält er den Festvortrag über Freuds Traumlehre. 1937 referiert er über Methode und Technik der Kontrollanalyse auf der Vierländertagung in Budapest.

Sehr bald beginnt die Diskussion über eine weitere Emigration in die USA oder andere Länder. Diese wird zunächst nicht so sehr unter dem Gesichtspunkt des Überlebens, sondern dem einer sinnvollen weiteren Tätigkeit geführt. Neben Topeka, Chicago, New York als Orten mit Möglichkeiten freier psychoanalytischer Tätigkeit wird auch eine Mitgliedschaft am Institut für Sozialforschung nach Fromms Ausscheiden erwogen. Aber Landauer wird wegen seiner insgesamt zögernden Haltung von den Ereignissen schließlich überrollt. Mehrere Gründe scheinen mir für das Zögern verantwortlich zu sein: Es bestehen familiäre Verpflichtungen, denn seine Mutter ist inzwischen auch nach Holland gekommen, und er hat für sie zu sorgen. Außerdem hat er in der neuen Umgebung, in der er beruflich viel Anerkennung findet, neue Wurzeln geschlagen. Skeptisch beurteilt er lange die politische Lage in den USA während der wirtschaftlichen Depression. Er fürchtet Sprachschwierigkeiten, weil er in Holland in deutscher Sprache analysiert. Es findet sich aber auch eine übertrieben mißtrauische Haltung den Intentionen Karl Menningers gegenüber, der ihm eine Stelle in Topeka anbietet. Nach dem deutschen Überfall auf Holland im Mai 1940 erscheinen Fluchtmöglichkeiten unrealistisch.

Landauers Briefwechsel mit Max Horkheimer, der im Jahre 1934 beginnt und 1941 endet – das letzte Blatt im Ordner betrifft die Rückerstattung des bei einer amerikanischen jüdischen Hilfsorganisation hinterlegten Geldes für die Überfahrt –, dokumentiert die bewegenden Ereignisse dieser Jahre, die sich vertiefende Freundschaft beider Männer, ihren geistigen Austausch, aber auch Phasen tiefer Niedergeschlagenheit Landauers.

Im ersten Jahr nach der Besetzung Hollands verändern die Nationalsozialisten die äußere staatliche Ordnung wenig. 1941 kommt dann die Verordnung, daß Juden nicht in »gemischten Vereinigungen« bleiben dürfen. Die Niederländische Vereinigung für Psychoanalyse löst sich daraufhin auf. Es zeigt sich also eine eindeutige Solidarität nichtjüdischer mit jüdischen Mitgliedern. Die früheren Konflikte innerhalb der Vereinigung weichen nun ganz einem starken Zusammengehörigkeitsgefühl. Privat arbeitet man weiter und setzt auch inoffiziell die Ausbildungen fort. Jüdische Analytiker dürfen nichtjüdische Patienten nicht mehr therapieren. Das abendliche Ausgehverbot erschwert noch deren Behandlung. 1942 müssen jüdische Analytiker ihre Praxis überhaupt aufgeben.

In der Familie Landauers gibt es stundenlange Diskussionen über die Frage, ob man untertauchen soll oder nicht. Man beschließt, so unauffällig wie möglich zu bleiben. Denn im Versteck gefangen zu werden, hätte Straftransport in den Osten und damit sicheren Tod bedeutet. Da die Gebäude des Jüdischen Rates, der Selbstorganisation der Juden, und der Gestapo in der Nähe von Landauers Wohnung liegen, sind fast jede Nacht Menschen in der Wohnung versteckt, die heimlich aus den Fängen der Nazis geschmuggelt worden waren. So sind alle Familienangehörigen mit den Mitgliedern des Jüdischen Rates gut bekannt und auch auf ihre Verhaftung vorbereitet. Es wird Quartier für Quartier systematisch durchsucht. Bei einer solchen Razzia werden Landauer und seine Frau verhaftet, kurze Zeit darauf auch ihre drei Kinder. Die beiden jüngeren können allerdings untertauchen. Suse rettet sich durch eine »verrückte« Aktion. Sie verläßt hocherhobenen Hauptes die Absperrung und wird nicht daran gehindert. Paul flieht nach Frankreich und wird Mitglied der Résistance und kann sich 1944 nach einem schweren Erschöpfungszustand nach Spanien retten.

Wie alle anderen Juden wird Landauer zunächst in das KZ Westerbork gebracht. Hier beherrscht die Angst vor der Abschiebung nach Polen alle. Regelmäßig wird eine bestimmte Zahl von Juden abtransportiert. Soll eine bestimmte Quote erreicht werden, ist keiner sicher. Verglichen mit anderen KZs, erscheint das Leben bei aller Primitivität erträglich, wenn man von der Gefahr für das Leben absehen könnte. Es existiert innerhalb des Lagers eine weitgehende jüdische Selbstverwaltung. Die Familien dürfen zusammenbleiben. Es besteht Arbeitsverpflichtung. Landauer hilft einem seiner früheren Lehranalysanden in der ärztlichen Ambulanz.

Im Februar 1944 wird er mit seiner Frau und seiner Tochter in das KZ Bergen-Belsen gebracht. Dieses soll die Funktion eines »Austauschlagers« haben. Damit ist gemeint, die Insassen als Geiseln im Austausch gegen Deutsche oder überhaupt als Druckmittel im Krieg nutzen zu können, was aber nur in verschwindendem Maße stattfindet. Es entwickelt sich bald zu einem üblichen KZ, das aber keine kriegswirtschaftlichen Aufgaben hat und deshalb völlig vernachlässigt wird. Als es dann noch zu einem »Erholungslager« deklariert wird, sind die Weichen für eine besondere Form des Vernichtungslagers gestellt. Ab März 1944 kommen Tausende von kranken Häftlingen, z. B. aus den unterirdischen V-Waffen-Fabriken, später aus anderen Lagern, so daß sich bis Januar 1945 der Charakter des Lagers völlig ändert. Es entwickelt sich ein Chaos von Krankheiten, Seuchen, Massensterben und Auflösung einfachster zivilisatorischer Bedingungen, das als »Inferno von Bergen-

Belsen« bezeichnet wird. Sein Lehranalysand Jacques Tas und Karl Landauer versuchen einen Beratungsdienst für Eltern, Kinder und Jugendliche aufzubauen, da sich unter den extremen Bedingungen eine Fülle seelischer Störungen zeigen, für die die Eltern in dieser Situation kein Verständnis entwickeln können. Auch versuchen beide, die Lehranalyse, auf Stühlen nebeneinander sitzend, fortzusetzen.

Landauer stirbt am 27. Januar 1945 den Hungertod. Bei Lebensende leidet er an einer schweren »trockenen« Unterernährung. Auch zusätzliche Essensportionen, die die Tochter abzweigen kann, da sie im Tabak- und Gemüsegarten und in der Küche arbeitet, können ihn nicht retten. Frau und Tochter sind bei ihm, als er stirbt. Sein Ende ist ruhig, während des Schlafs am frühen Morgen. Es dämmert ein sonniger Wintertag, wie Karl Landauer ihn geliebt hätte. Die schreckliche Weiterentwicklung des Lagers bleibt ihm erspart. Seine Frau und seine Tochter werden erst nach einer langen Irrfahrt durch Deutschland befreit. Es dauert lange, bis sie sich von Hunger und Krankheit erholt haben. Nach vielen weiteren Entbehrungen finden sie erst allmählich in New York gemeinsam mit Paul und Suse eine neue Heimat.

Danksagung

Bei den Vorarbeiten zu dieser Edition haben mir viele Freunde, Kolleginnen und Kollegen mit Rat, Tat und Diskussionsbeiträgen zur Seite gestanden. Für das Zustandekommen dieser Ausgabe möchte ich vor allem Eva, Suse und Paul Landauer danken, die den Abdruck der Arbeiten ihres Vaters erlaubten und die biografischen Angaben prüften. Weiter möchte ich Willi Köhler, Hella Giering, Herbert Bareuther, Luisa Pinci, Heinrich Deserno, Thomas Ettl, Margaret Tönnesmann, Ralf Zwiebel und meiner Frau Sabine Rothe danken, die mich an besonderen Schwerpunkten oder Engpässen unterstützten und die Arbeit vorwärts brachten.

I. Affekte und Intelligenz

1. Die Gemütsbewegungen oder Affekte

Wenn ein Reiz auch nur *eines* unserer Sinnesorgane, zum Beispiel unser Auge oder Ohr, trifft, so wird nicht nur dieses erregt. Vielmehr erfolgt eine Reaktion im ganzen Menschen. Oft allerdings sind diese Gegenvorgänge zum Teil so gering oder verborgen, daß sie nur mittels Instrumenten aufzuzeigen sind, wie Zitterbewegungen, Änderung der Blutverteilung, der Atmung, der Absonderung der Schweißdrüsen, der Galle, des Magensaftes usw. Es gibt aber manche Reize bestimmter Art an bestimmten Stellen des Körpers, bei denen die bestimmte Antwort des Körperteils so sehr überwiegt, daß man praktisch nur von der Reaktion dieses Organs spricht. Solche Bestimmtheit ist ererbt. Man nennt diese Einheit von Reizreaktionen einen *Reflex*. Der Kniescheibenreflex ist zum Beispiel das unwillkürliche Emporschnellen des Unterschenkels nach Beklopfen der Sehne am untern Ende der Kniescheibe.

Bei den Reizungen, die im gewöhnlichen Leben den Menschen treffen, werden meist mehrere Sinnesorgane gleichzeitig beansprucht. Eine Fülle von Erscheinungen antwortet, die alle schließlich dazu führen, die Reizung der Sinnesorgane und des ganzen Menschen wieder aufzuheben. Die vorher vorhandene Reizstille, die jedoch nie völlig ist, stellt sich wieder her. Dabei handelt der Mensch so, als hätte er sich die Fragen vorgelegt: Besteht eine Gefahr? Muß ich dies oder das tun oder unterlassen, um mich ihr zu entziehen (Fluchtantrieb) oder die Reizquelle zu beseitigen (Abwehrtrieb)? Selbst wenn keine sichtbaren Handlungen, nicht einmal ein bewußtes Denken, ja sogar oft, wenn keine bewußte Wahrnehmung des Reizes zustande kommt, zeigen fein arbeitende Apparate noch Veränderungen im genannten Sinne auf. Es sind dies gewohnte Reize, die uns von klein auf unzählige Male getroffen haben. Auf diese gab es beim Kinde noch deutliche, oft stürmische Antworten; mit der Zeit aber wurden sie immer geringer, um schließlich beim Erwachsenen nicht mehr dem unbewaffneten Auge nachweisbar zu sein. Im Bewußtsein ist dann nichts mehr von einem erkennbaren Denken über den Reiz und seine Beseitigung übriggeblieben, als ob zur Erledigung der Aufgabe nicht erst das Chefbüro bemüht worden wäre, sondern ein niedriger Angestellter sie übernommen und ohne weiteres erledigt hätte (*Automatisierung* und Übung). Wenn aber eine Abwandlung des Reizes die Aufmerksamkeit auf sich zieht, so ist das Herbeiführen einer besonderen Lösung der besonderen Aufgabe möglich, und zwar durch *Willenshandlungen*, welche eben der Besonderheit des Reizes Rechnung tragen.

An den Reaktionen des Neugeborenen sind all seine Organe beteiligt. So wird es bei seinem Eintritt in die Welt von einem Kreuzfeuer von Berührungs- und Kältereizen, von Fluten des Lichts und Erschütterungen seines Gleichgewichtsorganes erfaßt. Es antwortet mit Strampeln aller Gliedmaßen, krümmt sein Körperchen hierhin und dorthin, »schreit sich seine Lungen fast heraus«, wirft, was es wegwerfen kann, von sich, Speichel, Mageninhalt, Urin und Kot. Es scheint zu sagen: Weg mit dem lästigen Körper, der mir all das Lästige bedeutet – »vermittelt« erkennt der Erwachsene. – Und in der Tat: die »*Ausstülpung*« gelingt: Ihr Resultat ist, daß das Kind schläft.

Jetzt hat es seine vor der Außenwelt gesicherte Situation im Mutterleib wieder: auf einen kleinen Raum zusammengekrümmt, »*eingestülpt*« liegt es da, die Augen geschlossen, nachdem die Pflegerin, mit der es durch die Nabelschnur des Schreiens verbunden ist, gleichmäßige Wärme, ruhige Lage, relative Licht- und Lärmfreiheit und vor allem Sattsein gegeben hat. Aus- und Einstülpung gehören zu den *Urreaktionen*, die wir über das gesamte Tierreich verbreitet finden.

Beim Menschen treten sie nur deutlich am Neugeborenen hervor. Sehr bald aber ist z. B. bei der Einstülpung (Schlaf) nachzuweisen, daß sie nicht mehr die *ganze* Person erfaßt: das schlafende Kind, von einem Reiz getroffen, der es stört, aber nicht weckt, zieht nun das berührte Glied zurück, vor allem beginnt es zu lutschen. Im Wachen wäre es über die Unlust der Störung mit der Mutterbrust (oder einem Ersatz) getröstet worden und wäre dann wieder eingeschlafen. Jetzt vermag es sich zu teilen: nur ein Teil erwacht und saugt, der Rest schläft weiter. (Hier haben wir den Ansatz zum Teilerwachen bei den Träumen vor uns.) In ähnlicher Weise *erfassen* bald – gewiß aber beim Erwachsenen – die *Urreaktionen nicht mehr den gesamten Menschen*. Aber sie bestehen als Möglichkeiten fort und klingen oftmals an.

Besonders ist dies der Fall bei jenen *ererbten typischen Reaktionen*, die bald das Leben des Kleinkindes beherrschen. Diese Bewegungsverknüpfungen sind verbunden mit ganz bestimmten, kaum beschreibbaren seelisch gefühlten Vorgängen. *Ererbte typische Einheiten von äußeren* (körperlichen) *und inneren* (seelischen) *Vorgängen nennen wir Gemütsbewegungen* oder *Affekte*, z. B. Schreck, Angst, Trauer usw. Von ihrem inneren Zustandekommen können wir uns eine Vorstellung machen, wenn wir die sogenannten Ausdrucksbewegungen studieren.

Bei einigen Affekten handelt es sich noch um relativ einfache Gebilde. Z. B. ist der Ekel die Abwehr der Eßorgane und dient der Ablehnung von ungeeigneter, gefährlicher Nahrung. Im späteren Leben wird das Gefühl des Ekels (und die damit verbundenen körperlichen Erscheinungen) auch von Reizen ausgelöst, die nichts mehr mit der Nahrungsaufnahme zu tun zu haben scheinen, wie von Häßlichkeit oder sittlicher Gemeinheit. Aber die genaue Untersuchung der Anlässe ergibt, daß durch frühere Erlebnisse die Ausdehnung des Gefühls von den für Mund und Nase widerlichen und zur Nahrung ungeeigneten Dingen auf andere Eindrücke ermöglicht wurde. Denn die Erziehung zur Sauberkeit ist die erste ästhetisch-ethische Beeinflussung, der wir unterliegen; sie ist überhaupt die erste Forderung der Gesellschaft nach einer selbsttätigen Leistung des Kindes. In ihr werden von den Erziehern ganz bewußt vielerlei Verknüpfungen mit dem Ekel geschaffen. Zurufe wie »Pfui!« warnten ursprünglich vor Einführung schmutziger Dinge in den Mund, werden später aber auch zum Ausdruck sittlicher Entrüstung.

Aber über dies hinaus begegnen wir oft »zufälligen« Verbindungen von Ekel mit Reizen (zufällig heißt hier: nicht aus der nämlichen Ursachenkette erklärbar) z. B. einer bestimmten Farbe oder Person, die zur gleichen Zeit oder im gleichen Raum mit dem oft ganz anders gearteten* ursprünglich »entsprechenden« Reizanlaß des Ekels gesehen wurde.

Auf diese Weise können alle Affekte mit neuen »umstandsbedingten« Reizen verknüpft werden. *Die Affekte und ihre Äußerungen sind ererbt, die Affektanlässe werden im Individualleben zum Teil neu erworben,* immer aber variiert und spezialisiert.

Den Schreck können wir bei Personen beobachten, an die plötzlich eine Gefahr herantritt. Bei der einen Form, dem schlaffen Schrecken, sucht sich der Bedrohte nicht durch Flucht der Gefahr zu entziehen, sondern verhält sich so, als ob er sagen wollte: »Ich bin gar nicht da!« Wie tot fällt er zu Boden. Arme und Beine sind schlaff. Der Atem stockt. Das Gesicht ist fahl, der Blutstrom erreicht kaum mehr die vom Herzen abgelegenen Teile. Vor allem hört sein Innenleben auf; die Gedanken stehen still; er fühlt nichts mehr. Trifft ein solcher Schreckreiz einen körperlich Kranken oder einen Menschen, dem das Leben see-

---

* Von einem »bedingten«, erworbenen Reflex reden wir im Gegensatz zum unbedingten, ererbten, wenn durch wiederholte oder eindrucksvolle Gleichzeitigkeit eines Reizes (z. B. eines Glockentones) mit dem für den Reflex charakteristischen Reiz (z. B. Vorzeigen von Nahrung) auch nach dem neuen »bedingenden« Reiz allein der gleiche Reflex (Speichelabsonderung) auftritt (Pawlow).

lisch entwertet war, so kann der Tod eintreten. Bei solchen Menschen fehlt entweder die Lebenskraft oder der Lebenswille. Anders beim Gesunden: In dem herrscht, solange er lebt, oft unbewußt, ein Drang weiter zu leben. Beim Schreck siegt nach kürzerer oder längerer Zeit die Tendenz zu leben über die zu sterben. Der Affekt »Schreck« kommt erst dadurch zustande, daß beide Tendenzen in einem Menschen aufeinanderprallen. *Der Schreck ist das Ergebnis aus der Tendenz zu sterben und der zu leben.* Oft ergreift die Tendenz, sich dem Leben zu entziehen, nur einen kleinen Teil des Menschen: vielleicht nur für den Bruchteil einer Sekunde wird er blaß, der Atem stockt, das Denken setzt aus. Wenn dem Erschreckten »Hören und Sehen vergeht«, so beseitigt er – wenn auch nur vorübergehend – nicht nur sich, sondern auch die Ursache des Schreckens. Sie ist nicht mehr für das Subjekt da (die »psychische Realität fehlt«). Diese Reaktion, Beseitigung des Erlebens, ist weit verbreitet. Sie begegnet uns immer wieder bald als Nicht-Sehen, Nicht-Hören, bald als Nicht-Notiz-Nehmen, Wegschauen, Verleugnen. Ihre größten traurigen Erfolge feiert diese Art des Reagierens in der praktisch so wichtigen (seelisch verursachten) Dummheit.

Sowenig die Flucht ins Nicht-Erleben den Bedrohten körperlich aus dem Gefahrenreich bringt, so wenig beseitigt das Nicht-Sehen die Gefahrenquelle. Die Reaktion »schlaffer Schreck« ist also im Leben *dieses* Menschen nicht sinnvoll (Vogel-Strauß-Politik). Wohl aber konnte dies im Leben unserer Ahnen der Fall sein, die damit im Buschwerk, im hohen Gras oder hinter einer Bodenwelle dem Verfolger entschwanden, der dann vielleicht sich wirklich entfernte. Auch gab es Feinde, die nur Bewegtes bemerkten und ergriffen oder lebendige Beute begehrten. Es handelt sich hier um den sogenannten Totstellreflex, den wohl jeder beim Frosch kennt, eine Erscheinungsform der Urreaktion, die wir Einstülpung nannten.

Aber in dem Vorgang Schreck lebt nicht nur die längst vergangene überpersönliche Vorgeschichte auf; der Verfolgte flüchtet auch in eine Lage, die ihm selbst, allerdings vor seinem bewußten Leben, Sicherheit gab. Er kehrt zum bewußtlosen, noch von der bösen Wirklichkeit abgetrennten Zustand im Mutterleib zurück.

Eine solche Reaktion ist für das tägliche Leben mit seinen fortwährend sich erneuernden Reizen und ständigen Anforderungen nach Anpassung des Individuums an die Reize (bzw. der Reizquellen an das Individuum) völlig ungeeignet. So ist der Mensch gezwungen, sehr bald von diesem Zustand wieder in sein Leben einzutreten. Oft allerdings wendet er sich nicht sofort der Gegenwart, sondern zunächst anderen, schöneren Zeiten zu, in denen er vor Gefahren sicher war; er *regrediert* dann vielleicht zwar nicht mehr in den Mutterleib, aber in eine andere lustvolle Situation, z. B. da er die Liebe und den Schutz seiner Mutter genoß. Auch wendet er sich in einem Fall etwa nur teilweise seiner heutigen Wirklichkeit zu, während ein anderer Teil seiner Person an den Phantasien von der Vergangenheit festhält. Deshalb kommen sehr oft im Anschluß an ein schreckhaftes Erlebnis Psychosen oder Neurosen zum Ausbruch.

Beim Kleinkinde beobachten wir noch eine andere, sehr häufige Art des Schrecks: schon bei der geringsten Erschütterung seiner Unterlage fährt es zusammen. Hier handelt es sich um das Wiederaufleben des *Moro*schen Fluchtsprunges, der beim Schwanken des Astes das Affenkind an die Bauchseite der Mutter führte, wo es sich festklammerte. Dieser Form des Schrecks verdankt der Affekt seinen Namen; denn das Wort Schreck bedeutete einst soviel als Sprung (so Heuschrecke). Auch im späteren Leben finden wir dieses »Zusammenfahren«, wenn es auch beim Kinde allmählich immer mehr durch den Affekt der Angst ersetzt wird.

Ferner gibt es eine dritte Reaktionsform auf schreckhafte Erlebnisse: manchmal wird der Mensch »starr vor Schreck«. Sein Körper wird sozusagen zu einer »Bildsäule«, einem »Holzblock« – so lauten die tadelnden Vergleiche der Umwelt. Damit aber wird die ererbte Urreaktion der Lebewesen zur Wirklichkeit, sich der Umwelt, vor allem auch der unbelebten, anzugleichen, um so sich dem Verfolger zu entziehen (Mimikry). Es vergeht ihm Hören und Sehen, bis sich nach einiger Zeit der Lebenswille und mit ihm Denken und Wollen durchsetzen.

Sehr verwandt mit dieser starren Form des Schrecks ist das Staunen, bei dem man gleichfalls starr ist, zu dessen Anlaß man »nein« sagt, oft nicht nur unbewußt. Denn man hört oft vom Staunenden: »Nicht möglich!« »Nicht zu glauben!« Er traut seinen Sinnen nicht. Er zweifelt also an sich selbst, an der Wirklichkeit. Während beim starren Schreck die Verleugnung der Außen- und Innenwelt vorherrscht, hält ihr beim Staunen eine andere Tendenz die Waage: Der Staunende reißt Augen und Mund auf. Mit allen Sinnesorganen nimmt er die Welt in sich auf. Er möchte eins werden mit ihr, der bewunderten.

Man sieht, eine Kette von vielen Übergängen geht vom starren Schreck, bei dem die Tendenz, mit der Welt und in ihr zu leben, sich erst beim Erwachen durchzusetzen scheint, bis zur Bewunderung, der liebenden Hingabe an die als Ideal erlebte Welt; hier scheinen die negativen Gefühle ihr gegenüber mitsamt dem eigenen kleinen Ich zu verschwinden.

Schon beim Schreck, diesem noch einfachen Vorgang, haben wir verschiedene Tendenzen gefunden, die entweder getrennt auftreten oder rasch aufeinander folgen. Bei der Mehrzahl der Affekte gibt es viele Bewegungen, die sich oft ganz offenkundig in ihren Richtungen widersprechen können, die aber doch zu einem kaum lösbaren komplizierten Ganzen sich ererbtermaßen verknüpft haben. Nehmen wir als Beispiel die Reaktion des Kleinkindes auf das Erscheinen einer ihm wenig oder gar nicht bekannten Person: Die *einen* Bewegungen zielen ganz eindeutig auf eine Flucht: das Kind will nicht gesehen werden, verbirgt sich und namentlich sein Gesicht in dem mütterlichen Schoße oder an der Mutterbrust. Es sucht oft ganz offenkundig in die Mutter hineinzukriechen. Manchmal scheint es in den Boden versinken zu wollen. Auf der *anderen* Seite aber setzen auffällige Bewegungen ein, drehende des Rumpfes, tänzelnde der Arme und Beine, vor allem im Schultergürtel, Grimassieren, als wollte das Kind (gegen seinen bewußten Willen) die Aufmerksamkeit auf seine Person ziehen. Besonders oft wird dies in der Tat durch das häufige Auftreten von Erröten, namentlich des Gesichtes, erreicht. Beim Kleinkinde sehen wir diese verschiedenen Tendenzen einander – oft in rascher Reihenfolge – ablösen. Allmählich treten sie *mit*einander auf. Dann sprechen wir von *Scham*. In ihr setzt sich gegen das bewußte Verlangen, sich zu verbergen, der Zeigetrieb gleichfalls durch, um Aufmerksamkeit und Liebe auf das der eigenen Person interessante Ich zu ziehen. So entsteht ein Kompromiß, das keinem der Impulse erlaubt, sich ganz durchzusetzen.

Aber in der Scham drücken sich noch ganz andere Antriebe aus, die untereinander und mit den vorhergenannten Gegensätze bilden: Indem sich das Kind an der Mutter, ja fast in ihr verbirgt, sieht es nicht die drohende Gefahr, will sie nicht sehen, verneint und beseitigt sie damit für sich. Also wie beim Schreck eine Verleugnung der Wirklichkeit. Und solange es klein ist, sich bei der Mutter ganz verbergen kann und diese die Beherrschung der Wirklichkeit für das Kind übernimmt, tut es gut daran. Es kann, eben indem es seine Blindheit betont, sich ganz und gar mit dieser geliebten Person eins fühlen.

Und immer wieder, wenn späterhin ein neuer Anlaß (oft unbewußt) solch frühkindliche Erlebnisse anklingen läßt, strebt etwas im Menschen zu jenen glücklichen Zeiten zurück, da man blind sein konnte wie ein junges Kätzchen und eben wegen der Blindheit der mütterlichen Liebe gewiß war. Jedoch: auch sehen ist schön. Namentlich das Kind ist hungrig nach Sinneseindrücken. Sehend erlebt es sich lustvoll: Verhängt man einem Kind die Pforten für die Sinneseindrücke, so hört es auf, »ich« zu sein, es schläft ein. Erst ganz allmählich vermag das Kind auch in der Reizstille wachzubleiben, da es dann mit den Erinnerungen von Sinneseindrücken, ichgewordener Außenwelt, lebt und spielt (phantasiert). Damit das Kind sein Ich nicht verliere, nachdem es in der Mutter Schoß, in die Dunkelheit, geflüchtet ist, sehen wir es sich von der Mutter lösen, sich erst kurz, dann immer länger dem Herannahenden zuwenden, ihn »ins Auge fassen« und so mit ihm vertraut, eins werden. Meist findet das Pendeln sein Ende dadurch, daß sich das Kind dem Herzutretenden lachend in die Arme wirft und so ganz mit ihm eins wird. Diese Vereinigung wurde durch das Sehen nicht nur vorbereitet: Im Sehen wird der Mensch, vor allem das Kind, zum Gesehenen. (Erst ganz allmählich bleibt der Mensch besessen von den Erinnerungen an früher Geschautes – mit immer größeren Teilen seines Seins Zuschauer: er wird selten »mitgerissen«.) Blickt nun der Angesehene heiter, so ist auch das Kind heiter, sieht oder hört es weinen, so weint es selbst. Man echot die Umwelt (ein Anklingen der Urreaktion: Mimikry), das heißt, erst wenn Töne das Kind treffen, wird es selbst tönend. Nach und nach jedoch klingen immer mehr aus seinem Inneren auch Erinnerungen von früheren Tönen an. Damit der Mensch sich *mittels* der Außenwelt erlebe, sucht er sie; damit er sich ihr *gegenüber* erlebe, grenzt er sich von ihr ab.

Indem wir die in der Scham sich durchkreuzenden Tendenzen aufzeigten, gaben wir ein normales Abbild dessen, was wir vom Zustandekommen des hysterischen Anfalles wissen. Ein wesentlicher Unterschied jedoch besteht: die Einzelheiten des hysterischen Anfalls sind aus dem Individualleben zu erklären, während es sich bei allen normalen Äußerungen der Affekte um ererbte Verbindungen von ererbten Antrieben handelt.

Bei den bisher besprochenen Affekten sahen wir einmal Fluchttendenzen von zweierlei Art: die einen drängen aus dem Bereich des Verfolgers; bei den andern wird das eigene Ich geflohen, weil es der Mittler zur schlimmen Außenwelt ist. Es gibt aber auch Antriebe entgegengesetzter Art: solcher zur Steigerung des Erlebnisses des eigenen Ichs. Neben diesen Arten von Impulsen fanden wir Antriebe zur Beseitigung desjenigen, der den Effekt auslöst: in den bisher beschriebenen Fällen hauptsächlich in der Form der Verleugnung. Doch können sich diese Abwehrtendenzen bis zum direkten Angriff auf dasjenige steigern, das die Reizstille durchbrach, wohl am deutlichsten beim *Zorn*. Trotz der Fülle der Ausdrucksbewegungen bei den verschiedenen Gemütsbewegungen kann man wohl alle einer dieser drei Bewegungsrichtungen zuordnen: Flucht, Abwehr und Verstärkung des Lebens und Selbsterlebens, meist dem Widerstreit zweier oder gar aller drei Tendenzen.

Die Mannigfaltigkeit der Affekte beruht auf der Buntheit der Anlässe, die sich in immer neuen »bedingten Reflexen« nuancieren und verfeinern. Auch wirken diese Anlässe je nach ihrer Eigenart und je nach der Zeit, in der sie zuerst im Leben auftreten, hauptsächlich auf bestimmte Organe. An ihnen spielen sich dann die hauptsächlichen Ausdrucksbewegungen ab und variieren so die Affekte: So wird der Trotz zwar durch die Abwehrbewegungen und Spannungserhöhungen (und damit Steigerung des Selbsterlebnisses) in der gesamten Streckmuskulatur verkörpert. Besonders aber ist an dieser Abwehr und den Spannungsvorgängen die Schließmuskulatur des Afters beteiligt; denn im Individualleben entsteht der Trotz während der Sauberkeitserziehung (sogenannte anale Periode). Beim Hohn hingegen verknüpfen sich die Spannungen der Streckmuskulatur vor allem mit Vorgängen am Munde, welche eine Ausstoßbewegung ausführen. Er geht auf Vorgänge bei der Fütterung des Kindes mit dem Löffel (2. und 3. Halbjahr) zurück. Besonders kompliziert sind die Vorgänge, aus denen sich die so überaus wichtigen Affekte Trauer, Heiterkeit und Angst zusammensetzen.

Der Traurige lehnt die Beziehungen zur Außenwelt ab. Dementsprechend verweigert er die Nahrungsaufnahme, nicht nur mittels des Mundes (Versiegen des Speichels), sondern auch mittels des Magens, indem er keinen oder zu wenig Magensaft absondert. Die Trauer ist demgemäß häufig mit Ekel verbunden. In seelischer Beziehung führt sie oft zur völligen Interesselosigkeit, da alle Liebe für die Außenwelt wegfällt. Dann kann alles seelische Verarbeiten aufhören, die seelischen Tendenzen und damit die Gedanken und Vorstellungen werden selten und lahm, so sehr, daß oft im Bewußtsein gar nichts mehr vorzugehen scheint. Dem entsprechend verarmt der Mensch an willkürlichen Ausdrucksbewegungen des Gesichtes und der Hände. Wenn die geliebte Person verlorenging – sei es tatsächlich oder nur in ihrer Eigenart als Lustspender –, so scheint die Außenwelt überhaupt tot. Hilflos hat der Trauernde in bezug auf sie nichts mehr zu wollen: die willkürlichen Handlungen werden selten, langsam und kraftlos. Man ist selbst – sozusagen – tot. Am liebsten wäre man es. Dann wäre man wieder mit dem geliebten Dahingegangenen eins am Ort des Todes. Hades nannten ihn die Griechen. Später glaubte man den Toten beim Vater im Himmel. Wohl den meisten Menschen, oft nur mehr in ihrem Unbewußten, leben die geliebten Toten weiter, lebt auch eine Hoffnung auf Wiedervereinigung mit ihnen. Manchmal beschleunigt dies den Tod eines Tieftraurigen, der so die Sage von Philemon und Baukis zur Wirklichkeit macht. In der Regel aber herrscht im Lebendigen – selbst wenn er es, wie so häufig der Traurige, nicht wahr haben will – ein Drang zum

Leben. Und die Trauer entsteht gerade dadurch, daß beide Strömungen – zu leben und zu sterben – zu gleicher Zeit vorhanden sind.

Außer in den Tod geht aber ein anderes Streben beim Trauernden wie beim Erschreckten nach der Situation im Mutterleib, wo er einst vor Gefahren beschützt war: der Körper nimmt die gleiche gekrümmte Haltung an wie damals. Das Kinn ist an die Brust gezogen, der Rücken krümmt sich, Arme und Beine sind in gebeugter Haltung an den Leib gepreßt.

Aber neben diesen beiden Tendenzen begegnen wir beim Trauernden noch anderen: so regrediert er zum Teil auch in die ersten Lebensmonate seines Lebens, da das Kind jeden erreichbaren Gegenstand, wie die mütterliche Brustwarze, zum Munde führt, um ihn zu verschlingen. Das Kind erlernt nämlich erst später durch seine Hände »begreifen«. Dann nimmt es auch mittels seiner Augen und Ohren die Umwelt in sich auf und hat dadurch Erlebnisse in ihr und mit ihr. Schließlich erprobt es bereits an den Vorstellungen der Gegenstände (Phantasie) und ihren Wortbildern, ob die Einverleibung nützlich oder schädlich ist – dieses Probehandeln ist das Denken.

In jener frühesten Zeit – Freud nennt sie die orale Phase – ist das Kind vor allem auf seinen Mund als »Sinnesorgan« angewiesen. Der Traurige nimmt, nun dem Kinde gleich, oft ohne es zu merken, alle möglichen Gegenstände in den Mund. An ihnen saugt er, und noch mehr an den eigenen Lippen und der Wangenschleimhaut. Dabei kann, bisweilen schußweise, dünnflüssiger Speichel in den Mund fließen, der Schluckbewegungen auslösen kann. In anderen Fällen setzen hingegen, wie vorhin gesagt, die Speicheldrüsen fast aus und liefern höchstens eine dickflüssige, klebrige, den Kehlkopf reizende Absonderung: der Hals wird »rauh«. Dies kann gleichfalls zum Schlucken reizen. Es können dann beträchtliche Mengen Luft eingeführt werden und Magendrükken, Aufstoßen, Darmkrämpfe und Durchfälle hervorrufen. Daß diesen körperlichen Erscheinungen oft seelische Vorgänge entsprechen, zeigt der sprachliche Ausdruck: einen Schmerz verbeißen, ein Leid hinunterschlucken, einen Ärger hinunterwürgen.

Gewöhnlich wird die mit Speisen geschluckte Luft rasch wieder ausgestoßen. Merkwürdigerweise bleibt die bei der Trauer einverleibte Luft nicht nur im Magen, sondern wandert auch in den Darm weiter und wird dort oft längere Zeit durch einen Krampfzustand des Darmes festgehalten. Das Zurückhalten aller Leibesinhalte ist eine sehr wesentliche Tendenz der Trauer: zu den häufigsten Erscheinungen gehören krampfhafte Verstopfung und ebenso Urinverhaltung. Jedoch werden nicht nur der Speichel, Luft oder Nahrung einverleibt und festgehalten.

Auch Teile des eigenen Körpers werden so behandelt. So finden wir sehr oft als Ausdrucksmittel der Trauer Nägelbeißen, Abbeißen der Haut, namentlich am Nagelfalz und an den Fingerkuppen. Immer ist dabei deutlich Begierde nach diesen Teilen gerichtet, und zwar gerade deshalb, weil diese Teile zur eigenen Person gehören; es ist *narzißtische*, dem »Selbst« zugewandte Lust an diesem Geschehen beteiligt. So schwelgt man in seinem Leide und verzehrt sich oft buchstäblich vor Leid, wie man ja auch die Trauer als einen nagenden, fressenden Schmerz bezeichnet.

In der Periode, als der Angehörige eines sogenannten primitiven Volkes auf der Stufe stand, die solch einer körperlichen Einverleibung und Festhaltung entspricht, war er Kannibale. Damals hat er auch seelisch die von ihm begehrten Objekte aufgenommen: Er fühlte sich dann eins mit dem Wesen, das er körperlich in sich hatte, er identifizierte sich mit ihnen. Auch beim Kinde ist eine derartige kannibalische Stufe zu erkennen, und auf diese kehrt ein Teil der Person bei der Trauer zurück. Das verrät sich dadurch, daß der Trauernde mit dem Betrauerten völlig eins wird. Dann nimmt er dessen Gehaben, dessen Gesichtsausdruck an. Das geschieht besonders häufig dann, wenn der Gegenstand der Trauer ein Mensch ist, zu dem das Verhältnis des Ödipuskomplexes bestanden hat. Aber auch die symbolische Vertretung, das Ideal, dem man nachtrauert, erliegt oft der symbolischen Einverleibung. Die dem Ideal entsprechenden Wünsche und Wertungen gehen dann in Fleisch und Blut über. Dennoch brauchen Haß- und Rachewünsche, die neben den Liebeswünschen früher, oft vor langen Jahren, gegen den Betrauerten bestanden haben, bei solcher Identifizierung durch Einverleibung nicht zu verschwinden. Sie richten sich aber jetzt in vielen Fällen gegen die eigene Person, weil diese, ohne es zu wissen, anstelle des Verlorenen steht. Aus diesem Grunde wird die eigene Person bei starker Trauer bewußtermaßen nicht etwa bemitleidet, sondern gehaßt und wird zum Ziel gewalttätiger Antriebe.

Dann verweigert man sich die Nahrung, rauft sich die Haare, zerreißt an Stelle seines Leibes dessen Hülle, die Kleider. Die Selbsterniedrigung – eine Milderung der Selbstzerstörung zur sozialen Verletzung – setzt sich in vielen Trauergebräuchen durch. Der Trauernde wäscht sich nicht, er bestreut sein Haupt mit Asche, sitzt auf dem Boden. Solche Selbstvernichtungs- und Selbstbeschädigungstendenzen verbinden nicht nur in symbolischer Weise den Trauernden mit dem betrauerten Toten, sondern dienen auch dem Schuldgefühl und der Selbstbestrafung. Verstandesgemäß werden derartige Antriebe des unvernünftig, krankhaft erscheinenden Wütens gegen das eigene Ich mit der angeblichen Selbsterkenntnis der eigenen Mängel begründet und namentlich mit früheren Fehlern und Lastern. Der Trauernde hat sich die Forderungen der betrauerten Person zu eigen gemacht und fühlt sein Versagen ihnen gegenüber als Schuld. Ihretwegen klagt er sich an, sucht durch Strafe die verwirkte Liebe wieder zu erreichen. Und so sühnt der Trauernde oft die Schuld, deren er sich anklagt, mit körperlichen Beschwerden, die gleichzeitig eine Darstellung dieses seelischen Leidens sind. Herzweh drückt ihn, Kummer lastet auf ihm, läßt sein Herz zusammenkrampfen.

Daneben aber setzen sich noch andere Tendenzen gegen diesen im eigenen Leib befindlichen anderen Menschen durch. Eine der häufigsten Äußerungen der Trauer ist das Weinen, der (als Reflex) bekannte Versuch, störende Fremdkörper fortzuschwemmen. Durchfälle bekommen oft für das Unbewußte dieselbe Tendenz.* Zu einem anderen Gebiete symbolischer Darstellung gehören manchmal die Beschwerden, die durch den von Luft aufgeblähten Leib hervorgerufen werden: für das Unbewußte stellt dies eine Schwangerschaft dar und erfüllt den Wunsch, den geliebten Betrauerten und sich selber neu zu gebären; er soll dann sogar von besserer Art sein, als man selbst war, so wie es den Wünschen des Toten entsprechen würde.

Wir finden gar nicht selten, daß die Trauer ihr gesundes Ende darin findet, daß der Trauernde aus seiner Lähmung übergeht zur Aktivität, die oft charakteristisch wird durch die Schöpfung von Werken dem Toten zu Ehren. Oft auch endet erst die Geburt eines jungen Menschen die Zeit der Selbstquälerei: er erhält den Namen des Toten, soll dessen Leben fortsetzen, ihm Ehre machen.

Diese Tendenz gehört aber nicht mehr der Trauer an, sondern unterbricht oder erledigt sie. (Es gibt auch andere Ausgänge der Trauer.) Die Aktivität und das Schaffen gehören der Heiterkeit an. Diese ist wohl ein Gegensatz der Trauer, bildet aber auch mit ihr zusammen in gewisser Beziehung eine höhere Einheit. Um die Heiterkeitstendenzen erfassen zu können, wenden wir uns wieder dem kleinen Kinde zu: Die Hand der Mutter hält ihm einen glänzenden Gegenstand vor. Eifrig greift das Kind darnach, will ihn in den Mund führen. Da verschwindet das Ziel des Verlangens. Wütendes Kreischen antwortet. Arme, Beine peitschen die Luft. Es nützt nichts, der Glanz ist weg. Hilflose Trauer ergreift das Kind. Das Schreien geht in Weinen über. Da ist die Hand, das Leuch-

---

* Überhaupt tritt bei der Trauer, aber noch mehr bei der Angst (Angstschweiß, Urinabgabe) und – angedeutet – bei der Heiterkeit eine Tendenz zur Entwässerung des Körpers in Erscheinung. Es ist eine Urreaktion, bei Gefahren eine wasserarme Dauerform zu bilden.

tende wieder da. Lachen begrüßt es, ein Reflex, der das Wiedererkennen begleitet. Dieses Wiedererkennen gilt aber nicht nur dem Glanze, ebenso auch der Mutter. Die gute Mutter ist wieder da und mit ihr das Schöne. Aber in ihr wird die böse Mutter wiedererkannt, die Leid und Ärger verursachte (»Leid und Ärger war« würde noch besser den Vorgang schildern). Und sie wird auf stürmische, recht gewalttätige Weise empfangen: wieder peitschen die Arme und Beine durch die Luft. Sie strampeln gegen die Hand, die Brust der Mutter. Die kleinen Fäustchen stoßen gegen die Augen, reißen die Haare. Die Mutter schreit auf. Das Kind kräht vor Lust. Mittels des Heiterkeitsausbruches wird der Freund begrüßt, der Feind bestraft. *Die Heiterkeit ist derjenige besondere Zustand, in dem wir ungestraft unserer Lust am Tun bis zur Gewalttätigkeit gegenüber geliebten Wesen nachgeben, in denen wir frühere Feinde* (Verbietende) *wiedererkannt haben.* Nachdem wir im Schmerz soweit gegangen waren, sogar unser Ich von uns werfen zu wollen oder es nicht mehr zu fühlen, weil es uns sehr leid tat (dieser Ausdruck ist mit Absicht doppelsinnig gewählt), erleben wir nunmehr im Heiterkeitsausbruch uns stärker und lebendiger, weil wir den Verursacher der bisherigen Unlust und Wiederbringer der Lust als geliebte Person wiedererkannt haben. Es *fühlt* sich daher der Heitere im engsten Sinne dieses Wortes. Ein großer Teil seiner Ausdrucksbewegungen ist Zeichen des gesteigerten Selbsterlebens und gleichzeitig verständlich als ein Nachgeben an die Aggressionstriebe: Er spricht laut und viel, ja, er versprudelt sich geradezu in Worten. Auch platzt er fast vor Lachen, mit dem er herausprustet: Speichel sprüht aus seinem Munde (Urreaktion der Ausstülpung). Alle Sinne sind wach. Seine Ohren trinken die Welt, seine Augen saugen sich überall voll, die Welt ist bunter, mehr jubelnd denn je. Ebenso jagen sich die inneren, unausgesprochenen Worte, die Gedanken. Von allen Seiten her kommen die Denkverbindungen. Er erlebt sich daher als äußerst geistvoll und ideenreich. Die Gefühle scheinen viel mächtiger als sonst und vor allem das Eigengefühl aus der sich ständig bewegenden Muskulatur. Daher ist er stärker als sonst, fühlt sich größer, streckt sich und geht erhobenen Hauptes. Und alles soll sehen, daß er froh ist: er bevorzugt schreiende Farben, die die Aufmerksamkeit auf ihn lenken. Seine Augen glänzen, seine Haut ist prall. Während in der Trauer die in Fleisch und Blut übergegangenen Forderungen der Erzieher und anderer geliebter Personen Sühne heischend dem Ich gegenüberstehen (Schuldgefühle), erlebt sich der Heitere als von diesem, seinem »Über-Ich« geliebt; er ist eins mit ihm, nicht zweiflerisch gespalten. Seine Heiterkeit, seine Hingabe an die Gewalttätigkeit, seine Selbstverliebtheit ist nur dadurch möglich, daß der

Zusammenhang mit dem früheren, trauernden, unter dem Einfluß von Schuldgefühlen stehenden Ich gelockert wird: Das gegenwärtige Ich kann nur dann in voller Lust empfunden werden, wenn die Erinnerungen an die vorhergegangenen und nachfolgenden Zustände des eigenen Ichs vergessen werden. Bei scheinbarer Fülle der Gedanken besteht Verarmung und Unfähigkeit, sinngemäß zu denken.

In unserer Beschreibung des heiteren Menschen haben wir neben der willkürlichen Muskulatur hauptsächlich Betätigungen des Mundes hervorgehoben. Die Bedeutung dieser Zone für die Heiterkeit bedingt auch den außerordentlichen Eßdrang: Es besteht oft Heißhunger, der Wunsch, alles und jedes sich einzuverleiben.*

Alle Antriebe zu handeln können schließlich so rasch einander folgen, daß sie einander durchkreuzen und gegenseitig hemmen: dann kann Angst und Unlust entstehen. Und so hebt sich die Heiterkeit durch ihren überschwenglichen Ausdruck selbst auf. Der Kreislauf kann wieder beginnen, von der Freude zur Trauer, von der Trauer zur Freude.

Wohl der komplizierteste von allen Affekten ist der für die Krankheitslehre wichtigste: die *Angst*. Die wesentlichen Anzeichen des seelischen Erlebnisses, das wir als Angst kennen, sind:

1. Störungen der Blutverteilung; Beschleunigung, auch Unregelmäßigkeit der Herztätigkeit; Erröten und Erblassen, Blutwallungen zum Kopf.
2. Änderung der Atmung: Heftiges beschleunigtes Einziehen der Luft, oft gegen einen Widerstand, Hemmungen bei der Ausatmung, die bis zu Asthmaanfällen gehen können; Krampfzustände im Zwerchfell; Aufseufzen.
3. Erscheinungen an der Muskulatur: am willkürlichen Teil Bewegungsunruhe und Fluchtreflexe, die nach den verschiedensten Zielen gleichzeitig gerichtet sind und sich daher oft durchkreuzen; Herabsetzung der Muskelspannung mit Auftreten von Zittern und Schütteln, oft Krampf der kleinsten Hautmuskeln, Gänsehaut, seltener andere Muskelkrämpfe; im Bereich der Muskelempfindung häufig ein oft bis zur Qual gehendes Gefühl der Kraftlosigkeit.
4. Empfindungsstörungen: Kältegefühl, Gefühl von Steifheit und Starrheit, Mißempfindungen, Kribbeln und Absterben der Gliedmaßen, Schwindelgefühle; alle Empfindungen, welche eine Ohnmacht einleiten. Kopfweh bis zur Migräne.

---

* In vielen Gegenden endigt die Trauerfeier mit einem Leichenschmaus, der die Einverleibung des Toten in die Nachfolger symbolisch vollzieht (Andeutung des Kannibalismus).

5. Erscheinungen an Absonderungsorganen, namentlich sehr häufig Durchfälle, oft ganz plötzlich und nicht selten mit quälendem Drang einsetzend, ebenso Harndrang und Absonderung eines sehr reichlichen dünnflüssigen Urins; Erbrechen, Magenschmerzen, Speichelfluß, aber auch Trockenheit im Mund. Schweißausbrüche, aber auch trockene Haut.

Wie man allein aus dieser noch lange nicht vollständigen Aufzählung ersehen mag, handelt es sich bei der Angst um den Ausgleich von widerstreitenden Tendenzen verschiedener Organe: gar nicht selten spielt sich sogar um ein und denselben Körperteil ein Kampf ab.

Bei den einzelnen Angstanfällen der verschiedenen Menschen und auch des gleichen Menschen zu verschiedenen Zeiten bestimmen frühere Erlebnisse, welche Organe stärker beteiligt sind; da die Triebe in enger Verbindung mit den Funktionen stehen, kommt es auf die Triebschicksale, das ist die frühere Entwicklung und Verwendung der Triebe an. Das gleiche gilt von der Häufigkeit und der Auswahl aller Affekte. Ursprünglich bewirken Ereignisse auf angeborener Grundlage eine besondere Fixierung, z. B. der oralen Betätigung: Diese löst nun ihrerseits häufig Heiterkeit, Hohn, Neid, Ekel, Trauer aus, weil bei diesen Affekten die orale Betätigung eine große Rolle spielt, während z. B. die anale Fixierung gleichfalls mit Trauer, aber vor allem mit Trotz verkuppelt ist.

Wir haben zum Ausgang der Gliederung der Affektausbrüche Beobachtungen am Kind genommen. Bei diesem sind die Affekte viel reiner zu erkennen. Das hat seinen guten Grund. Denn ebenso wie die Triebe ihre Schicksale haben, so haben auch die Affekte die ihren – das zeigt sich schon in den oft wechselnden Namensgebungen an. Der wesentliche Grund hiefür ist, daß ein Individuum nicht lebensfähig wäre, das dauernd auf Reize der Außenwelt mit hemmungslosen Affektausbrüchen antworten würde, wie das Kind nicht anders kann. Die Affektausbrüche sind als ererbte Bewegungsimpulse in ihrer Form nicht gar so wesentlich zu ändern; so bringt der schlaffe Schreck eine Tendenz, zu Boden zu fallen, ist also in der Regel nicht geeignet, die Gefahr zu beseitigen. Es wird im Gegenteil durch ihn der Gefallene geradezu gefährdet. Es muß also mit der Zeit von der Persönlichkeit die Fähigkeit gebildet werden, die Ausdrucksbewegungen wenigstens zu hemmen. Dies ist um so mehr nötig, als sich in den Affekten regelmäßig verschiedene Tendenzen zu Kompromissen verbinden, welche sich – selbst wenn die *eine* Tendenz eine praktisch brauchbare Lösung brächte – gegenseitig behindern und dadurch ungünstig auf das Verhalten wirken. Auch ist die Mehrzahl der Reize (Affektanlässe) nicht lustvoll und erregt daher entsprechend unangenehme Affekte, die dem Verhältnis zur Person, die den Anlaß zur Gemütserregung bot, zum mindesten für einige Zeit eine unlustvolle Tönung gibt. Allerdings besteht der Unterschied zwischen lustvollen und peinlichen Affekten nur, insoweit sich der Affektanlaß und die Affektreaktion in mittleren Bahnen bewegen. Übersteigt ein Reiz und seine Folge eine bestimmte Höhe, so werden sie stets als Unlust erlebt (was am Beispiel der an sich lustvollen Heiterkeit gezeigt wurde). Um sich vor plötzlicher Überwältigung durch solche höchst unlustvolle Affekte zu schützen, baut sich im Menschen ein mächtiger Reizschutzapparat auf. Ist dieser bedroht, so tritt die Angst, verrückt zu werden, auf.

Außer diesen Hemmungen, die vom Ich ausgehen, und heute wohl schon zum großen Teil (wenigstens als Möglichkeiten) ererbt sind, gibt es noch eine sehr wichtige Hemmung der Affekte, die auf den Einfluß der Erzieher zurückgeht. Diese halten die Schaffung einer solchen Selbstbeherrschung für nötig, um das Kind vor Selbstgefährdung zu behüten. Es ist aber nützlich, sich einzugestehen, daß der Erzieher sehr oft erzieherisch eingreift, um sich selbst zu schützen. Daher kommt es, daß oft über das Ziel hinausgeschossen wird, was viel unnötiges Leid, manche Krankheit und unzählige Charakterverbiegungen erzeugt. Denn die stürmischen Affektäußerungen des Kindes stören den Erzieher oft sehr, ja, können ihn geradezu gefährden. Wir haben bei der Heiterkeit schon von den gewalttätigen Entladungen gegenüber der geliebten Mutter gesprochen. Noch mehr gilt dies von den Wutausbrüchen, bei denen ohne Setzen äußerer Hemmungen von den gefährlichsten Instrumenten Gebrauch gemacht würde. Auch die Angst kann für die Pflegeperson zur Bedrohung werden, wenn ein kleines Kind sich z. B. mitten auf der Straße beim Herannahen eines Autos an die Beine der Mutter klammert. Wieder in anderer Beziehung bedeutet die Trauer eine Gefährdung der Pflegeperson, indem ihre Äußerungen oft deren Schuldgefühl oder Mitleid wecken und so die gleichmäßige Ruhe der Erwachsenen gefährden. Welche Mutter fragt sich nicht angesichts eines weinenden Kindes: Hättest du dem Kleinen den Schmerz nicht ersparen können? Oft leidet sie mehr und vor allem länger als das Kind unter seiner Trauer. Die Heiterkeit anderseits weckt den Wunsch zur Mitfreude und lenkt so von der Arbeit ab, die man als Last empfände, würde nicht die Heiterkeit der Kinder als Störung abgetan und so die eigene Eifersucht und der eigene Ärger befriedigt. *So wird zu einer der wesentlichsten Forderungen der Erziehung: Beherrsche deine Affekte!* Ein großer Teil der Gemütsbewegungen, z. B. der Zorn, wird geradezu als schwere Sünde gebrandmarkt. Mit allen Mitteln wird auf die Unterdrückung seiner Äußerungen hingearbeitet. Aber nicht nur das, was nach außen tritt, schon das innere Erlebnis ist verpönt: Affekte wie Wut, Neid, Trotz sind geradezu »undenkbar«; Trauer darf oft nicht empfunden werden, denn sie zeige »Undankbarkeit« usw. Gerade dieses Erlebnisverbot aber zeigt sich beim Studium der seelisch entstandenen Krankheiten als verfehlt, weil so viele Regungen nicht erledigt, sondern nur ins Unbewußte verbannt werden können. Von dort aus aber wirken sie weiter, oft durchs ganze Leben. Dort sind sie nicht mehr beherrschbar. Hingegen stärkt das offene Zugeständnis, daß alle Menschen gefährliche Regungen in sich tragen, sie aber sich und den andern zuliebe beherrschen, die normalen ererbten Hemmungen. Bei den seelischen Behandlungen vieler Störungen ist es wichtig, daß der Kranke wieder fühlen lernt: wirkliche Wut, wirkliche Trauer; dann erst kehrt wirkliche Freude, wirkliche Liebe bei ihm ein. Auch muß man sich darüber klar sein, daß nicht die Erinnerung an ein früheres schädliches Geschehen genügt, um die Genesung herbeizuführen. Die Ereignisse müssen durcherlebt, ja vielleicht zum ersten Male zu Ende gelebt werden, das heißt vor allem gefühlt werden können.

Sehr wesentlich für das Zustandekommen der Hemmungen sind die Vorurteile, wie »Ein Mann weint nicht«. So werden viele Affekte als »unmännlich« (oder »unfein«) nicht nur gebremst, sondern negiert. Das Ideal der Indianerbücher entsteht: *Affekte haben darf man nicht.* Je nach dem Ausmaß dieser Erziehung kommen große Unterschiede in der Erlebnisfähigkeit der Affekte zwischen den Völkern und Lebenskreisen zustande. Wie sehr sie von äußeren Beeinflussungen abhängig sind, ersieht man daraus, daß in der Literatur des beginnenden 19. Jahrhunderts, z. B. bei Goethe, Eichendorff usw., Männer viel häufiger weinen als heute, und die griechischen Helden waren sicher nicht mindere Heroen als wir heutigen, wenn sie auch oft laut jammerten.

An anderer Stelle ist ausführlich davon die Rede gewesen, auf welche Weise Forderungen der Erziehungspersonen zu eigenen Forderungen (Über-Ich) werden. Dieses Über-Ich ist es, das in den späteren Zeiten die Auswirkung der Affekte – sowohl in bezug auf ihre direkten Äußerungen der Außenwelt gegenüber, wie vor allem in bezug auf ihr bewußtes Erlebnis – hemmt.

Wenn nunmehr solch ein verpönter Affekt, wie z. B. ein Zorn, anzuklingen droht, so bedeutet er für das Individuum eine innere Gefahr: In Vertretung früherer äußerer Autoritäten droht das Über-Ich mit seinem Zorn und mit Liebesentzug. Und so wird der anklingende eigene Zorn zu einer Gefahr, wie wenn sie von außen käme, und wird mit Angst beantwortet. Für den Erwachsenen gibt es viel weniger Gelegenheiten, in denen eine »Realangst« als Antwort auf eine äußere Gefahr auftritt, also solche, welche zur »neurotischen Angst« (Über-Ich-Angst) allein oder in Verbindung mit einer unbedeutenden Realangst führen. Denn nicht nur verpönte Affekte können zu solcher Gefahr werden, auch alle nicht erlaubten Triebregungen. Verboten sind vor allem die sadistischen Begierden, ferner in der Regel überhaupt sehr viele Triebregungen, die rein auf Lust ausgehen. Das sind nach Freuds Definition die »sexuellen Strebungen«. Da Freud beim Studium von Angstzuständen stets auf solche Triebkräfte stieß, konnte er ursprünglich sagen, die Angst sei gehemmte Libido (etwa wie gehemmte Bewegung als Wärme erscheint). Diese Formel besteht praktisch wohl zu Recht, wenn auch die Vorgänge, die zur Angst führen, viel, viel komplizierter sind. Verboten war – bei der früheren Erziehung – alles, was nicht ausdrücklich erlaubt wurde. Und so kann bei manchen Menschen jeder eigene Wunsch als Unbescheidenheit, jeder eigene Gedanke als Übermut mit Angst abgelehnt werden. Daraus resultiert Dummheit.

Nicht nur die Angst kann als Reaktion auf Triebregungen oder Affektbewegungen auftreten, auch eine große Anzahl anderer Affekte. So beobachtet man, daß Trauer als Reaktion auf ein starkes, vom Über-Ich verbotenes Sexualverlangen oder auf einen Wutimpuls auftritt: das Ich sieht sich wegen seiner verpönten Regungen im Widerspruch mit seinem Ideal, weiß sich nicht mehr von seinem Über-Ich geliebt. Daher findet man als Seelenarzt sehr oft hinter *einem* Affekt, der sich offen zeigt, einen oder mehrere andere Affekte oder auch ganz verschiedene Triebregungen, die verdrängt waren. Die Erlebnisse, die zuerst den Affektvorgang und seine Folgen erzeugten, verändern dadurch auch dauernd die Persönlichkeit: sie verstärken manche Affekte und hemmen andere, oder sie verstärken oder hemmen alles Affektleben überhaupt. Die so entstandene dauernde Eigentümlichkeit in bezug auf das Verhalten der Affekte überhaupt und ihr Verhältnis zueinander nennen wir *Temperament.*

Es war nun eine der wesentlichsten Neuerungen, die Freud mit der Psychoanalyse einführte, daß er von Affekten als Kräften sprach, deren Quantität wir zwar noch nicht messen können, deren Gesetzlichkeit wir aber in Analogie mit physikalischen Kräften zu ergründen haben. Das war eigentlich nichts Neues, vielmehr nur das Zurückgreifen auf die Anschauungsweise vergangener Jahrhunderte, die in den Affekten, Trieben und Leidenschaften das Bewegende des menschlichen Seelenlebens sahen. Allerdings wurden damals die Gebilde nicht naturwissenschaftlich beschrieben. Dem gegenüber war in der Zeit, da Freud auftrat, allgemein die Anschauung, daß die Affekte nur eine Färbung, eine Tönung der Erlebnisse bedeuten. Und so sprach man von Affektbetonung und Affektfärbung. Dies kam daher, weil man vor Freud allgemein zum Ausgang seiner Untersuchung den »reifen« Menschen nahm, statt die Entwicklung vom relativ ungehemmten Kind ab zu verfolgen.

Auch von *Stimmung* war und ist viel die Rede, z. B. von einer ängstlichen Stimmung. Stimmung ist die gesamte jeweilige Affektlage, ohne daß sie die Antwort auf *einen* bestimmten Reiz aus der Außenwelt wäre. Eine Stimmung ist z. B. die Angstbereitschaft, Dauerängstlichkeit. Sie ist die immer wiederkehrende Reaktion auf immer wiederkehrende Reize, die von einem strengen Über-Ich ausgehen.

Daß der Affekt das eigene Ich zum Gegenstand (als Affektobjekt) hat, das zeigt schon die Sprache. Wir sagen: Ich ängstige *mich*, ich schäme *mich*, ich ekle *mich* usw. Zu den Objekten der Außenwelt, welche die Auslösung des Affektes bewirken, stellt uns unsere Sprache nur in ein örtliches Verhältnis: Ich freue mich *über*, ich bin zornig *auf*, ich ängstige mich *vor* usw. Die Affekte sind Vorgänge im »Ich«. Gespeist sind sie allerdings durch Triebkräfte; das sind die ständig oder rhythmisch fließenden körperlich-seelischen Kräfte, die dem Lebensvorgang an den einzelnen Organen entsprechen, das »Es« der psychoanalytischen Ausdrucksweise.

Wird ein Reiz wegen seiner Stärke zur besonderen Gefahr, so sucht das Ich ihn dadurch unschädlich zu machen, daß es aus sich heraus diese Gefahr immer wieder wenigstens als Vorstellung erneuert, um sie allmählich und gleichsam bruchstückweise doch zu bewältigen *(Wiederholungszwang)*. So stellen sich denn auch Gedanken an schreckhafte, traurige oder quälende Anlässe mit ihren Folgen oft noch längere Zeit nach dem Ereignis immer wieder ein, bis der Affekt endlich dabei abnimmt. Immer wieder müssen wir daran denken, wie schrecklich *das* war, welche Angst wir ausgestanden haben.

Oft wird der Anlaß verdrängt, und es tritt nur der Affekt zutage. Da aber in diesem Fall unser Erklärungsbedürfnis, eine wesentliche Eigenschaft des Ichs, einen Affekt ohne sichtbaren Anlaß nicht anerkennen kann, so sucht und findet das Ich Begründungen des im Aufsteigen begriffenen oder aufgestiegenen Affektes. Wenn wir z. B. mit Recht für einen lieben Angehörigen fürchten könnten, weil er erkrankt ist, so wird es sich oft ereignen, daß wir bei andern uns nahestehenden Personen ein schlechtes Aussehen bemerken und dann auch für sie fürchten, das heißt, wir »*rationalisieren*« den immer wieder von innen aufsteigenden Angstaffekt. Oder aber wir gehen noch weiter: Wir *verwirklichen* einen Anlaß zum Affekt; z. B. kann es sich in einer solchen Zeit der Angst um einen erkrankten nahen Angehörigen leicht ereignen, daß wir beim Überqueren einer Straße uns ungeschickt benehmen, in Gefahr geraten, unter ein Auto zu kommen und, am ganzen Körper zitternd, uns gerade noch retten. (Ein derartiges Vorkommen hat außer dem Wiederholungszwang aber noch andere, tiefliegende Gründe, vor allem unbewußte Opfer- und Selbstmordwünsche, oft in Selbstbestrafungsabsicht.) Diese im Affekt liegende Kraft, sich immer zu erneuern, kann unsere Gefühlseinstellung zur Umwelt und unsere gesamte Reaktionsweise dauernd und intensiv bestimmen. Derjenige, dem etwas Heiteres widerfuhr, wird leicht dazukommen, die Welt im rosigen Lichte zu sehen, während derjenige, welcher einmal z. B. durch eine Häufung äußerer Schicksalsschläge in tiefe Trauer versetzt wurde, uns immer wieder neue Gründe für seinen Pessimismus dartun kann.

Eine der wichtigsten Möglichkeiten, einen an sich unlustvollen Affekt zu wiederholen und sich dadurch allmählich gegen ihn »abzuhärten«, liefert das Spiel. So ist das Kind, das von innen und außen von Reizen bedroht ist, welche Angst und Trauer in ihm erwecken, unerschöpflich im Ersinnen und Wiederholen von Fang- und Versteckspielen. Aber indem das Kind dabei oft selbst die Rolle des Verlassenden bzw. Drohenden übernimmt oder einen Freund in dieser Rolle sieht, identifiziert es sich spielerisch mit dem »Feind«. Nun aber wissen wir, daß die Identifikation mit dem Erwachsenen (dem Verbietenden, dem sich Versagenden, dem »Feind«) zur Bildung des Über-Ichs führt, welches eine unnahbare, überirdische, überkindliche, dem Kinde unverständliche Gewalt ausüben kann. Indem bereits das Kind, wenn auch spielend, die Rolle des »Feindes« übernimmt, kann auch das Über-Ich Züge des Kameraden erhalten, die dem Kinde und späteren Erwachsenen angenehmer und freundlicher sind. Ferner wird in diesem Spielen der so wichtige Übergang vom passiven Erdulden einer Situation zu ihrem aktiven Gestalten gefunden.

Noch aus einem andern Grund erneuern sich immer wieder dieselben Affekte: Sie werden vom Ich als Schutzwaffe benützt, um Gefahren zu bewältigen. Auch das zeigt sich am deutlichsten beim Kinde. Wenn ein großer Bruder dem kleinen ein Spielzeug weggenommen oder ihm einen Schlag versetzt hat, so ist das Weinen und Schreien – der Affektausdruck – besser geeignet, dem Schwächeren wieder zu seinem Spielobjekt bzw. seiner Rache gegenüber dem Stärkeren zu verhelfen, als der Versuch direkter Gegenwehr. Denn der Affektausbruch ruft die Mutter herbei, die den Schaden gutmacht. Solch ein Weinen weckt oft das Mitleid und die Liebe der geliebten Pflegepersonen, und so kann der an sich traurige Affekt zum Bringer einer Lust und damit selbst zur Vorlust werden. Dies ist ein *sekundärer Lustgewinn*, während die in den Ausdrucksbewegungen liegende Betätigung der Triebe als Steigerung der Lebensvorgänge und des Selbsterlebnisses eine primäre (oft unbewußte) Lust gewährt. Alle Lust aber verlangt nach Dauer, und so tritt oft das scheinbar Sinnwidrige ein: selbst unlustvolle Affekte werden als Lust gesucht. Das ist besonders deutlich bei der Angst, die von der Kriminallektüre, dem wohl meistverbreiteten Lesestoff, und unendlich vielen Kinostücken befriedigt wird. Auch für die Trauer gilt es: Ein großer Teil besonders der etwas kitschigen Volksstücke appelliert an die Tränendrüsen.

Durch die Folgen des Affektausbruches wird also das Ich selbst verändert, zum andern entsteht in bezug auf die Außenwelt oft eine neue Beziehung zum Erreger des Affektausbruches, Beziehungen der Liebe oder des Hasses. Diese veränderte Einstellung bringen wir auch sprachlich zum Ausdruck: Das Affektobjekt wird dann in einer direkten Beziehung wiedergegeben. So fürchtet anfangs A sich *vor* B, wird dadurch ängstlich und fürchtet *den* B.

In Form von Affekten und deren Abkömmlingen erlebt der Mensch höchste Lust und tiefstes Leid: Die Triebe kommen in ihnen zur Auswirkung, steigern Leben und Erleben, bringen den Einzelnen in lustvolle Beziehung zur Umwelt. Hingegen zwingen unlustvolle Reize von außen, äußere Nötigungen, innerer Widerstreit und Übersteigerung der Affekte zu ihrer Hemmung, ja, zu ihrer Ausschaltung. Aber derartiges wird individuell höchst verschieden gut vertragen. Ersatzfunktionen bilden sich: in grandioser Weise blühen Phantasie und Vernunft auf, in denen Liebe und Haß, Angst, Trauer und Wut sich entladen, nicht mehr als Wildbäche, sondern kanalisiert in Kunst und Wissenschaft oder anderem sozialen Tun.

2. Die Affekte und ihre Entwicklung

I.

Ich glaube, ich verdanke die ehrenvolle Aufforderung, heute über Affektlehre zu sprechen, der Tatsache, daß meine Untersuchungen an alte Gedankengänge Freuds anknüpfen. So wird dargetan, daß wir nicht nur in der Therapie stets auf die Kindheit zurückgreifen, sondern daß auch jegliche Wissenschaft sich immer ihrer Ausgänge bewußt bleiben muß. Dann handelt es sich nicht um eine trockene, sozusagen philologische Untersuchung über die Ursprünge, sondern um Wiederaufnahme alter Ideengänge, die uns in jedem Augenblick unseres praktischen Schaffens befruchten können. Freud[1] ist, nachdem er ganz am Anfang seiner Tätigkeit auf die Bedeutung der »eingeklemmten Affekte« zu reden kam, nur selten noch auf die Affekte als *Ganzes* eingegangen. Er hat sich zuerst der Trieblehre, später dem Über-Ich zugewandt. Wir aber fragen: was sind denn diese Affekte, deren Schicksal so bedeutungsvoll werden kann? Wie entstehen sie? Welche Entwicklung machen sie im gewöhnlichen durch?

Wir beschäftigen uns phylogenetisch und ontogenetisch mit einem Teil des Ichs. Denn während die Kräfte des Es, die Triebe, kontinuierlich, bzw. rhythmisch entsprechend den Lebensvorgängen an den Organen fließen, handelt es sich bei den Affekten um Reaktionen auf Reize der Außenwelt. Und zwar sind die Affekte *typische, als Möglichkeiten ererbte* Antworten auf typische Anforderungen. Sie gehören somit nicht in den Bereich des persönlichen, im Einzelleben entstandenen Ichs, sondern sind ein wichtiger Teil des »*unpersönlichen Ichs*«.

Wenn wir etwas in der Natur erklären wollen, so müssen wir die Entstehungsgeschichte studieren. Wir dürfen also nicht von jenem Endzustand ausgehen, den man fast nur auf dem seelischen Gebiet als Affekttönung und Gefühlsfärbung kennt. Vielmehr müssen wir das zum Ausgangspunkt machen, was man im Leben des Kindes, ja des Neugeborenen jeden Augenblick beobachten kann, dem wir übrigens auch beim Erwachsenen in besondern Situationen nicht selten begegnen: den *Affektanfällen*, diese sind bei jedem Affekt für diesen charakteristische Bewegungskombinationen, die Affektäußerungen oder Affektvorgänge, in Einheit mit bezeichnenden seelischen Erlebnissen, den

Affekterlebnissen oder Affekten im engeren Sinne. Die meisten Psychologen gehen von diesen schwer greifbaren Erlebnissen aus. Wir folgen Darwin[2], der die Affektbewegungen stammesgeschichtlich als Wiederholung von Bewältigungsversuchen des Reizvorgangs erklären wollte, die einstmals bei den Ahnen zweckmäßig waren, es heute aber nicht mehr sein müssen. Sie sind ihm Ruinen, analog den Resten ehemaliger Organe. Wir allerdings sehen die Entstehung und die Geschichte der Affekte heute komplizierter als er.

Aber sind die Affekte wirklich Reaktionen? Beim Kinde sehen wir sie noch als solche. Aber später fließt beim Ängstlichen – scheinbar – kontinuierlich die Angst, der Pessimist ist dauernd traurig und der Heitere beständig fröhlich. Wie wird aus dem Einmaligen ein Kontinuum? Dies Problem der Affektlehre hat Freud gelöst, indem er die Funktion des Über-Ichs bei der Auslösung von Affekten, hauptsächlich am Beispiel der Angst, darlegte.

Doch schließen wir nun an die täglichen Erfahrungen der Praxis an und nehmen ein häufiges Erlebnis zum Ausgangspunkt: Eine Frau liegt auf dem Analysesofa und berichtet uns von irgend etwas Alltäglichem. Ihre Stimme ist ziemlich gleichgültig, entsprechend den nebensächlichen Inhalten des Mitgeteilten. Nicht gleichgültig ist die Form, in der sie es tut; denn sie liegt nicht ruhig da. Einmal dreht sie sich nach dieser, einmal nach jener Seite, der Kopf wird dahin und dorthin geworfen. Die Schultern machen schraubende Bewegungen. Die Hände tanzen bald im Gesicht, bald an ihrer Bluse, bald am Haar. Unter Herumwerfen auf die Seite gehen beide Knie in Beugestellung, werden gespreizt, gedreht, nach unten gestoßen und so fort, in immer wiederkehrendem Wechsel. Die Mehrzahl der einzelnen Bewegungen scheint nichts Sinnvolles mitzuteilen. Und doch möchten wir so gerne glauben, daß die Patientin uns mit ihrer Gebärdensprache, ihr selbst vielleicht noch unbewußt, etwas zu sagen hat.

Da fällt eine Kleinigkeit auf: Trotz der ständigen Unruhe und dem unaufhörlichen Hin und Her der Beine hat sich der Rock nicht im geringsten verschoben. Sein Saum schließt auch jetzt noch genau so mit dem Knöchel ab wie in jenem Augenblick, da sich die Dame hingelegt und das Kleid zurechtgestrichen hat. Eine kontinuierliche Kraft muß tätig gewesen sein, die Verhüllung aufrechtzuerhalten, und sie muß mindestens so stark wie jene Kräfte sein, die den Körper hin und her werfen. Eine gewaltige Bewegung, die enthüllen müßte und fortwährend die Aufmerksamkeit des Zuschauers auf die Person lenkt, hält einer mächtigen Verhüllungstendenz die Waage. Wir beschreiben den beobachteten Vorgang der Patientin und vergessen dabei nicht, darauf hinzuweisen, daß die Hände ständig die Brust berühren, damit die Aufmerksamkeit auf diese lenkend, und die Haare zurecht streichen. Und wir erfahren, daß die Patientin findet: an ihr sei eine ganze Menge von Dingen außerordentlich bedürftig, verborgen zu werden, vor allem Beine, Brust und Frisur, also gerade jene Teile, auf die die merkwürdige Bewegungsunruhe unsere Aufmerksamkeit gelenkt hat.

Wir haben einen Vorgang des *Schämens* beschrieben. Zwar fehlt in diesem Falle, da die Patientin mit ihrem Gesicht verhältnismäßig zufrieden ist, die Schamröte. Wenigstens zunächst. Denn als wir die Beziehungen der Fingerbewegungen zur Brust erwähnen, überglutet ein tiefes fleckiges Rot den Hals und steigt in den Ausschnitt hinab, auf diese Weise dem Blick den Weg zur ominösen Brust weisend.

Diese Beschreibung des Schamvorganges hat ein wesentliches Moment, das vor Freud unbeachtet geblieben war, herausgestellt. Der Affektvorgang ist keine einfache Antwort auf den Reiz – in unserem Falle auf das Mißfallen an einer bestimmten Körperbeschaffenheit –, vielmehr handelt es sich zum mindesten um zwei sich absolut widerstreitende Tendenzen; einerseits die Aufmerksamkeit anzulocken, andererseits zu verhüllen. Freud[3] glaubt, bei allen Affekten einen solchen ererbten Kompromiß widerstreitender Tendenzen annehmen zu müssen, und sagt deshalb in »Hemmung, Symptom und Angst«, die Affekte seien ererbte hysterische Anfälle. Gleich wie beim erworbenen hysterischen Anfall ist nur der eine Agonist ichgerecht und bewußt. Ihm galt die Aufmerksamkeit früherer Untersucher. Der Antagonist ist erst aus seinen Wirkungen zu erschließen, da er sich aus dem Unbewußten Zugang zur Motilität verschafft. Die psychoanalytische Betrachtung wird ihm gerecht und macht so erst den Affektanfall erklärbar.

Diese Theorie scheint geeignet, bisher unerklärbare Tatbestände aus dem Affektleben verständlich zu machen. Eine ganze Reihe von körperlichen Erscheinungen, die das Affekterlebnis begleiten, schienen sich keinem Schema fügen zu wollen. Der Druck des Blutes und der Rückenmarkflüssigkeit, die Erhöhung, bzw. die Herabsetzung des Stoffwechsels, des Atmungsvolumens usw. gehen nicht parallel der Lust- bzw. Unlustqualität eines Affektes, wie man zunächst geneigt sein könnte, anzunehmen. Vor allem erwiesen sich alle Versuche als ungenügend, Klarheit darüber zu bringen, warum unlustvolle Affekte sich nicht nur immer wieder erneuern, sondern sogar immer wieder gesucht werden. Denn der Ängstliche sucht immer wieder nach Angstanlässen, der Traurige nach traurigen, der Freudige nach freudigen Gelegenheiten. Ließe sich auch noch das erste Phänomen, die Wiederkehr des Unlustvollen, aus jener Form des Trägheitsprinzips erklären, die

Freud den Wiederholungszwang genannt hat, die Suche nach der Unlust – d. h. nach dem, was als Unlust bewußt in Erscheinung tritt –, zwingt zu der Annahme einer Lust am Unlustvollen, also einer Angstlust, wie sie v. Hattingberg[4] in die Psychoanalyse eingeführt hat, dem ich mit der Hypothese einer Trauerlust und ähnlicher Lustarten gefolgt bin. Jedoch scheinen mir heute all diese Lustgewinne sekundär zu sein, entsprechend dem sekundären Krankheitsgewinn der individuellen hysterischen Anfälle. Sie sind nicht imstande, die ungeheure Gewalt der Suche nach unlustvollen Affekten zu erklären. Bliebe also nur die Zurückführung auf den Masochismus, d. h. (trotz der gründlichen Forschungen Freuds und seiner Schüler) auf etwas weitgehend Unbekanntes. Vielleicht – wir dürfen es wegen der außerordentlich nahen Verwandtschaft des Schmerzanfalles mit den Affektanfällen hoffen – werden umgekehrt unsere Forschungen ein Licht auf den Masochismus werfen. Ist dagegen im Affektanfall eine bewußt unlustvolle Strebung mit einer unbewußt fixierten verlötet, so wäre die Suche nach dem bewußt unlustvollen Affekt die vor dem Bewußtsein – und vielleicht dem Über-Ich – verhüllte Tendenz nach dem Lustvollen. Die bewußte Unlust wäre dann – ebenso wie der bewußte Krankheitsdruck – nicht nur kein Hindernis für das Zustandekommen des unlustvollen Affektes, sondern oft sogar geradezu seine Bedingung: das Lösegeld. Die Qualität Lust bzw. Unlust eines Affektes wäre bestimmt durch die Stärke des Affektanfalles bzw. Reizes, durch das Verhältnis zum Affektobjekt und, als Unterabteilung des letzteren, durch Schuldgefühle.

Ich habe bisher die Folgerungen aus der Freudschen Behauptung von der hysterischen Natur der Affektanfälle nur konditional gegeben. Sehen Sie bitte darin eine kleine Auswirkung des gekränkten Autorennarzißmus. Denn um dieselbe Zeit, da Freuds oben genanntes Buch mit seiner Behauptung erschien, befand sich eine Arbeit[5] von mir im Druck, in der ich bei der Scham diesen ererbten Kompromiß aufzeigte und ihn bei einigen anderen Affekten (wie Heiterkeit und Trauer) wenigstens andeutete.[6] Aber ich wagte noch nicht die Feststellung, daß *alle* Affekte auf das Schema des Kompromisses zurückzuführen seien. Den Mut dazu nahmen mir zweierlei Erscheinungen: Es gibt Affektanfälle, die so einfach gebaut zu sein scheinen, daß man sie fast als Reflexe ansprechen kann. Und ich ging, neurologisch gebildet – oder verbildet –, zur Erklärung der seelischen Reaktion von den Reflexen aus, statt nach *deren* Erklärung die Reflexe als Endausgänge jener zu deuten.* Auf der anderen Seite ist eine ganze Anzahl gerade der wichtigsten Affekte, wie

* Dr. Franz Stein[7], meinem Mitarbeiter in Frankfurt, habe ich diese Problemstellung zu danken.

Angst, Trauer und Heiterkeit so kompliziert geschichtet, daß mir ihre Deutung auf so relativ einfache Weise nicht möglich schien.

Ist doch selbst ein verhältnismäßig einfacher Affekt wie die Scham, der sowohl in der Stammesgeschichte wie im Einzelleben spät erscheint und deshalb weniger überarbeitet ist, schon kompliziert genug. Zur Ontogenese der Scham kann man auf ein häufiges Geschehen der Kinderzeit hinweisen: Das Kind im 2. bis 3. Halbjahr begegnet einem Fremden, der sich ihm freundlich zuwendet. Zunächst flüchtet es sich an die Brust oder in den Schoß der Mutter, in sie sozusagen hineinkriechend. Dann aber löst es sich von der Mutter: erst kurz, dann immer länger wendet es sich dem Herankommenden zu, faßt ihn ins Auge. Durch dies Sehen macht es sich das Fremde zu eigen und wird mit ihm eins. Denn sehend ist der Mensch weitgehend das Gesehene. Das Pendeln dauert eine Zeitlang und findet meist damit sein Ende, daß das Kind sich dem Objekt in die Arme wirft und so ganz mit ihm eins wird, den als Freund wiedererkannten anfänglichen Feind mit Heiterkeit begrüßend.

Bei diesem Vorgang tritt nicht nur der Antagonismus zwischen der Lust, beschaut zu werden, und der Lust, sich zu verbergen, klar zu Tage, sondern auch zwischen der Lust, zu sehen, und der Lust, blind zu sein, ein reizloses Leben als Teil der Mutter zu führen. Auch beim Sich-Schämenden sehen wir die Neugier durchbrechen, seinerseits das Objekt, vor dem er sich schämt, mit den Blicken zu erfassen. Abwechselnd damit aber schließt er seine Augen oder schlägt sie nieder. In der Folklore erblindet oft der, der die Scham bricht.

Diese Beobachtung am kleinen Kinde stammt aus einer Zeit, da das Ich noch weniger entwickelt ist. Die beiden Antriebspaare (Schau- und Zeigelust mit ihren Widerparten) bestehen zwar gleichzeitig, sie setzen sich aber wie beim Pendel nacheinander durch und werden erst allmählich, wenn das Ich erstarkt, zu Kompromißreaktionen in der Zeiteinheit zusammengefaßt. Nach einem Schock ist oft der Affekt wieder in seine Komponenten zerfallen, zwischen denen dann gependelt wird. Man könnte in einem solchen Falle von einer Regression auf einen der Zwangsneurose ähnlichen Vorläufer des hysterischen Affektes reden. Ähnliche Vorstufen finden sich auch bei anderen Affekten und ebenso Regressionen auf sie, besonders häufig bei Zwangsneurosen und Schizophrenien und ihren Abschwächungen zu Charakterabarten. Das bildet dann eine der größten Schwierigkeiten für die Therapie. Gelingt es nicht, die zu einem Erlebnis gehörigen Affekte zusammen mit den Vorstellungen zum Erlebnis zu bringen, so bleibt alles Bemühen vergeblich – wie schon in Freuds »Studien zur Hysterie«[8] zu lesen ist.

Doch nun zu den reflexähnlichen Affekten: Der *Ekel* erscheint uns als Reaktion auf schlecht riechende oder schmeckende Nahrung, die unlustvoll ausgewürgt wird. Sie basiert auf der Ausstülpungstendenz, die wir in der ganzen belebten Welt wiederfinden und die so weit gehen kann, daß ganze Teile der Körpersubstanz ausgestoßen werden können, z. B. bei manchen niederen Tieren der ganze Darm. Aber der Ekel ist kein Würgreflex. Bei diesem ist ein Gegenstand in die Mundhöhle gelangt, hat aufgehört selbständig zu sein, ist Teil der Person geworden und soll aus ihr wieder entfernt werden. Beim Ekel dagegen gelangt das *Bild* von einem Gegenstand durch Auge oder Nase in den Menschen. Das Objekt selbst bleibt außerhalb der Person weiter wirklich, d. h. selber wirkend und zu bewirken, ist auch ferner Liebes- oder Haßobjekt. Ein Objekt wahrnehmen, heißt ja nur, das Bild von ihm mittels der Sinne aufnehmen. Da trifft es auf die Erinnerungen früherer Einverleibungen und ihrer Folgen und unserer Reaktionen auf sie. Diese können nunmehr gegen das wirkliche Objekt wirksam werden, wodurch wir den schlimmen Folgen der früheren Verinnerlichung entgehen können. *Wahrnehmungen entstehen nur durch Verzicht auf Einverleibung.* Und Ekel ist das Kompromiß zwischen der Intention der Einverleibung, dem Verzicht darauf unter Wahrnehmung des Objektes und der Wiederausstoßung des in der Wahrnehmung Verinnerlichten. Denn trotz der Ablehnung des Mundes auf Grund der Realitätsprüfung frißt das Auge oder die Nase das Objekt immer wieder aufs neue in sich hinein, um es gleichzeitig durch den Mund auszustoßen. Nur wenn wir im Ekel auch die bewußtermaßen abgelehnte Tendenz zur Einverleibung neben der offenkundigen zur Ausstülpung erkannt haben, verstehen wir die Reaktionen des dreijährigen Kurt, der beim ersten Anblick des neugeborenen Schwesterchens erbrach. Er hatte es mit seinen Blicken verschlungen. Die Stufe der Realitätsprüfung »Ich und Schwesterchen sind zweierlei« ist verlassen; Sehender und Gesehenes sind eins. Er stößt sich aus sich heraus, um sich von *dem Ich* zu befreien, das er erstrebt zu sein, aber ablehnt zu sehen.

Auch der *Schreck* in seiner häufigen Form des schlaffen Schrecks imponiert zunächst als Reflex, nämlich als Totstellreflex. Auch ich habe ihn so beschrieben, denn beim Anblick eines Schreckobjektes wird der Tod auf Zeit vorweggenommen, damit man so dem Tod auf Dauer entgehe. Jedoch erscheint mir heute die Wahl des Ausdrucks Totstellreflex einseitig. Es wird damit die sekundäre Zielsetzung zu sehr unterstrichen, den Gegner über den bereits eingetretenen Tod zu täuschen. Diese Tendenz ist sicher gegenüber Verfolgern gerechtfertigt, die nur den Tod des Objektes wünschen oder nur lebendes Wild jagen. Über dies hinaus handelt es sich beim Schreck um eine der wichtigsten Primitivreaktionen, um die Einstülpungstendenz, die wir bereits bei der Enzystierung der Protozoen antreffen. Sie erfüllt nicht nur den Zweck der zeitweiligen Tötung des Subjektes, sondern auch den der Auslöschung des Objektes durch Austilgung des Sinneskontaktes mit ihm. Der Schreck ist demnach nicht nur Flucht, sondern auch Abwehr.

In der Individualgeschichte des Menschen bedeutet die Einstülpung auch die Wiederaufnahme des gesicherten reizlosen Zustandes im Mutterleib, der Präexistenz.*

Trifft ein schreckhafter Reiz einen körperlich Kranken oder einen Menschen, dem das Leben nicht mehr lebenswert ist, so tritt bisweilen der Tod ein. Dann ist das Zustandekommen des Schrecks mißglückt, die Einstülpung vollkommen. Anders beim Gesunden, bei dem nach kürzerer oder längerer Zeit die Tendenz zu leben sieghaft über die Zurückziehungstendenz triumphiert. So wird uns deutlich, daß der Affekt Schreck nur zustande kommt als Kompromiß der Tendenzen, zu sterben und zu leben, die Welt zu vernichten und sie zu schonen, auf daß man sie wieder liebend umfassen oder hassend wirklich zerstören könne.

Die bis jetzt beschriebene Form des Schrecks, die schlaffe, hat erst spät diesen Namen erhalten und trüge ihn zu Unrecht, müßten wir uns nicht bei den Benennungen der Affekte daran gewöhnen, daß sie ständig Namen und Bedeutung ändern. So haben oft ganz verschiedenartige Gebilde den gleichen Namen. Ein deutliches Beispiel dafür: Im Holländischen bezeichnet das Wort *trots* nicht jenen Affekt, den Freud in Zusammenhang mit der Analerotik gebracht hat, sondern das, was wir im Deutschen »Stolz« nennen. *Grinzen* und *grienen* ist »Lachen«, dasselbe Wort, kaum abgeändert in »Greinen« = Weinen. Das Wort »Schreck« nun bedeutet ganz gewiß nicht: »bewußtlos niederstürzen«, sondern vielmehr »Sprung«, eine Wortwurzel, die wir im Ursinne noch in »Heuschrecke« kennen. Dementsprechend existiert das Wort »Schreck« auch für das schreckhafte Hochspringen und Zusammenfahren. Dies hat *Moro*[9] auf den Fluchtsprung des Affenkindes zurückgeführt, dessen Unterlage, ein Ast, im Winde schwankt, und das nun im Sprung die schützenden Arme der Mutter aufsucht. So finden wir als rezeptive Affektzone des Schreckens das Gleichgewichtsorgan und verstehen, weshalb häufig der Schreck als Schwindel zum Bewußtsein

---

* Ich spreche nicht von einem lustvollen Zustand, sondern allein von einem reizlosen. Die Lustkomponente erhält er erst durch spätere Unlust, die den lust-unlustlosen Zustand erstrebenswert erscheinen und so – in Negation des Heute – die Mutterleibsphantasien entstehen läßt.

kommt. Wenn wir aber vor Schreck erstarren, wie angewurzelt stehen bleiben, so setzt sich auch noch eine weitere Tendenz durch, die jener Tendenz zum Sprung ebenso entgegen gesetzt ist wie der zum Hinstürzen: die Primitivreaktion, die ich Steife nennen möchte. Bei ihr werden wir mit der Umwelt eins, selber Fels oder Baumstamm, unverrückbar. Leblos geworden, entschwinden wir dem Verfolger in der leblosen Umwelt. Das Subjekt geht in die Umwelt auf (Mimikry). Der Mensch aber wird in der Steife Phallus und exhibiert als solcher zum Staunen der Umwelt: d. h. diese wird gleichfalls Fels, Baum, Phallus, zum andern Steifen gleichermaßen ja und nein sagend.*

Ein einziger plötzlich auftauchender gefahrvoller Reiz setzt die Tendenzen des schlaffen Schrecks in Bewegung: wegflüchten aus der Welt des Lebens in die des Todes, wegeilen von der Gefahr unter Einstülpung des Leibes, magische Vernichtung des Feindes durch Tötung der Welt mittels Auslöschung des Bewußtseins von ihr und doch innerhalb der Mutter weiterleben, um neugeboren die Welt wieder liebend umarmen zu können. Es klingen an die Sprungtendenz vom schwankenden Untergrund zur sicheren Mutter hin und die Erstarrungstendenz, um unverrückbar, aber auch unauffällig zu sein, um – ganz Phallus – die Umwelt zu faszinieren. Buritans Esel verhungerte schon zwischen zwei Heubündeln, da die Tendenz zur *einen* Sättigung die zur anderen hemmte. In den Affekten lähmen zahlreiche Strebungen einander. Jede für sich mag zum mindesten bisweilen nützlich sein. Zwangsmäßig gleichzeitig in Bewegung gesetzt, ist dies keine realitätsgerechte Bewältigung der Reize. Ja, die Gleichzeitigkeit widerstreitender Intentionen wird sogar manchmal den durch den Affekt Zerrissenen aufs äußerste gefährden. Die Affekte als Einheiten müssen also gehemmt werden. Dieser Vorgang wiederholt sich in der Stammesgeschichte schon seit langen Generationsreihen, und so finden wir bereits ererbte Reaktionsbildungen gegen die Affekte, die teilweise in der Individualgeschichte schon frühzeitig auftreten. Das Kind, das als Embryo, wenn auch in sehr beschleunigter und mannigfaltig abgeänderter Form die Stammesgeschichte vom Einzeller über den Kiementräger wiederholt, erneuert dank dem Trägheitsprinzip auch den Entwicklungsgang in bezug auf die Affekte. So sehen wir eigentlich nur bei ihm die Affektanfälle mehr oder weniger rein. Wir sehen aber auch, wie sich über den phylogenetisch älteren Affekten jüngere, noch kompliziertere entfalten, um gleichfalls zu veralten und zur allmählichen Überwindung zu kommen.

---

* Die Tendenz zur Mimikry ist allgemeiner, auch über das Tierreich verbreitet, existiert z. B. bei der Heuschrecke.

Dementsprechend finden wir beim Neugeborenen den Schreck noch sehr leicht und ausgiebig auslösbar, besonders in der Form des Hochfahrens. Erst allmählich wird er mehr und mehr von der Angst verdrängt.

Der Angstanfall ist ein sekundärer hysterischer Anfall zur Vermeidung des primären hysterischen Anfalls Schreck: Nach dem Gesetz der Wiederkehr des Verdrängten im Verdrängenden enthält die Angst sämtliche Komponenten des Schrecks. Über diese hinaus aber bilden sich verschiedene neue Intentionen aus, die nun mit den Schrecktendenzen Kompromisse eingehen. So brachte der Schreck keine Flucht vom Ort der Gefahr weg, anders die Angst; denn inzwischen hat der Mensch den Raum zu durcheilen gelernt. Die selbstverständlichste Fluchtrichtung geht vom Reizanlaß weg. Sie ist so deutlich und auch so bewußtseinsfähig, daß wir von ihr nicht weiter zu sprechen haben. Für uns hier sind jene schon genannten Ziele wesentlicher, die in den Mutterleib, in das Nicht-Ich, in den Tod, ins Aufgehen in die Umwelt führen, und die wir fast in all unseren Analysen nachweisen können. Abgeschwächt wird das ängstliche Kind durch seine Angst sehr häufig an die Mutter herangezogen. Es klammert sich an den Rock der Mutter an, kriecht in die Mutter fast hinein.

Oft auch beschäftigt uns eine ganz besonders realitätswidrige Richtung der Flucht: Die Flucht auf den Verfolger hin. Sie erinnern sich jener fast unerklärbaren Kraft, die z. B. den Ängstlichen beim Herannahen eines Autos geradezu gegen dieses hin, unter es hineinzieht. So ausgebildet ist das eine krankhafte Ungewöhnlichkeit. In abgeschwächter Form aber ist die Tendenz praktisch allen Menschen eigen. Ich erinnere an eine kleine Beobachtung, die beliebig oft wiederholt werden kann: Sie stehen am Bahnsteig und erwarten einen bestimmten Zug. Die Leute um Sie herum kennen aus Erfahrung die Stelle, wo der von ihnen gewünschte Wagen halten wird. Ein Teil hat dies durch wiederholtes Befragen des Bahnpersonals festgestellt und entsprechend den Weisungen seinen Posten bezogen. Im Augenblick, da der Zug heranbraust, kann man bemerken, daß drei Viertel der Wartenden den genau überlegten Platz verlassen, um – dem Zug entgegenzustürzen. Bis er hält. Dann werden die Menschen wieder vernünftig. So erklären sich wohl die zahlreichen Fälle, daß als Selbstmord – bewußter oder unbewußter Weise – der Sturz unter die heranbrausende Eisenbahn gesucht wird. Wie dieser rätselhafte Vorgang zu verstehen ist, zeigt uns das Kind besonders deutlich in jener Epoche, da der Affekt noch nicht als hysterische Kompromißhandlung in der Zeiteinheit zusammengefaßt ist, sondern noch weitgehend ein Pendeln zwischen den Tendenzen besteht. Sie spielen mit einem Kinde im zweiten Halbjahr irgendein Verfolgungsspiel. Der Finger nähert sich dem sitzenden Kinde. Es biegt aus, strebt weg, bis der Finger ganz nah ist. Dann wirft es sich Ihnen in die Arme. Etwas später: das Kind krabbelt von Ihnen weg. Aber trotz allen Kraftaufwandes verringert sich mit jedem Schritt von Ihnen der Abstand. Ängstlich kreischt das Kind auf und – dreht sich plötzlich um und flieht vor Ihnen in Ihre Arme. Für einen Augenblick hatte das Spiel dem Kinde ernst zu werden gedroht. Aus dem Liebesobjekt wurde ein Verfolger. Da wirft sich das Kind ihm in die Arme, um im Verfolger den Liebenden zu erschmeicheln, um im Feinde den früheren Geliebten wieder zu erkennen. Und lachend bohrt sich das Kind mit seinem Kopf in die Erwachsenen hinein und strampelt und peitscht die Luft und auch ihn in Heiterkeit. *Heiterkeit* ist jene Situation, in der wir ungestraft unserer Lust bis zur Gewalttätigkeit gegenüber geliebten Wesen nachgeben, da wir im Freund den Feind, im Feind den Freund erkannt haben. Es tobt sich in Heiterkeit aus. Beachten Sie den uns geläufigen Ausdruck: austoben; d. h. doch wohl: sich aus sich heraus toben, – suchen, sich auszustülpen, sich, sein Subjekt und seinen Körper, abzustreifen.

Diese Tendenz, der wir schon beim Ekel begegnet waren und auf die wir nun auch bei der Heiterkeit gestoßen sind, ist auch in der Angst enthalten. Gewaltsam wollen wir uns von uns abtun. So setzen spastische Durchfälle und die spastischen Urinabsonderungen ein, so entströmt uns der Angstschweiß. Die Ausstülpungstendenz erhöht alle Lebensfunktionen. Die Tendenz des Schrecks, hinzustürzen, das Leben einzustellen, ist ihr entgegengesetzt. Aber auch ohne dies ist das Sterben – wenn auch nur auf Zeit – Gefahr. Ihr gegenüber wird das Funktionieren erstrebenswert, das erhöhte Selbsterlebnis Lust.

Narzißtische Lust am Körper-Ich und an seinem Funktionieren sowie am Erleben, am Subjekt, ist das große Antidot gegen das berauschende Gift, sich selbst zu verlieren. Orgasmus und ebenso eine Menge von Angsterscheinungen lassen sich auf diesem narzißtischen Selbsterlebnisdrang in Kompromiß mit der Tendenz, sich aus sich herauszustülpen, zurückführen. Am meisten ins Auge fallend ist die Bewegungsunruhe, die sich in dem vom Standpunkt der Fluchttendenz aus ganz sinnlosen Hin- und Herlaufen äußert, aber auch in dem noch wertloseren Zittern, das jede vernünftige Bewegung ausschließen kann. Der Stoffwechsel ist erhöht, die Zahl der Herzschläge bei relativ nicht allzu großer Leistung des Herzens gesteigert. Die Beschleunigung der Atmung wird umso fühlbarer, als sie gleichzeitig gehemmt ist. *Weil Herzklopfen und beschleunigte Atmung gegen das Nichtsterbenwollen protestieren, eignen sie sich besonders gut zur Rationalisierung der To-* *desangst.* Laut erhebt das ängstliche Kind seine Stimme, nicht nur um Hilfe herbeizuholen. Es singt, um sich selbst wahrzunehmen. Es sucht das Licht, um – die Welt sehend – sich zu erleben. Nichtsehen ist Töten der Welt, Sehen ihr das Leben lassen, ja sie beleben. Und so hängen die Augen und Ohren des Ängstlichen am Angstobjekt, müssen es suchen und fliehen.

Auch dem Redner, der sich vor dem Anblick der Menge verkriechen möchte, bleibt als Rettung in seinem Lampenfieber nichts anderes üb-rig, als sich an den eigenen Worten und Gesten zu berauschen. Er muß sich an sein Pult, an sein Manuskript, an seine zur Faust sich verkramp-fende eigene Hand halten, um nicht – nichts fühlend – ins Nichts zu stürzen. Wo die Selbstwahrnehmung noch immer versagt, zumal, wenn das Körper-Ich von Kastrationsgefahr bedroht erscheint, ist die Bestä-tigung des Mächtigseins von außen im sekundären Geltungstrieb nötig. Ansehen und Ehre ist wichtigster Besitz des Ängstlichen.

Frühere Versuche, die Affekte zu erklären, hatten sie als Flucht- und Abwehrmaßnahmen gewürdigt. Freud lehrte uns, daß sich im Affekt widersprechende Tendenzen zu einem ererbten hysterischen Anfall zu-sammenschließen. Unter diesen hob die psychoanalytische Untersu-chung die beiden Formen der Flucht ins Nichtsein und auf den Feind hin hervor, und zwar in den verschiedenen Schichten als verschiedene Erscheinungsweisen (zurück in der Mutter Arme, in der Mutter Leib, in den Tod). Endlich brachte sie die Erkenntnis von der eminenten Be-deutung des primären Narzißmus als Gegenmittel gegen die Tendenz zur Präexistenz und des sekundären Narzißmus zur Behebung der in-trapsychischen Ataxie als Folge der Kastrationsangst. (Beides habe ich in meiner Pubertätsarbeit[10] zu beleuchten gesucht.)

Namentlich die narzißtische Bedeutung der Lebenssteigerung schien mir zur Erklärung der Affekte so groß, daß ich lange Zeit geneigt war, sie als dritte Kraft neben die beiden der Flucht und Abwehr zu stellen. Wohl fühlte ich, daß es sich um zwei verschiedene Ebenen handle: Flucht und Abwehr sind auf das Objekt bezogen, Lebenssteigerung einzig auf das Selbst. Die Objektbeziehung der Affekte ist locker, nicht nur die der frühen libidinösen Triebe. Man mußte also zu den Affekt-zielen tiefer hinabsteigen: zu den Primitivreaktionen wie Einstülpung, Ausstülpung, Steife.

Auch der Schmerz erhält durch die Erkenntnis des Phänomens »Le-benssteigerung« eine ganz neue Beleuchtung. Ich wäre vielleicht gar nicht auf seine Bedeutung bei den Affekten gekommen, hätte ich es nicht bei der Entzündung kennen gelernt, deren klassische Symptome

Röte, Schwellung und *Schmerz* heißen, die seit Marchand[11] als Lebens-steigerung erkannt und seit Bier[12] als solche benützt wird. Der andere Hauptanlaß des Schmerzes aber ist der Krampf glatter Muskulatur, im Leben des Kleinkindes der Krampf der Darmmuskulatur, die einerseits Unbrauchbares und Schädliches hinwegschaffen soll (Ausstülpungs-tendenz), andererseits Ichgewordenes im Ich festhalten möchte. Da, wo wir keinen der beiden Anlässe zum Schmerz kennen, sprechen wir von nervösen Reizerscheinungen, ein Zeichen dafür, wie sehr man der Steigerung der Lebenstätigkeit beim Schmerz überzeugt ist. Im Schmerzvorgang treffen sich Ausstoßungs- und Festhaltungstendenz. Daß hinter ihnen auch die Ausstülpungstendenz besteht, ergibt sich nicht nur aus den Entzündungsvorgängen, die zur Eiterung oder Ab-kapselung des vom Feind befallenen Körperteils führen sollen, und dem Vorgang des Spasmus. Es besteht auch eine starke Tendenz, das schmerzende Organ aus der Psyche auszuschalten. Gerade diese Ten-denz beginnt bei länger dauerndem Schmerzvorgang zu überwiegen. Ihr gegenüber und den Schädigungen zum Trotze, die den Schmerzvor-gang auslösen, setzt sich mächtig die Lebenssteigerung durch.

Wir müssen nochmals auf die in der Angst enthaltene Tendenz zur Flucht auf den Verfolger hin zurückkommen. Sie führt beim Kinde zur tatsächlichen Vereinigung. Ebenso ist es in jenen oben gestriften Selbstmorden, in denen sich die Selbstmordsüchtigen unter ein heran-brausendes ungeheures Etwas werfen. Dies Etwas ist – in symbolischer Form – der große Verfolger der Kindheit, die Mutter. Der *Tod* ist die gesuchte Vereinigung mit ihr.

Diese Tendenz ist – in der Anlage wenigstens – bei allen Menschen angeboren. Ich glaube, hier liegt das, was Freud[13] die Vermutung aus-sprechen ließ, es gäbe einen ererbten Kern des Über-Ichs. Angst haben vor den Eltern heißt auch die Tendenz haben, sich mit ihnen zu verei-nen. Wenn man weiter leben will – und dazu drängt es –, muß man eins werden mit ihnen. Wenigstens ein Teil des Ichs muß sich dem geliebten Verfolger angleichen. Gleichzeitig wird das passive Leiden durch akti-ves Leidenmachen kompensiert.

Ich habe Ihnen die Angst als sekundären hysterischen Anfall zur Ver-meidung des primären, des Schrecks, beschrieben. Heiterkeit und Trauer entstanden zur Vermeidung der Verzweiflung und nahmen sie in sich auf, um sie mit zahlreichen anderen Tendenzen zu verschmelzen. Im melancholischen und manischen Raptus sind die beiden Affekte weitgehend zerfallen, und dann treten wesentliche Züge der Verzweif-lung in den Vordergrund.

Die Affekte – auch die sekundären – sind auf die Dauer nicht ichgerecht, weil unzweckmäßig. Schon darum müssen sie gehemmt werden. Überdies tritt beim Menschen noch der wichtige Faktor Erziehung auf: Ein bis eineinhalb Jahrzehnte bleibt das Kind hilflos auf die Fürsorge der Eltern angewiesen. Das Schreien des ängstlichen oder traurigen Kindes ruft die Mutter herbei, zwingt sie zur Aufmerksamkeit und damit zum Zeitaufwand – auch zur Unzeit. Der Schrei und das Weinen appellieren mächtig, nicht nur an die Liebe, sondern vor allem auch an die Schuldgefühle der Mutter. Das stört diese, ja es quält sie. Das Kind, das sich beim Herannahen einer Gefahr an den Mutterrock klammert, ihre Beine umschlingt, in sie hineinzukriechen sucht, belästigt die Mutter, ja es gefährdet sie, wenn wirklich eine Gefahr – z. B. ein Auto – herannaht. Das heitere Kind zieht die Aufmerksamkeit der Mutter auf sich. Heiterkeit steckt an, denn man möchte mitlachen, ja fast muß man es. (Wir werden später nochmals das Echo der Affekte streifen.) Aber man ist mit anderem, vielleicht Ernstem, beschäftigt. Man kann nicht, wo man es doch gern möchte. Neid und Eifersucht steigt auf, und man darf doch dem Kinde nicht seine Lust mißgönnen. Man sieht: zu dem an sich Unzweckmäßigen der kindlichen Affekte treten für die Erzieher bisweilen Gefährdungen äußerer Natur, öfters auch die Gefahr von innen her: Schuldgefühle über den Schmerz des Kindes, Selbstvorwürfe wegen der Mißgunst auf das Kind. Affekte können gesellschaftswidrig werden. Dies gilt namentlich von Wut, Neid, Trotz und Hohn. Daher sucht der Erzieher die Affektausbrüche des Kindes zu unterbinden. Dies kann im Kinde die Folge haben, daß sein sich bildendes Über-Ich ihm aufzuzwingen trachtet: man darf keine *Affekte haben*; sie dürfen nicht erlebt, sie müssen zerstört werden. »Täglich erlebt das Kind, daß die Mutter die Äußerungen ihrer Affekte unterdrückt, ihre Erlebnisse verleugnet« (Burlingham[14]). Das Tun der Mutter fordert vom Kinde das gleiche.

Teilweise geschieht das in der Form, daß auf die Zeit regrediert wird, in der die Affekte noch nicht bestanden, sondern nur ihre Vorstufen, da die einzelnen Strebungen sich pendelnd durchsetzen. Das ist die zwangsneurotische (und schizophrene) präaffektive Epoche. Bei der Hysterie wird nur auf die Epoche infantiler Affektinkontinenz oder auch primärer Affekte regrediert. Daher die große Bedeutung von Schreck und Wut bei ihr.

Ein Teil der Affekte wurde subalternen Ich-Anteilen überlassen, während sich das Haupt-Ich vernünftig und brav, liebend und abwehrend der Realität zuwandte. Allmählich kapselten sich diese Affekte ab, veröedeten zu Reflexen.

Umgekehrt aber können sich auch Superaffekte bilden. So entsteht die Angst vor der Scham: die Befangenheit – die Angst vor der Angst: die Vorsicht. Da immer wieder aufs neue der verpönte Affekt droht, scheint der nunmehr gebildete Superaffekt kontinuierlich. Es entsteht eine Stimmung, bzw. ein bestimmtes Temperament. Der häufigste Superaffekt ist sicherlich die Angst. Es gibt jedoch noch eine ganze Reihe anderer Superaffekte. Die Befangenheit kann nicht nur eine Angst vor der Scham, sondern auch eine Scham über die Angst sein. Neben der Angst scheint mir am häufigsten die Trauer als Superaffekt aufzutreten. Da sie wirklichen – oder später, in Vorwegnahme dem Über-Ich gegenüber: intrapsychischen Liebesverlust bringen kann, wird sie selber Anlaß zur Trauer. Ebenso kann Trauer über die »Ungezogenheit« der intendierten Angst, über die »Unsittlichkeit« der sich meldenden Wut (natürlich auch über die Verwerflichkeit bestimmter Triebregungen) entstehen und zum Pessimismus, zur depressiven Persönlichkeit führen.

Dies scheint lauterer Unsinn zu sein. Die Affekte sollen als nicht ichgerecht gehemmt, als nicht über-ich-gerecht zerstört werden – und nun wieder soll der Teufel durch Beelzebub ausgetrieben werden. Vielleicht aber handelt derjenige unsinnig, der bei seelischen Vorgängen äußere Logik erwartet. Täglich hören wir von unseren Patienten den Vorwurf, daß wir uns widersprechen, wenn wir wahrheitsgetreu die widerspruchsvollen Regungen in ihnen beschreiben. Dort handelt es sich allerdings meist um pathologische Fälle. Hier geht es um typische Vorgänge, um eine Erklärung der allgemeinen Holzwege, wenn wir widerspruchsvolle Tendenzen als typische aufzuzeigen suchen. Nun scheint mir die Situation des Menschen (weder als Einzelwesen noch als Gesamtheit) nicht dem Ideal, sicherlich nicht der Logik zu entsprechen. Daher ist auch hier zu erwarten, daß die Untersuchung des Menschen auf innere Widersprüche, sinnlose Kraftvergeudungen und Selbstzerfleischungen führt.

Praktisch ist übrigens durch die Bildung der Superaffekte viel gewonnen. Die innere Reibung zehrt unendliche Kräfte auf, die sonst für den Träger und seine Umwelt gefährlich werden können. Und so gelingt es der Mehrzahl der Menschen, wenigstens insoweit Herr über ihre Affekte zu werden, daß sie sich zu einer einigermaßen lenkbaren Herde zusammenfügen lassen. Zu diesem Zweck wird sogar der Superaffekt der Angst vor dem Liebesverlust der Herrschenden, und ihrer psychischen Repräsentanz, des Über-Ichs, das Schuldgefühl, bewußt hochgezüchtet. Infolge der inneren Reibung erhalten die Superaffekte noch besondere Eigentümlichkeiten:

Alle Trieb- und Außenreize, die ein Individuum mit primitiver Ich-

Organisation treffen, rufen Reaktionen des ganzen Wesens, erkennbar als Aktionen des ganzen Körpers oder wenigstens großer Teile von ihm hervor.* Ein Kind, das eben zu stehen und zu gehen gelernt hat, habe sich vor uns aufgepflanzt. Wir halten ihm einen begehrenswerten Gegenstand, z. B. eine glitzernde Uhr, hin. Das ganze Menschlein greift danach: Da schießen beide Arme, der Kopf, die Schultern und die Beine auf den Gegenstand zu. Und schon liegt das Kind am Boden. Erst allmählich lernt es diesen Massenantrieb beherrschen. Es befiehlt sozusagen seinen Beinen, stehen zu bleiben, den Schultern und der einen Hand, ruhig zu sein, und dann greift das Ich mit der anderen Hand nach dem Gegenstand. Es hat sich differenziert unter Bildung subalterner (deskriptiv unbewußter) »Iche«, welche die »automatischen« Funktionen, z. B. stehen, übernehmen. Es selbst wird frei für neue Aufgaben.

Ganz analog ist der Entwicklungsgang bei den Affekten. Einstülpungstendenz, bzw. schlaffer Schreck zwingt den ganzen Menschen zu Boden. Die Steife macht aus dem ganzen Kinde ein Brett. Die Verzweiflung peitscht Arme, Beine, Rumpf und Kopf gleichzeitig durcheinander und gegeneinander. Durch die Schwächung infolge der inneren Reibung werden die Affektbewegungen der einzelnen Gliedmaßen in der Regel wenigstens beherrschbar. Schließlich äußern sich nur mehr die Teile der Primitivreaktionen als Affektziele der gebremsten Affekte, die gleichzeitig Ausdruck wichtiger libidinöser Triebe sind. Diejenigen Affektzonen bleiben in Tätigkeit, die betonte Sexualzonen sind, und färben die Affekte und differenzieren sie zu ungeheurer individueller Mannigfaltigkeit.

Anfangs waren die Affekte nur Reaktionen *angesichts* des Reizgebers, standen nur in einem örtlichen und zeitlichen Verhältnis zu ihm. Die deutsche Sprache zeigt dies sehr schön: ich ängstige mich vor, ich trauere über, ich bin zornig auf usw. Erst wenn die Affekte Ausdruck der libidinösen Strömungen geworden sind, übernehmen sie von diesen die Sexualobjekte als Affektobjekte. Die Sprache drückt dies mit der direkten Objektbeziehung des Akkusativs oder Dativs aus: ich fürchte jemand, ich betraure ihn, ich zürne ihm.

Von den Objektbeziehungen gilt ganz besonders, was wir von den Differenzierungen sagten: Mit der Schwächung der Antriebe infolge innerer Reibung wächst die Festigkeit der Objektbindungen. Das Tier hat anfallsweise Brunstzeiten, in denen es zu typischen Handlungen getrieben wird. Sie hemmend und damit kontinuierend, gilt: »Du siehst, mit diesem Trank im Leibe, bald Helenen in jedem Weibe.« Erst

---

* Dr. (Paul) Federn hat mich auf die Neigung des Kindes zu massiven Reaktionen hingewiesen.

wenn durch Erstarkung des Ichs die positiven Strebungen großenteils durch negative gebunden sind, es nicht mehr zwischen ihnen pendelt, entsteht die Treue. Ebenso wird die »Furcht des Herrn«, der Gehorsam an die tausend Tabus der Gesellschaft durch Bindung von Wut, Eifersucht, Neid usw. möglich.*

Da sich die libidinisierten Affekte so mannigfaltig von den ursprünglichen Affektausbrüchen unterscheiden, tut man gut, sie mit einem eigenen Namen zu nennen, etwa mit dem derzeit in der wissenschaftlichen Psychologie ziemlich außer Kurs gekommenen, also praktisch freien Ausdruck: Leidenschaften. Zu ihnen zählen psychische Gebilde, die wir mit als die menschlichsten empfinden und die wir – teils an uns, teils an anderen – nicht missen möchten, obwohl sie viel Leid auferlegen.

Die Verpönung der Affektanfälle hat in der Wissenschaft eine merkwürdige Wirkung geübt. Da sich doch zum mindesten kleine Affektanfälle nicht gar zu selten zeigen, hätte sie längst zu der Erklärung der Affektivität aus den deutlichen kindlichen Affektanfällen geführt. Gewiß mußten die regressiven Verzerrungen der Affektanfälle der Erwachsenen diese Gedankenrichtungen erzeugen. Aber das Verbot, das dem Kind erteilt wird: man darf keine Affekte haben, läßt die ganze eigene und ererbte Affektentwicklung vergessen. Man suchte – vergeblich – eine Erklärung der affektiven Färbung und Gefühlstönung der Empfindungen und Handlungen. Freud[15] erst sprach wie manche alte Philosophen von Affekt als psychischer Energie.

Unter denselben Bedingungen, unter denen sich die »Leidenschaften« bilden, kann auch der Intellekt zur Entfaltung kommen. In früheren Zeiten werden fast nur typische Reize wahrgenommen, auf die dann typisch reagiert wird. Vor allem dann, wenn die Kastrationsangst an die Autoritäten bindet, wenn von jeder Miene der geliebt-gehaßten Personen das Schicksal abhängt, bildet sich die Vorsicht heraus. Sie differenziert Objekt und Subjekt, spaltet innerhalb der Objektwelt Böses von Gutem, abstrahiert vom Totalobjekt dessen augenblickliche Stimmungen. Scharfe Beobachtung und harte Logik werden entwickelt – lauter Eigentümlichkeiten, die die Sprache mit Bildern aus dem Berei-

---

* Die »Ursache« der Kulturentwicklung suchen wir also in der biologischen Verlangsamung der Entwicklung des Menschen. Nun sehen wir aber – heute wie je –, daß das Wachsen der gesellschaftlichen Anforderungen die Verselbständigung des Individuums verzögert, die Verzögerung der Verselbständigung die Kulturforderungen steigert usw. So kann man sich auch die Kulturentwicklung nach der Vergangenheit hin in ständiger Wechselwirkung mit der Einzelentwicklung geworden denken. Im Anfang stünden Realitätswidrigkeit und – intrapsychisch gesehen – Ichwidrigkeit der Affekt- und Triebanfälle, die zeitweisen Aufschub und teilweisen Verzicht erzwängen.

che der Gewalttätigkeit bezeichnet, die sich auf diese Weise sublimierten Ausdruck gestatten darf und sie auch endlich zu befriedigender Auswirkung nach außen – in sinnvoller Änderung der Welt – bringen kann.

Aber auch die Liebe wirkt sich unter Einfluß der zur Vorsicht libidinisierten Angst im Intellekt aus: das Mienenspiel der Umwelt wird nicht nur gesehen, auch miterlebt. Anfangs echot das ganze Wesen, später immer kleinere Teile die Affekte der Umwelt. Das Schuldgefühl läßt diesen angeglichenen Teil mit Sorge beobachten: wir lernen – uns beobachtend – die Welt verstehen und uns ihr, sie uns anpassen.

Das wesentliche Ziel des Intelligenzprozesses ist und bleibt, in der Fülle der Reize, denen wir hilflos gegenüber stehen, Bekanntes wiederzuerkennen, damit wir keine Angst entwickeln müssen, nicht mehr der Trauer ausgeliefert sind. In der Wissenschaft nennen wir das vertraute, durch unsere Liebe, unsern Fleiß bestimmbare Gesicht der Mutter Natur: Gesetze.

Das Resultat des Wirkens von Vernunft und Verstand ist aber Milderung der Affektentladungen. Die Affekte, die uns mit die stärksten Erlebnisse unseres Selbst geben, wirken sich im Intelligenzvorgang aus. Nur im krankhaft verzerrten Denkzwang ist der Geist der Widersacher des Lebens, sonst aber sein beglückendster Sohn. Im Laufe unzähliger Generationen hat sich die Menschheit wegentwickelt von den typischen Antworten auf als nur typisch wahrgenommene Reize: von den Primitivreaktionen und den Affektanfällen. Sie steht heute in der Hauptsache in der Periode der Leidenschaften, namentlich der Furcht. Doch leise regt sich der Intellekt – gespeist von sublimierten Leidenschaften. Er soll uns lehren, die Anlässe zum Leid zu beseitigen.

II. Affektzonen, Affektziele und Affektobjekte[16]

Unsere Psychologie-, Psychopathologie- und Psychiatrielehrbücher haben wenig zur Affekttheorie zu sagen. So lesen wir z. B. in einer kürzlich veröffentlichten Arbeit[17], daß Gefühle »unmittelbar erlebte Ich-Qualitäten oder Ich-Zuständlichkeiten« sind. Die Gefühle werden unterschieden nach Zuständen (z. B. Freude, Zufriedenheit, Traurigkeit, Angst und Furcht) und Bewertungen, die sich auf mich selbst (z. B. Kraft und Stolz, Schuldgefühl und Verlegenheit) und auf andere (z. B. Liebe, Zuneigung, Bewunderung, Haß, Spott) beziehen. Akute Gemütsbewegungen werden Affekte, dauerhafte werden Stimmungen genannt. Das ist nur eine kleine Auswahl der vorgeschlagenen Unterscheidungen. Dabei versucht man heute, so wenig wie vor 50 Jahren, das Affektleben zu erklären oder wenigstens seine Entwicklung zu verfolgen.

Es war eine revolutionäre Leistung, auf deren Bedeutung wir Psychoanalytiker heute kaum einen bewußten Gedanken verwenden, als Freud in den »Studien über Hysterie«[18] und in der »Traumdeutung«[19] von den Affekten als psychischen Energien sprach und ansetzte, das Seelenleben im Rahmen dieser Kräfte zu erklären. Es stimmt, daß er später die Triebe als das *primum movens* postulierte. In seine neueren Schriften hat er nur zwei zusätzliche Grundannahmen seiner allgemeinen Affekttheorie hinzugefügt. Erstens stellt er fest, daß Stimmungen und Gefühle kontinuierlich wiederholte Reaktionen auf kontinuierliche Reize aus dem Über-Ich sind. Dadurch wird der ursprünglich zeitlich begrenzte Affektvorgang mehr oder weniger kontinuierlich. Die zweite wichtige These beinhaltet, daß ein Affektanfall ein ererbter hysterischer Anfall ist.[20] Diese beiden Annahmen illustrieren die kausal-dynamische Denkweise Freuds. Bei ihr bleiben wir, wenn wir das Affektleben als Ergebnis einer langen stammes- und individualgeschichtlichen Entwicklung zu erklären suchen. Dieser Versuch ist erfolgreich: Bei kleineren Kindern haben wir zahlreiche Gelegenheiten, klar begrenzte Affektanfälle zu beobachten; sie sind viel einfacher als im Erwachsenenalter. Denn beim Erwachsenwerden tendieren sie einerseits stark dazu, relativ kontinuierlich und in dauerhafte Zustände verwandelt zu werden, woraufhin sich Schichtungen bilden, während auf der anderen Seite Affektäußerungen mit Macht beherrscht, Affekterfahrungen gehemmt und sogar vernichtet werden. Im ersten Teil dieser Arbeit habe ich diesen Evolutionsvorgang und seine Gründe ausgeführt.

Wenn wir Freud zustimmten, daß ein Affektanfall ein ererbter hysterischer Anfall ist, folgt, daß ein einzelner Anfall ein Kompromiß zwischen widerstreitenden Strebungen ist, die ihre Kraft von den Trieben beziehen. Es erscheint legitim, auf solche isolierten Anfälle die Beschreibung anzuwenden, die Freud bei den Trieben, besonders den Sexualtrieben verwandte. Er unterschied erogene Zonen, Sexualziele und Sexualobjekte. Entsprechend werden wir in der gleichen Weise von Affektzonen, Affektzielen und Affektobjekten sprechen.

Aber wir sind sofort mit einer großen Schwierigkeit konfrontiert. Schon die oberflächliche Beobachtung eines minimalen Affektanfalls zeigt eine große Anzahl von Organen in Tätigkeit. Bei einem starken Affekt, aber auch bei anderen, untersuchen wir sie nur genau, sehen wir, daß praktisch jedes Körperorgan irgendeine Funktion ausübt. Eine

Mischung der verschiedensten Organstrebungen und in deren Gefolge aller Arten von Triebstrebungen scheint vor uns zu liegen.

Sollen wir daraus schließen, daß ein Affektanfall ein Triebsturm ist, bei dem jede Zone das Ziel erreicht, das für sie durch ihre Struktur festgelegt ist, unabhängig vom Körperganzen und oft im Gegensatz zu den anderen Organen? Im Fall mäßig starker Reize sehen wir, daß einzelne Organgruppen anscheinend ein einheitliches Ergebnis, verschiedene Gruppen aber verschiedene oft widersprüchliche Ergebnisse erzielen. Ein Affektanfall ist genau ein Konflikt dieser Art innerhalb des Menschenwesens, an das Forderungen von allen Seiten gestellt werden, das aber nicht ein homogenes Ganzes ist. Durch die Tatsache, daß es als praktisches Ereignis mit all seinen Organen tätig ist und diese Tätigkeit fühlt, wird es sich mehr oder weniger seiner selbst als Ganzes bewußt. So streben die Affekte zur Integration und nutzen der Persönlichkeit als einer Ganzheit. Deswegen wird nach ihnen verlangt, selbst wenn sie bewußt als unlustvoll erlebt werden.

Wir erfahren aber noch eine andere Tatsache, wenn wir das Verhalten beobachten, mit dem das Neugeborene auf den einprasselnden Hagel der Haut- und Lichtreize reagiert. Seine Reaktion nimmt die Form ungezählter Muskelkontraktionen an, sein Kopf, Körper und alle Glieder werden in diese und jene Richtung gezogen, während eine Bewegung kontinuierlich der anderen entgegenwirkt; es schreit, es scheidet Schleim, Urin und Kot aus. Als Ergebnis des Ganzen schläft es ein. Denn es ist seine Feinde losgeworden – seinen eigenen Körper und sein Selbst. Sie sind Feinde, weil sie als Vermittler für seinen Feind, die äußere Welt, dienen. Durch »Ausstülpung« kehrt es zum reizlosen Zustand zurück, einem Zustand des Nicht-Selbst – der Präexistenz vor der Geburt.

In Bernfelds »Psychologie des Säuglings« (1925)[21] finden wir folgendes Paradox: Der Säugling erwacht nur um wieder einzuschlafen. Alle Reize stören ihn, ob sie nun von den Lebensvorgängen in ihm stammen oder seinen Körper von außen angreifen. Seine Triebe und Reaktionen zielen auf Wiederherstellung des Ruhezustands, auf Verwirklichung des Nirwana-Prinzips. Das gehört zur »Ausstülpung« und gleichermaßen zur anderen Primitivreaktion, die das gegenteilige Bild zeigt, wo alle Organe plötzlich ihre Tätigkeit aufgeben – dem Phänomen der »Einstülpung«. So zeigt sich, daß das Fehlen der Einheitlichkeit im affektiven Verhalten sich nicht nur auf die Funktion der einzelnen Organe bezieht. Die Richtung der Organe als einer Ganzheit ist bipolar; an einem Ende steht die Aufhebung der Individualexistenz und am anderen die universelle Aktivität, d. h. zwei verschiedene narzißtische Befindlichkeiten.* Aber Sie mögen entgegnen: Ist Einstülpung (z. B. Einschlafen oder Ohnmächtigwerden) überhaupt eine Aktivität? Ist sie nicht eher das Abbrechen jeglicher Handlung? Sie erinnern sich, daß Freud zu der Schlußfolgerung kam, daß Träumen vom Streben nach Schlaf abhänge. An anderer Stelle habe ich diesen Ausschaltungsvorgang beim Verhalten schlafender Personen gezeigt.[22] Das Verhalten, das ein Schläfer oder Ohnmächtiger zeigt, wenn man versucht ihn aufzuwecken, ist offensichtlich ein Widerstand.

Über zahllose Generationen hinweg wurden immer wieder mehrere dieser Primitivreaktionen, die jederzeit bereitstehen, durch einen einzelnen äußeren oder inneren Reiz hervorgerufen. Oder wir könnten auch sagen, daß der Reiz einen Trieb erregt, was im Gefolge eine Primitivreaktion erzeugt; daß aber zur gleichen Zeit der Reiz selbst andere Primitivreaktionen hervorruft. Diese schematische Darstellung scheint höchst kompliziert. Aber sobald wir es mit einem konkreten Fall zu tun haben, besonders einem Erwachsenen, sind wir mit einem Gemisch aus Trieben, Primitivreaktionen, Affekten, Superaffekten und Leidenschaften konfrontiert. Denn die Lebensvorgänge sind so kompliziert, daß sie sich fast einer genauen Betrachtung widersetzen, und um überhaupt eine Vorstellung von der Komplexität und Widersprüchlichkeit der wirkenden Faktoren zu bekommen, ist die feinste Anwendung der Freudschen Technik nötig.** Zuerst gibt es oft ein Oszillieren zwischen widerstreitenden Impulsen. Wenn das Ich erstarkt, münden diese in eine gleichzeitige Kompromißreaktion, die als Möglichkeit ererbt ist, nämlich in das, was Freud einen hysterischen Affektanfall nennt. Dieser besteht auf der einen Seite aus Primitivreaktionen und auf der anderen Seite aus Triebäußerungen.

Sie merken, daß ich Primitivreaktionen und Triebe gegenüberstelle. Denn gewöhnlicherweise sprechen wir von einem Trieb nur im Fall der seelischen Repräsentanz von Vorgängen, die ein einzelnes Organ betreffen. Primitivreaktionen mobilisieren im Gegensatz dazu alle Organe. Darüber hinaus sind die Aktivitäten, die sich relativ wenig wiederholen, zeitlich umschrieben – Reaktionen des Ichs –, während Triebe, die Aktionen des Es sind, einen kontinuierlichen oder rhythmischen Fluß aufrechterhalten. Diese Unterscheidung ist nicht grund-

* Ich stimme Fenichels Feststellung zu (1935), daß das Nirwana-Prinzip, der Wiederholungszwang, das Lust- und das Realitätsprinzip sämtliche Äußerungen des Beharrungsprinzips sind.
** Jeder, der sich nicht vor Tatsachen fürchtet und besonders nicht vor der Realität seines mangelhaften Wissens, wird unausweichlich aufs neue mit »chaotischen Situationen« konfrontiert; und ist in dieser Hinsicht dauernd, um Reiks Ausdruck zu gebrauchen, ein »überraschter Psychologe«.

66

sätzlich. Denn bei den Trieben sagen wir, daß nur die Spannungen kontinuierlich oder rhythmisch sind, während die Triebäußerungen durch äußere oder körperliche Reize hervorgerufen werden. Primitivreaktionen (und Affekte) werden im Gegensatz dazu zuerst durch Reize hervorgerufen und dann konstant wieder hervorgerufen, aber als ererbte Möglichkeiten sind sie immer vorhanden.

Aus deskriptiven Zwecken sagt man gemeinhin, daß jedem Trieb ein einzelnes Organ entspricht. Aber diese Aussage ist ganz unvollständig, denn es gibt immer verbundene und angeschlossene Organe. Ich möchte ein Beispiel anführen. Bei der Analfunktion tritt eine ganze Organgruppe in Tätigkeit: Die empfindliche Schleimhaut des Anus und des Rektums, die Muskeln von Rektum, Anus, Perineum und Abdomen mit ihrem senso-motorischen System. Viele Fälle von chronischer Obstipation haben ihre Ursache in einer Ataxie des Perineums und des Anus, sowie einer Störung der Sensibilität des Darms oder des Perineums oder auch beider, als Ergebnis einer unbewußten Verleugnung der ganzen Region und ihrer Funktion. So arbeiten sowohl bei den Trieben als auch bei den Affekten verschiedene Organe oft genau durch ihre antagonistische Tätigkeit zusammen. Aber diese Aktivität ist relativ beschränkt auf ein einzelnes Organsystem, oder genauer gesagt, die Tätigkeit ist eine einzelne Funktion, z. B. in der Defäkation. Ihr Negativ ist die Ataxie. Wir nennen eine Gruppe koordinierter Organe ein organisches System. Bei Primitivreaktionen kommen viele Organe ins Spiel, wenn nicht alle, wie es beim allerersten Mal der Fall war, und es geschieht immer noch, wenn der Reiz stark ist. Die Funktion dieser Mannigfaltigkeit oder Ganzheit ist auch eine einzelne (z. B. Schlaf) und berührt das Individuum als Ganzes direkt, während die verschiedenen koordinierten Gruppen der Organe die ganze Person nur indirekt berühren.

Wenden wir uns einem praktischen Beispiel zu, einem Wutanfall. Irgendeine äußere Kraft hat dem Subjekt Gewalt angetan und seine aggressiven Strebungen hervorgerufen. Es krümmt sich zusammen*,

---

* Ein anderes Wort für Wut ist Grimm, weil sie von Zusammenkrümmen begleitet wird. Ähnlich wird das Wort »grimmig« auch beim Schmerz benutzt (z. B. Bauchgrimmen, sich krümmen vor Schmerz). Die gleichen Erscheinungen begleiten so das Zufügen und Erleiden von Schmerz. Sinnlose Wut, die dem eigenen Ich des Individuums Schmerz antut, ist das Verbindungsglied. Die Ähnlichkeit bei den Erscheinungen des aktiven und passiven Schmerzes kann man als Unterstützung meiner Hypothese annehmen, die ich in meinen letzten Arbeiten (Landauer, 1935, im ersten Teil dieser Arbeit) entwickelt habe, daß die Grundlage des Schmerzes triebhaft ist. (Anm. des englischen Übersetzers: Auch im Englischen finden wir eine ähnliche Vorstellung beim Gebrauch des Wortes »grim«. Man spricht von einem »grim look« – [grimmigen Blick] und einem »grim sight« [gräßlichen Anblick].)

seine Haare stehen hoch, seine Augen stehen starr*, zeigen das Weiße, es entblößt die Zähne. Das Gesicht läuft rot an oder wird weiß**, sein Mund schäumt, seine Stimme klingt heiser und fremd, es hält den Atem an.*** Schon Darwin erkannte diese Erscheinungen als Vorbereitung zum Sprung auf den Feind: Sie sind gestaltet, um ihn zu erschrecken und ihn mit Schreck zu lähmen. Beinahe alle Erscheinungen der Wut können so erklärt werden.

Wir sollten uns allerdings fragen, warum nicht die Reaktion »sinnlose Wut« sofort und unabänderlich auftritt, bei der die Person, deren Ärger erregt wurde, ausschlägt, tritt, kratzt und beißt. Wir nennen sie sinnlos, weil ein Mensch in einer derartigen Wut wirklich sehr wenig Schaden macht, trotz seines Wahnsinnsaufwandes an Energie. Tatsächlich verletzt er sich oft in seiner Wutexplosion mehr als seinen Gegner, zerkratzt sich, beißt auf seine Lippen und Zunge und schlägt sich selbst.**** Sein eigenes Ich – sein Körper und sein Selbst – ist ausgestülpt. Bei der gewöhnlichen Wut wurde die Primitivreaktion Ausstülpung, die sich als sinnlos erwiesen hat, bereits hinausgezögert. Wird andererseits die Aggression gegen ein äußeres Objekt gerichtet, das als erstes wahrgenommen worden und damit ein libidinöses Objekt geworden ist, entsteht der Affekt Ärger.

Aber wir können nicht alle Äußerungen der Wut als verzögerte Ausstülpung erklären. Bei den Dichtern, deren Beschreibungen der Affektvorgänge die genauesten sind, finden wir solche Sprachbilder wie: »Seine Kehle zog sich zusammen«, »Seine Wut würgte ihn«. Warum nehmen Beißen und Kratzen einen solch großen Raum bei der Wut ein? Ich denke, wir begegnen hier den oral-sadistischen Strebungen, denen Melanie Klein solche Bedeutung bei der Diskussion der Phantasien in bezug auf die Mutter gibt: Die Absicht ist, in den Bauch des Opfers zu beißen und ihn aufzureißen. Der Impuls, sich in den Eingeweiden des Feindes zu suhlen und sie zu verschlingen, wird aktiviert, aber er wurde seit Generationen unterdrückt und zeigt sich nur zaghaft in diesen offensichtlich sekundären Wuthandlungen.*****

---

    * Das ist in gleicher Weise charakteristisch für Furcht und Verblüffung.
   ** Das gleiche Phänomen tritt bei Furcht, Trotz und Angst, Scham und Neid auf.
 *** Das tritt auch bei Trauer und Angst auf.
**** Manchmal kommt es bei Wut zu exzessiver Onanie, wodurch besonders gut die Selbstzerstörungstendenz veranschaulicht wird.
***** Auch beim Neid findet ein Abwehrkampf gegen oralen Sadismus statt. Und zwar deshalb, weil es nicht erlaubt ist, das Objekt mit dem Mund zu verschlingen; höchstens dürfen wir das mit dem Blick. Entsprechend der buchstäblichen Bedeutung heißt *invidere alicui* oder in etwas schauen, was ein anderer hat, z. B. seine Speise. Mehr noch, die Person, die Objekt des Neides ist, wird nicht direkt angegriffen, denn die Absicht ist, den Grund für den Neid zu zerstören. damit die andere Person sich nicht an dem erfreuen kann, wovon

Es gibt kaum eine Äußerung menschlichen Gefühls, die so antisozial wie Wut ist. Besonders die Muskelbewegungen, in denen sich sinnlose Wut entlädt. Die Mutter, die ihr Kind ständig von Objekten, die sich nicht zum Spielen oder Essen eignen, wegnimmt oder von ihnen fernhält, ist zur gleichen Zeit sein wichtigstes Liebesobjekt. Sein eigenes Bedürfnis nach Schutz und Liebe veranlaßt es, seine Wut zu unterdrükken und zu verleugnen, sie gegen sich zu wenden und sie loszuwerden. Dabei wird es energetisch unterstützt durch das Einschreiten der Mutter und des wachsenden Über-Ichs. Da durch die Menschen in der Umgebung besonders die motorische Muskulatur kontrolliert wird, die relativ weit reicht, nimmt die Aggression orale Form an. Orale Ausstülpung drückt sich in Spucken aus. Auch das wird unterdrückt. Worte ersetzen dann primitive Wurfgeschosse: »Schimpfnamen rufen« spielt eine große Rolle im kindlichen Leben, wie auch die Zunge herauszustrecken und sich selbst zu entblößen. Es legt sein äußeres Selbst ab und hat gleichzeitig Freude daran, besonders am analen Exhibieren. Die Stärke des oral-sadistischen Elements bei der Reaktion Spott zeigt sich in dem Ausdruck »beißender Spott«*

Eine Besonderheit des Spotts ist die starke Strebung, die Person zu imitieren, der gegenüber die Feindschaft gefühlt wird. Das zeigt, daß die Objekte des Spotts wirklich narzißtische Liebesobjekte sind.** Aber hierbei ist ein anderer Faktor mit im Spiel, die Primitivreaktion; deren Ziel ist, das Individuum mit seiner Umgebung zu verschmelzen, die Reaktion Mimikry.

Bei einem Trieb sprechen wir gewöhnlich von einer einzelnen Triebzone, weil die Trieberregung, gleichgültig von welcher Zone der Reiz kommt, immer den gleichen Bahnen folgt. So können wir die Funktion, die sich ergibt, isoliert betrachten. Primitivreaktionen und Affekte sind

---

man selbst ausgeschlossen ist. Der Neid eines Menschen stammt oft daher, daß er als Kind seinen jüngeren Bruder oder seine jüngere Schwester an der Mutterbrust sah. Hier wird die Person in einer wünschenswerten Situation beneidet (beim Penisneid ist der Junge im Besitz von etwas, was ersehnt wird). D. h., er ist ein narzißtisches Liebesobjekt. Neid setzt eine narzißtische Objektwahl voraus, obwohl er sie nicht notwendig weiterführt. Deswegen brauchen wir keine reflexiven Verben, um Neid zu bezeichnen, sondern Verben mit direktem Objekt (Dativ oder Akkusativ). Nach meiner Definition ist Neid eine Leidenschaft.

 * Spott und Hohn haben so viel gemein, daß wir die Worte synonym benutzen. Ich bevorzuge das Wort »Hohn«, wenn die Primitivreaktion »Steife« auftritt, also bei der oralen Variante des analen Trotzes.

** Seit langem habe ich es mir bei meiner therapeutischen Arbeit zur Regel gemacht, bei jedem Identifizierungsvorgang nach einer positiven und einer negativen Strebung zu suchen, im Glauben, daß der Ausgleich des Subjekts mit dem Objekt ein Kompromiß zwischen den beiden ist. Die enge ererbte Verbindung zwischen Identifizierung und Spott bildet eine gute Basis für diesen Vorgang.

im Gegensatz dazu typische Antworten auf typische Reize. So haben wir zwischen einer Wahrnehmungszone und einer Handlungszone, wie auch dem Ziel der einen und der anderen zu unterscheiden. Bei der Furcht ist z. B. die Wahrnehmungszone das Gleichgewichtsorgan, dessen Funktion der ausgeglichene Tonus ist, während das Ausführungssystem den gesamten Muskelapparat des Körpers umfaßt, dessen Funktion Einstülpung, Starre und Sprung in die Sicherheit ist. Bei der Scham sieht das Auge oder wird blind, während die Oberfläche des Körpers und die Willkür motorischer Muskulatur sich zeigen oder verbergen. Trifft ein Reiz auf eine Wahrnehmungszone, schließt sich die korrespondierende ausführende Zone bei der Antwort an, wenn auch nur in einem sehr kleinen Maß. Später, wenn die Affekte hauptsächlich von Reizen aus dem Über-Ich hervorgerufen werden, fungiert das Wahrnehmungsorgan in halluzinatorischer Weise. Deswegen macht uns ein seelischer Schock oft schwindelig und auch nur moralischer Ekel einen schlechten Geschmack im Mund.

Bei den sexuellen Trieben haben wir gesehen, wie auffallend einfach die Verschiebung von einer erogenen Zone zu einer anderen oder von einem Ziel zu einem anderen stattfindet, wenn einmal das betroffene Organ oder die Aktivität gehemmt ist. Das Gleiche finden wir bei den Affekten, doch gibt es hier mehrere Gründe für die Verschiebung. Ursprünglich sind Primitivreaktionen und Affekte typische Antworten auf lediglich typische Reize. Weil sie aber nicht ich- oder überichsynton sind, unterliegen sie zunehmend einer Hemmung, die potentiell ererbt ist. Unter diesen Umständen werden die Reize nicht länger einfach als typische erlebt: Die spezifische Umgebung, von der sie ausgehen, wird (allmählich selbst in ihren Einzelheiten) mittels der weit sich unterscheidenden sensorischen Zonen wahrgenommen. So setzt beim Ekel die ererbte Strebung, das eigene Exkrement zu essen, ihren ererbten Kampf mit der Strebung zur Ausstülpung fort. Die spezifischen Reize für Ekel sind die, die Geschmacks- und Geruchssinn erregen. Aber in der Erfahrung wird das Essen des Exkrements nicht nur mit diesen Reizen, sondern mit einem bestimmten Ausdruck im Gesicht der Mutter und einem bestimmten Klang in ihrer Stimme verbunden. Früh wird Ekel öfter durch Auge und Ohr als durch Nase und Mund erregt. Die Entwicklung setzt sich in dieser Linie fort, und bei Erwachsenen sind komplizierte ästhetische und moralische Erfahrungen häufiger als sensorische Eindrücke der rezeptive Anteil des Affekts.

All das gehört in den Bereich der sensorischen Affektzone, die unter dem Einfluß »konditionierter Reflexe« steht. Wie auf der motorischen Seite zuerst eine und dann andere Triebzonen dominieren (orale, anale und andere Epochen), wandeln sich die Affekte selber. Bei einer totalen Primitivreaktion findet die Differenzierung der Affekte durch Dominanz der einen oder der anderen Zone statt, ob sie nun so mächtig wirkt oder weil man nun mit Hemmung rechnen muß. So entstehen die oralen und analen Varianten der Affekte. Mehr noch, sobald eine Zone an Bedeutung gewinnt, gibt es das Bedürfnis nach einem Kompromiß zwischen ihrer dauernden Funktionsbereitschaft und der Tendenz von Primitivreaktionen, in sie einzudringen. Das bedeutet, daß bestimmte Affekte besonderen libidinösen Phasen entsprechen. Z. B. dominiert in der analen Phase Trotz. Spielt der Penis eine hervorragende Rolle, zuerst als Miktionsorgan und später als Phallus, gibt es einen sichtbaren Anstieg der Angst, die ihren Zenith erstmals in der infantilen ödipalen Periode erreicht. Wenn in der Pubertät normale Regression stattfindet, werden phallische oder genitale Perioden Zeiten der Angst, anale Perioden Zeiten des Trotzes und orale Perioden Zeiten des Hohns und der Wut genannt. Lange ist bekannt, daß pathologische Regression zur Analerotik oder pathologisches Stillstehen in ihr durch Trotz charakterisiert ist. Auch wurde oft bemerkt, daß eine dominierende Angst der Trauer weicht, wenn die genitale Phase durch eine besondere oral-anale Phase ausgetauscht wird. Wenn wir in den Analysen an den oralen Sadismus rühren, ist das Ergebnis fast immer ein Ausbruch von Wut, dem Äußerungen von Hohn und Spott folgen.*

Affektive Objekte kann man mit wenigen Worten allgemein beschreiben. Das neugeborene Baby hat nur *ein* Objekt, das das Ich und die äußere Welt umfaßt. Nur schrittweise werden beide getrennt. Der Körper bleibt das gemeinsame Territorium beider. Entsprechend haben Primitivreaktionen nur *ein* Objekt, d. i. das Kontinuum »Subjekt – Körper – äußere Welt«. Auch bei den Affekten ist die Beziehung zur äußeren Welt zuerst sehr lose. Jedoch ist unser eigenes Ich, wie ich im ersten Teil dieser Arbeit ausgeführt habe, das Hauptobjekt unserer Affekte, und sie intensivieren seine Wahrnehmung. Wenn sich mit der Zeit die Libido entwickelt, spielen sexuelle Objekte eine immer größere Rolle für die Affekte, die durch den Prozeß der Libidinisierung schließlich zu Leidenschaften umgeformt werden.

Mir ist bewußt, daß ich in dieser Arbeit nur einige Vorschläge für eine Theorie der Affekte machen konnte. Der wichtigste Punkt, den wir beim gegenwärtigen Wissensstand festhalten können, ist der, daß das

* Bei meiner Beschreibung der einzelnen Wirkungen habe ich mich mehrfach auf andere Affekte mit gleichen Charakteristika bezogen. Regression und Progression spielen sich entlang den Bahnen ab, die durch diese Ähnlichkeiten bezeichnet werden, oder sie können die Punkte sein, an denen zusammengesetzte Affekte und Superaffekte verschmelzen.

Individuum eine unendlich komplizierte Entwicklung der Affekte durchläuft, die teilweise die Phylogenese wiederholt. Das Studium der Affekte bietet große Schwierigkeiten, verspricht aber bedeutende Entdeckungen.

Anmerkungen

1 Freud 1895 d, S. 97.
2 Darwin 1872.
3 Freud 1926 d, S. 120 und 163 f.
4 v. Hattingberg 1914, S. 250.
5 Landauer 1926 d (1. Fassung von Nr. 3 dieses Bandes).
6 Der Herausgeber der englischen Fassung des Aufsatzes (Landauer 1938) weist darauf hin, daß die zitierte Hypothese Freuds von diesem bereits in Kapitel XXV (Die Angst) der »Vorlesungen zur Einführung in die Psychoanalyse« (Freud 1916/17, S. 410 f) aufgestellt wurde.
7 Bisher konnten keine biografischen Angaben über Franz Stein gefunden werden.
8 Freud 1895 d, S. 85.
9 Der Moro-Umklammerungsreflex (Erschütterungsphänomen) zählt zu den tonischen Labyrinthreflexen. Der Säugling breitet bei plötzlicher Erschütterung der Unterlage bzw. abruptem Zurückfallenlassen des Kopfes die Arme bei gespreizten Fingern aus (1. Phase) und führt sie anschließend wieder langsam über der Brust zusammen (2. Phase); benannt nach Ernst Moro, Pädiater in Heidelberg (1874–1951).
10 Landauer 1935 a, Nr. 17 dieses Bandes.
11 Felix Marchand. Pathologe, Leipzig (1846–1928).
12 August Bier, Chirurg, Greifswald, Bonn, Berlin (1861–1949), versuchte u. a. die künstliche Hyperämie therapeutisch zu nutzen.
13 Freud 1923 b, S. 263.
14 Vgl. Burlingham 1935, S. 432 f.
15 Freud 1915 d, S. 256.
16 Landauer sah seinen Vortrag über die Entwicklung der Affekte, den er anläßlich des 80. Geburtstages von Freud vor der Wiener Psychoanalytischen Vereinigung hielt, und seinen Vortrag über Affektzonen, Affektziele und Affektobjekte, den er wenige Monate später auf dem XIV. Internationalen Psychoanalytischen Kongreß in Marienbad hielt, als Einheit. Bei der Veröffentlichung im »International Journal of Psycho-Analysis« wurde dem Rechnung getragen und beide Vorträge unter dem Titel »Affects, Passions and Temperament« gemeinsam veröffentlicht (Landauer 1938). Kapitel II ist eine Rückübersetzung des in deutscher Sprache verlorengegangenen Marienbader Vortrags, von dem Landauer folgende Zusammenfassung für den Kongreßbericht anfertigte:

»Karl Landauer: Zur Affektlehre. (Affektziele, Affektzonen, Affektobjekte.)

Die Affektivität des Erwachsenen ist nur als Endausgang langer stammes- und einzelgeschichtlicher Entwicklung verständlich. Ihren Mittelpunkt bilden die frühkindlichen Affektanfälle, nach Freud ererbte hysterische Anfälle, d. h. Kompromisse widerstreitender Strebungen.

Vor allem enthalten sie als *affecta* in verschiedenen Mischungen die Primitivreaktionen wie Einstülpung, Ausstülpung und Steife. Als Reaktionen auf Reize von innen her (Triebe, bzw. Über-Ich) können sie die Triebziele in dies Kompromiß aufnehmen. So ist der Ekel in seinen Zielen Ausstülpung und oralerotische Einverleibung, die Scham (in ihren Zielen) Schau-, Zeigelust, Narzißmus und Einstülpung.

Neben den Affektzielen müssen wir Affektzonen und Affektobjekte unterscheiden.

Die Primitivreaktionen setzen undifferenziert den ganzen Menschen in Tätigkeit. Da die Affekte Primitivreaktionen enthalten, klingt in ihnen immer die Allheit der Person an. Die Affekte integrieren. Eine leitende Affektzone tritt erst entsprechend der Libidoentwicklung hervor. Es gibt eine Periodik der dominierenden Affekte, z. B. eine Trotz- und eine Angstperiode. Während bei den einzelnen Trieben aber nur *eine* erogene Zone vorhanden ist, besitzen alle Affekte von Anfang an mindestens eine sensorische und eine motorische Affektzone. Bei den Affekten kommt es sehr leicht zur Verschiebung von *einer* Affektzone auf eine andere. Die erogene Bedeutung einer bestimmten Zone determiniert den Affekt, z. B. Analerotik den Trotz, Oralerotik den Hohn.

Die Beziehung zu den Affektobjekten ist anfangs völlig locker. Je fester einzelne libidinöse Strebungen sich an bestimmten Objekten fixieren, um so mehr bilden sich libidinisierte Endzustände der Affekte, die Leidenschaften, aus. Ein wesentliches Affektobjekt ist das eigene Ich.«
(Internationale Zeitschrift für Psychoanalyse 23 XXIII [1937], S. 173 f.)

17 Kurt Schneider: Pathopsychologie der Gefühle und Triebe. Ein Grundriß. Leipzig 1935 (1955, S. 159 ff).
18 Freud 1895 d.
19 Freud 1900 a.
20 Freud, 1926 d, S. 120 und 163 f.
21 Bernfeld 1925, S. 10−17.
22 Landauer 1918.

3. Äquivalente der Trauer

Im Jahre 1895 hat Freud einen Aufsatz veröffentlicht[1], in dem er, der auf psychogene Erklärungen nervöser Zustände und Erscheinungen wie kein zweiter eingestellt war, auf eine Reihe Phänomene hinweist, welche somatisch erklärbar seien als Äquivalente der Angst, körperliche Parallelvorgänge des seelischen Affektes. Er zeigte, daß in vielen Krankheitsfällen eine oder gehäufte der beschriebenen Ausdruckserscheinungen auftreten können, ohne daß der seelische Parallelvorgang im Bewußtsein wäre, daß aber die Kenntnis des psycho-somatischen Zusammenhanges die Auffindung des unbewußten Affektes ermöglicht, dessen Abfuhr dann der Heilung des Leidens den Weg ebnet. Kaum eine Anregung des Wiener Meisters hat praktisch und theoretisch gleich großes Aufsehen erregt. Eine Fülle von Arbeiten – auch außerhalb der psychoanalytischen Schule – hat kasuistische Bestätigungen und Nachträge gebracht. Ihren vorläufigen Abschluß fanden sie in der bekannten Monographie Stekels[2], die ein wahres Lexikon der Ausdruckssprache des Angstaffektes darstellt.

In anderer Beziehung aber fiel Freuds Anregung völlig unter den Tisch: bisher wurden meines Wissens nie analog die Äußerungen anderer Affekte untersucht, obwohl auch bei ihnen die seelischen Vorgänge unbewußt bleiben und ihre körperlichen Ausdrucksphänomene, vom Kranken unverstanden, in Erscheinung treten können. Der Hauptgrund hierfür ist wohl, daß solche Symptome, deren Quelle dem Patienten unbewußt, dem Arzte unbekannt ist, meistens sekundär überdeterminiert, rationalisiert werden, und Arzt und Patient sich leicht damit begnügen, diese später, eventuell durch Regression, geschaffenen Zusammenhänge zu enträtseln, ohne daß übrigens die Phänomene dadurch schwinden müßten. Auf einmal berichtet dann der Kranke im Weiterverlauf der Analyse, er habe bestimmte Erscheinungen verloren. Sie sind sozusagen verdorrt, da es inzwischen gelang, auf anderem Wege, oft großen Umwegen, die Ursache der Affekte, deren somatischer Parallelvorgang die Symptome waren, zu finden, sie zu erledigen und so den Symptomen – ohne es zu wissen – das Wasser abzugraben.

Ich glaube, wir können die Leidenszeit unserer Kranken oft beträchtlich abkürzen und für Arzt und Patienten den Heilungsvorgang überzeugender gestalten, wenn wir bei Ausdrücken der Affekte den analogen Weg, wie wir ihn längst bei der Angst benützen, einschlagen: aus dem Vorhandensein von Affektäquivalenten auf einen, eventuell unbewußten, Affekt schließen. Dazu ist aber eine exakte Ausdruckspsychologie nötig.

Den ersten Weg wies mir die Analyse eines schweren Falles von Asthma: Ich wußte die Patientin in der Familie der zwangsneurotischen Schwester häufigen Reibereien ausgesetzt, deren Folgen stets Krankheitsattacken waren. Eine Zeit lang war das Befinden sehr gut gewesen; die Schwester war verreist.* Sie ist eines Mittags zurückgekehrt, und am selben Nachmittag kam die Kranke trotz schönen Wetters heiser mit starkem Schnupfen und Giemen in die Analyse. Das sei wieder einmal angeflogen gekommen; dabei habe sie sich nicht erkältet. Die Frage drängte sich auf: »Was hat Sie schon wieder verschnupft?« Lachen der Patientin. Jetzt sei ihr auf einmal klar, was dieser Ausdruck bedeute.** Ihre Schwester habe sie tatsächlich durch eine taktlose Bemerkung verstimmt und sie habe nur mit Mühe die Tränen unterdrückt. Gleich darauf sei sie so heiser gewesen, daß sie kaum ein Wort hervorbrachte. Auch habe sofort das Giemen eingesetzt. Während des mit großer Leidenschaft vorgebrachten Berichtes klärt sich unter Aushusten des Ärgers die Stimme völlig, das Giemen sistiert, die Konjunktiven sind nicht mehr gerötet, die Nase hat aufgehört zu sezernieren. Wir stehen vor der typisch kathartischen »Heilung« eines Krankheitssyndroms. Dieser Vorfall lenkte meine Aufmerksamkeit auf die im Asthma verborgene Trauer, während ich bisher in ihm unter dem Einfluß Marcinowskis[3] (ich betone: mit Recht) nur den Ausdruck der Angst gesehen hatte: Ich war neben der Phobie auf eine Depression gestoßen, deren *beider* Erledigungen nunmehr anzugehen waren.

Eine Bestätigung dieser Auffassung brachte kurz darauf ein anderer Fall einer Asthmakranken, deren Anfälle – wie so oft – mit Tränenträufeln eingeleitet wurden. Ein trauriger Affekt war nicht im Bewußtsein, während der ängstliche – wie fast immer beim Asthma – bewußt, seine

---

* Es genügt, wie man sieht, häufig beim Asthma eine Klimaveränderung der Umgebung, wenn die des Kranken untunlich ist.
** Gewöhnlich wird für die Verstimmung bei »Erkältungen« der umgekehrte rationale Kausalnexus hergestellt: das Krankheitsgefühl soll die Verstimmung hervorrufen. Warum die geringfügige Schädigung eines Schnupfens die starke Gefühlsreaktion erzeugt, bleibt so ungeklärt, da doch ganz schwere konsumierende Erkrankungen, wie beginnender Krebs, das Allgemeingefühl nicht tangieren müssen oder, wie Lungentuberkulose, sogar eine Euphorie bewirken können. Derselbe Glaube wie beim Schnupfen besteht noch beim verdorbenen Magen und bei Lebererkrankung.

Ursache verdrängt war. Auch hier brachte die Verfolgung der Angst allein keine Besserung der Krankheitserscheinungen, ja sogar eine sehr unangenehme Verschlimmerung. Auf die Bemerkung hin, daß Tränen in der Regel ein Ausdruck von Trauer seien, erschien eine Szene aus dem dritten bis vierten Lebensjahr, in der Patientin sich gegen den älteren zurzeit kranken Bruder zurückgesetzt fühlte, sich gänzlich verlassen glaubte und so jämmerlich weinte, daß sie schließlich vor Schluchzen kaum mehr Luft bekam. Die Analyse dieser Situation mit den in ihr enthaltenen Todes- und Liebeswünschen brachte eine schlagartige Besserung zuwege, nachdem noch kurze Zeit zuvor die Kranke giemend, hustend und stöhnend nach Atem gerungen hatte. Das Tränenträufeln und der Polykatarrh der Konjunktiven und der Luftwege schwanden mit der Trauer und mit ihr auch die Äußerung der Angsthysterie. Patientin wurde symptomfrei.

Ausgehend von meiner Kasuistik, fasse ich die Ausdruckserscheinungen der Trauer in klinische Bilder zusammen. Bei ihnen sind nicht alle Symptome gleichwertig. Nur ein Teil ist direkte Ausdrucksweise des Affektes. Ein anderer dagegen ist durch somatisch-kausalen Zusammenhang aus den primären Erscheinungen entstanden. Innerhalb der psychischen Kette treten physiologische Kurzschlüsse auf, d. h. hier fehlen psychologische Zusammenhänge. Aber selbst diese Phänomene können wieder sekundär psychisch determiniert werden und bilden dann oft die besten Ausdrucksmöglichkeiten und somit Verankerungen der unbewußten regressiven Wünsche.

Warum im Einzelfalle gerade die betreffenden Organe und Organsysteme befallen sind, entzieht sich meist unserer Erkenntnis. Wohl gelingt es zuweilen, die psychische Persönlichkeit dafür anzuschuldigen. Meist aber wird das »körperliche Entgegenkommen« – wie Freud [4] die Summe ererbter und erworbener Insuffizienzen nennt – die Ursache sein, d. h. die Ergründung liegt außerhalb der Möglichkeit des Psychoanalytikers.

I. Das Weinen. Bei starkem Weinen beobachtet man neben dem Tränenfluß eine Rötung der Augen, Lidschwellungen sowie starke Absonderung dünnflüssigen Schleimes aus der Nase. Die Stimme wird heiser. Es tritt Rachen- und Kehlkopfhusten auf, nach einiger Zeit zäher Tracheal- und Bronchialauswurf: Also ein Katarrh der oberen Luftwege. Das Gesicht ist gerötet. Fibrilläre Zuckungen um die Mundwinkel und Nase sind von komplexen Aktionen ganzer Muskel und Muskelgruppen im Bereiche des siebenten, zehnten, elften und zwölften Gehirnnerven, später von krampfhaften Zusammenziehungen des Zwerchfelles und mächtiger Inanspruchnahme der auxiliären Atemmuskulatur gefolgt, wobei dann Zeichen des Lufthungers* und der Angst auftreten können. Seinen Höhepunkt erreicht diese Erscheinung oft in dem sogenannten »Atemhalten« der Kinder, einem traumatischen Ereignis ersten Ranges. Grobschlägiger, unregelmäßiger Tremor der Hände kann auf die übrigen Gliedmaßen übergreifen und zu Jaktationen des gesamten Körpers führen. Schwäche in Armen und Beinen, manchmal bis zum Einknicken der Knie, tritt auf. Sensible Reizerscheinungen im Sinne des Ameisenlaufens und oft schmerzhafte tonische Krampfzustände, besonders in Waden, Großzehen- und Daumenballen, werden beobachtet. Es liegt das klinische Bild der Tetanieähnlichkeit, des Kalkmangels im Blute, vor. (Nähere klinische und experimentelle Daten in meiner Arbeit »Das Tetanoid«.)[5]

Sowohl einzelne wie gehäufte Symptome dieser Gruppe begegnen uns oft als neurotische Phänomene, am vollständigsten beim Asthma. Besonders häufig sind die Erscheinungen, die gleichzeitig Ausdruck der Angst sein können, da sie der Entäußerung von zwei so wichtigen Affekten dienen. Mehrere können auch der Abfuhr der Wut die Bahn öffnen. Auch sie sind oft Gegenstand unserer Bemühungen.**

II. Der Speichelfluß. Bei trauriger Verstimmung tritt oft eine starke

---

* Meist inspiratorische Dyspnoe, während bei reiner Angst die exspiratorische vorherrscht.

** *Katarrh der männlichen Harnröhre.* (Bei Frauen fehlen mir einschlägige Beobachtungen.) Bei einem Kranken, der mich wegen Masochismus und Zwangsonanie aufgesucht hatte, war die Analyse bis zu dem Punkte gediehen, daß ich auf Grund einer kräftigen positiven Übertragung Enthaltsamkeit nahelegen konnte. Nach wenigen Tagen stellte sich eine Depression und etwa drei Wochen nach Beginn der Onanieabstinenz ein schleimiger Ausfluß aus der Harnröhre, Rötung um die Öffnung derselben und starker Juckreiz ein. Durch mechanische Reizung konnte die Urethritis nicht bedingt sein, da sie erst längere Zeit nach Aufhören der stark betriebenen Onanie und ohne nächtliche Pollutionen, welche man auf unbewußte onanistische Akte hätte zurückführen können, in Erscheinung trat. Gonorrhöe war ausgeschlossen, da Patient bis dahin nie Geschlechtsverkehr gehabt hatte (zu aller Vorsicht wurde dies von einem Hautarzt mikroskopisch bestätigt). Klar ist, daß es sich um einen Ejakulationsersatz handelte, der durch seinen Juckreiz der nur mühevoll unterdrückten Onanie zum Durchbruch verhelfen sollte. Einen Wegweiser, warum gerade dieses Surrogat vom Unbewußten des Patienten gewählt worden war, bot die Beobachtung, daß akuter Tripper und Rezidive des chronischen sehr häufig von Depressionen begleitet sind. Gemeinhin wird die Verstimmung aus der Trauer über das Mißgeschick und die Schuld der Infektion erklärt. Jedoch wäre es auch möglich, daß statt des verständlichen Zusammenhanges ein psychosomatischer Parallelvorgang bestünde, daß die Sekretion der Urethra Ausdruck des depressiven Affektes wäre. Es könnte sich bei diesen Menschen um Zyklische handeln, die sich die Infektion in der manischen Phase zugezogen und bei denen die Sekretionserhöhung der depressiven Phase die Wucherung der Bakterien auslöst. Ähnliches kennen wir, wenigstens in Bezug auf Infektionsursache und Zeit des Primäraffektes, bei vielen Syphilitikern. Ich legte dem Patienten unter Hinweis auf den bestehenden traurigen Affekt diese Möglichkeit nahe, betonte jedoch: Möglichkeit, durchaus nicht Gewißheit. Noch in der nämlichen Analysenstunde, die uns dann einen Fortschritt in der Bearbeitung der Trauer brachte, hörte das Jucken auf, und anderen Tages waren sämtliche Erscheinungen der Urethritis verschwunden, um nicht wiederzukehren. Ich bin mir des Hypothetischen meiner Bemerkung wohl bewußt, möchte jedoch die Anregung zur Prüfung dieser Frage geben.

Absonderung dünnflüssigen, manchmal fade, manchmal bitterlich schmeckenden Speichels auf, der verschluckt wird. Als Determinierung dieses Phänomens finden sich Assoziationen zu Wasser und Milch, die in der Kindheit mit großer Lust im Munde herumgespielt und geschluckt wurden. Als tiefere Begründung kann man die orale Wiedereinverleibung einer eigenen Körperausscheidung im Sinne Abrahams[6] Erklärung, melancholischer Psychismen[7] aufzeigen. Bei den häufigen Schluckbewegungen, die reflektorisch, nicht psychisch bei Herabsinken schon geringer Flüssigkeitsmengen auf den Kehldeckel ausgelöst werden, werden auch ganz beträchtliche Luftmassen einverleibt. Dies ist dann die Ursache des äußerst wichtigen Syndroms des *Luftschluckens.* Hier liegt ein Schulfall dessen vor, was ich somatischen Kurzschluß nenne, denn aus dem körperlichen Anlaß des Reflexschluckaktes folgen somatisch eine Reihe Erscheinungen, die dann psychisch determiniert und miteinander und mit dem Anlaß zu einer scheinbar einheitlichen werden. Zunächst das Völlegefühl im Leib, das zu Schwangerschaftsphantasien führt; das Aufstoßen, bei dem auch Speiseteile hervorgebracht werden können und das mit Graviditätserbrechen in Zusammenhang gebracht werden kann; die Koliken, die an Wehen erinnern und den Weg bahnen zu analen Erlebnissen der Kindheit: Klistieren, Geburtsphantasien, »Infektionen« durch den Mund usw.; Flatuleszenz mit der nicht seltenen Folge des Aufriechens der Winde, ein Vorgang, der mir einmal als Deckerinnerung der von Abraham beschriebenen Wiedereinverleibung des Kotes durch den Mund begegnete.* Man sieht, körperliche Kausalreihe und seelische Vorgänge verfilzen sich zu einem unentwirrbaren Chaos. Wie schwer es gelingt, dieses zu durchbrechen, weiß jeder Analytiker. Einleuchtend erscheint es, daß die geeignete Stelle hierfür die des psychischen Parallelvorganges des Speichelflusses ist.

III. Achylie. Daß Trauer die Absonderung des Magensaftes stört oder ganz unterbricht, ist wiederholt (Ziehen, Berger und andere)[8] experimentell nachgewiesen worden. Auch das klinische Bild, das dann entsteht, ist genau bekannt. Ich hebe nur einige häufigere psychische Determinierungen hervor, die oft zu sehr festen Hilfsankern der larvierten Depressionen werden: das Völlegefühl, die Appetitlosigkeit, die den Abschluß von der Außenwelt erleichtert, das Aufstoßen, die Durchfälle kurz nach der Nahrungsaufnahme (»es bleibt gar nichts mehr bei mir«), die die Brücke zur Analerotik schlagen.

---

* Ein anderes Mal traf ich auf das Verschlucken des beim Weinen gebildeten Nasenschleimes, der durch die Choanen angesaugt wurde, als den Repräsentanten desselben Psychismus.

An dieser Stelle möchte ich darauf verweisen, daß Beobachtungen über Zusammenhänge zwischen *Leber* und trauriger Verstimmung gemacht worden sind, wie die Namengebung Melancholie beweist. Ich selbst verfüge nicht über eigene Erfahrungen dieser Art. Denn der eine Fall einer häufig deprimierten Patientin, die mich wegen Dämmerzuständen aufsuchte und wiederholt während der Behandlung subikterisch war, auch an »Gallenblasenanfällen« litt, war in dieser Beziehung völlig undurchsichtig. Einmal nämlich bestanden deutliche Zusammenhänge mit der Wut, – von anderen, weniger auffälligen, psychischen Determinierungen zu schweigen, – andererseits war eine somatische Kausalkette von Narbenkontrakturen infolge Operation eines Magengeschwüres unleugbar.*

IV. Die spastische Obstipation, welche zu dem vorgehenden Syndrom in Widerspruch zu stehen scheint, alterniert sehr häufig mit ihm, nicht selten in rasch wechselnden Phasen. Auch hier sind die psychischen Verarbeitungen wohlbekannt: das Hervortreten des analerotischen Charakters und die Schwangerschaftsphantasien. Hier kann ich mich ganz kurz fassen, da ich auf die grundlegenden Arbeiten von Freud, Abraham, Jones und anderen verweisen kann.

V. Pseudo-Parkinson: Das Gesicht ist starr, ausdruckslos, mimische Bewegungen sind kaum vorhanden, ebensowenig Mitbewegungen, z.B. der Arme beim Gehen. Sind Ausdrucksbewegungen nachweisbar, so ist ihr Einsetzen verspätet, ihr Ablauf verlangsamt. Da sie lange beibehalten werden können, wenn längst ihr Anlaß abgeklungen, so erscheint das Gesicht maskenhaft erstarrt, die Gesten gefroren. Der Körper wird vorgebeugt. Die Arme werden embryonalartig angezogen. Eine einmal aufgenommene Gehrichtung wird automatisch beibehalten, bis ein Hindernis hemmt. Es besteht Hypotonie, welche myoklonische Zuckungen, namentlich abends vor dem Schlafengehen oder kurz nach dem Einschlafen, erscheinen läßt. Daraus erwächst eine Einschlafstörung mit Beschäftigungsangst** und Emporschrecken aus dem Schlaf. Man sieht: ein Teil dieser Symptome deckt sich mit solchen unter I. beschriebenen, ein Teil steht in direktem Gegensatz zu anderen dort aufgezeigten. Wir stoßen also auf das Analogon des widerspruchsvollen Verhaltens der spastischen Obstipation und der achylischen

---

* Daß *Superazidität* und *Ulcus ventriculi* ihrerseits psychogen sein können (und in diesem Fall waren), hat von klinischer Seite von Bergmann[9] betont. Ihre Erforschung, Heilung und Verhütung durch die Psychoanalyse ist ein aussichtsreiches Problem, das uns in chronischem Zustand oft durch die Tatsache ermöglicht wird, daß auffallend zahlreiche Neurotiker, welche uns aus irgendwelchen Gründen aufsuchen, mit diesen Leiden behaftet sind.

** Konflikt der Tendenz der Abkehr von der Außenwelt und der masochistisch onanistischen Zuwendung zum eigenen Körper, in den die Außenwelt introjiziert ist.

Durchfälle auf der einheitlichen Basis der Trauer. Auch der jetzige Gegensatz dürfte seine Erklärung darin finden, daß die Hypermotilität sekundär ist und der Beseitigung der Ausscheidungsprodukte des Polykatarrhs dient. Vielleicht ist aber auch manches an dem Syndrom des Pseudo-Parkinson oder das ganze erst Folge des unter VII. zusammengefaßten Bildes.

Die Auslösungsmöglichkeit zweier widersprechender Symptome auf Grund ein und derselben psychischen Reaktion – in unserem Falle der Trauer – ermöglicht oft das psychische Phänomen der *Überkompensierung:* der seelische Vorgang findet eine körperliche Bahnung vor.

VI. Schmerzen: Im Volksmund ist der Ausdruck Herzeleid für Trauer gebräuchlich. Auch spricht man davon, daß einem das Herz weh tut, wund sei, brenne. Gewöhnlich wird dementsprechend der Schmerz als Druck, Wundgefühl, Brennen, manchmal auch als Krampfen, Zusammenpressung in der Herzgegend beschrieben. Mögen oft auch nur geringe Sensationen bestehen, so kommen doch bisweilen heftige Qualen vor. Sie können dann den Ausgangspunkt oft bedenklicher, hypochondrischer Verarbeitung bilden. Häufig wird auch über Druck auf der Brust geklagt. Man bekommt zu hören: »Der Kummer liegt zentnerschwer auf der Brust, drückt mich zusammen, nieder.« All diese Herz- und Brustbeschwerden gehen lückenlos in die Präkordialangst über. Die Trennung von Trauer- und Angstäußerung – etwa entsprechend der Einteilung Baudouins[10] *angoisse* und *anxiété* – hat hier etwas Gekünsteltes. Vielmehr kann ein Phänomen Ausdruck einmal des einen, das andere Mal des anderen Affektes sein und ist es in den pathologischen Fällen wohl stets von beiden gleichzeitig.

Nicht selten trifft man auch Schmerz in der Magengegend von schneidender oder stechender Qualität, also anders geartet, als er dem Syndrom der Achylie entspräche; deren Schmerzäußerung ist natürlich sekundär, wie die Sensationen des Ameisenlaufens, die bleierne Gliederschwere und die Koliken.

VII. Die Assoziationshemmung: Hier könnte man ebenso wie bei Pseudo-Parkinson, den Schmerzen, der Adynamie der Gliedmaßen und der Müdigkeit vielleicht von einer sekundären Folge der die Trauer darstellenden Abkehr von der Außenwelt sprechen und die primäre Existenz der Störungen als Begleiterscheinungen des Affektes leugnen. Ich führe sie trotzdem an, da sie ab und zu die einzige greifbare Äußerung einer unbewußten traurigen Verstimmung ist. Wenn man die Möglichkeit übersieht, verfällt man leicht in den Fehler, an dem schleppenden, scheinbar affektlosen Sprechen und den mangelnden Einfällen des Kranken vorbeizugehen und beraubt sich, stier auf das Verdrängte schauend, der Möglichkeit, das Verdrängende – nämlich die Trauer – anzugehen. Freud[11] hat uns mit Recht darauf aufmerksam gemacht, daß Zensur und Zensuriertes in gleicher Weise dem Unbewußten angehören. Es ist praktisch nicht gleich, was wir zuerst finden. Ein Gleichnis sei erlaubt: Wenn ich weiß, daß an einen langen, scheinbar glatten Gang irgendwo ein geheimes Gemach mit mir bekannten Schätzen grenzt, so ist mir damit noch recht wenig gedient. Erst der Fund einer Tapetentür ermöglicht mir – allerdings oft erst nach langer Mühe – den Zugang. In unserem Falle schleppender Assoziationen ist das Verdrängende ein unbewußter trauriger Affekt, dessen psychophysische Äußerung, eben die Assoziationshemmung, vom Kranken gar nicht bemerkt oder als krankhafter Zwang empfunden wird.

Damit sind wir wieder an unserem Ausgangspunkt angelangt: den therapeutischen Erwägungen der Praxis. Es mag auf den ersten Blick eigenartig erscheinen, daß, – nachdem die Psychoanalyse in den letzten dreißig Jahren so viele wichtige Probleme aufgeworfen und teilweise gelöst hat, – auf eine Arbeit aus ihrer Kinderzeit zurückgegriffen wird. Dies ist kein Zufall, wie die Tatsache zeigt, daß auch Ferenczi und Rank[12] in ihrer letzten technischen Arbeit auf Berührungspunkte mit der Psychokatharsis hinweisen.

Das hat zunächst einen sozialen Grund: Freuds Material war, als er seine ersten großen Arbeiten schuf, noch dasselbe, wie es jeder Nervenarzt hat; es bestand größtenteils aus akuten Fällen, d. h. Kranken, die sich Jahre, eventuell ihr ganzes bisheriges Leben relativ gesund gefühlt hatten, suchten ihn bei Beschwerden auf, die schon für sie fast datummäßig eingesetzt hatten. Es handelte sich um akute Konflikte von Menschen, die frühere günstig allein erledigt hatten. Bei den erstaunlichen Erfolgen, die Freud mit seiner neuen Methode erzielte, konnte es nicht ausbleiben, daß ihn immer mehr Leute aufsuchten, die schon aus früheren inneren Kämpfen als Verstümmelte hervorgegangen waren und ein Leben von einem Sanatorium zum anderen, von einem Arzt zum anderen hinter sich hatten. Auch waren es zum großen Teil Personen, die sich ihr Siechtum materiell leisten konnten. Und so ward in den nächsten Jahrzehnten die Psychoanalyse die Domäne der chronisch Kranken und der krankhaften Charaktere. Hier sammelte sie ihre Erfahrungen und Erkenntnisse, die die Wissenschaft so anregten, hier feierte sie die unwahrscheinlichsten Erfolge, von hier aus wird sie immer mehr in das Gebiet der bisher unheilbar geglaubten Krankheiten vordringen.

Aber eben diese Erfolge auf wissenschaftlichem und praktischem Gebiet änderten das Krankheitsmaterial wieder – wenigstens z. T.: – es kommen erneut Aktualkonflikte zum Analytiker. Dazu traten die Veränderungen, die der Krieg in materieller Beziehung in der alten Klientel, dem gebildeten Mittelstand, hervorgerufen, und die Aspirationen der Psychoanalytiker, nicht nur einigen wenigen, sondern der breiten Masse Helfer zu werden, die mit zur Gründung der Polikliniken führten. Dies alles mußte zwingen, die Behandlungsdauer zu kürzen, ohne daß es nötig oder auch nur möglich wäre – wie ich Eitingon[13] beistimme – Konzessionen der Tiefe der Analyse zu machen. Wir dürfen keine der bisherigen Errungenschaften preisgeben. Im Gegenteil.

Ein zweiter Grund kommt hinzu: Jeder Analytiker mußte es mit Bedauern erleben, daß ihm Fälle – und oft gerade die am besten durchgearbeiteten – mißlangen. Woran lag es? Durch die Fülle von Kenntnissen, die sich beim Arzte angesammelt hatten, namentlich in bezug auf die Übersetzung aus der Symbolsprache, war sein Augenmerk oft allzusehr auf derartige Mitteilungen eingestellt. Überhaupt auf die Mitteilungen durch Worte. Verbale Mitteilungen sind aber immer solche von bewußten, zum mindesten momentan bewußten Dingen, oder es sind Symbole, bei denen die Assoziationen des Arztes – nicht des Patienten, selbst wenn er von uns die Symbolsprache erlernte – eine Brücke vom Bewußten zu einer neu zu schaffenden bewußten Deckvorstellung bilden. Das Resultat ist eine Pseudobewußtmachung, die Folge oft: eine theoretische Erledigung supponierter Konflikte, während die realen unbewußt und unerledigt bleiben.

Hier kann und muß die andere Mitteilungsmöglichkeit des Kranken, die Mitteilung durch Darstellung, einspringen. Sie hatte ihre Bedeutung bei den Fehlleistungen und ähnlichen Vorkommnissen aus der »Psychopathologie des Alltagslebens« von je behalten. Sie muß ihre Ergänzung in einer exakten Ausdruckspsychologie finden, zu der Freud in seinen Arbeiten zur Angst den Grundstein gelegt hat. Die Einstellung des Arztes auf sie erfordert, – wie ich an anderer Stelle ausführlich dargetan habe, – keine Aktivität, sondern im Gegenteil Passivität des Arztes: er muß seine Assoziationen hemmen, namentlich seinen »Symbolisierungszwang« in die Gewalt bekommen und den Ausdrucksphänomenen des Kranken das Feld überlassen.*

Er wird auch in theoretischer Beziehung viel Neues sehen und die Folgerungen, die Freud[15] aus seinen Forschungen über die Äußerungen des Angstaffektes ableitete, ergänzen können. Dieser hatte als Formen, in denen uns die Angst begegnet, folgende aufgestellt: die Realangst, die Angstneurose und die Angsthysterie. Heute, nachdem inzwischen außer der Hysterie auch die Genese anderer psychoneuroti-

* »Passive« Technik[14].

scher Störungen weitgehend geklärt wurde, können wir für das Vorkommen der Trauer folgende Erscheinungsweisen aufstellen:

I. Realtrauer: d. h. die adäquate Reaktion des Selbst* auf eine Beraubung des Ichs von einem Liebesobjekt. Im vorhergehenden haben wir die somatischen Reaktionserscheinungen ausführlich – wir sind uns dessen bewußt: noch durchaus unvollständig – zu beschreiben gesucht. Die psychischen Leistungen, mit denen es die narzißtische Verwundung auszugleichen trachtet, haben Freud, Abraham und Ferenczi uns weitgehend verständlich gemacht. Auf eine Äußerung Freuds [16] müssen wir besonders hinweisen: Die flottierende narzißtische Libido kann sich an einzelne Organe – eben die, deren Äußerungen beschrieben wurden – fixieren und so diese Organbetätigungen zu libidinösen machen. Dies ist die eine Wurzel der Trauerlust, die auch unter dem Namen Sentimentalität läuft und als Rührseligkeit eine der Hauptlustbefriedigungen darstellt, welche gewisse Volksstücke usw. zu bieten haben. Die andere Ursache der Trauerlust ist die negative, daß – wie bei jedem Affekt – die Behinderung der Abfuhr eine unlustvolle Stauung darstellt, welche geeignet ist, der Realität angepaßte Betätigung zu behindern. Die Trauerarbeit an sich ist also eine der Realität angepaßte Leistung. Die Tatsache des Lustgewinns aus einem traurigen Anlaß muß sie schon allein zur Verdrängung prädisponieren, wie ja auch die Sentimentalität »ästhetisch« verpönt ist. Aber auch die einzelnen Organlustgewinne können noch durch ihre spezielle Form oder durch die Tatsache, daß das Organ in den Dienst der Libido statt der Ichtriebe tritt, tabuiert werden. Auch kann ihre Stärke und Dauer Anlaß einer Verdrängung werden.

II. Die depressive Aktualneurose: Hier handelt es sich um dieselbe adäquate Reaktion, doch sind irgendwelche Teile des Prozesses der Verdrängung anheimgefallen, sei es die Beraubung, sei es das Liebesobjekt, sei es die Reaktion oder auch nur ihr psychischer Anteil. Oft bleibt als einziges im Bewußtsein oder nur objektiv nachweisbar, was gleichzeitig der Entäußerung eines anderen bestehenden Affektes dient, z. B. der Angst, Wut usw. Heilung erfolgt durch Behebung der Verdrängung und nachfolgende Affekterledigung.

III. Die depressive Konversionsneurose: Die Trauer ist die inäquate Reaktion auf einen irgendwie gearteten Reiz. Ein Beispiel aus dem Alltagsleben: Eine Mutter weint bei der Hochzeit der Tochter. Wir wissen, – und in vielen Fällen solcher Freudentränen ist es auch dem Weinenden

---

* Ich gebrauche den Ausdruck »das Selbst« synonym für die Gesamtheit des Menschen, also Ich plus Körperlichkeit plus dem Ich gegenüberstehende Psyche, Bewußtes plus Unbewußtes.

voll bewußt, – daß der freudige Anlaß alte verdrängte Trauer mobilisiert hat, d. h. sich zu seiner Entäußerung der für die Trauer charakteristischen regressiven Mechanismen bedient. Vor allem *diesen* Vorfällen hat die Psychoanalyse ihr Augenmerk zugewendet. Im Falle der depressiven Konversionsneurose ist es gerade der äquate Anlaß, bzw. der äquate Teil des Anlasses der Trauer, der besonders häufig der Verdrängung anheimgefallen ist. Hier hat die Therapie ein bei weitem größeres Arbeitsgebiet vor sich: sie hat die Verdrängung zu beheben, die auf dem ins Unbewußte verschobenen, dem Reiz adäquaten Affekt lastet, diesen zur Erledigung zu bringen sowie die alten Anlässe der Trauer, auf die regrediert war, aus dem Unbewußten zutage zu fördern und auch sie zu erledigen. Es ist wohl unnötig, hervorzuheben, daß – wie bei der depressiven Aktualneurose – auch noch Teile der Reaktion Trauer ins Unbewußte verdrängt sein können.

IV. Die notwendige Ergänzung der depressiven Konversionsneurose ist die in irgend einen anderen Affekt verwandelte, die *permutierte Trauer*. Zur Genüge kennen wir traurige Anlässe, auf die mit Lachen, Ausgelassenheit, ja Manie reagiert wurde. Ich erinnere nur an die erfolgreichen Arbeiten über Trauerriten, in denen zahllose freudige Affekte ihren Ausdruck finden.

Ein besonders häufiger Spezialfall der permutierten Trauer ist der, daß die Trauerlust als Ganzes oder auch nur einzelne lustvolle Organäußerungen der Trauer gehemmt oder verdrängt werden und sich nun – wie jede andere gehemmte Libido – als Angst äußern, bzw. als Angst ins Bewußtsein wiederkehren. Die dann resultierende Erkrankung ist längst als ängstliche Depression, Melancholie anxiosa klinisch beschrieben.

Die Ergebnisse unserer Untersuchung über die Trauer und ihre Äquivalente scheinen nicht geeignet, die Neurosenlehre zu vereinfachen. Und analoge Forschungen über andere Affekte (Freude, Sehnsucht, Hoffnung, Wut, Schreck, Scham usw.) werden, – wie einfache Überlegungen ergeben, – zumal wenn wir an die große Wahrscheinlichkeit gleichzeitiger Permutierung mehrerer Affekte in einen oder mehrere andere denken, – die möglichen Krankheitsformen zu astronomischen Größen machen, mit anderen Worten: jeder Krankheitsfall ist praktisch ein singuläres Ereignis, was therapeutisch strengste Individualisierung aufnötigt. Wenn Versimpelung der tausendfältigen Natur unsere Aufgabe wäre, so müßte ich um Verzeihung bitten, Ihre Zeit unnütz vergeudet zu haben. Ist es aber Zweck der Wissenschaft, eine Ahnung von der Buntheit des Seins zu geben, dann werden meine Anregungen nicht vergebens gewesen sein.

Anmerkungen

1 Freud 1895 b.
2 Stekel 1907.
3 Marcinowski 1913.
4 Vgl. Freud 1905 e, S. 200 f; 1910 i, S. 102.
5 Nähere klinische und experimentelle Daten in meiner Arbeit »Das Teta-noid« (Landauer 1922 a).
6 Vgl. Abraham 1924, S. 134 f.
7 Landauer benutzt diesen Begriff anstelle von psychischem Mechanismus. Vgl. Landauer 1927 b, S. 19, Nr. 9 dieses Bandes.
8 Theodor Ziehen, geb. 1862 in Frankfurt und gest. 1950 in Wiesbaden, Psychiater, Psychologe und Philosoph, Professor der Psychiatrie in Ut-recht, Halle und Berlin, wurde 1917 Professor der Philosophie in Halle. Nach anfänglicher Unterstützung der Psychoanalyse (Sulloway 1979, S. 620; Decker 1971, S. 466), wurde er zu deren scharfem Gegner, als Abraham seine Arbeit in Berlin der akademischen Öffentlichkeit vorstellte (Freud/Abraham 1965, S. 65, 88). Sein medizinisch-psychologisches Hauptwerk ist ein »Leitfaden der physiologischen Psychologie« (1891, 12. Aufl. 1924). U. a. auf diesem Werk fußend, verfaßte der spätere Entdek-ker des EEGs Hans Berger (1873–1941) seine »Psychophysiologie in 12 Vorlesungen« (1921).
9 Vgl. v. Bergmann 1922, 1926, 1932, S. 31–90.
10 Charles Baudouin (1893–1963), Vertreter der sog. zweiten Schule von Nancy des Hypnotismus, den er mit der Psychoanalyse zu verbinden suchte.
11 Freud 1915 e, S. 290 ff.
12 Ferenczi und Rank 1923.
13 Eitingon 1922; 1924.
14 Landauer 1924, Nr. 7 dieses Bandes.
15 Vgl. Freud, 1916/17, S. 407–426.
16 Vgl. Freud 1914 c, S. 148 f.

4. Zur psychosexuellen Genese der Dummheit

I.

Der Psychiater neigt sehr dazu, die Eigenart seiner Patienten auf ange-
borene, wenn nicht gar auf ererbte Grundlagen zurückzuführen, obwohl wir noch sehr wenig darüber Bescheid wissen, was eigentlich ver-
erbt oder auch nur angeboren sein kann. Gewöhnlich werden dabei viel
zu komplexe Eigentümlichkeiten als vererbbar angenommen, meist
schon deshalb, weil wir über die Radikale noch vollkommen im unklaren sind. So ist es auch sehr beliebt, die Dummheit als angeboren anzusehen.

Aber was ist denn eigentlich die Dummheit? Als ich neulich mit
einem Neurologen über dieses Thema zu sprechen kommen wollte,
meinte er wegwerfend, daß man das doch wisse; ebenso habe man es
einfach im Gefühl, ob dieser Patient von angeborenem Stumpfsinn sei
oder ob man bei ihm etwas therapeutisch daran ändern könne. Mir
blieb nichts anderes übrig, als zu konstatieren, daß ich leider zu dumm
zur »Wesensschau« sei, und auch heute kann ich kaum etwas anderes
tun, als Fragen aufwerfen.

Schon die Notwendigkeit, unser Thema zu umschreiben, stellt uns
vor eine Frage, und zwar eine sehr schwierige. Scheler und vor allem
Klages kennen einen Geist, der der vitalen Sphäre (Körper-Seele-Ein-
heit, um mit Prinzhorn[1] zu sprechen) gegenübersteht, ein Etwas, das
einerseits aus einer Negation der Unmittelbarkeit tierischen Erlebens
entsteht (Häberlin[2]), selber negativ ist, anderseits den Menschen erst
zum Menschen macht, der in seiner Einzigartigkeit bejaht wird, ein
Etwas also, das Träger der höchsten Werte ist, die einer autonomen
Welt der Werte angehören. So genommen, ist der Dumme eben nicht
oder nur vermindert im Besitz dieses Geistes.

Leider bleiben bei dieser Erklärung so ziemlich alle Fragen unbeant-
wortet, außer der einen, die eigentlich nicht fraglich war, daß man nämlich selbst im Besitz von etwas ist, was den meisten nicht oder nur andeutungsweise eignet, aber deren Respekt heischt. So aber bleibt es offen, woher es kommt, daß fast alle Kinder erstaunlich geweckt sind,
während dies doch bei lange nicht so vielen Erwachsenen der Fall zu
sein scheint. Die Überschätzung seitens der Eltern mag dabei einen

reichlichen Teil Fehlurteile erzeugen, aber so oft kann sie nicht schuld sein, da auch Fernstehende oft Gelegenheit haben, sich von der feinen Beobachtung der Kinder, ihren klugen Schlüssen und der glänzenden Art, wie Dinge, noch mehr aber Menschen von ihnen genommen werden, zu überzeugen. Ja, man kennt sogar die Zeit, wo das Kind sich eselt, die etwa, wenn es Schulkind wird. Dann kommt noch einmal jene glanzvolle Epoche der Spät- und Nachpubertät. Sind hier die körperlichen Veränderungen schuld? Sind es gar sexuelle Vorgänge, wie die Psychoanalyse annimmt, deren große zweizeitige Veränderungsschübe die geistige Tätigkeit verarmen lassen? Schopenhauers Meinung, daß die Perioden sexueller Hochspannung auch die des Geistes seien, stünde damit im Einklang. Inwieweit wirkt die Erziehung auf dieses Abebben ein oder gar: ist sie an ihm schuld, vielleicht gerade wegen ihrer Einwirkung auf die Sexualität, speziell auf die Psychosexualität? Auch beobachtet man nicht gar selten, daß um das 40. Lebensjahr ein geistiger Verblödungsprozeß deutlich wird, der der Erhöhung der Gesichertheit in bürgerlicher Beziehung gleichzulaufen scheint. Anderseits reifen viele Menschen eben zu dieser Zeit, und bei Philosophen hat man gar von einer Hochblüte in noch späterer Zeit gesprochen. Endlich zeigen besondere Anlässe, daß Dumme in Wirklichkeit gescheit sein können, und noch öfters, daß Gescheite versagen. Hat man sich bei ihnen bisher getäuscht? Hat ein Affekt eine Änderung für kurze Zeit oder manchmal für dauernd erzeugt? Dann aber könnte der Affekt Intelligenzvorgänge nicht nur hemmen, sondern auch fördern. Oder ist vielleicht »klug« nicht der wirkliche Gegensatz von »dumm«, sondern »gescheit«?

Des weiteren sehen wir, daß einzelne Fähigkeiten, einzelne Begabungen im Laufe des Lebens wechseln können; so finden wir ihr Auftauchen und Verschwinden während psychoanalytischer Behandlungen. Ja, die Therapie ist namentlich bei Kindern mit Lernschwierigkeiten so aussichtsvoll, daß man sie einzig deshalb in Behandlung nehmen sollte.

Also ergibt die Erfahrung, daß zum mindesten ein Teil der Dummheit etwas Behandelbares ist, und diese Behandlung ergibt ihrerseits, daß diese Fälle psychogene Reaktionen auf seelische Erlebnisse früher Kindheit darstellen. Es gelingt sogar manchmal, die affektiven Momente in ihnen, ja sogar die Triebwurzeln bloßzulegen und so manchen Einblick in das Triebwerk der Denkprozesse zu gewinnen. Allerdings vorerst nur eines ganz komplexen Prozesses.

Anders die Experimentalpsychologie: Sie hat uns einzelne Seiten, vielleicht kann man sogar sagen: einzelne Voraussetzungen des Denkens und vor allem der Dummheit kennengelehrt. Namentlich bei Gehirnschädigung und endokrinen Erkrankungen kennen wir manche umschriebenen Symptome von *organischer Demenz*. Aber ganz zwingend ist die Diagnose auf diese Weise wohl ebensowenig zu gründen wie auf unsere. Und ex juvantibus zu schließen, scheint auch recht vage. Oft wird die organische Grundlage eine der Ursachen bestimmter Fälle sein, die psychogen nur verstärkt ist. Den sichersten Hinweis auf organische Genese von Dummheit scheint mir heute noch die körperliche, namentlich die neurologische Untersuchung zu erbringen. Die Zahl dieser Fälle wird sich mit der Verfeinerung der Technik sicherlich als groß erweisen. Solch ausgesprochen körperlich Kranke scheiden für unsere Betrachtung aus.

Daß es psychogene Formen von Dummheit, »Pseudodemenzen«, gibt, diese Erkenntnis ist nicht neu. So ist es den Fällen von »*Ganser*«[3] meist eigentümlich, daß sie Erwachsene betreffen, die vorher von durchschnittlicher Gescheitheit waren; auch treten sie plötzlich auf schwere äußere Einflüsse hin, zum Beispiel Haft, auf. Diese Menschen aber sind in einer Weise dumm, wie sich der Erwachsene gewöhnlich das Kind nur vorstellt, nicht wie es in der Tat ist.[*] Anders müßte es bei jenen psychogenen Fällen sein, da von Kindheit auf das Kind sich von Denkleistungen drückt. Hier ist ein viel organisierteres Dummsein gegeben.

II.

Vielleicht kann uns die Sprachforschung einen orientierenden Überblick über unseren Problemkreis geben.[**]. Das Wort dumm leitet sich vom althochdeutschen tumb ab, das im wesentlichen die Bedeutung von stumm, auch taub hat und sowohl stumpf in bezug auf Sinne als auf Verstand bedeutet. Ähnlich kommt Tor von tôre = Irrsinniger, Tauber, verwandt mit Dösen und Duseln. Diese Worte deuten also darauf hin, daß die Sprachfinder als Wurzel der Dummheit eine *Sinnesabblendung* ansahen. Der Dumme hat einen engen Horizont, borné = beschränkt. Ähnlich ist es im Griechischen moros, während stupid uns auf die Ursache des Sinnenverschlusses als Schutz vor einem plötzlichen Sinneneindruck hinweist (stupeo = erstarren vor, staunen). Auf die Verwandtschaft mit körperlichen Mißbildungen deuten die Worte wie blöd und

---

[*] Vgl. hierzu z. B. die Untersuchungen von Hahn (1920) über das Farbenbenennen beim Kinde und beim Ganser.
[**] Nach den Wörterbüchern von Grimm, Sanders und Kluge.

dämlich hin, von denen das erste ursprünglich gebrechlich, schwach heißt, während zum zweiten das indogermanische tam = ermatten gehört; doch ist es auch mit der Wortsippe dämmern verwandt. Analog das französische imbécile und das italienische tapa. Eine besondere Seite der Dummheit zeigt albern, auf althochdeutsch alavari = gütig, freundlich; daneben bedeutet das Adjektiv auch ganz wahr. Der Dumme erscheint also nicht nur liebevoll, sondern rückhaltlos ehrlich. Er gibt sich ohne Falsch hin, ist frei von Hinterhältigkeit. Er ist *einfältig, simple*, also der Gegensatz eines Zwiespältigen, eines Zweiflers. Er ist so dumm, alles zu glauben, was man im Französischen wiedergibt: il est ainsi bon oder bon enfant, ein gutmütiges Tier fast, bête oder auch nur ein Staatsbürger ohne Amt und Würden, was die Ausgangsbedeutung von Idiot ist.

III.

Die ganze Kompliziertheit unseres Problems wird uns bewußt, wenn wir uns an die Resultate der größten Psychologen halten, die wir kennen, an die Dichter. Es wäre eine ganz erstaunliche Fülle von Material zusammenzubringen, sowohl der Kunstdichter wie der Volksdichter*, in dem der Held der Geschichte ein Dummer ist. Ein dummer Held – das erscheint paradox. Wir könnten es ohne weiteres begreifen, daß wir Gescheiten die Schale unseres Spottes über die ausgössen, die weniger Geist besitzen als wir. Aber dem ist nicht so. Zwar findet sich in der Kunstdichtung ab und zu ein Trottel, der wie in den Shakespeareschen Rüpelszenen in die Tragik des Geschehens ein Lachen hineintönen läßt. Etwas ganz anderes bringen uns die Geschichten vom »Dummen«: er ist der Sieger, er ist der Glückliche, er ist im Grunde der Gescheite. Bei der Volksdichtung können wir die Ursache leicht einsehen: gewöhnlich ist der Dumme irgendein ungeschliffener *Bauerntrampel*, der über die Städter, die Gelehrten, ja selbst über die Könige und den Pfaffen siegt. Diese Art von Dichtung geht auf die Bauernschwänke des Mittelalters zurück, wo der Bauer ein schweres Los hatte, von den Rittern, den Pfaffen und den Städtern reichlich ausgebeutet wurde. Er schien wirklich der Dumme zu sein, mit dem man nach Laune umspringen konnte. In den Dichtungen finden wir nun die Wunschträume dieser *Stiefkinder der damaligen Gesellschaft*.

---

* Ich halte mich vor allem an die allgemein bekannten Grimmschen Märchen und für ihre Varianten an Bolte und Polivka, Anmerkungen zu den Kinder- und Hausmärchen der Brüder Grimm, 3 Bde., Dieterichsche Verl.-Buchh. Theod. Wachner, Leipzig, 13–18.

Neben dem dummen Bauernburschen ist es dann aber der dumme Junge überhaupt, besonders in Gestalt des *dummen Jüngsten,* der durch irgendwelche besondere Leistungen und durch seine zunächst dumm erscheinende Verhaltensweise sich doch als der Klügste erweist. So wird die Geschichte vom Dummen sehr häufig zu einer Variante der Geschichte vom Stiefkind. Diese dummen Helden sind meist Männer und Knaben; in weiblicher Gestalt tritt das Stiefkind meist als stilles, unscheinbares, fleißiges Geschöpf auf, das die niedere Hausarbeit tun muß und des Hauptreklameartikels des weiblichen Geschlechtes entbehrt: schöner Kleider und des Schmuckes. Beim männlichen Geschlecht scheinen die Hauptanziehungsmittel dieses Geschlechts zu fehlen: geistige Überlegenheit in der Form dessen, was man etwa esprit nennt, sowie feine Sitten, *Höflichkeit.* Und wie Aschenputtel trotz ihrer Unscheinbarkeit den Prinzen gewinnt, so der Dümmling die Prinzessin, während die bösen Brüder das Nachsehen haben und womöglich noch bestraft werden. Wie gesagt: entweder ist der Dümmling das *Stiefkind* oder doch wenigstens das *Stiefkind der Natur.* Diese Feststellung, die ihr Pendant darin findet, daß der dumme Bauer das soziale Stiefkind ist, läßt es uns begreiflich erscheinen, warum diese Dichtungen auf ein so tiefes Verständnis aller Menschen stoßen, namentlich der Kinder, deren Lieblingsgeschichten mit derartige Märchen sind. Denn für das Kind ist ja das Problem, das Verkannte, das Schwache, Hilflose, Dumme, das Stiefkind zu sein, außerordentlich aktuell. Die Großen, namentlich die großen Geschwister, nehmen ihm alles weg, besonders die Liebe der Eltern, und ihre Liebesbeweise in Form von Geschenken aller Art, aber ganz besonders in Form des höchsten Liebesausdruckes, den das Kind kennt, des Zeitaufwandes. Denn Liebe ist für das Kind Zeitaufwand, die Zeit, die die Mutter ihm gehört, die der Vater sich ihm schenkt. Nach diesem Zeitaufwand, dieser Liebe sehnt sich das Kind; danach ist sein Verlangen unersättlich. Aber immer wieder wird es abgewiesen, viel zu wenig redet der Erwachsene mit ihm, tut viel zu oft seine Fragen mit den Worten ab: du bist zu dumm, so oft, daß dumm fast gleichbedeutend für das Kind wird mit klein. Aber wäre es ein Kind wie die anderen, dann dürfte es seine Eltern hassen. Darum nimmt es begierig jede Gelegenheit wahr, die ihm gestattet, sich zurückgesetzt zu fühlen, um dann glauben zu können: das sind nicht meine Eltern; diese Erwachsenen, die mich nur geraubt haben, um mich auszunützen, darf ich hassen. Und in seinem Traume sieht es sich dann groß, gescheit und damit so weit, daß die Erwachsenen auf seine Anrede harren und um es buhlen. Und es wird immer wieder dazu veranlaßt, dies zu träumen, da es sich im Grunde viel gescheiter weiß, als die Erwachsenen es glauben;

so kommt es auch leicht dazu, diese dummen Erwachsenen zu verspotten, die nicht wissen, daß das Kind sie durchschaut, namentlich in ihrer ganzen Verlogenheit, speziell in der sexuellen. – All diese Erörterungen sind durchaus im Einklang mit Adler. Wir werden allerdings, den Wegen Freuds folgend, in die tieferen Schichten der Motoren, der Triebe, vorzudringen suchen.

Ein Beispiel aus der Praxis: In der Wohnung im Stockwerk über den Kindern wird ein Baby erwartet. Bruder und Schwester (5- bzw. 6jährig) haben das schon lange gesehen und sich oft über die Veränderung der künftigen Mutter unterhalten. Auf ihre Fragen nach den Zusammenhängen mit aufgeschnappten Bemerkungen sind sie aber von ihrer Mutter mit dem Storchenmärchen abgefertigt worden. Da, an dem Tage der Geburt, geht die Fensterscheibe des Kinderzimmers in Stücke. Die herbeieilende Mutter erhält auf die Frage, wer es getan habe, vom Jungen die Antwort: der Storch, der in den dritten Stock habe fliegen wollen, habe zuerst aus Versehen das Kind bei ihnen abgeben wollen und dabei mit seinem Schnabel die Scheibe eingestoßen. Und er hatte wahrlich recht, so ein Lügenmärchen aufzutischen. Denn nun ging es ohne Strafe ab, weil die Mutter, die ihr Lachen nicht beherrschen konnte, schleunigst das Zimmer verließ.

Also ist es wahrlich verständlich, wenn so oft Menschen den Dummen spielen, sich dumm stellen: der sekundäre Krankheitsgewinn der Dummheit wird meist rasch und reichlich erhalten. Man läßt sie ungeschoren. Das enfant terrible, das in seiner paradiesischen Harmlosigkeit all seine Bosheiten an den Mann bringen kann, bleibt nicht nur straflos, sondern wird zur gefürchteten Persönlichkeit.

Vor allem kann das schwache Kind auf diese Weise seine Haßgefühle loslassen. Denn – das hat das Kind reichlich Gelegenheit, zu erfahren – Unwissenheit, Dummheit ist eine wunderbare Waffe. Und das Kind hat wahrlich tausendfältige Gründe, seine Umgebung zu hassen; behandelt die doch das nur körperlich Schwächere wie ein körperlich Krankes: »das verträgst du nicht«, heißt es den ganzen Tag. Und so erscheint der Dümmling oft auch als scheinbar körperlich Kranker, Lahmer, Buckliger, Häßlicher. Oft mögen sich dahinter in Selbstbestrafung des mit dem Dummen identischen Dichters die bösen Wünsche gegen andere verstecken. Das würde dann heißen: der Dichter stellt eben durch dieses Darstellen des Dummen (der mit einem Teil seiner selbst eins ist) seine ihm von den Eltern eingepflanzten Minderwertigkeitsgefühle dar, die er aus Schuldgefühlen nicht überwinden konnte.

Noch unverhüllter zeigt sich dieses bei der Sturheit, mit der der dumme Held Grausamkeiten begeht, die oft als mystische Handlungen der Zeugung und Gebärung erscheinen: Der Frosch wird wütend gegen die Wand geworfen und wird dadurch zum schönen Prinzen; das alte Weib wird enthauptet und damit der bösen Hexe Zauber gebrochen: die schöne Jungfrau erwacht aus dem Schlaf. Männliche Zeugungsantriebe und Komplexe von Geburts- und Wiedergeburtstendenzen drängen hier zur Entladung, ebenso wie die Zerstörungsantriebe. Sie brechen zu einem überdeterminierten Symbol durch, das uns – weil unbewußt bestimmt – mystisch erscheint; und sie dürfen sich durchsetzen, weil sie im Dienste des »Guten«, der guten Fee, Mutter, erscheinen.

Und auch vor allen möglichen anderen Unannehmlichkeiten ist das Kind durch seine Dummheit geschützt. Es muß nicht dasitzen und die langweiligen Schularbeiten machen; man tut es in eine leichte Schule; während der gescheite, sonst bevorzugte Bruder über den endlosen Aufgaben sitzt, darf das sonst zurückgesetzte Mädchen mit seinen Puppen spielen. So analysierte ich einmal eine 28jährige Asthmatika, die immer »beschränkt« war und namentlich gar kein Sprachtalent hatte. Nun wollte es der Zufall, daß ihre beste Freundin nach Italien heiratete und sie jedes Jahr einlud, auf einige Wochen ihr Gast zu sein. Sie konnte natürlich kaum ein Wort Italienisch, trotzdem sie alles in allem wohl beinahe ein halbes Jahr in Italien gewesen war und jedesmal vor ihrer Reise italienischen Unterricht nahm. Aber diesmal würde sie es nicht tun. Es hatte doch keinen Sinn. Warum sich unnütz quälen. Das brachte sie in einer der letzten Analysestunden vor ihrer Reise. Wir deckten die ganzen Zusammenhänge auf, all die Vorteile, die ihre Dummheit ihr gebracht und, wo diese nicht auslangten, ihre Krankheit. Nach der Reise erzählte sie mir folgende sie überraschende Geschichte: hinter dem Gotthard war ein Ehepaar eingestiegen, das zunächst ins Kupée hereinfrug, ob noch Platz da sei. Da niemand sonst antwortete, habe sie geredet und sei so mit den Leuten ins Gespräch gekommen. Nach längerer Zeit fiel es ihr auf, daß sonst niemand mitsprach, und da sei es ihr plötzlich aufgegangen, daß sie die ganze Zeit italienisch gesprochen habe. Und von da ab konnte sie »auf einmal« Italienisch.

Bei einigen Märchen scheint aber diese Pointe von dem schließlichen Glück zu fehlen, das uns die Ingangsetzung des psychischen Mechanismus Dummheit verständlich zu machen scheint. So verläuft die Geschichte von Hans im Glück in kurzen Umrissen folgendermaßen: Hans dient längere Zeit einem reichen Bauern ohne Gehalt*. Als er von

---

* Man denkt hier an die lange Dienstzeit des Jakob, um sein Weib zu verdienen. Der dumme Hans will nicht den genitalen Liebesbeweis.

ihm geht, bekommt er einen Goldklumpen zum Lohn. Also hat er nicht vergebens auf den Großmut seines Dienstherrn gerechnet. Aber der Goldklumpen drückte ihn, er tauscht ihn für ein Pferd, für einen Esel usw. ein. Immer geringer wird sein Besitztum, bis er schließlich nur noch Mühlsteine hat, die ihm endlich ins Wasser fallen. Da ist er nun die Last los, und er ist glücklich, wie er mit jedem vorhergehenden Tausch zufrieden war. Das ist kein Märchen, kein kindlicher Wunschtraum. Es ist eine Ermahnung: Du Kind, sei zufrieden mit dem, was dir deine Eltern geben! Du Bauer, sei glücklich mit allem, was dir dein Herr läßt! Es ist eine Geschichte – so möchte es scheinen – vom Standpunkt des Erwachsenen, des Herrschers aus. Aber die Vergleichung der Quellen zeigt uns, daß dies höchstens auf die Fassung, welche die Brüder Grimm uns überliefert haben, zutrifft, denn in einer Tiroler Variante hat Hans am Ende des Tausches doch Glück. Denn er wettet mit mehreren Herren um hundert Gulden, daß sein Weib ihm über den Ausgang keine Vorwürfe machen werde und gewinnt. In einer dänischen Überlieferung geht der Tauschhandel von der Kuh zur Ziege, zum Hahn, zur Flöte. Als er diese in einem Weinkeller feilbietet, fragen die »Herren«, was seine Frau zu diesem Handel sagen werde. Er wettet um 400 Gulden, sie werde ihm kein böses Wort erwidern, und gewinnt, da die Frau mit jedem Tausch zufrieden ist. Auch in dem Schwank von Hans Volz empfängt das Weib den betrogenen Bauern mit gütigen Worten. Diese Fassungen zeigen ganz deutlich, was hier der sekundäre Gewinn des Dummen ist: gerade weil ich dumm bin, hat man mich lieb. Wenn wir uns überlegen, daß diese Geschichten für Kinder* geschrieben sind, so heißt ihr Inhalt: ich will Kind sein, dann werde ich verwöhnt und darf das tun, was mir gerade bequem ist. Wenn ich nicht Erwachsener bin, brauche ich keine Unlust auf mich zu nehmen**.

Wie aber soll man sich nun das Zustandekommen des Symptomenkomplexes Dummheit vorstellen? Gewiß nicht so, daß sich ein Kind eines Tages sagt: so, jetzt bin ich dumm. Wohl wünscht es sich oft, dies zu sein. Aber solange dieser Wunsch bewußt ist, kann es – wenigstens subjektiv – noch anders. In einem Fall zum Beispiel hatte ein 10jähriger Knabe ein Interesse daran, in seinen Lieblingsbeschäftigungen nicht durch die hohen Anforderungen gestört zu werden, die man an seine

---

* Dienstmädchen, d. h. Dienende, sozial Schwache, Großmütter, d. h. körperlich Gebrechliche, also Menschen, deren Lage das Kind der seinen verwandt fühlt, erzählen ihm in der Hauptsache die Märchen!
** Auch dies spricht für die Auffassung, daß reichlich Gegenstücke zu der Geschichte existieren: ein Überkluger tauscht immer günstiger, wird immer reicher, um schließlich rasch alles zu verlieren.

Schulleistungen stellte. Er lernte deshalb in Gegenwart des Vaters laut lateinische Vokabeln, dachte aber immer: »ich mag sie nicht können«, und natürlich konnte er sie beim Abfragen nicht. Aber dumm war er deshalb noch lange nicht, und er konnte seine Dummheit auch nicht glaublich machen. Anders dann, wenn – wie Kretschmer sich ausdrückt – ein »diffuser Wille« besteht. Dieser Ausdruck scheint, auch wenn es sich um Kinder vor oder bei Erledigung des Ödipuskomplexes handelt, besser als das Wort »Wunsch«, der zu dieser Zeit noch nicht unbewußt im Sinne des unbewußten Verdrängten geworden ist. In dieses entstehende Unbewußte muß der Wunsch diffundieren. Noch korrekter allerdings wäre es, nur von Tendenzen zu reden, und wir können uns den Prozeß des Dummwerdens nach Analogie eines Reflexes aus der Gruppe der Flucht-Abwehr-Reflexe vorstellen (die Psyche kennt wohl weder reine Flucht noch bloße Abwehr, sondern nur deren Kompromisse) als einen Spezialfall der *»Verdrängung«*. Gerade für ihn scheint mir Goldsteins Vergleich der Verdrängung mit der *Autotomie*[4] besonders bildhaft: auf Bedrohung wird mit Abwerfen eines Teils der Körperoberfläche (der Sinnesfläche) reagiert zwecks Verkleinerung derselben und damit der Angriffsfläche für neue Insulte*.

IV.

Die Dummheit der meisten unserer Märchendümmlinge besteht nun darin, daß sie die Wirklichkeit nehmen wie sie ist, und nicht lange fragen, woher es kommt, daß etwas »Ungewöhnliches« ihnen begegnet. Sie fragen Geister nicht, warum sie Geister sind, sie stehen mit ihnen auf du und du. Sie verhalten sich wie Kinder, die die Dinge und die Menschen als gegeben akzeptieren, und nicht wie sich klug dünkende Erwachsene, die immer nach warum und was und zu welchem Ende fragen. Und so fahren sie gut, denn dem Kinde gegenüber wird auch der Erwachsene, der Böse, dem Kind gleich. Jedes Ding ist einzeln, eigenartig und neu; es isoliert alle Dinge voneinander und will nichts von einem »Sinn« wissen, den die sinnlich greifbaren Erscheinungen noch haben könnten. Der große Narr Don Quichotte, der überalterte Phantast, sieht in Stallmägden Edeldamen und in Windmühlen Ritter. Seiner großen hageren Gestalt hat Cervantes den Tolpatsch Sancho Pansa, den runden Bauernburschen, gegenübergestellt, das lebendig gewordene

---

* Dieser Ausdruck, d. h. der Vorgang ist, wie später gezeigt wird, im Sinne der Akzeptierung der Kastration überdeterminiert.

Stehaufmännchen, das es schließlich viel weiter bringt als sein Herr. Heute, im Zeichen Kretschmerscher Typenforschung, werden wir sagen: der Pykniker, der die Dinge nimmt, wie sie sind, der lebt und leben läßt, ist natürlich glücklicher als der verbohrte Dysplastiker, der keine Freude gewinnen kann.

Denn wo der Dumme hinkommt, sind alle lieb und nett zu ihm: er ist gut zu den Pflanzen, den Tieren, ja selbst zur unbelebten Natur. Und sie lohnen es ihm. Wenn er in Gefahr ist, eilen die Vögel und die Ameisen ihm zu Hilfe, und der Teich spaltet sich. Der Dumme ist das vertrauensselige Kind, dessen Liebe nicht enttäuscht wird. Es hat all die himmlischen Gewalten für sich, im irdischen Leben des Alltags die allmächtige Mutter – wenigstens in seinen Wunschträumen. Anders der, der durch Enttäuschung, durch Liebesenttäuschung an den Eltern sich von ihnen loslöst, sich geschieden hat und nun Erwachsener ist, allein auf sich angewiesen, und im Bewußtsein, daß alles sich voneinander scheidet, gegeneinander kämpft, auch sich selbst überall einstellt, bekämpft zu werden und durch seine »Gescheitheit« erst recht Feindschaft erweckt.

Die schwerste Liebesenttäuschung, die der Mensch erduldet, die wenigen Menschen erspart bleibt, über die sehr viele ihr Lebtag nicht hinwegkommen, ist die Liebesenttäuschung an den Eltern, die seine körperliche Unversehrtheit bedrohen und damit den Glauben an die Unversehrtheit des eigenen Körpers, dessen Allstärke, dessen ewige Wiedergebärbarkeit in unversehrter Schöne unzählige Dichter phantasieren. Auch der Dumme, oft auch körperlich Verunstaltete (er ist namentlich häufig mit einem Buckel ausgestattet), wird nach Sieg über den Neunmalweisen, die viel stärkeren Eltern (bzw. älteren Brüder), der schönste junge Prinz und besitzt die Königstochter. Wir kennen die Symbolsprache solcher körperlicher Entstellungen aus Tausenden Träumen und vielen hysterischen und paranoiden Symptomen. Es sind Überkompensationen und Verschiebungen der einen großen gefürchteten Schändung des Körpers durch Abschneiden des Genitales wegen der Wünsche auf die Königin, die ideale Mutter. Dummsein kann also heißen: kastriert sein. Der dumme Held akzeptiert demnach die Kastration. Selbst sie hat ja Vorteile, wie wir gesehen haben, denn man wird als liebes Kind nun von allen geliebt, um des Kastriertseins, des Kindseins, des Dummseins willen.

So stehen am Ursprung zweier* scheinbar grundverschiedener Sym-

---

* Ich lasse die dritte Lösungsmöglichkeit, die Pseudologia phantastica, außer Betracht, doch schimmert sie da und dort bei den »Lügen« der Kinder, bei den Phantasien der Dichter durch.

ptome ganz ähnliche seelische Erlebnisse. Ich habe in einem Fall von Zweifelsucht[5] aufzeigen können, wie an der Wurzel dieser Krankheit die Kastrationsdrohung steht, und habe diesen Befund seitdem an zahlreichen Fällen bestätigt erhalten. Ein Teil der Persönlichkeit fand sich in der Rolle des Kastrierten, der Frau, während der andere Teil an der Männlichkeit, der Unversehrtheit festhielt. Der Zweifel, der schließlich auf alles und jedes übertragen wurde, bezog sich ursprünglich auf die eigene Person und lautete: Was bin ich, Mann oder Frau, unversehrt oder kastriert? Noch auf ein Zweites bezog sich der Zweifel, auf das Funktionieren der Sinnesorgane: darf ich meinen Augen trauen, daß es kastrierte Wesen (die Frauen) gibt? Ist ein solches Verbrechen möglich, so ist auch mein Körper bedroht. Und alles, was durch die Sinnesorgane geht, ihr ganzes Funktionieren, wird bezweifelt. Die ganze durch unsere Sinnesorgane greifbare Welt wird unsicher. Von ihr wird die Liebe abgezogen. Aber die Frage lautet auch: Bin ich denn ein Wesen, das sehen, erleben kann? Und, um sich von seiner Erlebnisfähigkeit zu überzeugen, wird Lust in den Funktionen bestimmter erogener Zonen (hauptsächlich der Analerotik und des Sadismus) gesucht.

Bei der Dummheit sind die Sinnespforten weitgehend geschlossen, aber sie sind gesperrt nur gegen unliebsame Wirklichkeiten. Im Märchen sieht der Dumme nicht, daß er einem scheußlichen Ungeheuer gegenübersteht, einem Ding, das eigentlich nicht möglich ist, wie z. B. einem Menschen, der seinen Kopf unter dem Arm trägt. Er sieht die Kastration nicht, will sie nicht sehen. Das wird schon ein Wesen sein wie ich und du. Ich sehe nicht lang, ich frage nicht lang. Wozu soll ich Angst haben? Die Dummheit überwindet die Angst, ähnlich wie auch ihr Gegenteil es tut: das ist die Fähigkeit, die Libido zweckmäßig von der Außenwelt abzuziehen und den Worten, Vorstellungsbildern und Begriffen zuzuwenden, die in einem wohnen. Denn wenn man dies getan hat, kann man mit den Vorstellungsbildern und Worten Überlegungen anstellen, spielerisch an ihnen die Gefahren vorwegnehmen und so in fraktionierter erträglicher Form die Angst abtun und angstfrei sich der Außenwelt wieder zuwenden und jetzt die Gefahren richtig einschätzen und vermeiden. Weil aber Dummheit und Gescheitheit aus einer Wurzel stammen, darum wohnen sie immer so dicht beieinander, so daß sich nicht nur die Zweige, sondern auch die Stämme vermengen.

Einen sehr hübschen Beleg für die gemeinsame Genese von Dummheit und Denkzwang gibt jener obenerwähnte Fall von Folie du doute und im Speziellen jene Deckerinnerung, deren Aufklärung die Analyse damals besonders förderte: der Knabe teilt das Schlafzimmer mit dem von ihm geliebten Dienstmädchen und sieht die Liebesaggression des gleichfalls geliebten Onkels auf das Mädchen. Aber er sieht nur die Oberkörper, das eigentlich Anstößige wird – weggesehen. An Stelle des Sehens aber tritt das Denken. Seine Entstehung ist dieselbe wie immer, und auch seine Aufgabe ist die gleiche, wie wir sie stets finden, wenn sie auch hier ins Pathologische verbogen ist: Die Realität ängstigt; ihre wirre Reizfülle ist nicht wie bisher zu bewältigen: das Benennen, das Rufen nach der Mutter hat versagt. Die große Realität Mutter hat enttäuscht. Das Kind steht allein; von aller Welt geschieden, zieht es seine Liebe von der Realität zurück und sucht nun abseits von ihr in die Erinnerungsbilder und deren Wortrepräsentanzen Ordnung zu bringen, Lücken zwischen ihnen durch Ausfüllung mit älteren Vorstellungsbildern bzw. deren Wortrepräsentanzen zu schließen. Namentlich wird die Realität durch einen »Sinn« und einen »Wert« vervollständigt. Sinn, das ist die gewünschte oder gefürchtete Summation der Sinneseindrücke »Aller«, der Mutter, des idealen Vater Gottes, und Wert, d. h. der Wert sub specie aeternitatis, die Liebe des unbegrenzt lebenden Vaters, die er – wie wir wünschen und fürchten – den Dingen gibt. So gerüstet suchen wir uns über das unlustvolle aktuelle Erlebnis hinaus der ganzen Realität anzupassen und dadurch eben dies aktuelle Erlebnis zu bewältigen. Anders der Zwangsgrübler, der zwanghaft das Greifbare und das Ergriffensein flieht, um im Reiche der Wortbilder seiner Zwiespältigkeit zu leben und durch magische Gesten mittels der Wortbilder wie ein ferner Gott, der Vater, die Realität zu ändern. Anders auch der Dumme: ihn kümmert kein Sinn, kein Wert, keine Bedeutung und wie die Worte alle noch heißen mögen. Er bewältigt die Wirklichkeit eben durch seine Dummheit, sein Nichtsehen, indem er ihr Mitleid, ihre Liebe weckt. Das kleine Kind will von der allgütigen Mutter ergriffen werden. Das gelingt, aber es gelingt doch nur unvollständig. Besser gelingt es dem Denkenden. Dessen Geist genießt größere Wertschätzung. Dies ist aber nicht allein aus der praktischen Bedeutung des Verstandes zu erklären. Sie muß noch tiefer begründet sein; darauf macht uns vor allem die Ambivalenz aufmerksam, mit der der Geist bedacht wird.

V.

Wir haben bisher nur die eine Seite berücksichtigt, warum der Dumme nicht fragt: er ist der Wirklichkeit zugewandt, sieht nicht und will nicht sehen, was hinter den Dingen ist. Aber er liebt die Wirklichkeit, und so kommt es, daß er auch zuweilen sehr viel Fragen stellt, mehr als zehn

Weise beantworten können. Aber welche Fragen sind es, die er stellt, die die Weisen nicht beantworten zu können glauben? Wissen diese Weisen in der Tat keine Antwort, weil sie die Dinge nicht sehen, oder wollen sie nur nicht Rede stehen, weil sie meinen, daß dies von Schaden sei, daß dann der Dumme, das bisher lenkbare Kind, gegen die Autorität der Eltern und der Beherrschte gegen die Herren sich auflehne? Oft scheint es, daß der Dumme eben weiter nichts ist als der Lenkbare, das kleine Kind, dem die Rechte der Erwachsenen vorenthalten werden sollen, besonders die geschlechtliche Betätigung. So entsteht durchaus als Kunstdichtung, d. h. Wunschphantasie der herrschenden Klasse – im Mittelalter als höfische Dichtung, in nicht weit zurückliegender Zeit als solche eines Spätromantikers, der Freund eines Königs und von enormer Selbstverliebtheit war –, die Gestalt des »reinen Toren«: Parsifal. Hier ist ganz unverhüllt, daß das, was den Toren auszeichnet, eben seine geschlechtliche Reinheit ist. An ihn reicht nicht die Sinneslust heran, darum kann er ein Werkzeug in den Händen höherer Mächte sein, Vertreter idealisierter Väter und Mütter. Er ist durchaus nach dem Willen einer weiblichen Moral, der Mutter, die ihn abseits vom Hofe in der idealen Situation des gegenseitigen Alleinbesitzes erzogen hat. Früh kommt dabei seine Gewalttätigkeit zum Vorschein (Vogelmord), die immer wieder durchbricht. Da tritt ein Ritter ihm in den Weg, der ihm, dem reinen Toren, als Gott erscheint und damit ihn seine eigene Unvollkommenheit erleben läßt*. Um sie auszugleichen, will er in die Welt hinaus, die Mutter verlassen. Diese versucht es zunächst, ihn lächerlich zu machen, damit er, von der Welt verspottet, zu ihr zurückkehre. Aber vergebens, es drängt ihn, sich zu betätigen. Wissend fehlt er so gegen der Mutter Gebot, das fordert: sei wie ich, ein Weib; und damit vernichtet er sie, die aus Gram über sein Weggehen stirbt. Als Mann – so wünschte er es wenigstens – liebte ihn die Mutter, durfte ihn aber nur als Kind, Kastrierten, lieben. Jetzt ist sie tot; gerade deshalb gehört er der Mutter liebend weiter: er meidet die Frau als Sexualobjekt. Aber auch hassend ist er ihr noch zugetan: er zerstört das Leben der Frauen, die ihn lieben. Die Gründe für diesen Haß erahnen wir bei der Szene, da er, drei Blutstropfen im Schnee sehend, erstarrt (Abscheu vor der Kastrierten und der Defloration). In seiner Torheit, die ihm so viel Böses erlaubt, ist er das Kind – höfisch gesprochen: der Bauer –, das unendlich viel Fragen stellt. Am Hofe lernt er, daß Schweigen und den

---

* Vergl. dazu in vielen Neurosenanalysen (verhüllt z. B. in der mitgeteilten Deckerinnerung der Folie du doute) das traumatische Erlebnis des Anblickes eines erigierten Penis (des Vaters oder einer Vaterimago).

Befehlen gehorchen Pflicht des Kindes gegen den Vater und des Untertanen gegen den Herrn ist. Und so kommt er auf seinen Irrfahrten auf die Gralsburg, sieht dort all das Elend (die blutende Wunde, die Folge des sexuellen Sündenfalls) und das geheimnisvolle Wunderbare (das Blut Christi; die Gewalttätigkeit der Durchbohrung Jesu wird zur Gnade!), und schweigt. Erst als er durch abermalige Irrfahrten geläutert ist, stellt er die mitleidige Frage und wird so König, der die Dinge wissend beherrscht. Auch bei Wagner wird er durch Mitleid wissend, wie der Text sagt. Die Handlung aber zeigt uns, daß er durch den Kuß einer wissenden, nach ihm gierigen Frau, selber wissend wird, durch Abweisung genital geschlechtlicher Liebe also.

Diese Sage verrät uns deutlicher denn viele Worte, was es um die Torheit für eine Bewandtnis hat: *Torheit heißt Unwissenheit in sexueller Beziehung, sie ist der Wunsch der Eltern in bezug auf ihre Kinder.* Und die Erfahrung an unserem Krankenmaterial zeigt uns, daß ein großer Teil der menschlichen Dummheit – wie Freud uns dies lehrt – dadurch zustande kommt, daß die Kinder bemüht sind, um den Eltern zu gefallen, nicht mehr zu fragen, woher sie kommen, welchen Anteil an ihrem Werden der Vater hat, wie sich die Geschlechter unterscheiden, und all die tausend Fragen, mit denen die Kinder den Eltern zur Last fallen. Und weil dies die Kinder sehen, lernen sie schweigen. Aber noch mehr sehen sie oder müßten sie eigentlich sehen: daß ihre Eltern sie anlügen, nicht nur in dem Sinne des Erwachsenen, daß sie anders reden als sie denken, sondern vor allem auch in dem Verstande, wie das Kind das Wort Lüge gebraucht: daß nämlich die Erwachsenen anders handeln als sie reden. Aber das Kind darf seinen Eltern gegenüber nicht äußern: du lügst. Es will auch nicht denken und sehen, daß die Eltern lügen, also das tun, was es von ihnen immerfort als »böse« gewehrt bekommt. Denn böse sein würde ja heißen ungeliebt sein. Und das Kind will seine Eltern lieben, nicht nur aus Not, sondern auch aus tausend Sehnsüchten. Und so verschließt das Kind, um an die Eltern zu glauben, seinen Blick vor der Wirklichkeit. Es darf nicht mehr sehen, als zum Bilde der idealen Eltern paßt. Dumm und unwissend sein ist auch unfähig sein, sich Kenntnisse über die Fehlbarkeit der Eltern zu erwerben. So die Patientin, aus deren Erinnerung ich die Verhöhnung der Mutter durch den Bruder oben gebracht habe. Sie wußte bis weit über ihr zwanzigstes Jahr nichts von irgendwelchen sexuellen Vorgängen. Ihre einzige Erinnerung, die sie über ihr Sexualwissen aus früherer Zeit zunächst bringen konnte, war nur die Angabe der Mutter, daß sich die Knaben von den Mädchen durch spitze Ellenbogen unterscheiden. Die Mutter hatte also nie gelogen, sondern immer die Wahrheit – wenigstens symbolisiert – gesagt. Erst im Laufe einer langwierigen Analyse füllten sich die Lücken aus. Dabei zeigte sich als starkes Motiv der Verdrängung ihres früheren sexuellen Wissens, daß sie nicht wahr haben wollte, daß die Eltern lügnerisch und sexuell sind.

Wir kennen einen Typus, der wegen der blinden Ergebenheit den Eltern gegenüber diesen sehr angenehm ist und von ihnen geradezu als *Musterkind* bezeichnet wird, arme Wesen mit jugendlichen Körpern, aber mit altersstarr beherrschten Mienen. Sie sind immer »brav«, d. h. sie stören die Eltern nicht und bereiten ihnen sogar die Freude, daß sie stolz mit dem Lob ebenso bequemer Lehrer prunken können. Kenntnisse, namentlich auf sprachlichem und begrifflichem Gebiete, kann ein Musterkind sich relativ leicht erwerben, ist es doch nicht »zerstreut«, weil es stark gegen die Umwelt und die Affekte abgeblendet ist. Auch kann es – was besonders imponiert – besser erworbene Kenntnisse reproduzieren als das seelisch lebendige Kind, das durch seine leidenschaftliche Stellungnahme oft gestört wird. Aber sobald das Musterkind an eine selbständige Tätigkeit gehen soll, versagt es außerordentlich häufig. Lieblos gegen das Greifbare, nimmt es nichts selbständig wahr und vermag also auch nicht sich anzupassen. So erklärt es sich, daß wir so außerordentlich häufig auf große Begabungen in begrifflicher Beziehung, z. B. Rechnen, Mathematik und fremde Sprachen bei Menschen stoßen, die im Leben dumm sind. Immer wird in der Literatur erwähnt, daß Rechenkünstler oder ähnliche geistige Phänomene häufig geistig debil seien. Es handelt sich jedoch nicht um eine von Geburt an festgelegte, besonders hohe einseitige Begabung bei im übrigen angeborener Geistesschwäche, sondern um eine besondere Form der Zwangsneurose, die seit frühester Jugend bestand (meist seit dem 4.–5. Lebensjahr) und so den Erwerb von Kenntnissen scheinbar unmöglich machte, während anderseits bestimmte Fähigkeiten zwanghaft hochgepäppelt werden (Krankheit mit dem Gefühl besonderer Hochwertigkeit des Symptoms). Analysieren wir solche Fälle von Dummheit, so gelingt es uns bisweilen innerhalb zwar langer, aber doch im Verhältnis zu den nun auf einmal gewonnenen Kenntnissen unverhältnismäßig kurzer Zeit von 2 bis 3 Jahren, eine Nachreifung zu erzielen, die die latenten Kenntnisse von 20 Jahren und mehr den Kranken zur Verfügung stellt. (Die besonderen Fähigkeiten dagegen werden durch die Psychoanalyse nicht abgebaut. Als Eigentümlichkeiten, die sehr viel Lust bringen, und da sie realitätsgerecht sind, werden sie beibehalten, obwohl sie wie Krankheitssymptome entstanden und gebaut sind.)

Dummheit ist, dies sei nochmals besonders hervorgehoben, vor allem auch eine Form der Erledigung des Hasses, namentlich desjenigen, der aus dem Ödipuskomplex stammt. Daß dieser gleichzeitig das Ventil des Hasses versperrt, wurde schon oben gezeigt und wird gerade auch an der *Parsifal*-Sage klar.

Auch in dieser Beziehung ist die Zweifelsucht von denselben Quellen wie die Dummheit gespeist; kaum eine Neurose macht den Kranken so hilfsbedürftig im praktischen Leben, so zum Vampir der Umwelt, besonders der Eltern, wie der Zweifel. Aber dies ist nur eine ganz oberflächliche Schicht. Tiefer unten zeigt sich der Zweifel gegen die eigene Person gerichtet, die der Sinnesorgane (primär des Penis) beraubt zu sein fürchtet. Die Instanz aber im Kranken, die ihn immer wieder zu zweifeln, zu fürchten zwingt, sind die geliebten, gehaßten Eltern, mit denen sich ein Teil des Ichs (»Überich«) identifiziert hat.

Aber noch mehr: Wenn das Kind zweifelt, indem es – was es nicht »soll« – hinter den Dingen und Worten einen tieferen geheimnisvollen Sinn vermutet, folgt es seinen Eltern, die in sexuellen Dingen hinterhältig, zwiespältig, lügnerisch sind. Der Teil des Menschen, der zweifelt, ist so bös, unwahr wie die bösen Eltern, negatives Elternideal, Eingebung des Teufels, wie die katholische Kirche lehrt; der Teil, der nicht zweifelt, wie die »gut« gebliebenen Eltern, das ist das Höchste, Edelste im Menschen, Vater und Mutter, das Ichideal, göttlich. Und so ist es kein Wunder, daß zu allen Zeiten der Geist dem Körper als überirdisches, gläubiges und doch als denkendes, verneinendes Prinzip gegenübersteht.

Selig sind daher die Einfältigen, denn ihnen blieb das Himmelreich der elterlichen Liebe. –

Leider muß hier bekannt werden, daß mit der bisherigen Erklärung nicht annähernd die Kompliziertheit der Parsifal-Sage und des Problems Dummheit erschöpft ist. Vielmehr ist die Sage * bereits eine Reaktion auf die frühere Lösung: der Mann Parsifal tötet den Vater und errettet die Mutter. Statt dessen ereignet sich das Umgekehrte. Auch ist das Weib deutlich die Versucherin und nicht mehr die Verfolgte. In ihrer Person erscheint schon die Sünde personifiziert; Klingsor, der Zauberer, ist bereits als böse Macht erkannt (kastriert)! Nicht mehr die gute mütterliche Frau, etwa eine Fee, bringt Hilfe, sondern der treue, väterliche Knecht. Wenn wir die zeitgenössischen Miniaturen des Epos betrachten, die weibliche Haartracht der Männer, die knabenhaften Körper der Frauen, so ahnen wir, daß auch hinter dem heldischen Rittertum dieser Epoche die Frau eine nicht nur unterirdische Herrschaft

---

* Ich verdanke dies einer Mitteilung von Dr. [Paul] Federn, dem ich auch bei dieser Gelegenheit für seine zahlreichen Hinweise danke.

ausübt. In die nämliche Richtung weist auch das – wie mir scheint – wesentliche Einschiebsel Wagners in die Dichtung Wolframs: Die Tragödie der Kundry, des Weibes, das im Banne des unheimlichen Mannes zur Dirne wird*.

Auch in den von mir analysierten Fällen von Dummheit schien mir die Homosexualität eine wesentliche Rolle zu spielen, wobei es den Eindruck erweckte, als ob der Ödipuskomplex durch eine sehr große Verschiedenheit der Eltern (oft in geistiger Beziehung) eine besondere Färbung erhalten habe. Meist trat die gleichgeschlechtliche Bindung unverhüllt hervor: der Spießgeselle wurde mit naiv offener Zärtlichkeit geliebt, was die therapeutischen Möglichkeiten dann gewöhnlich erheblich erhöhte.

VI.

Es ist vielleicht gut, hier das über die Psychosexualität des Dummen Gesagte zu ergänzen:

Die Sinnespforten des Dummen sind gegen alle Eindrücke geschlossen, welche ihn in seiner harmlos kindlichen Sinnenlust stören können, namentlich soweit sie ihn in Konflikt mit seiner Umwelt, d. h. seinen Eltern und Pflegepersonen bringen können. Die Lustobjekte im eigentlichen Sinne sind die Sinnesorgane, die erogenen Zonen. Der Dumme ist auf der Stufe der Autoerotik stehengeblieben bzw. auf sie regrediert. Und zwar können wir nun so gut wie alle erogenen Zonen als Lustobjekte, so gut wie jede Funktion derselben als Lustziel finden. Dabei treten allerdings einige besonders hervor: vor allem die Mundzone. Gerade unter den Dummen finden wir eine große Anzahl von Menschen, denen das Essen und Trinken außerordentlich viel bedeutet, ja direkt ihren Lebensinhalt. Im Speziellen können Süßigkeiten, Rauchen und Kauen eine große Rolle spielen. Daneben findet man nicht selten einen Typ, der an seiner Muskelkraft eine große Freude hat. Damit wird es einerseits erklärlich, warum diese Leute so gut zu körperlicher Betätigung zu gebrauchen sind, besonders heute im Sport eine Rolle spielen. Kommen sie doch auf diese Weise sehr leicht zu einem narzißtischen

---

* Analog wird in den Musikdramen Wagners neben den männlichen Helden der alten Sage eine fast ebenso bedeutsame Frau gestellt (so Elisabeth in Tannhäuser, Senta im Holländer, die Walküre in den Nibelungen). Fast nur die Meistersinger sind ein männlich zentriertes Stück. Um diese tiefen Zusammenhänge zu erfassen, wäre wohl eine sehr tiefschürfende Untersuchung der Zeit des Minnesangs wie R. Wagners nötig, die den Rahmen dieses Aufsatzes, aber noch mehr meine Kenntnisse überschreiten würde.

Genuß, der um so schwerer wiegt, da er ihnen ermöglicht, über die sonst ihnen überlegenen Verstandesmenschen zu triumphieren. Diesem Typ der Muskelstarken und Bewegungsfreudigen steht ein anderer gegenüber, allerdings mit ihm untermischt, der eine Hauptlust in der Entspannung der Muskulatur findet, namentlich in dem stärksten Ausmaß derselben: im Schlafen. Bei vielen dieses Typs kann man sagen, daß Essen und Schlafen das sei, um das sich ihr Leben dreht. Um den Schlaf zu erreichen und um ihre Oralerotik zu genießen, schließlich um eine allgemeine Euphorie mit allen narzißtischen Komponenten zu erzielen, kommen diese Menschen leicht dazu, dem Alkohol zu frönen. Und so finden wir gerade unter den Dummen eine große Anzahl von Alkoholikern. Besonders der Schnaps- und Biergenuß ist bei ihnen verbreitet, weniger der des Weines* und anderer Rauschgifte. Wird doch der Schnaps meist in Destillen eingenommen, in denen man mit Kumpanen auf die gemeinsamen Bedrücker schimpfen kann, und das Bier am behäbigen Biertisch, wo man mit ebenso stumpfsinnigen Philistern zusammenhockt, um alles besser zu wissen. Und so geben gerade diese beiden Gifte, bzw. die Art, wie sie eingenommen werden, reichlich Gelegenheit zum Abreagieren feindseliger Gefühle gegen die mächtigen Eltern bzw. älteren Brüder, aber auch zu mehr oder weniger deutlicher Betätigung homosexueller Regungen. Besonders häufig kann man diese bei Biertrinkern nachweisen, wo der starke Flüssigkeitsverbrauch ein häufiges Wasserlassen verursacht, was dann meist gemeinsam besorgt wird und zur Befriedigung homosexueller Schau- und Zeigelust führt (gegensätzlich häufige psychogene Unfähigkeit, in Gegenwart anderer Wasser zu lassen).

Auch die Analerotik ist bei Dummen recht häufig sehr ausgeprägt in unverhüllter Entäußerung wie auch in den komplizierteren Formen des analen Charakters, wie er uns in mustergültiger Weise von Freud und Abraham aufgezeigt worden ist. Stark und oft ohne jegliche Verdrängung tritt uns der Hang zur Grausamkeit entgegen. Besonders häufig gegenüber den noch kleineren Kindern: dem Kind und dem Tier. Allerdings findet man ihn gerade auch diesen Objekten gegenüber besonders stark überkompensiert in einer geradezu rührenden, mitleidigen, mütterlichen Sorgfalt: kann dieses Mitleid ja dem Stiefkind der Natur die Möglichkeit zur narzißtischen Lust gewähren, sich hier einmal als Großer zu dünken, ein Musterelter zu sein.

Die ausgesprochen erogene Zone aber ist das Genitale; jedoch han-

---

* In Ländern, in denen der Weinkonsum eine ziemliche Rolle spielt, zeigt es sich, daß auch Most und junger Wein eine besondere, den Dummen anziehende Bedeutung hat.

delt es sich nicht um die Erreichung der vollausgebildeten genitalen Entwicklungsstufe, auf der zur Lustgewinnung die Gemeinschaft mit einem Liebesobjekt nötig ist und die anderen Lustzonen der Vorlust dienen. Es bleibt in der Hauptsache bei der Onanie, sei es als Selbstbefriedigung im engeren Sinne, sei es mittels einer Person des gleichen oder anderen Geschlechtes. Dem Vorwiegen des Autoerotismus entspricht die große Anzahl von Perversionen, die wir in ausgeprägter Weise bei Dummen finden. Aber selten veranlassen diese ärztliche Beobachtung, höchstens auf dem Wege des Gerichtssaales. Dem Dummen erscheint alles mehr als harmlose Selbstverständlichkeit ohne Schuldgefühl. Allerdings ist auch ein großer Teil der Perversionen verdrängt und tritt dann in seinem Negativ, meist in Form kleinerer hysterischer Symptome, in Erscheinung.

Eine besondere Rolle spielt hierbei die Schaulust, im speziellen die Sexualneugierde. Wir haben ihre überragende Bedeutung bereits kennengelernt: sie kann der Anlaß zur Dummheit sein, indem gerade auf sie und damit auf jede Erforschung der Realität verzichtet wird. Anderseits ermöglicht gerade die Dummheit ein hemmungsloses Nachgeben an diese Neugierde.

Nun hat uns Freud gelehrt, daß die Sexualneugierde eine Haupteigentümlichkeit jener Entwicklungszeit ist, die er die phallische nennt und deren Einstellung zum Genitale eben jener entspricht, die wir als die des Dummen beschrieben haben. In die phallische Epoche datiert auch Freud den von uns als Ursache der Dummheit beschriebenen Untergang des Ödipuskomplexes an der Kastrationsdrohung. Auch die Objektwahl steht mit ihr in Einklang: Soweit Liebesobjekte überhaupt in Frage kommen, sind sie von dem Typ, den Freud als Anlehnungstyp beschrieben hat: der Dumme kuschelt sich sozusagen an Vater und Mutter an. Auf eine besondere Form narzißtischer Objektwahl haben wir schon hingewiesen: ein Personenkreis, vor dem der Dumme Held sein kann. Und er ist ein Held, indem er richtig handelt, der klug ist, trotz seiner »Gedankenlosigkeit«, ja gerade wegen seiner Kindlichkeit. Er ist der Däumling des Märchens, einfältig wie ein Kind und klug wie eine Schlange. Nun ist aber der kluge Kleine – worauf schon Riklin[6] hinweist – ein Symbol des Phallus, »der hirnlose Penis«, der ungelehrt alles weiß und kann, der dumme Held. Und wie im Märchen, so in der Wirklichkeit, wäre Dummheit also der Zustand der Existenz rein als Penis.

Durch Freuds Forschungen wissen wir, daß die von konversionshysterischen Symptomen befallenen Körperteile dem Unbewußten der Kranken Genitalien darstellen. In der psychogenen Dummheit liegt ein analoger Vorgang vor: Das ganze Individuum ist Genitale. Wir sind daher berechtigt, die Dummheit als hysterische Lösung des nämlichen Konfliktes anzusehen, für den die Zweifelsucht die zwangsneurotische ist, nämlich der Kastration zu entgehen, indem man sie gleichzeitig akzeptiert: Da der Dumme selber Phallus ist, braucht er keinen.

Der Regression, beziehungsweise dem Verharren auf der phallischen Sexualstufe entsprechend, finden wir in sehr zahlreichen Fällen noch andere hysterische Mechanismen. Bei jenen Fällen, die stärker mit Zweifelsucht untermischt sind, treten die analsadistischen Züge und die Zwangssymptome deutlicher hervor. Daneben bestehen meist unverdrängte oralmuskuläre Partialtriebe.

VII.

Das Bild, das von der Dummheit entworfen werden mußte, ist reichlich widerspruchsvoll: liebend den eigenen Sinnen hingegeben – abgeblendet gegen die Außenwelt – ihr liebend zugewandt; Furcht vor der Kastration – ihre Akzeptierung im Symptome der Sinnesberaubung; naive Hingabe an Autoerotik – der Sexualität verschlossen; liebevoll – haßerfüllt; dem Greifbaren zugetan – groß in einzelnen rein sprachlich-begrifflichen Leistungen; kindisch unfähig, hinter die Dinge und Absichten der Menschen zu blicken – von gesundem Menschenverstand und großer Fähigkeit, Menschen für sich zu gewinnen und so fort, Seite auf Seite Gegensätze! Kann so die »Einfalt« aussehen?

Aber eben die Uneinheitlichkeit, die übrigens gerade in bezug auf die einseitigen Begabungen ja längst bekannt war, wird den, der auch nur eine Ahnung von psychischen Erkrankungen hat, darauf hinlenken, daß sehr viele Fälle von Dummheit psychogen und nicht durch minderwertige Anlage des Gehirnes bedingt sind. Denn das Wesentliche jeder psychogenen Reaktion ist ja, daß sie der mißglückte Ausgleichs-(Heilungs-)Versuch eines Konfliktes ist. Ja, wir müssen sogar eigentlich ein solches Kunterbunt verlangen, wenn der Nachweis geliefert werden soll, daß ein Fall von Dummheit eine psychogene Reaktion sei. Wenn man so die Fälle von Dummheit durchmustert, an denen ja kein Mangel herrscht, wird man finden, daß meine Behauptung, die ich früher einmal aufstellte, zu Recht besteht: die Dummheit ist wohl die häufigste Neurose.

Allerdings in einem Punkte muß ich mich korrigieren: durchaus nicht immer spielt sich der Konflikt in der für die Neurosen charakteristischen Weise ab, daß nämlich Triebe verdrängt werden und aus der

Verdrängung in einer für die bewußte Persönlichkeit unbeherrschbaren und auch unverkennbaren Form sich als Symptome durchsetzen, daß also nach Freuds Nomenklatur des Es das Ich überwältigt. Vielmehr haben wir gesehen, daß bei der Dummheit in weitgehendem Grade das Überich, die Repräsentanz der Eltern in der Persönlichkeit, das Ich von der Wirklichkeit wegreißt: daß also *Psychose* vorliegt (hysterische Psychose, wie dies ja vom Ganser stets bekannt war).

Und weil dem so ist, so sind die therapeutischen Möglichkeiten in allen Fällen skeptisch zu beurteilen. Es ist zwar sehr leicht, eine gewisse lauwarme oder auch derb sinnliche, das heißt verhüllt feindliche Übertragung von Patienten auf den Analytiker zu erreichen. Aber die Affekte in ihrem vollen Ausmaße sind schwer auf den Analytiker und damit auf die Außenwelt zu lenken. Auch scheucht die für den Therapeuten notwendige Zurückhaltung mit ihrer, dem Patienten schier unertragbaren Versagung ihn leicht in seine trotzige und höhnische Ablehnung immer wieder zurück. Entsprechend diesen beiden großen Wächtern der Dummheit haben wir uns daher durch eine große Mauer von Widerständen hindurchzuarbeiten, die mit der anal-sadistischen und kannibalischen Triebwelt zusammenhängen. Wenn man jedoch die nötige Geduld, das heißt den liebevollen Zeitaufwand zeigt, so gelingt es doch immer wieder, diesen oder jenen Fall von Dummheit in einer Weise zu fördern, die den Therapeuten stets aufs neue überrascht.

Auch muß man sich den Schillerschen Satz »Mit der Dummheit kämpfen Götter selbst vergebens« vor Augen halten, allerdings in einem etwas anderen Sinne, als er gewöhnlich angewandt wird: *Gerade die Götter kämpfen gegen die Dummheit vergebens,* wer dem Dummen mit der ganzen Anmaßung des auf Autorität erpichten Schulmeisters gottgleich gegenübertritt, wer befiehlt und urteilt, der wird nie etwas erreichen. Wir haben aufgezeigt, welche verhängnisvolle Rolle die Kastrationsdrohung in jener Zeit kurz vor dem sechsten Lebensjahre spielt. Wer auf Macht pocht, wird die Furcht vor ihr erneuern, wird den Dummen immer wieder von der Außenwelt abschrecken. Nur die ewig gleichbleibende Liebe kann ihn veranlassen, sich hervorzuwagen. Und Liebe erwartet der Dumme am ehesten von seinesgleichen, von dem, der dieselben »Schandtaten« begangen hat wie er. Das Verständnis aber jeder neuen Dummheit und ihre Deutung ist ein Eingeständnis des Therapeuten, daß er Spießgeselle des Sünders ist.

Aber was soll denn der Therapeut eigentlich? Ist es einem Menschen wirklich gegeben, mit ganzer Persönlichkeit dumm zu sein, so besteht kein Krankheitsgefühl, kein Genesungswunsch. Im Gegenteil: Die Dummheit bietet so viel, daß der Gescheite ja oft sein Kassandradasein verflucht. Und ist gar die Dummheit so, daß der Tor sich liebend seiner Sinnenwelt geben kann, so strahlt von ihm auch Glück auf die Umwelt und von dieser zurück auf ihn. Denjenigen aber, deren Lust es ist zu herrschen, ist das dumme Kind, das lenkbare Herdentier, das blind vertraut, lieb.

Allerdings gerade wenn wir das häufige Versagen des »Musterkindes« und »Subalternen« bei der Notwendigkeit selbständiger Handlungen ins Auge fassen, verstehen wir, warum es nicht im Interesse der Allgemeinheit ist, die Dummheit zu pflegen, zumal ja der Dumme auch dank seiner Gewalttätigkeit und Suggestibilität sich zum Bilderstürmer eignet. Und auch der einzelne Dumme hat oft unter seiner Dummheit zu leiden.

Wenn sie zwangsmäßig geworden ist, das heißt wenn der Dumme nichts anderes sein kann als dumm, wenn die Motive seiner Dummheit, die Triebkräfte, die sie speisen, unbewußt und damit unbeherrschbar geworden sind.

Aber auch Denkenmüssen kann zur Plage werden; Denkzwang, Grübelsucht sind leidvolle Krankheiten. Ein Musterbeispiel dafür ist Alfred Seidel, dessen Überschrift über sein Werk »Bewußtsein als Verhängnis« (1927) ein glänzendes Schlagwort für die Krankheit ist, die mit seinem Selbstmord endete.

Das Ziel einer jeden psychoanalytischen Behandlung ist die Lösung des peinvollen Gefühls des Zwanges, auch dessen, blind sein zu müssen, nicht wahrnehmen zu können. Abgesehen von Kindern, erreichen wir dies oft bei Erwachsenen, meist solchen, die uns wegen anderer sie quälender Symptome aufsuchen. Sie erkennen nun, wie sie sich blind und gefesselt gemacht haben, damit sie nur ja nicht der Liebe verlustig gehen, und sie lernen es, weise zu sein: die Unfehlbarkeit und Vollständigkeit der Persönlichkeit, besonders ihrer bewußten, und namentlich ihres Überichs zu bezweifeln und anderseits die Lust an ihren Sinnen und der durch sie vermittelten Außenwelt zu bejahen, besonders die Lust, die direkt und indirekt aus den Zweifeln, dem Denken quillt *.

Die Therapia magna aber sollte bei der Dummheit wie immer die Vorbeugung sein. Bei der großen Bedeutung, die für ihr Zustandekommen der Behinderung der Sexualforschung im weitesten Sinne zukommt, liegt es nahe, sie durch Forcierung der Aufklärung zu verhindern. Man kann allerdings damit ebensolchen Schaden anrichten, wie durch ihre Verweigerung. Die besten Beispiele hiefür sind jene jüdi-

---

* So wäre etwa heute die Formulierung des therapeutischen Zieles, wenn wir von der in der Hauptsache sensorischen Störung der Dummheit ausgehen.

schen Gelehrten des Gettos, die schon mit 4–5 Jahren aus den heiligen
Schriften rein »sachlich« alles »lernen«, bei denen aber jede kindlich
spielerische Betätigung unterdrückt und alle Motorik auf dem Gebiete
der Sprach- und Denkbewegung abgelenkt ist; leiderfüllte Grübler
oder Verholzte können so entstehen. Es scheint mir aber wohl möglich,
dem Kinde viel unnötige Schwierigkeiten aus dem Wege zu räumen und
im übrigen bewundernd zuzusehen, wie sich so ein Leben entfaltet.

Anmerkungen

1 Vgl. Prinzhorn 1927.
2 Paul Häberlin, Basel (1878–1960), Philosoph, Pädagoge, Psychologe, entwickelte u. a. gegenüber den relativistischen und antimetaphysischen Folgerungen des Positivismus eine Metaphysik eigener Prägung.
3 Ganser-Syndrom: Pseudodemenz, tendenziös hysterischer Dämmerzu-
  stand, bei einfachen oder intellektuell unterbegabten Menschen vor allem in
  Belastungssituationen, z. B. im Gefängnis, beobachtet; benannt nach dem
  ersten Beschreiber Siegbert Ganser, Psychiater, Dresden (1853–1931).
4 Goldstein 1927 a, S. 28.
5 Landauer 1925 b, Nr. 8 dieses Bandes.
6 Vgl. Riklin 1908.

5. Intelligenz und Dummheit

Die Eltern verfolgen die geistige Entwicklung ihrer Kinder mit gleicher Aufmerksamkeit wie die körperliche. So gut man aber auch in den späteren Lebensjahren praktisch zwischen dem Körperlichen und dem Geistigen unterscheiden mag, in der Frühzeit ist es unmöglich. Ein gesundes Kind verfolgt nach wenigen Wochen schon die Vorgänge in seiner Umgebung sehr genau. Die Augen hängen an den Dingen, die einmal die Blicke angezogen haben, und mit Freude konstatieren die Eltern: das Kind sieht und fixiert, es hört und lauscht. Daß ein Wesen in seine Umwelt verwoben ist und gleichzeitig sich ihr gegenüber fühlt, d. h. ihrer bewußt wird, ist an den normalen Ablauf der Lebensfunktionen und die Ungestörtheit der Sinnesorgane gebunden. Denn das kranke Kind nimmt nicht teil an seiner Umwelt. Es scheint sie entweder nicht oder kaum aufzunehmen. Namentlich Kinder mit starken Stoffwechselstörungen und besonders mit abnorm arbeitenden Drüsen mit innerer Absonderung sind nicht nur körperlich, sondern auch geistig oft so schwerfällig, daß die Welt an ihnen abgleitet und sie geistig nicht zur Entwicklung kommen.

Dieser Art von Schwer- oder Unerweckbarkeit steht das gegenüber, was man bei Schulkindern und Erwachsenen als *Faulheit* bezeichnet. Das ist eine soziale Wertung, und ganz verschiedene psychologische Ursachen können zu solchem gesellschaftlichen Verhalten führen, bei dem das geistige, oft auch das körperliche Leben stark eingeschränkt ist. Meist handelt es sich um depressive oder trotzige Verstimmungen oder um (bei den »Bewußtseinsstörungen«[1] besprochene) Hemmungen, krankhafte Vermeidungen von bestimmten Tätigkeiten aus unbewußten Motiven, nicht – wie der Benachteiligte oder der ärgerliche Erzieher meinen – um eine Lust am »Nichtstun« oder am Unnützen. Die scheinbare Leere, die dann oft besteht, kommt dadurch zustande, daß der Mensch sozusagen damit beschäftigt ist, die Türe seines Bewußtseins zuzuhalten, damit nicht die Ängste und die unbewußten, weil unerlaubten Phantasien eindringen. Der gesunde Mensch ist nie untätig; denn das Leben ist Bewegung.

Kinder mit gestörten Sinnesorganen können wach und lebendig sein; aber auch ihre Entwicklung bleibt bald in geistiger Beziehung zurück. Bei tiefer liegenden Schäden sind zwar das Auge und der Sehnerv, das

Ohr und der Hörnerv so gebaut wie bei einem normalen Kinde; aber das Gehirn zeigt in jenen Teilen, die das Sehen und Hören verarbeiten – den Telephonzentralen und Umschaltstellen sozusagen – Abweichungen verschiedener Art, mit verschiedenen Auswirkungen; alle Schäden haben gemeinsam, daß sie die geistige Entwicklung verlangsamen, wenn nicht unmöglich machen. Wenn auch glücklicherweise diese Störungen relativ selten sind, so steht doch wohl den meisten Müttern das Bild solch zurückgebliebener Tiermenschen, solcher »Idioten«, als Gefahr vor Augen, und sie begrüßen mit unendlichem Glück jede neue Äußerung des geistigen Geschehens, oder vergleichen ängstlich mit gleichaltrigen Kindern. Allerdings darf man sich nicht durch das Wunderkind der Bekannten, das schon alles Mögliche könne, irremachen lassen. Fast alle Mütter lügen in bezug auf die Entwicklung der Kinder, beinahe so, wie das die Männer über ihre pekuniären Verhältnisse und sexuellen Leistungen tun.

Das geistige Leben besteht aus einer sehr großen Anzahl verschiedener Funktionen, die sich zu verschiedenen Zeiten entwickeln und einzeln gestört sein können. *Das erklärt, weshalb es verschiedene Arten Gescheitheit und Dummheit gibt.*

Damit geistiges Leben in einem Menschen entstehe, muß die Umwelt von ihm aufgenommen werden. Es muß nicht nur das Licht ins Auge dringen, sondern der leuchtende Gegenstand muß fixiert und damit sein Bild im Auge festgehalten werden. Die *Aufmerksamkeit* hält ihn fest. Diese wird entweder von außen her gepackt, oder sie sucht von innen her. Ein Gegenstand kann ins Auge fallen, kann uns fesseln, und nicht loslassen. Wir sprechen von schreienden Farben, von aufdringlichen Gerüchen. Anderseits aber können wir ein Bild von einem Gegenstand in uns tragen, z. B. von einem Menschen, mit dem wir verabredet sind; dann fällt er uns schon in der Ferne auf. Beide Arten von Funktionen der Aufmerksamkeit können gestört sein. Die erste ist bei bestimmten körperlichen Erkrankungen und besonders in der Bewußtlosigkeit gestört. Die zweite entwickelt sich beim Kinde erst ganz allmählich, und nur wenige Menschen bringen es in dieser Funktion sehr weit. Wichtig ist auch, daß die Aufmerksamkeit des Kindes im Vergleich zu der des Erwachsenen meist überwach und daher wenig dauerhaft ist. Das Kind ist viel leichter ablenkbar (»zerstreut«) und lernt erst ganz langsam seine Aufmerksamkeit »konzentrieren«. In unseren Breiten kann man eigentlich erst um das sechste Jahr herum von dieser Fähigkeit reden. Erst damit wird das Kind lernfähig. Noch lange erschöpft sich gerade die Aufmerksamkeit rasch. Ihr Wegfall führt zu einem Trommelfeuer störender, ja quälender Reize. Das Kind wird dann zappelig. (Es gibt noch andere Ursachen des Zappelns.) Für das Verständnis der *Neurasthenie*, der reizbaren Nervenschwäche, ist die leichte Ermüdbarkeit der Aufmerksamkeit mit ihrer Folge, der Überbeanspruchung durch Reize, wichtig. Meist handelt es sich um Menschen, die sich aus einer von ihnen selbst nicht erkannten Trauer oder aus einem ähnlichen Gemütszustande heraus unbewußt von der Außenwelt abwenden.

Die Aufmerksamkeit hat auch eine abblendende und dadurch schützende Aufgabe. Fehlt sie, so wird die ganze geistige Entwicklung schwer beeinträchtigt. Das Kind ist gierig nach Neuem. Es ist reizhungrig der Außenwelt verhaftet und aufmerksam beschäftigt mit dem eigenen Körper und allen körperlichen Vorgängen. Haß und Liebe quellen ständig aus dem Erleben. Die Aufmerksamkeit ist gleichzeitig liebendes Verschmelzen mit dem Gegenstand und ablehnende, sogar hassende Verleugnung von allem Störenden.

Wie sehr der Schauende mit dem Geschauten, der Hörende mit dem Gehörten eins ist, beweist das Wiederholen durch das Kind, das Echoen: Das Kind spiegelt wider, was es sieht, tönt wider, was es hört. Der Lachende zwingt zum Lachen. Hört oder sieht es weinen, so muß es mitweinen. Die Affekte der Umwelt stecken an. Bis in alle Feinheiten gibt – wie ein Spiegel, wie eine Grammophonplatte – das Kind die Umwelt wieder. Diese menschliche Eigentümlichkeit – man nennt sie allerdings häufig: nachäffen – ist für die Eingliederung des Menschen in seine Umwelt und für seine geistige Entwicklung unschätzbar. Die Sprachentwicklung, das »Verstehen«, das »Nachfühlen« beruhen darauf. Das Echoen wird aber für die Umwelt oft zur Qual und wird daher von der Erziehung hintangehalten und schwächt sich ererbterweise allmählich ab; das Kind löst sich in seinem Nachleben und auch in seiner Aufmerksamkeit mehr und mehr von der momentanen Umwelt und lebt mehr in seinen Erinnerungen, seinen Wünschen und Phantasien. Früher erfahrene Lust fesselt im positiven, früher erduldetes Leid im negativen Sinne seine Aufmerksamkeit.

Da die Aufmerksamkeit entweder liebende oder fürchtende Zuwendung ist, so ist sie sehr leicht durch Liebe und Haß, vor allem aber durch die Affekte zu stören, wie schon die unwillkürlichen Fehlhandlungen beweisen. In den Abschnitten über Gemütserkrankungen[2] haben wir geschildert, daß sogar eine scheinbare Verblödung als Folge starker, besonders krankhafter Affekte auftritt. »Objektiv«, d. h. wie eine Sache, ein Instrument, sind wir nur da, wo wir unbeteiligt sind, wo keine Wünsche und Befürchtungen unser Sehen einengen und unsere Wahrnehmungen entstellen. Denn was wir *wahrnehmen* (wörtlich: als wahr nehmen), ist unendlich oft nicht das, was *ist*. Schlimm ist nicht dieses viele Irren an und für sich, sondern daß vor allem unbewußte und damit unkontrollierbare Wünsche und Befürchtungen eine Umwelt formen, in der wir zu sein wähnen. So leben wir oft im Wahn. Dabei erscheint des einen Eule dem andern als Nachtigall. Viel unnötiges Leid könnte erspart werden, wenn sich die Menschen mehr ihrer Wünsche bewußt werden und ihre wirkliche Umwelt erkennen würden und nicht fast nur ihre Ideen mit »Ideologien« bestätigt sehen würden, die den vernünftig scheinenden Überbau über den unbewußten Wünschen und Befürchtungen bilden.

Wenn ein Kind etwas gesehen oder gehört hat, dann muß es sich dasselbe richtig merken. Auch die *Merkfähigkeit* entwickelt sich ganz allmählich. Es dauert jahrelang, bis ein Kind sich mehrere Aufgaben, die ihm gleichzeitig gestellt werden, merken kann. Es geht z. B. fort, um etwas zu holen. Aber unterwegs wird es durch irgendeinen neuen Sinneseindruck erfaßt, »abgelenkt«, und vergißt die Absicht, in der es wegging. Beim Erwachsenen leidet die Merkfähigkeit besonders unter der Einwirkung von Giften. Eine ganz besondere Rolle spielt hier der Alkohol, und zwar schon in ganz geringen Mengen. Erkrankungen des Gehirns verraten sich sehr häufig durch Störungen der Merkfähigkeit, die zu recht schweren Graden geistiger Verblödung führen können. Besonders deutlich wird dies bei der Altersverblödung, wo oft ganz auffallenderweise das Merken unmöglich ist, während über den Gedächtnisschatz aus früherer Zeit glänzend verfügt wird. Das kann dazu führen, daß allerhand Dinge verlegt und dann andere Leute als Diebe beschuldigt werden oder dazu, daß eine verheiratete Greisin sich mit dem Mädchennamen bezeichnet. Denn allmählich kann dieser Wissensschwund immer weitergreifen. Am festesten bleibt das, was am frühesten erworben wurde. Da die Merkfähigkeit nur bei körperlichen Erkrankungen wirklich gestört ist, ist die Feststellung ihrer Störung für die therapeutischen Maßnahmen, aber auch für die Voraussage, wichtig. Sie zu erkennen ist jedoch oft außerordentlich schwer. Derjenige, der nicht sehr geschult ist, kann Bewußtseins- und Aufmerksamkeitsstörungen kaum von der Merkfähigkeitsstörung unterscheiden.

Altbekannt ist, daß sowohl die Aufmerksamkeit wie die Merkfähigkeit durch Übung gesteigert wird. Das Training ist heute so allgemein, daß diejenigen, welche dessen mangeln, im Lebenskampfe zurückbleiben und dumm erscheinen. Aber Maßnahmen, welche zur Übung führen, laufen auf einen gewissen Zwang hinaus, der beim Kinde oft eine feindliche, besonders trotzige Einstellung gegen Lernen und Lehrer erzeugt. Ein großer Teil der Lernunlust und dadurch der Lernunfähigkeit kommt so zustande.

Wenn ein Sinneseindruck, den wir schon früher aufgenommen und gemerkt haben, uns erneut trifft, so kommt es zum *Wiedererkennen* desselben. Es gehört zu den freudvollsten elterlichen Erlebnissen, wenn bereits in den ersten Tagen sich die Anzeichen häufen, daß das Kind seine Mutter erkennt. Nach wenigen Wochen vereinheitlicht sich dann jener merkwürdige Akt, der das Wiedererkennen begleitet und ein sicheres Anzeichen von ihm ist: das *Lachen*. Das Wiedererscheinen von Bekannten wird zum Anlaß der lustvollen Situation *Heiterkeit*. Wie lustvoll das Wiedererkennen ist, zeigt uns, daß es so sehr gesucht wird. Immer wieder wiederholt das Kind Bekanntes. Denn das Wiedererkennen bedeutet eine große Kraftersparnis, es entfernt als unnötig den peinlichen Affekt des Schreckens und sehr häufig auch den der Angst und der Trauer. Selbst wenn man bei einem unlustvollen Affekt seinen Anlaß wiedererkennt, wird die Unlust kleiner als beim ersten werden, weil sofort beim Herannahen die Abwehrmaßnahmen getroffen werden. Schon der Versuch derselben mildert die Unlust. Das Wiedererkennen ist einer der wichtigsten Bestandteile geistiger Tätigkeit; fast in jedem geistigen Akte spielt es eine Rolle. Alles Ordnen, alles Denken gründet sich auf Wiedererkennen. Der Gegensatz des Wiedererkennens ist Ratlosigkeit, ein äußerst unlustvoller Zustand. Um ihn zu ersparen, leistet das Wiedererkennen wenigstens von Teilen des Objektes erstaunlich Großes, oft aber auch Verfehltes. Wer nicht dumm genug ist, um alles als bekannt anzusprechen, der muß viel Unlust ertragen. Um sie zu vermitteln, fliehen viele aus der bunten Welt der Wirklichkeit in einfache Aufeinanderfolge gleicher Dinge, in Schemata und sehen nur diese.

Starke Affekte, Wünsche und Befürchtungen, besonders auch solche, die vom bewußten Denken verleugnet werden, steigern mitunter die Fähigkeit zum Wiedererkennen. Häufiger ist die Störung des Wiedererkennens. Besonders oft ereignen sich vorübergehende Entgleisungen. Wir erkennen Bekanntes nicht wieder, wir glauben, in Unbekanntem Bekanntes wiederzuerkennen; wir verwechseln ein bestimmtes Bekanntes mit einem andern bestimmten Bekannten.

Jeder wahrgenommene Sinneseindruck, der mittels des Merkens einverleibt wurde, hinterläßt Spuren im *Gedächtnis*, die das ganze Leben erhalten bleiben. Das zeigt sich bei jedem ähnlich gearteten Reiz. Selbst wenn der Betreffende sich gar nicht an den gleichen Sinneseindruck erinnert, so bemerkt man doch, daß keine Ratlosigkeit eingetreten ist. Vielmehr handelt der Betreffende, als ob er in einer bekannten Situation wäre. Noch mehr beweisend für die Dauer des Gedächtnisses ist, daß nach vielen Jahren, ja Jahrzehnten plötzlich lange vergessene Tatsachen wieder auftauchen und mit größter Lebendigkeit wieder erlebt werden. Besonders häufig ereignet sich dies im Traum, der Hypnose und der Psychoanalyse. Besonders wenn das aktuelle Leben durch Abnahme der Merkfähigkeit verarmt, tauchen oft Erlebnisse wieder empor. Man kann daher sagen, daß Gedächtnisspuren, von den schwersten Veränderungen des Gehirns abgesehen, nie vernichtet werden.

Wohl begegnet uns häufig etwas, was man gemeinhin als Verlust des Gedächtnisses bezeichnet; es ist aber eine Störung des *Erinnerns*. Für gewöhnlich läßt ein neuer Sinneseindruck zahllose frühere Sinneseindrücke wieder anklingen. Namentlich reißt die Wiederauslösung eines Affekts sehr oft und sehr deutlich, häufig allerdings sehr entstellt, die früheren Anlässe zu demselben Affekt wieder ins Bewußtsein. Es ist aber eine wohlbekannte Tatsache – kaum ein Kapitel dieses Buches dürfte ohne Material hiezu sein –, daß bestimmte Erinnerungen vom Bewußtsein ferngehalten werden. Den wichtigsten derartigen Vorgang nennen wir mit Freud Verdrängen. Er steht nicht nur an der Quelle zahlreicher neurotischer Erkrankungen, sondern auch der so weitverbreiteten *seelisch entstandenen Dummheit*.

Das Kind nimmt einen Sinneseindruck auf und wird von ihm seelisch bewegt. Das drücken die Ausdrucksbewegungen aus, besonders »die stark emotionale Sprache« (Piaget). Außerdem hat die Sprache noch die Funktion des Anzeigens, des Benennens (Jackson)[3]. Für einen Gegenstand wird ein Wort, sein Name gesetzt. Die Herrschaft über die Namen ermöglicht die Beherrschung des Gegenstandes: das Kind, das das Wort Mutter sagen kann, zwingt bis zu einem gewissen Grade mittels dieses Wortes die Mutter herbei, und mittels des Rufes »Puppe« erreicht es die Herbeischaffung einer ihm entfallenen Puppe. Das Wort erlangt so eine große nach außen wirkende Bedeutung, die im magischen Denken und in der Zauberei zum Glauben an die Allmacht des Wortes führt. Aber auch vernünftigerweise wird für das nichterlangbare Ding häufig das erlangbare Wort genommen, mit ihm gespielt, werden mit ihm probeweise Handlungen unternommen. Letztere Tätigkeit nennen wir *Denken*. Es gibt Menschen, die fast gar nicht absehen wollen (und vielleicht es auch nicht können) vom Hantieren mit dem Greifbaren. Das sind Menschen, die im praktischen Leben sehr anstellig sein mögen, die wir aber in geistiger Beziehung zu den Dummen rechnen. Dann gibt es Menschen, die arbeiten fast ausschließlich mit den bildhaften Erinnerungen. Dies ist von ungeheurer Bedeutung für den seelischen Haushalt des Menschen. Besonders künstlerische Naturen machen davon Gebrauch. Sie sind im greifbaren Leben oft ungeschickt, dumm, das hat aber nicht etwa den Grund, daß »Träumen« lebensunklug macht. Vielmehr sind ein Überwuchern des Träumens und das künstlerische Schaffen die Folgen einer Enttäuschung an der Wirklichkeit, aus der man in die Welt der unraubbaren inneren Bilder flüchtet. Aus ähnlicher Ursache wird das Denken vom Zwangsdenken oder *Grübeln* überwuchert und führt oft auch zur Weltfremdheit. Gesundes, fruchtbares Denken ist immer gefühlsbetont und mag darum auch oft infolge der mächtigen treibenden Affekte und Wünsche irre gehen.

Das Kind kennt zunächst nur Wortbilder für greifbare, »konkrete« Gegenstände. »Puppe« ist zuerst der Name für eine einmalige Puppe. Doch kann das Kind in einer andern Puppe seine Puppe mit der zu ihr gehörigen Gefühlswelt wiedererkennen. Von den Verschiedenheiten mit der ersten Puppe wird dann »abgesehen«, sie werden in der Tat oft gleichsam weggesehen, damit das alte Liebesobjekt als anwesend geglaubt werden kann. Für die (einmalige) Puppe wird die Puppe genommen: der *Begriff:* Puppe entsteht durch diese *Abstraktion* (wörtlich: Abziehung). Dadurch wird möglich: »*Eine* Puppe, noch eine Puppe, viele Puppen!« die früheste Form des *Zählens*. Bald folgen die ersten Zahlbegriffe (der »Begriff« ist hier noch sehr »greifbar«). Mittels ihrer kann man sich immer wieder zu seiner Genugtuung davon überzeugen, daß alle Lieben da sind, Lust daran haben, daß die Bösen fort sind, nichts einem genommen wurde. Das Zählen und Rechnen hat Bedeutung für die Verstandesentwicklung. Auch für die Völker gilt ihr Besitz an Zahlbegriffen als ein Maß ihrer Kulturhöhe. Demgegenüber zeigt sich, daß Schwachsinnige Rechenkünstler sein können. Sind doch Zusammenzählen, Abziehen, Vervielfachen und einfaches Teilen eine Aufgabe des Aufmerkens und des Erinnerns. Man arbeitet nur in einem Schema. Keine eigenen Möglichkeiten sind gegeben. Anders ist es schon bei schweren Aufgaben im Teilen. Nach den Vorkriegsstatistiken konnten es in Deutschland von den zum Heeresdienst eingezogenen Zwanzigjährigen so viele nicht, daß das Nichtkönnen nicht als Zeichen von Dummheit, als Intelligenzdefekt galt. Diese Probe zeigt auch den geringen Wert des bloß eingepaukten Schulwissens.

Allmählich entsteht über das Aneinanderreihen und Zählen hinaus eine Fülle von Begriffen, bis über den Raum hinaus, in dem man sich nach drei Richtungen (Länge, Breite und Höhe) bewegen kann und der in der vierten Dimension, der Zeit, dauert, der gleichnishafte »vieldimensionale«, »gekrümmte« Raum der theoretischen Physik entstehen konnte als wunderbar wirkliches Hilfsmittel des Menschen zur immer weiter sich ausbreitenden Herrschaft über die Natur. Auf anderem Gebiet wandelt sich »gut«, ursprünglich das Lustspendende, zu dem, was die Liebe der Eltern erhält, dann zum Gottgefälligen, das ist das dem gemeinsamen »Über-Ich« Gehorsame, zum Idealen, das ist das, was nach der Abstraktion der »zufälligen« räumlichen und zeitlichen Erscheinung eines Vorganges an »Ewigem« (Immer-sein-Sollendem) bleibt.

Die Fähigkeit zur Bildung und gar Neubildung von Begriffen ist recht verschieden entwickelt. Da das »rein begriffliche« Denken als höchste Form des Denkens gilt, wird es oft vorgetäuscht. So übersieht man leicht, daß viele mit einer Zwischenform zwischen konkretem und abstraktem Denken trefflich auskommen: statt der Abstraktion erscheinen »Vorstellungen« von vereinfachten Erlebnissen, denen noch der Affekt des einstmals wirklich Gewesenen mehr oder weniger abgeschwächt als Eigentümlichkeit anhaftet. Von den meisten Menschen aber gilt Goethes:

»Denn eben wo Begriffe fehlen,
Da stellt ein Wort zur rechten Zeit sich ein.«

Die nachgeredeten Worte sind ohne greifbaren Inhalt und jede Spur des lebendigen Gefühls. Will das Denken seiner Aufgabe gerecht werden, so müssen auf Schritt und Tritt die versuchten Abbildungen in Worten mit der Wirklichkeit verglichen werden; denn alles Denken erfolgt mit Hinblick auf die dingliche Wirklichkeit, um in ihr Erfüllung zu erreichen, oder um gefürchtete von ihr ausgehende Unlust zu vermeiden.

Das Denken ist an die Sprache gebunden, seine Entwicklung hängt daher sehr von der Sprachentwicklung ab. Ihre Höhe zeigt sich nicht immer im Sprechen. Viele Kinder sprechen trotz großen Wortverständnisses erst sehr spät. Wenn sie dann mit einemmal zu sprechen beginnen, so verfügen sie bereits über einen verhältnismäßig sehr reichen Wortschatz, den sie sinngemäß verwenden. Bisweilen ereignet es sich, daß Kinder, die recht lange geschwiegen haben, sofort mit vollem Verständnis in Sätzen reden.

Wir empfangen von der Umwelt die Sprache und besitzen sie mit ihr gemeinsam. Ein Sprechen, das nur dem eigenen Ausdruck und den eigenen Beziehungen dient, hat nicht den gesellschaftlichen Wert einer Sprache. Nun ist aber das Kind, solange es viele Worte nicht oder wenigstens nicht im gerade benötigten Zusammenhang gehört hat, oft außerstande, sich verständlich zu machen. Dann erscheint es leicht als dumm, mag es auch noch so gut beobachten und werten. Dieser scheinbaren Dummheit gegenüber steht eine oft erstaunliche Fähigkeit zu Neubildung und Neuverwendungen von Worten, die große Bildhaftigkeit und feines Sprachgefühl verraten können. Bei sehr vielen Kindern finden wir eine Geheimsprache. Sie dient hauptsächlich dem Bedürfnis, gegenüber dem Zeug, das die Erwachsenen für das Kind unverständlich reden, höhnend auch seinerseits den Gespielen etwas zu sagen, was den Großen unverständlich bleiben muß. Aber nicht nur die Form, auch der Inhalt der Geheimreden dient meist der Kritik und der Verhöhnung der unverständlichen und deshalb als verständnislos empfundenen Umwelt. Außerdem aber hat jedes Kind wenigstens zeitweilig das Bedürfnis, Lärm zu machen oder Töne zu singen. Dieser Unsinn, wie man das gerne nennt, erhält sich dauernd in dem »Lalala« und »Tiralala« vieler Lieder. Später werden die Lautgemengsel meist ins tiefe Unbewußte verdammt. Merkwürdigerweise bleibt bei manchen sehr gescheiten Menschen diese Art von Gefühlssprache zeitlebens bestehen, wenn auch als tiefstes Geheimnis; nur die Verliebtheit hat an ihrer gemeinsamen Äußerung Genuß.

Von den Privatsprachen der Kinder mit ihren Wortneubildungen sind sehr wohl jene andern Privatsprachen zu trennen, die bei den schizophrenen Erkrankungen auftreten. Sie sind der Ausdruck großer Abgesperrtheit. Auf dem Wege zu ihnen liegen viele Geheimsprachen, besonders mancher Wissenschaftler. Sie dienen mehr dem Ausschluß der Laien als der Verständigung mit den Nahestehenden. Sie werden oft Selbstzweck und verlieren leicht den Zusammenhang mit den Dingen. Große Geister werfen sie meist ab und prägen neue Werte aus alten Münzstöcken, unvoreingenommen wie ein Kind.

Immer aufs neue bewundern wir die Sprachgestaltung des gesunden Kindes, seine Aufmerksamkeit, seine Fähigkeit zum Wiedererkennen und vor allem die Lebendigkeit des Sprechens. Genau so, wie das gesunde Kind während eines Tages im Hin- und Herlaufen Wanderungen von Kilometern und noch dazu im Schnellschritt zurücklegt, ebenso leistet es in geistiger Beziehung sehr viel und Originelles. Es vermag alles, was in sein Gesichtsfeld tritt, zu sehen. Bringt es Lust, so wird es festgehalten und wieder gesucht; bringt es Unlust, so wird es gemieden. Nichts ist von vornherein gut oder böse, schön oder häßlich. Man muß noch nicht wegschauen, weil etwas ekelhaft ist. Das Kind ist frei von Vorurteil. Die Erziehung aber bemüht sich, dem Kinde Vorurteile einzuprägen. Es ist notwendig, daß der Heranwachsende die Erfahrungen der früheren Generation zur Verfügung erhält und nicht nötig hat, erst alle schlechten Erfahrungen am eigenen Leibe zu verspüren. Vieles muß er dennoch selber erleiden. Es ist nötig, daß das Kind sich selber brenne, damit es das Feuer scheue. Wie wüßte es sonst, was heiß ist? Wir müssen nur den Brandschaden möglichst klein ausfallen lassen.

Fast alle Erzieher fehlen darin, daß sie – wenn sie schon ihre körperliche Stärke nicht ausnützen – doch die Abhängigkeit des Kindes und seine Liebe mißbrauchen. »So etwas sieht kein artiges Kind!« »Das denkt ein liebes Kind nicht!« Wenn etwas »bah« ist, so genügt es, das Kind zu lehren, sich nicht damit zu beschmutzen. Es soll aber wegschauen. Dem Kinde leuchtet es ein, daß Großmutter sich ärgert oder kränkt, wenn es sagte, sie solle gehen (tot sein). Es kann dies aus praktischen, später auch aus Taktgründen verschweigen. Aber warum soll es nicht solche Gedanken haben und dann wieder andere? Das Kind wird dadurch im Nichtwahrnehmen, Nichterinnern, Nichtdenken geübt und bringt es darin den Erziehern zuliebe sehr weit. Ohnedies akzeptiert es gerne ihm mitgeteilte Schemata. Sie erleichtern das lustvolle Wiedererkennen, sparen Angst, oft auch die vor dem Verlust der Liebe der Eltern. Sie lassen Unbekanntes bekannt erscheinen und ersparen die Aufgabe der neuen Einordnung. Das Kind lebt schließlich nicht mehr mit der Wirklichkeit, die sich wandelt, sondern allein mit den Eltern, deren Liebe unveränderlich sein soll.

Besonders wichtig wird dies im Alter von vier bis sechs Jahren. In dieser Zeit bringt das Luststreben die Kinder sehr häufig in Konflikte mit den Eltern. Beim uneingeschüchterten Kind tritt Onanie auf und führt zu heftig erschütternden Einschüchterungen, zum »Kastrationskomplex«. Es kommt zu Wutregungen gegen die Eltern und zur Kritik an ihnen. Die Wut aber ist unerlaubt. Einwendungen dürfen nicht gedacht werden. Wenn ein Geschwisterchen oder ein Kind in der Umgebung geboren wird, so muß das schon aus Gründen der Eifersucht das Kind lebhaft interessieren. Aber es soll dumm sein und nichts sehen! Menschen sterben: auch darüber spricht man nicht mit dem Kind; und doch ist es viel damit befaßt. Es will fragen, aber die Worte fehlen ihm. So fragt es immer wieder dasselbe: »Woher kommt das Ding? Wie macht man es? Wenn es aber kaputtgeht?« »Warum?« »Und dann?« Endlos fragt es immer dasselbe. Das Wiedererkennen von schon bekannten Mitteilungen hilft ihm über die Angst hinweg wegen des vielen Unheimlichen, das den Umkreis erfüllt. Es hofft, daß man ihm Worte für das Unnennbare leihe, es »aufkläre«. Statt dessen schimpft die gequälte Mutter über die dumme Fragerei. So lernt das Kind seine Fragen und seine eigenen Gedanken und die Wahrnehmungen, die zu solchen führen, einschränken. Es wird »beschränkt« und damit bequemer leitbar.

Um dieselbe Zeit und unter denselben Einflüssen macht das Kind auch eine *Rückbildung seiner Affekte* durch. Das Kleinkind ist von lebhaften Affekten beherrscht, sie treiben sein geistiges Leben an. Für die

Dauer sind aber auch die starken Affekterlebnisse für das Kind gefährlich, ihre heftige Äußerung wird für die Erzieher und die Umwelt oft lästig, mitunter gefährlich. So werden die Affektäußerungen mit der Zeit mehr und mehr gehemmt. Wenn aber die Erzieher, deren Liebe für das Kind Lebensnotwendigkeit ist, über die Affekterlebnisse böse werden, so erscheinen diese dem Kinde als etwas Schlimmes und als Schlechtigkeit. Das macht unter Umständen unfähig zum Affekt. Damit wird auch viel geistige Tätigkeit, die von den Affekten getragen wurde, unmöglich.

Dieselben Hemmungen werden gegen jene Funktion gesetzt, die wir oben als »Echoen« beschrieben haben. Es ist unangenehm, wenn ein Kind zu weinen beginnt und nun bald ein ganzer Chor von Kindern in das Gebrüll einstimmt. Auch ist es oft kaum erträglich, wenn ein endloses Gelächter anhebt. Das Kind soll sich auch für die ihm gestellten Aufgaben mehr und mehr abschließen. Aber die Unterdrückung des Mittuns mit den andern Menschen geschieht oft ungeschickt und geht zu weit. Der elterliche Übereifer, mit dem das Echoen verächtlich gemacht und verboten wird, läßt die Menschen viel von ihrer Fähigkeit, zu verstehen und nachzufühlen, einbüßen. So vereinsamen sie und verhärten sich gegeneinander. Freilich sind sie so isoliert leichter beherrschbar.

So wird das Kind zu einem Erwachsenen, der in der Regel unfähig ist, selbständig zu sehen, sich zu erinnern und zu denken, sich von Gefühlen bewegen zu lassen und anderer Menschen Gefühle nachzuleben. Er ist dumm. Glücklicherweise gelingt die völlige Unterdrückung des geistigen Lebens selten in der Erziehung. Gerade da, wo der Drill überspannt wird, weckt er statt Liebe Furcht und Haß. Gedanken der Kritik wagen sich vor als Wegbahner der befreienden Tat. Da, wo nicht bewußt gedacht werden kann, werden die Ketten der alltäglichen geistigen Beschränkung von »*Einfällen*« durchbrochen. Eine Lust, die winkt, eine Gefahr, die droht, läßt die Schranken, die das Über-Ich errichtet hat, für einen Augenblick durchbrechen. Ein Gott oder ein Teufel scheint die Einfälle eingegeben zu haben. Genius nannte ihn die Antike. *Genial* heißen wir denjenigen, dem ein aus der Kindheit stammender Trotz, tiefes Schuldgefühl und andere unbewußte Antriebe von Liebe und Haß häufig solche Einfälle eingeben und verwirklichen lassen, die neue Bahnen weisen, und auch manchesmal Ablehnung oder gar Grausen hervorrufen. *Genie* ist ungewöhnlich und dem Durchschnittsmenschen fremd, ja unheimlich. Der wehrt sich gerne mit alten Schlagworten, was besonders dadurch erleichtert wird, daß den Überleistungen fast immer Unterleistungen oder krankhafte Leistungen gegenüberstehen, die aus denselben Trieben und Affekten zu erklären sind (Lombrosos »Genie und Irrsinn«[4]).

Eine wünschenswerte Erziehung wird es dem Menschen gestatten, auf den gebahnten Wegen tüchtig auszuschreiten, dabei aber über die einsäumenden Hecken zu blicken und sie zu rechter Zeit zu überspringen.

Anmerkungen

1 Landauer 1939b. Es handelt sich um einen anderen Beitrag zum »Psychoanalytischen Volksbuch«.
2 Landauer 1939e. S. Anm. 1
3 John Hughlings Jackson (1835–1911), englischer Neurologe, unterschied die Sprache als Auskunfts- und Diskussionsmittel und die emotionale Sprache, die bei Aphasien weniger beeinträchtigt wird. Vgl. Holmes, G.: John Hughlings Jackson. In Kolle 1956, S. 135–144 (Anm. d. Hg.).
4 Lombroso 1887.

II. Psychoanalytische Klinik
und Behandlungstechnik,
speziell der narzißtischen Störungen

6. Spontanheilung einer Katatonie

I. Vorbemerkungen

Heilungen von schweren Katatonien sind Seltenheiten.* Stets treten sie ohne Mitwirkung des Arztes auf und häufig ganz plötzlich. Eines Tages ist der Kranke, der bisher wie tot dalag, beweglich, nimmt an den Vorgängen der Außenwelt sichtlich mit Verständnis teil und die Symptome sind – bis auf mehr oder weniger große Rückstände – wie weggeblasen. Meist drängen dann die Geheilten und noch mehr deren Angehörige auf Entlassung aus der Anstalt und der Arzt bekommt sie fast nur bei einem eventuellen Rückfalle zu Gesicht.

Der Mechanismus der Genesung und von ihm zurückschauend der gesamten Erkrankung kommt daher kaum je zur Beobachtung. Mir wenigstens ist keine einzige, derartige Arbeit bekannt geworden. Man wird es daher entschuldigen, wenn ich an die Publikation der Katamnese Marie N.'s gehe. Trotz ihrer Unvollständigkeit. Denn einmal bin ich mir darüber klar, daß ich über die somatischen Vorgänge nichts weiß. Ich kann nur berichten, daß die Analysandin derzeit 23 Jahre alt, mittelgroß und von gesunden inneren Organen ist.

Ihre Muskeln weisen bei der passiven Bewegung eine leichte Rigidität auf; bei aktiver wird keine Erschwerung empfunden, wohl weil der Zustand seit vielen Jahren, zumindestens seit sechs (soweit liegt nämlich die schwere Psychose zurück), besteht. Besonders hervorstechend ist dieses katatonische Symptom in dem hübschen Gesicht, das hiedurch eine gewisse Starre erhält. Es erinnert an die Köpfe eines Meunier, die mit breitem Messer aus der Bronze herausgeschnitten scheinen.

Die Pupillen sind gleich groß, kreisrund, reagieren auf Licht und Akkommodation ausgiebig, jedoch etwas verlangsamt.

Ferenczi[1] hat in einer Arbeit mehrere Fälle von katatonischer Starre angegeben und sie als psychisch bedingt bewiesen. Ich glaube nun zwar auch bei dem zu beschreibenden Falle an eine psychische Bedingung der *Form* des katatonischen Zustandes. Ein primäres, körperliches Entgegenkommen aber glaube ich nach dem heutigen Befunde trotz Bleuler[2] annehmen zu müssen.

---

* Nach Kraepelin 13%.

Dem Psychoanalytiker dagegen dürfte die Mitteilung einiges zu bieten haben, wenngleich sie sich nicht auf eine Analyse stützen kann. Wenigstens nicht auf eine Analyse im strengen Sinne. Das, was ich erfuhr, habe ich nur in vielstündigen Gesprächen erhalten. Es handelt sich also fast ausschließlich um Bewußtes. Günstige Umstände, die im Laufe der Arbeit deutlich hervortreten werden, ermöglichen trotzdem eine reiche Ausbeute und schränken das, was wir aus unserem Wissen analoger Erkrankungen zum vollen Verständnis hinzufügen müssen, erheblich ein.

Schließlich ist noch zu sagen, daß der Weg, den unsere Patientin aus ihrer Krankheit fand, nicht der einzig mögliche war. Er ist – ich hebe dies ausdrücklich hervor – einer von vielen. Aber wir konnten hier wenigstens erkennen, wie so ein Weg aussehen kann und wie ihn die Genesende ging.

Und diese Erkenntnis, unserem geringen bisherigen Wissen gegenübergestellt, ist die Entschuldigung für die Publikation.

II. Genese der Katatonie und ihrer Heilung

Marie war bis voriges Jahr Schauspielerin an einem Theater ihrer Muttersprache. Da sie sich aber durch die engbegrenzten Möglichkeiten ihrer Nationalität* gehemmt fühlte, ging sie zum Kino über, wozu sie ihrer scharfgeschnittenen Gesichtszüge wegen besonders geeignet erschien.

Sie lebt derzeit in der Familie einer Tante, welche drei kleine Kinder zu Hause hat.

Mariens *dritte* Mutter ist in der Heimat zurückgeblieben. Sie steht in kaum einer Beziehung zu ihr, außer daß sie das kleine Vermögen verwaltet. Konflikte ergeben sich mit dieser wenig älteren Person derzeit nicht, da Marie stets mit dem zur Verfügung stehenden Gelde auskam.

Mariens Mutter starb bei der Geburt. Der um ein Jahr ältere Bruder wurde damals zu den Großeltern gegeben. Sie hat ihn seither kaum gesehen und nur einmal griff er unliebsam in ihre Geschicke ein, als die Tilgung seiner Schulden die Vermögenslage ihres Vaters verschlechtern half. Damals wanderte er aus und sie hört kaum mehr von ihm. Ein Jahr nach dem Tode der ersten Frau heiratete ihr Vater zum zweitenmal. Diese Ehe dauerte bis zu Mariens 15. Jahre. Nach wiederum einem Jahr

---

* Es handelt sich um eine der großen Nationalitäten Österreich-Ungarns, die außerhalb der Doppelmonarchie keine Stammesgenossen hat.

heiratete ihr Vater zum drittenmal eine bedeutend jüngere Frau, die sehr schön und kokett war. Hier begann das Elend der Familie: Der damals schon tief in den Fünfzigern stehende Mann, in der steten Angst, seine Frau an jüngere, potentere Konkurrenten zu verlieren, hoffte sie durch pekuniäre Machtmittel an sich zu fesseln, sie, die einmal rücksichtslos geäußert haben soll, sie habe ihren Mann nur des Reichtums wegen geheiratet. In der Folge spielte er an der Börse, verlor sein Vermögen und mußte nun noch erfahren, daß ihn seine Frau betrüge. Das war zuviel! Eines Nachts um 11 Uhr machte er seinem Leben durch einen Schuß in die linke Schläfe ein Ende.

Durch den Knall aufgeschreckt, stürzte die Siebzehnjährige herbei, ergriff die Pistole und verletzte sich durch einen Schuß an derselben Stelle. Die zu Hilfe eilenden Leute fanden sie lachend, und mit starrem Gesichtsausdrucke im Zimmer herumspringend, immer vor sich hinsingend: »Tot ist er! Tot ist er! 11 Uhr!« Sie wurde in ein Sanatorium gebracht und verblieb dort acht Wochen, stets in demselben Zustande: Kein Wort sprechend, starr im Bette liegend, vor sich hingrinsend und ab und zu summend: »Tot ist er! Tot ist er! 11 Uhr!« – Mit einem Schlage war der Zustand behoben und Marie kehrte, von da ab gesund, ins Leben zurück.

Gezwungen, sich einen Beruf zu erwählen, ging sie mit 18 Jahren in die nahe Großstadt zum Theater. Sie lebte sehr zurückgezogen und hatte keine Verehrer. Als sie in den Sommerferien kurz vor Vollendung ihres 19. Jahres nach Hause kam, suchte sie auch »ihren väterlichen Freund«, den mit ihrem Vater fast gleichaltrigen Hausarzt, einen Juden, auf. Charakteristisch für ihr Verhältnis zu diesem Mann war, daß sie zu ihm »Sie« sagte, während er sie duzte. Trotz der Gegenwart ihrer Mutter setzte sie sich ihm »wie früher« auf den Schoß und hatte eine Riesenfreude, als sie merkte, daß er hiedurch sexuell gereizt wurde. Andern Tages kam sie, obwohl nicht ermuntert durch ihn, erneut auf sein Zimmer. Diesmal allein. Wieder setzte sie sich ihm auf den Schoß und, obgleich gewarnt von ihm, reizte sie ihn durch Streicheln, Kitzeln, usw. Es kam zum Verkehr. Seitdem ist sie stets mit ihm auf gutem Fuße, sieht ihn jedesmal, wenn sie die Heimat aufsucht; zum Verkehre dagegen kam es nur noch wenigemal im Anschlusse an den ersten. Bei späteren Besuchen zu Hause nie mehr.

Sie gibt ohne weiteres zu, daß sie ohne besondere Neigung zu eben diesem Manne sich ihm hingegeben habe. Sie sei schon lange schrecklich neugierig auf den Verkehr gewesen, habe sich nur aus Vernunft bis dahin so zurückhaltend benommen, da sie wußte: Wenn sie erst einmal angefangen, würde sie es toll treiben.

Bis dahin hatte sie sich auf eine allerdings exzessive Onanie beschränkt.

In der neuen Saison änderte sie ihr sexuelles Verhalten: Sie hatte nunmehr stets einen Freund, immer nur *Juden*, hatte ab und zu noch nebenher oder zwischendurch ein »Pantscherl«. Vor einem ausgesprochenen Dirnenleben bewahrte sie bisher wohl weniger ihr Verstand, als ihr Glück, das allerdings seine tiefere psychologische Begründung in ihr hat.

Damals gewann sie auch eine Freundin, eine Kollegin. Trotz wiederholter Aufmunterung von dieser, wie von anderer Seite kam es jedoch nie zum homosexuellen Verkehr. Die Freundin starb an den Folgen eines kriminellen Abortus. An ihre Stelle trat die um zwei Jahre jüngere Schwester Margarete.

Margarete bildete sich am Konservatorium für Harfe aus. Sie ist eine zierliche, wenn auch nicht sonderlich hübsche, sehr kindlich aussehende Person. Ihr Freund Bubi, mit dem sie durch drei Jahre ein Verhältnis hatte, zog sich, als dieses Folgen zeigte, in ziemlich ungeschickter Weise zurück. Margarete begab sich nach Wien, wo ein Arzt wegen Schwangerschaftsnephritis den Abort einleitete. Schon vorher hatte Margarete alles getan, um die Schwangerschaft zu einem vorzeitigen Ende zu bringen: Sie hatte sich gar nicht in Acht genommen: trank, tanzte, was Marie furchtbar erregte und sogar einen Bruch zwischen beiden Freundinnen herbeiführte. »Ich kann gar nicht begreifen, daß man sich kein Kind wünscht. Ich würde alles tun, um eines zu bekommen und bin jedesmal traurig, wenn die Periode eintritt. Einmal machte Marie mir sogar den Vorschlag, wenn ich schon nicht mit ihr verkehren wolle, ihr wenigstens ein Kind auf Döderleinsche Weise zu verschaffen.« [*]

Wenn es auch weder mit ihren Freundinnen, noch sonst je zu homosexuellem Verkehre kam, fehlen doch nicht homosexuelle Handlungen. Sie legt ein deutliches Interesse an den Tag für Entblößungen bei Frauen,[**] geht gerne ins Varieté, wo sie sehr begierig ist, ob bei Tanz oder akrobatischer Aufführung von Frauen »etwas zu sehen« ist. Einmal berichtet sie mir ganz erregt, sie habe am Vortage bei einer die Schamhaare gesehen; desgleichen sitzt sie, wenn es regnet, stundenlang am Fenster des Cafés und sieht auf die Beine der vorübergehenden Frauen. Auch hat sie es wiederholt so eingerichtet, daß sie bei ihrer

---

[*] An die Abtreibung knüpft eine Anzahl von Träumen an, die ebensowenig wie die übrigen Träume beträchtliche Aufschlüsse brachten. – Seither führt Margarete ein dirnenhaftes Leben.
[**] Man beachte den starken Schautrieb.

Freundin, oder umgekehrt, übernachtete und dann in einem Bette mit ihr schlief, wobei sie sich immer viel herumwarf.

Ihre wichtigste homosexuelle Betätigung aber ist folgende: Sie setzt sich in ein mondaines Café. Läßt sich am Nebentische eine Frau nach ihrem Geschmacke nieder, so fixiert sie sie so lange, bis diese aufmerksam wird und spielt mit ihrer Zunge sichtbar zwischen ihren Lippen. Merkt sie, daß die Frau reagiert, so wird sie stets sehr stark sexuell erregt: »Ich muß es mir dann immer so einrichten, daß ich dann gleich zu einem Mann kommen kann; ich bin dann immer ganz verrückt.« (Man beachte hier die Geschicklichkeit, mit der die homosexuelle Erregung stets in heterosexuelle Geleise gelenkt werden kann.)

Hier fügen sich zwanglos die anderen Vorbereitungsspiele des Verkehres ein: Eines haben wir schon bei der Szene mit dem Hausarzt kennen gelernt. Sie sucht den Mann aufs höchste zu reizen, schiebt den Akt möglichst lange hinaus und wehrt immer und immer wieder den Mann ab. Je erregter der Mann ist, desto größere Freude hat sie. Nicht etwa wegen der zu erwartenden höheren Potenz; nein, rein die Erregung des Mannes zu beobachten und ihn durch das Hinausziehen zu quälen, schafft ihr Lust. Bei den Vorbereitungszeremonien spielen einige eine große Rolle, die dem Psychoanalytiker als Symbole männlicher Sexualbetätigung wohl bekannt sind: z.B. ins Ohr oder in die Nase blasen, aktive Zungenküsse und dergleichen.

Eine große Rolle spielen die sexuellen Phantasien, nicht nur als Vorlust, sondern auch als Hauptlust. Ist nach einer der oben beschriebenen Kaffeehausszenen kein Freund zur Hand oder hat sie zu Hause einer pikanten Lektüre gefrönt, so greift sie zur Onanie. Sie legt sich dann meist so ins Bett, daß sie den Vorgang im Spiegel beobachten kann und onaniert mit der rechten Hand, auf der linken Seite liegend. Auch beim Verkehre spielt die linke Seite und der Spiegel eine wichtige Rolle; sie bevorzugt diese Lage gegenüber der normalen sowohl wie der oben, zumal wenn sie den Verkehr im Spiegel beobachten kann.

Wie man sieht, ist der Schautrieb aufs äußerste entwickelt. Dies geht so weit, daß sie noch heute manchmal dem *Zwange* nicht widerstehen kann, nachts aufzustehen und am Schlafzimmer von Onkel und Tante zu lauschen – wie sie mit Bedauern berichtet, bisher vergebens.

Ohneweiters gibt sie zu, daß sie schon als Kind mit großer erregter Neugier gehorcht habe, was zwischen ihren Eltern vorging. Das elterliche Schlafzimmer hat sie zwar niemals geteilt, dafür aber bei geöffneter Tür im angrenzenden Zimmer geschlafen. Aufgefordert entwirft sie folgende zu erwartende Skizze.

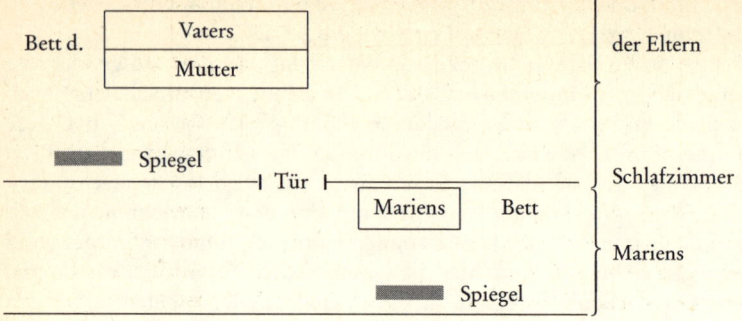

Man wird sofort erkennen, daß es sich bei ihren Schaugelüsten um das Bestreben handelt, jene Szenen, die sie im elterlichen Schlafzimmer belauscht hat und die sie in ihr 4. bis 5. Lebensjahr datiert, immer wieder zu reproduzieren. Nicht verständlich aber erscheint zunächst, wieso sie jene traumatischen Szenen schon in der 20. Stunde ungefähr ohne nennenswerte Widerstände erzählt, während wir doch sonst gewohnt sind, hier einer sehr starken Zensurschranke zu begegnen.

An dieser Stelle wird eine Bemerkung über das Verhältnis von Marie zu mir am Platze sein. Schon nach wenigen Minuten der ersten Unterhaltung zeigte sich eine sehr starke positive Übertragung. Ich war hiezu ein sehr geeignetes Objekt. Vereinigte ich doch zwei äußerst günstige Bedingungen in mir: Den Juden und den Arzt. Des Juden wird im Zusammenhang mit dem Kastrationskomplexe noch ausführlich zu gedenken sein. Die Bedeutung des Arztes ist ihr – und wohl auch uns – ohneweiters durch den ärztlichen, »väterlichen Freund« erklärt.

Des ferneren bereitet ihr das Erzählen und vor allem das Verweilen auf jenen infantilen Erlebnissen eine große libidinöse Befriedigung; sie hat öfters dabei Pollutionen und greift nach den Erzählungen des Abends häufig zur Onanie. Ja ich beobachte sogar einmal, wie sie sich während des Erzählens durch Reiben der Brust an dem hohen Tischrande erregte.

Schließlich aber glaubt sie, da sie mein Interesse erkannt hatte, meine Liebe oder wenigstens ein Kind von mir auf diese Weise erlangen zu können.

Kehren wir nach dieser kurzen Abschweifung zu den belauschten Szenen zurück! Wir wissen aus vielfacher Beobachtung, daß die Kinder den Koitusakt der Eltern als eine Raufszene auffassen und sehen dies als eine Wurzel sadistischer und masochistischer Betätigung an. Es wird uns also nicht wundern, von Marie zu hören, daß sie reich ist an Erscheinungen des sado-masochistischen Komplexes. So schwelgt sie in Phantasien von Prügelszenen, wobei sie sowohl den aktiven wie den passiven Teil übernehmen kann und wobei heute (d. h. seit ihrer Genesung) meist ein Mann den andern Part übernimmt. Auch phantasiert sie nicht selten, daß sie geschlagen werde. Wer die Exekution vollzieht, wird jedoch nicht bewußt. Wieder anderemale ist sie nur Zuschauerin von Rauf- und Prügelszenen, die Aktoren entweder verschiedenen Geschlechtes oder beide weiblichen.

Wir haben es als eine Eigenart im Liebesleben Mariens erkannt, daß sie vor dem Verkehr lange Vorspiele vorausschickt. Ein Licht auf diese merkwürdige Tatsache wirft folgende Erinnerung: In ihrem fünften bis sechsten Lebensjahre habe sie sich an einem Geburtstage ihres Vaters in aller Frühe angekleidet, um gleich nach dem Aufstehen gratulieren zu können. Da im Nebenzimmer alles still war, habe sie hineingelugt und das Bett ihres Vaters leer gesehen. Ihre Mutter* dagegen sei im Bette bei einem Spiegel aufgesessen und habe sich gepudert, sodann ihr Genitale gewaschen, sich kokett zurechtgelegt und habe sich dann schlafend gestellt. Hierauf sei ihr Vater, nur mit Hemd und Unterhose bekleidet, ins Zimmer gekommen, und habe die Mutter durch Küsse geweckt. Sie hätten dann miteinander verkehrt. Marie selbst aber sei wütend fortgelaufen und sei an diesem Tage nicht zu bewegen gewesen, den Vater zu beglückwünschen.

Ich kann nicht umhin, hier die Vollständigkeit der Analyse – soweit überhaupt diese Beobachtung den Namen Analyse verdient – anzuzweifeln.

Marie hat mir wiederholt erzählt, daß eine, diesem Vorgange sehr ähnliche Szene in einem obszönen Buche »Die Memoiren einer Tänzerin« vorkommt. Ich konnte nun leider nicht in den Besitz dieses Buches gelangen, trotzdem Marie mir wiederholt versprach, es mir zu bringen, und die Angaben, sowie die Ähnlichkeiten mit anderen Vorgängen nicht überprüfen. Dagegen verdanke ich der Liebenswürdigkeit Dr. Nepalleks[3] die Kenntnis eines Buches »Aus den Memoiren einer Sängerin« (2 Teile, Boston, Reginald Chesterfield[4]), das ganz auffällige Ähnlichkeiten mit den Erzählungen Mariens zeigt. Die Szene am Geburtstagmorgen findet sich I. Teil, pag. 16 bis 35, mit den wichtigsten Details (Verhalten der Mutter, Spiegel usw.) wieder, jedoch ist sie hier ins 14. Lebensjahr des Mädchens verlegt. Auch fehlt die von Marie er-

---

* Unter Mutter ist hier, wie im folgenden, wenn nichts ausdrücklich erwähnt wird, stets die *zweite* Frau ihres Vaters zu verstehen, die sie auch tatsächlich bis zu ihrem 14. Jahre für ihre richtige Mutter gehalten hat.

zählte Reaktion auf das Kind. Von sonstigen Analogien möchte ich noch hervorheben: die Onanie vor dem Spiegel (I. Teil, pag. 139) und auf Seite 132 des I. Teils den Satz: »Alle (sc. Frauen) genießen... aus Freude an der Wollust des Mannes.« Wir haben also Grund anzunehmen, daß tatsächlich manches aus Mariens Berichten jenem Buche nachgebildet ist. Wir vermögen jedoch die große Wirkung, die diese Szene auf Marie gemacht hat, nicht anders zu erklären, als durch die Annahme, daß tatsächlich ein ähnliches Geschehnis im Leben Mariens sich ereignet hat und verdrängt wurde, für die jene Szene im Buche die willkommene Deckerinnerung abgab. Wir begegnen hier dem für Marie so charakteristischen Identifikationsmechanismus. Eben die Leichtigkeit, mit der er gehandhabt wird, ermöglicht hier Dinge, die anderwärts stark verdrängt sind, ins Bewußtsein zurückzubringen. Und dort können sie sich halten, da immer eine (wohl unbewußte)* Erkenntnis vorhanden ist, daß das Geschehnis nicht wahr sei. Wir können jedoch hier, wo es nicht auf therapeutische Zwecke ankam, ruhig wie mit einer, aus dem Unbewußten geholten Erinnerung arbeiten.

Ich habe im Vorhergehenden die Betonung gelegt auf *gegenwärtige* Identifikation mit der *Mutter*. Dies war aber nicht immer der Fall. Vielmehr ging dem jetzigen Zustande eine Epoche fast völliger Gleichsetzung Maries mit dem Vater voraus, nämlich die Zeit der Psychose. Wir haben den Vorgang, der sie in die schwere Erkrankung stürzte, bereits kurz angegeben. Es war der Selbstmord des Vaters. Damals war es, als sie sich an derselben Stelle, mit derselben Pistole verletzte, mit der ihr Vater den tödlichen Schuß auf sich abgegeben hatte.

Aus der psychiatrischen Krankengeschichte des Sanatoriums,** in dem Marie untergebracht war, ist natürlich von all dem nichts zu lesen. Hier findet sich nur, daß Marie während der ganzen acht Wochen in unveränderter Lage im Bette gelegen sei: Den Körper ganz steif, den Kopf in jener bekannten, rechtwinkligen katatonischen Abhebung von der Unterlage. Es bestand wächserne Beweglichkeit. Auf Fragen wurde nicht reagiert, überhaupt sprach sie nicht, sang nur manchmal lachend vor sich hin: »Tot ist er! Tot ist er! 11 Uhr.« Über den Wundverlauf finden sich mehrfach Notizen, die beweisen, daß er völlig normal war und ohne Fieber einherging.

Auch nach ihrer plötzlichen Genesung konnten die Ärzte nichts über die inneren Vorgänge jener Zeit erfahren. Selbst meinen Fragen gegen-

---

* Man bedenke, die Symptomhandlungen der Titeländerung und des wiederholten Vergessens des Buches.

** Ich verdanke der liebenswürdigen Vermittlung Mariens eine Abschrift des Krankenblattes.

über verharrte Marie lange Zeit in ihrem Stillschweigen, das um so seltsamer war, als sie bereits die Vorgeschichte und das zweite Trauma, das zur Heilung führen sollte, des ausführlichen besprochen hatte. Nicht etwa, daß jene Geschehnisse alle unbewußt waren oder wurden. Wir wissen über den Grund des langen Widerstandes nur zu sagen, daß sie den Bericht mit dem Ausrufe schloß: »Ich schäme mich so! Jetzt bin ich ganz nackt vor Ihnen!« *

Jene acht Wochen sind ausgefüllt mit Phantasien, in denen sie sich im Verkehre mit ihrer Mutter sieht. All die Kleinigkeiten des Alltages werden wieder an der Seite »meiner schönen Mami« ** durchlebt.

Es wäre eine Arbeit für sich, bei all diesen libidinöse Wurzeln andern Leuten klarzulegen, Marie nämlich sind sie völlig selbstverständlich. Sie ist es, die mich spontan auf die zahlreichen Symbole der Genitalien aufmerksam macht, sie, die mir in tausenderlei Verrichtungen die Beziehungen zum Koitus, aber auch zur analen Verrichtung und dem Saugakt dartut. Besonders häufig sind auch sadistische Spiele, die sie an der Mutter vollzieht. Eines für viele sei als typisch herausgestellt:

»Ich fahre mit dem kleinen Finger der rechten Hand in das mütterliche Genitale und reiße mit einem Ruck die Bauchwand bis zum Nabel auf, und heraus springe ich; ich bin aber so klein wie dieser Finger« (sie zeigt ihren kleinen Finger vor).

Eines ist auffällig und ihr, die sonst ein so tiefes Verständnis für Symbolik, Traum und Phantasie zeigt, völlig unerklärlich: »Wieso habe ich nie vom Vater phantasiert? Ich wollte doch sterben, um bei ihm zu sein.« Erst auf meinen Einwurf, daß sie doch bei der Mutter weilte, erkennt sie den Grund ihres seltsamen Freudenausbruches: »Tot ist er!« Endlich waren ja die unbewußten kindlichen Todeswünsche gegen den Vater in Erfüllung gegangen; nicht mehr also wird er sie stören im Besitz der schönen Mami. Jetzt wird ihr auch klar, warum sie an jenem Geburtstage ihm nicht gratulieren konnte. Wie hätte sie ihm auch Glück wünschen können, ihm, der fern sein und immer fern bleiben sollte.

Für den Haß des Kindes gegen den Vater ist vielleicht folgende Geschichte aus dem siebenten Jahre ganz charakteristisch: Marie war bei den Großeltern zu Besuch auf dem Lande. Wegen eines Streiches ***

---

* Man wird später ersehen, wie charakteristisch jene Worte für die starke Verdrängung des Zeigetriebes sind.
** Auch andere Frauen spielen eine Rolle; so besonders die Großmutter (Mutter der Mutter). Diese ist stets Störerin sexueller Lust, was aus einer später erwähnten Deckerinnerung klar wird.
*** Worum es sich handelte, ist unbewußt.

wurde ihr gedroht, man schicke sie *zum Vater* nach Hause. Dies war ihr so entsetzlich, daß sie beschloß lieber zu sterben. Sie entfernte sich vom Hofe und hielt sich, da ihr der Mut fehlte, sich in den nahen Fluß zu stürzen, 1½ Tage splitternackt im Schilfe auf, denn ihre Kleider* hatte sie an ihrer Statt ins Wasser geworfen. Trotzdem sie die Rufe der Suchenden hörte, kam sie nicht hervor und ertrug geduldig den Hunger. In der zweiten Nacht schlich sie sich ins Haus und kletterte in ihr Parterre gelegenes Schlafzimmer. In aller Frühe erhob sie sich, legte sich in die Hütte des großen Hofhundes, der sofort zu bellen begann, ihr aber, trotzdem er sehr bissig war (was sie wiederholt betont), nichts zu Leide tat. Ihr Vater, der auf die Nachricht von ihrem Fehlen aus der Stadt herbeigeeilt war, zog sie hervor und herzte sie, und sie wurde nicht bestraft.

Durch viele Jahre hatte der Haß unbewußt geschlafen. Sie hatte ihn sogar soweit vergessen, daß sie nach dem Tode der Mutter an deren Stelle hatte treten wollen; ganz und gar hatte die Fünfzehnjährige das Hausmütterchen gespielt, so gut, daß ihr Vater sie oft zum Scherze »sein Frauerl« nannte. Da fiel der erste Schlag: Ihr Vater verließ sie und heiratete die andere, die ihr deshalb vom ersten Tage ab verhaßt war. Aus der Hausfrauenstelle verdrängt, bemühte sie sich, ihrem Vater im Bureau behilflich zu sein und suchte sich wenigstens hier unentbehrlich zu machen. Aber Enttäuschung auf Enttäuschung brach herein! Er, der Reiche, Große hatte Unglück an der Börse und schließlich betrog er seine Frau ganz offenkundig. Ihr Heros Vater war lächerlich geworden! Marie will selbst ihm mit geheuchelter Naivität einen Beweis in die Hand gespielt haben. Hoffte sie noch, daß er zu ihr zurückkehre? Ein Schuß, der 11 Uhr nachts im Bureau fiel, zeigte ihr, daß er sie auf ewig schnöde verlassen hatte. Und jetzt setzt sie sich an des Vaters Stelle, jenes geliebten Vaters ihrer Jugend. Als Vater kehrt sie zurück zu ihrer Kindheit, zu ihrer schönen Mami.

Wir haben mithin zwei Funde erschlossen, die wohl geeignet sind, uns das Rätsel von Mariens Psychose zu lösen:
1. den Haß gegen den Vater,**
2. die Liebe zur Mutter.

Beim Tode des Vaters besteht ein gewaltiger unbewußter Konflikt

---

* Man beachte die Gleichung: Kleider = Ich, deren später noch öfter zu gedenken sein wird.
** Vgl. zu dem immer wiederkehrenden Ausruf »11 Uhr« die Tagebuchstelle Leonardo da Vincis »Adi 9 di Luglio 1504 macoledi a ore 7 mori Ser Piero da Vinci, notalio al palazzo Potestà, mio padre, a ore 7. Era d'età d'anni 80, lasciò 10 figlioli maschi e 2 femmine«. (Zitiert nach Freud[5], Eine Kindheitserinnerung des Leonardo da Vinci), sowie die dort aus der Wiederholung des »a ore 7« gezogenen Schlüsse, die auch auf unseren Fall völlig zutreffen.

zwischen Liebe und Haß dem Vater gegenüber. Dem Konflikte entzieht sich Marie, indem sie sich mit dem Vater identifiziert. Damit regrediert sie auf Mechanismen, die der frühesten Kindheit eigen sind und vom Narzißmus ausgehen (Freud*). Diese Identifikation kommt jetzt aber dem Hinwegschaffen des Vaters gleich. Anstatt die Trauer zu erledigen, was Sache der Liebe wäre, läßt sie die Liebe im Stich und greift auf die primitive für den Narzißmus charakteristische Form der Objektwahl (Freud* und Tausk**). Damit setzt sie Haß und Liebe in ihre einheitliche narzißtische Vorstufe (Freud*) um.

Diese Erkenntnis ermöglicht es uns, diesen Fall mit unserer Auffassung (Freud*) der gesamten Dementia praecox in Deckung zu bringen:

Mariens triumphierender Aufschrei »tot ist er« entspricht einem Sieg des verdrängten Hasses, geht also von der Objektstufe aus *(Überrest aus der Zeit der Gesundheit)*. Das Symptombild des Totseins entspricht der narzißtischen Identifikation *(Regression)*. In ihren Phantasien vollzieht sie von der narzißtischen Stufe aus eine erneute Objektwahl, und zwar eine homosexuelle, die sich nicht geeignet zeigt, Marie den Anforderungen des Lebens anzupassen *(Mißglückter Heilungsversuch)*.

Jedoch ist die Identifikation mit dem Vater – selbst während der Psychose – nicht die einzige: Marie spielt die Tote.

Aber auch die Mutter ist ja tot. Sie identifiziert sich auch mit ihr. Eben hier muß die Heilung einsetzen: Das Überwuchern jenes sekundären Komplexes, der im Vater den Partner der sexuellen Genüsse sucht und zu dem heutigen noch immer vorwiegend narzißtischen Sexualleben führt. Wieder läßt uns die Krankengeschichte im Stich. Sie besagt nur, daß Marie wegen Selbstmordgefahr auf dem Schwerkrankensaale lag. Eines Morgens habe sie plötzlich mehrfache Versuche gemacht, das Bett zu verlassen. Kurz darauf habe sie mit dem Arzt völlig zusammenhängend gesprochen, allerdings keinen Grund für einen erneuten Selbstmordversuch gewußt. (Nur nach einem solchen war offenbar geforscht worden.) Von da ab sei das Benehmen normal gewesen.

Marie aber hilft uns sofort weiter. Auf die Frage, mit wem sie das Zimmer geteilt habe, berichtet sie folgende Szene:

---

* Meist mündliche Mitteilungen und aus Diskussionsreden, die in der Wiener Psychoanalytischen Vereinigung gehalten wurden.
** Auf die Bedeutung des Identifikationsmechanismus für den Charakter des Narzißmus und die Vorbereitung der Objektwahl hat zuerst Tausk in einem auf dem Münchener psychoanalytischen Kongreß gehaltenen Vortrag[6] hingewiesen.

»Im Bette nebenan lag eine sehr erregte Kranke, die immer fortlaufen wollte. An dem Morgen, wo ich gesund wurde, raufte sie sogar mit der Pflegerin. Da sprang ich auf und wollte auch fortlaufen, aber die Pflegerin hielt mich. Ich muß damals Fieber gehabt haben, denn mir war ganz heiß.«[*]

Von der Pflegerin weiß Marie noch zu berichten, daß sie groß war. Lachend fügt sie hinzu: »Sie hatte auch einen Anflug von Bart.«

Damit wird Marie (und auch wohl uns) die Identifikation mit einer Frau klar: die Raufszene mit dem Mannweib Pflegerin zeigt sie deutlich: Hier ist Marie wieder Frau, wieder die Mutter.

Es unterliegt wohl keinem Zweifel, daß sich in Marie die Wendung (wohl schon längere Zeit) vorbereitet hatte und daß das berichtete Erlebnis nur den äußeren Anlaß zur Genesung gab. Es ist also nicht das wirkliche Trauma. Wohl aber zeigt es uns paradigmatisch, wie jetzt die Symbole des erlauschten elterlichen Koitus verwertet werden. *Sie identifiziert sich nicht mehr einzig mit dem Vater, sondern auch – und zwar in der Hauptsache – mit der Mutter. Sie ist damit noch immer in der narzißtischen Objektwahl und beim Narzißmus geblieben.*

Wenden wir uns zunächst den Überresten der Psychose, der Identifikation mit dem Vater, zu: Gefördert wird dieses Weiterbestehen dadurch, daß der Partner in der Raufszene eine Frau, wenn auch ein Mannweib, ist. So wird uns das leichte Gelingen der Umschaltung vom Homo- zum Heterosexuellen bei Marie klar.

Eine wichtige Erleichterung bietet ihr, der Christin, hiebei die Wahl der Liebesobjekte, die – wie gesagt – stets Juden sind. Daß es sich hier um einen Kompromiß zwischen Männern und Kastrierten = Frauen handelt, zeigt der Ausspruch: »Wer beschnitten ist, ist zur Hälfte kastriert.«[**] Wie schon in früher Kindheit das Weib von ihr als kastrierter Mann betrachtet wird, ersieht man aus folgender Deckerinnerung des 3. oder 4. Jahres:[***]

»Ich liege mit meinem Onkel, der nur um ein bis zwei Jahre älter als ich ist, im Bette. Ich habe *kurz geschorenes Haar,* das ich aber in Wirk-

---

[*] Das Krankenblatt versichert das Gegenteil. Hingegen besteht bei Marie zu Zeiten sexueller Erregung starkes Hitzegefühl, wie ich selbst bei Mariens Onanie am Tischrande beobachten konnte.

[**] Fast wörtlich so auch eine Patientin mit starken homosexuellen Neigungen, die, ebenfalls Christin, nur jüdische Liebespartner hatte. – Auch hat sie, die von klein auf völlig ungläubig ist, wiederholt erwogen, zum Judentume überzutreten.

[***] Eine ganz analoge bringt obige Patientin.

lichkeit nie getragen habe. Meine Großmutter steht dabei und schimpft. Sie mochte es nie leiden, daß ich beim Onkel lag.«*

In diesem Zusammenhang wird auch eine Sendung klar, die ich eines Tages von Marie erhielt: Es handelte sich um einen Zeitungsausschnitt folgenden Inhaltes: Ein Mann habe sich einer Nasenoperation unterzogen, späterhin jedoch die beteiligten Ärzte, obwohl der Eingriff gelungen war, in gemeinster Weise beschimpft und auch sonst geschädigt. In tiefster Entrüstung schloß das Blatt, daß der Mensch verhaftet sei und bald einer gerechten Strafe zugeführt würde. Marie verstand den Unglücklichen besser. Auf dem Rande fand sich die lakonische Bemerkung: »Ich möchte Ihnen stückweise den Penis abbeißen.«

Ich will an dieser Stelle noch mit einigen Worten auf das merkwürdige Verhalten Mariens der Symbolik gegenüber eingehen. Mit einer Selbstverständlichkeit beherrscht sie die sexuelle Bedeutung, man kann wohl sagen, der ganzen Umwelt. Sie ist sehr erstaunt, daß ich mich über diese ihre Kenntnis wundere und kann z. B. bei dem letztgenannten Falle gar nicht begreifen, wieso das nicht die ganze Welt sieht. Wir werden da unwillkürlich an eine Bemerkung Bleulers erinnert, daß der Schizophrene gar nicht ahne, daß er Unsinn spreche. Er findet den tieferen Sinn seiner Sprache so klar, daß er es nicht für der Mühe wert hält, sich anders, gemeinverständlich, auszudrücken. Ist nun Mariens Kenntnis nur ein Beispiel jener allgemeinen Tatsache? Besitzt sie diese nur als Katatonika oder handelt es sich um eine individuelle Eigenart Mariens? Häufig finden wir derartige, wenn auch wohl nie so weitgehende Einstellung zur Symbolik bei gesunden Leuten, die große Freude am Witz, zumal am obszönen, haben. Dies trifft auf Marie nicht zu. Sie bevorzugt vielmehr die ernste Unterhaltung.

Einen Fingerzeig gibt uns hier wohl die Gleichung Kleider = Ich, die wir in einer Jugenderinnerung fanden. Damals hatte Marie offenbar in *bewußter* Identifikation ihre Kleider, d. h. einen Teil ihres Ichs, an Stelle ihres Ichs geopfert. Nun ist aber bei Marie der Identifikationsmechanismus – wie überhaupt der Narzißmus, für den er charakteristisch ist – bewußt. Bewußt identifiziert sie fast jeden Gegenstand mit sich oder wenigstens mit dem wichtigsten Teile ihres Ichs, dem Genitale.

Dr. Rank macht mich nun, wie mir scheint mit Recht, darauf aufmerksam, daß wir es in diesem Falle, wo das symbolisch Auszudrückende noch bewußt ist, gar nicht mit Symbolen, sondern mit deren Vorstufen (der Identifikation) zu tun haben.[7]

Und um derartige Vorstufen (leider fehlt uns hiefür ein passender

* Vergleiche die Rolle der Großmutter in den Phantasien während der Psychose.

Terminus) handelt es sich bei Marie und wohl auch bei all jenen Schizophrenen, die sich analog verhalten. *

Ohneweiters ist klar, wie sehr uns eben dieser Umstand unsere vorliegende Arbeit erleichtert, ja überhaupt erst ermöglicht hat. Einmal war es uns nie nötig, eine Erklärung, die Skeptiker dann als eine Beeinflussung ansehen könnten, zu geben, dann aber brachte sie uns ganz unverhüllt sexuelle Jugenderinnerungen. Da, wo wir sonst gewohnt sind, scheinbar harmlose Deckerinnerungen in monatelanger Arbeit ihrer Umkleidung zu berauben, bringt sie nackte Tatsachen. ** Trotzdem bleibt unsere Arbeit sehr lückenhaft.

Denn, während als treibende Kraft zur Identifizierung mit dem Vater der Haß gegen diesen erkannt wurde, fehlen hier der Mutter gegenüber die feindseligen Gefühle. Dies dürfte aber nur scheinbar sein; in Wirklichkeit wird wohl eine beträchtliche Lücke unseres Wissens über Marie vorliegen. Die Haßregungen müssen äußerst stark verdrängt sein. Hat doch Marie sogar alles, was mit der Krankheit und dem Tode der Mutter zusammenhängt, vergessen und beantwortet die Frage nach der Todesursache mit einem scharf abweisenden »Ich weiß nicht«. Marie will nichts wissen von ihrer Eifersucht auf die geliebte Mutter und nichts von ihren früheren Todeswünschen gegen sie.

Um so deutlicher aber sind die Konsequenzen der Mutteridentifikation sichtbar, jene *sekundären* Gebilde, die manchmal wie normale Objektwahl imponieren, häufiger autoerotischen Charakter haben. Diese Art des Aufbaues mag erleichtert worden sein durch die Tatsache, daß hier eine echte Raufszene das Symbol des elterlichen Koitus war. Immerhin aber bleibt das, was wir für die Psychose als charakteristisch erkannten, der *Narzißmus* mit dem für ihn charakteristischen Mechanismus der Objektwahl: der *Identifikation* bestehen. Da jedoch die nunmehr von ihm ausgehende *sekundäre* Objektwahl Marie eine Anpassung an die Realität ermöglicht, sind wir berechtigt, von einer *Heilung* zu sprechen. [8]

---

* Es muß noch offen bleiben, ob diese Deutung allgemein zutrifft, d. h. ob allen Schizophrenen der Identifikationsmechanismus bewußt ist (oder war und erst wieder sekundär – bei einem Heilungsversuch – verdrängt wurde).

** Daß es sich trotzdem oft nur um Deckerinnerungen handelt, tut dem hier keinen Eintrag.

III. Der Zeigetrieb

Im Vorhergehenden gelang es bei der Besprechung von Mariens Leben, auch Wurzeln ihres Schautriebes und ihrer Homosexualität, ihres Sadismus und Masochismus aufzudecken. Diese Triebe fanden sich ebenso wie die Anal-, Haut-, Schleimhaut- und Muskelerotik, ganz bewußt: als Perversionen. Eines aber fiel auf: Der Zeigetrieb, dieses fast selbstverständliche Gegenstück des starken Schautriebes, wollte sich nicht zeigen: ja es stellte sich sogar heraus, daß er äußerst kräftig verdrängt ist.

Dies erhellt am klarsten aus Mariens Stellung zur heutigen Mode. Diese ermöglicht, wie wohl ohne weiters verständlich ist, in ziemlich großem Umfange eine Entblößung, und zwar vor allem durch die Kompromißbildung des scheinbaren Verhüllens. Marie nun kleidet sich im Gegensatz zur Halbwelt, der sie gesellschaftlich nahesteht, mit mondäner Einfachheit und hält sich gleich entfernt der Entblößung (Decolletés, dünne Stoffe) wie auch deren Kontrastbildung, dem Kleiderprunk.

Als charakteristisches Detail möchte ich anführen, daß Marie meist mit aufgestellten Füßen sitzt. Wenn sie jedoch die Beine kreuzt, so geschieht dies mit so weichen und geschickten Bewegungen, daß der Rock sofort folgen kann und niemals mehr vom Beine sehen läßt, als bis zum Knöchel. Nie habe ich während der vielen Stunden unseres Zusammenseins jene so häufige kurze Entblößung der Wade bemerken können, der ein halb unwillkürliches, halb kokettes Zurechtstreifen des Rockes folgt. Eine weitere Bedeutung hat wohl auch Mariens Frisur und Hütewahl. Sie trägt stets das Haar über das Ohr frisiert. Um zu prüfen, ob meine Vermutung, das Ohr symbolisiere hier bei Marie – wie so oft –* das Sexualorgan, richtig sei, machte ich einmal die scherzhafte Bemerkung, Marie habe wohl recht große Ohren zu verhüllen. Sie aber antwortete errötend: es schicke sich doch nicht, die Ohren zu entblößen.

Endlich sind noch einige Worte über Mariens Fußbekleidung zu sagen: Sie legt den größten Wert darauf, daß ihr Fuß möglichst klein erscheine, trägt aber sehr hohe Absätze. Man könnte nun diese Lust an hohen Absätzen als ein Mittel ansehen, den Fuß möglichst klein erscheinen zu lassen, ist aber dann nicht im stande, die Bemerkung Mariens »etwas müsse doch die Frau haben« zu erklären; meiner Ansicht nach

---

* Man möge sich hier auch erinnern, welche Bedeutung in Mariens Sexualleben das ins Ohr Blasen bildet.

stellt der Absatz eine Kompensation dar für die Kastration, die in der Verkleinerung des Fußes symbolisiert ist.* Übrigens dürfen Männer bei Marie große Füße haben.

Über die Ursachen der Verdrängung haben wir nichts Greifbares aufdecken können. Wir sind hier nur auf Vermutungen angewiesen. Dagegen ist ganz klar ersichtlich, wie sich bei Marie trotz der Verdrängung der Trieb äußert.

Zunächst liegt es nahe, ihn sowohl in jenen Szenen der Onanie vor dem Spiegel zu suchen, wie auch dann, wenn Marie sich während des Koitus im Spiegel beobachtet. Liegt doch neben der Organlust bei der Onanie beidemale nicht nur ein Sich-beschauen (im Sinne der Schaulust wie des Narzißmus) vor, sondern auch ein Sich-zeigen, eine Entblößungslust vor sich selbst. Aber gerade hier wird die Verdrängung besonders klar: Nie spricht Marie davon, sondern stets nur vom Sichbeschauen.

Auf diesen merkwürdigen Umstand aufmerksam gemacht, erhalten wir von Marie die verblüffend einfache Antwort: »Das habe ich doch nicht nötig. Ich bin doch Schauspielerin.«

Auf den ersten Blick scheint Marie damit tatsächlich das Rätsel gelöst zu haben: Wenn sie auf der Bühne steht, zeigt sie sich wirklich allen Blicken. Aber sofort taucht der Einwand auf: Wenn der Zeigetrieb so wie hier einer Hemmung anheimgefallen ist, wieso bleibt dann seine offenkundige, für das sonst so schamhafte Mädchen völlig bewußte Äußerung von der nämlichen Hemmung frei? Warum tritt bei ihr keine der so häufigen Berufshinderungen ein?

Wir können dies nur verstehen, wenn der verdrängenden Kraft eine mindestens gleich starke Lust, die aus anderen Quellen geschöpft wird, entgegensteht. Dies ist tatsächlich der Fall: Wie auch schon bei jenen Spiegelszenen, haben wir es hier mit einer starken Äußerung des Narzißmus zu tun. Berauscht sich doch der über die Menge hinaus auf die Bühne gehobene Künstler ganz offensichtlich an den Erfolgen seiner Person. Allerdings bedarf er immer wieder des Beifalles eben jener Menge, die ihn versichern muß, daß sein Ich sich mit seinem Ideal-Ich[9] (das ja auch ein Produkt der anderen Menschen ist) deckt.

---

* In einer Sitzung der Wiener Psychoanalytischen Vereinigung habe ich auf diese Tatsache hingewiesen[10] und damit die Sitte der vornehmen Chinesinnen, ihre Füße zu verkrüppeln, in Zusammenhang gebracht. (Ich muß diese Behauptung dahin einschränken, daß dies wohl die psychische Wurzel der Erhaltung der Sitte ist. Entstanden dürfte sie aus anderen Komplexen heraus sein.) Dagegen stellen die japanischen Künstler, bei denen die Exhibition keiner Verdrängung unterliegt, Frauenfüße groß dar.

Noch deutlicher wird uns jene Stellung der Schauspielerin zum Narzißmus, wenn wir uns vor Augen halten, daß ihr ganzes Schaffen auf dem Identifikationsmechanismus basiert, d. h. auf ständiger narzißtischer Objektwahl.

Halten wir uns schließlich die Ontogenese von Maries schauspielerischer Betätigung vor Augen: Einmal identifiziert sie sich ganz offenkundig mit ihrer Mutter, die sie vor dem Spiegel schauspielernd angetroffen. Anderseits liegt, wie das bei Marie gar nicht anders zu erwarten ist, auch eine Identifikation mit dem Vater vor. So berichtet sie, daß sie besonders gerne Hosenrollen spiele. Nicht aber sind es Knaben- oder Liebhaberrollen, die sie reizen. Nach einer Aufführung der »Monna Vanna«[11] bemerkte sie z. B., daß sie gerne den Mann der Heldin geben würde. Auf meine Frage, ob nicht auch den Prinzivalli, verneint sie energisch: »Nein! Nicht den Jungen!«

Wenn Marie aber schon bei ihrer schauspielerischen Tätigkeit sich auch mit dem Vater identifiziert, ihn also letzten Endes verdrängt, wird es uns nicht wundern, dem Vater feindliche Impulse beim Spiel zu finden. Ihr Werdegang zeigt sie uns deutlich:

Wir können an allen Kindern beobachten, daß die ersten schauspielerischen Versuche der Karikatur der Eltern, also feindseliger Impulse dienen. So auch bei Marie! Sie berichtet, wie gerne sie als Kind einige Eigenheiten des Vaters, z. B. heftiges Türzuschlagen, Herumwerfen von Hut und Überrock u. dgl. kopiert habe und stets, wenn sie zur Rede gestellt wurde, sich auf das Vorbild des Vaters berufen habe.

Man könnte nun einwenden, daß das Groß-Sein-Wollen, die Identifikation mit dem Liebesobjekt allein genüge, diese Tatsache zu erklären, die außerdem noch allen Kindern eigen ist. Aber sie selbst hat erkannt, daß es sich fast stets um unangenehme Eigenschaften gehandelt hat, daß sie sich freute, wenn sie von der Mutter zurechtgewiesen wurde, und nun den Tadel auf den Vater abwälzen konnte.

Was den anderen Einwand betrifft, daß nämlich *allen* Kindern diese Eigenschaft zugehört, so ist zu sagen, daß das vollkommen zutrifft. Aber in einem ganz andern Sinne, als der Vorwurf gemacht wurde, nämlich, daß künstlerische Betätigung Gemeingut aller Kinder ist. Nicht der oder jener wird Künstler, sondern die meisten Menschen verlieren nur späterhin die Möglichkeit sich künstlerisch auszudrücken. Es wird wohl keinen Menschen geben, der nicht zumindesten in seiner Kindheit gedichtet hat, d. h. daß er Gedanken, die er sonst kaum in sich hätte aufkommen lassen, bewußt zu denken und zu sagen sich getraute, wenn die Sprache ihm die Récompense des Rhythmus oder Reimes gab.* Auch wird man mir wohl kein normales Kind aufzeigen können, das nicht gemalt oder gezeichnet, modelliert und gebaut, noch Geschichten oder Spiele erfunden hätte.

Wenn wir dies überdenken, so finden wir einen innigen Zusammenhang zwischen den Perversionen, die ja auch allen Kindern eigen sind, und künstlerischer Betätigung, was uns umso weniger überraschen kann, da beide sehr häufig in einer Person vereinigt sind. Nicht aber kennen wir vorderhand die allgemeinen Bedingungen, unter denen sich die Sexualtriebe in künstlerischer Betätigung oder vielmehr in Perversionen oder Neurosen oder Psychosen äußern müssen. Bei Marie können wir auf Grund der vorhergehenden Untersuchungen folgenden Zusammenhang annehmen:

Der Zeigetrieb wurde verdrängt. Er findet jedoch vor allem durch die Konkurrenz mit dem stark lustbetonten Narzißmus eine Betätigungsmöglichkeit in dem schauspielerischen Wirken. Die Analogie mit neurotischen, z. B. hysterischen Symptomen, liegt nahe. Auch hier betätigt sich ein verdrängter Trieb in verhüllter Form (im Falle der Hysterie mittels Konversion) jedoch nur, wenn ein Krankheitsgewinn (d. h. ein Lustgewinn aus anderer Quelle) ihm die Zensurschranke durchbrechen hilft.

Eine zweite sozial gleichgültige, aber für den Libido-Haushalt mindestens ebenso wichtige Gelegenheit, dem Exhibitionsbedürfnis nachzugeben, erlangt Marie wiederum mit Hilfe des Narzißmus, und zwar vermöge der leichten Handhabung des Identifikationsmechanismus. Wir kamen wiederholt auf die Gleichung Kleider = Ich zu sprechen. Es erhellt ohneweiters, daß Marie (da die Kleider ihr Ich bedeuten) in Kleider gehüllt, ihrer Zeigelust ungestört frönen kann.

IV. Prognose

Im Vorigen haben wir gefunden, daß der verdrängte Zeigetrieb vor allem in der, nach Art eines hysterischen Symptomes gebauten, künstlerischen Betätigung seinen Ausdruck findet. Wir haben uns nunmehr die Frage vorzulegen, ob ähnliches auch bei den anderen perversen Gelüsten Maries der Fall ist, oder ob sie wirklich den *reinen Charakter kindlicher Lustgewinne* an sich haben.

---

* In diesem Zusammenhange läßt sich sozusagen als Zusammenfassung der Arbeit von Dr. Weiss »Vom Reim und Refrain« (1913), die allgemein bekannte Tatsache anführen, daß jeder Künstler im Leben mehr oder weniger Kind ist.

Bei den Schilderungen, die Marie von ihrem Liebesleben bot, war mir wiederholt aufgefallen, daß ihm etwas *Zwangsmäßiges* anhaftet. Sie gebrauchte sehr häufig den Ausdruck »Ich muß« z. B.: »Ich muß manchmal, wenn ich in einem Café eine hübsche Frau sehe, mit der Zunge zwischen den Lippen spielen«, »ich *muß* oft meinem Freund ins Ohr blasen« usw. Es erweckt den Eindruck, als habe man es mit *Zwangsperversionen** zu tun. Die Gründe hiefür sind leicht verständlich: Die kindlichen Perversionen haben sich nicht in kontinuierlicher Weise von klein auf erhalten. Vielmehr haben sie sich lange Zeit, der natürlichen Entwicklung entsprechend, in Verdrängung befunden. Vor allem durch das Trauma, das zur Heilung der Psychose führte**, sind sie erst wieder ins Bewußtsein zurückgekehrt. Nicht aber sind die frühesten Betätigungen kindlicher Libido aus der Zensurschranke entwichen; höchstens Ereignisse des eigenen Lebens, die sich als Deckerinnerungen eigneten. An zweiter Stelle wurden Erzählungen anderer (z. B. des Buches: »Aus den Memoiren einer Sängerin«) zu Deckerinnerungen adaptiert.

Dies ist kein für Marie allein charakteristisches Geschehnis, *vielmehr beruht die ganze Heilbarkeit der Perversionen eben darauf, daß es sich bei ihnen eigentlich um Zwangsneurosen handelt.*[13] Wären es bloße Entwicklungshemmungen, so wären sie psychoanalytisch nicht angehbar.

Es könnte demnach scheinen, daß der Fall Mariens heute dieselbe Prognose bietet wie all die anderen Zwangsperversionen, d. h. daß sie gesund werden könnte, wenn eine tiefgründige Analyse die letzten Wurzeln ihrer Triebbetätigung aufdeckte. Voraussetzung dazu wäre, daß sie sich einer Behandlung unterziehen würde. Dazu aber besteht für Marie derzeit keine Notwendigkeit. Sie fühlt sich völlig gesund und gewährt auch, wenn man nicht tief in ihr Seelenleben eindringt, ganz den Anblick einer Gesunden. Sie leidet weder subjektiv an ihren Perversionen, noch haben sich diese je in ihrem sozialen Verhältnis als störend bewiesen. Im Gegenteil: Ihren Liebespartnern sind die kleinen Anomalien sogar sehr angenehm.

Wie sie hervorhebt, war sie nämlich in der Wahl ihrer Sexualobjekte bisher stets glücklich. Dies dürfte kein Zufall sein. Vielmehr fast allgemeine Gültigkeit beanspruchen, da leichte Perversionen – man könnte fast sagen – normal sind. Wie geschickt das Unbewußte die dazu passenden Perversionen des Partners zu erkennen weiß, zeigt deutlich ein

---

* In Analogie von Ferenczis »Zwangshomoerotik«[12]
** Vgl. obige Einschränkung (S. 136).

Traum des Liebhabers der mehrfach erwähnten stark homosexuellen Patientin, der folgendermaßen beginnt: »Du lagst auf mir und hattest ein kleines Peniserl...«

Eine wichtige Frage ist es aber: Werden ihre perversen Triebe, vor allem der Sadismus, sie nicht doch einmal zu verbrecherischen Handlungen verleiten, wie uns jene Bemerkung »Ich werde Ihnen stückweise den Penis abbeißen« fast fürchten läßt. Schon nach dieser Richtung hin wird die Prognose recht zweifelhaft.

Aber auch die Gefahr, Marie könnte wieder einmal bei Libidostauungen der Psychose anheimfallen, ist nicht von der Hand zu weisen. Zeigen sich die vielen sexuellen Betätigungsarten manchmal doch nicht als völlig ausreichend: Es gibt immer noch Fälle, wo durch äußere Notwendigkeit bedingt, kein Freund zur Stelle und die Onanie gerade ausgeschlossen ist. In diesen Augenblicken müssen wir vermuten, daß zunächst ein Angstanfall einsetzen werde. Das ist wirklich der Fall: Es tritt als Äquivalent der Angst Hitzegefühl und Kopfweh* auf. Aber es bleibt nicht bei dem Anfall; tagelang hält der Kopfschmerz an und selbst die sexuelle Befriedigung während dieser Zeit bringt ihn nicht zum Schwinden. Hingegen spielen dann immer die Phantasien eine große Rolle; sie badet sich – wie sie sich einmal ausdrückte – in Blut und, wo sie hinsieht, ist der Vater. Außerdem ist Marie nach einem derartigen Ereignis längere Zeit verstimmt, nimmt an nichts, wie es sonst ihrem lebhaften Temperamente eigen ist, rechten Anteil. Doch hält sich all dies noch im Rahmen des Normalen. Höchstens könnte man von einer leichten Sexualneurasthenie reden: Sind doch die uns bekannten Komplexe hier angstneurotisch, das ist somatisch rationalisiert und wuchern nur dann, wenn ein körperlicher Anlaß vorhanden ist, zu immerhin noch kurzlebigen Symptomen auf.

Noch zwei prognostisch wichtige Umstände habe ich zu berichten: Es besteht bei der immissio penis ein leichter Vaginalkrampf, der jedoch nicht mit Schmerzen verbunden ist. Immerhin aber zeigt er, daß der sehr starken Libido Mariens für das natürliche Sexualobjekt eine Hemmung entgegentritt, eine psychische Hemmung, deren reichliche Gründe wir bei der Beobachtung erkannt haben. Des weitern läßt er uns erkennen, daß die Sexualbefriedigung eben doch keine vollkommene ist, daß ihre Freunde stets nur mehr oder weniger gute Surrogate für das Ersehnte sind. In diesem Zusammenhange erhält das Hinausschieben des Koitus eine neue Beleuchtung.

Ferner leidet Marie stets beim Eintritt der Menses an Krämpfen. Da-

---

* Dessen Determination mir unbekannt ist.

142

bei ist sie jedesmal sehr traurig darüber, daß sie wieder nicht Mutter geworden ist. Einmal äußerte sie direkt, als sie unter diesen Schmerzen litt: »Ach wenn es nur wirkliche Wehen wären!«

Wir haben es als ein Prinzip des Heilungsvorganges im Falle Mariens erkannt, daß er eine Identifikation mit der Mutter brachte. Immer aber steht noch der letzte, wichtigste Punkt aus: Daß sie selbst Mutter werde. Ein Kind würde ihr dann auch die normale Abfuhrmöglichkeit der narzißtischen Libido bieten.

So aber schwebt sie in ständiger Gefahr, wieder der Psychose anheimzufallen, d. h. dem Abzug der Libido vom normalen Sexualobjekt (der Vaterimago) zu Gunsten des eigenen Ichs: des Narzißmus.

Anmerkungen

1 Ferenczi 1914 a.
2 Bleuler 1911, S. 358–372 (Abschnitt: Theorie der katatonen Symptome).
3 Dr. Richard von Nepallek, Nervenarzt in Wien, Schatzmeister der Wiener Psychoanalytischen Vereinigung 1919–1927, Berater Gustav und Alma Mahlers (Nunberg und Federn 1967, S. XIX.).
4 Anonym, der Sängerin Wilhelmine Schroder-Devrient als Autorin zugeschrieben.
5 Freud, 1910 c, S. 190.
6 Vgl. Int. Z. Psychoanal., 2, 1914, S. 406; Eissler 1971, S. 321 ff.
7 Vgl. Rank 1912, 1913, 1914.
8 Dazu schreibt Freud in »Trauer und Melancholie«: »Die narzißtische Identifizierung mit dem Objekt wird dann zum Ersatz der Liebesbesetzung, was den Erfolg hat, daß eine Liebesbeziehung trotz des Konfliktes mit der geliebten Person nicht aufgegeben werden muß. Ein solcher Ersatz der Objektliebe durch Identifizierung ist ein für narzißtische Affektionen bedeutsamer Mechanismus; K. Landauer hat ihn kürzlich in dem Heilungsvorgang einer Schizophrenie aufdecken können« (Freud 1917 e, S. 436).
9 Freud 1914 c.
10 In Nunberg und Federn (1975) nicht protokolliert.
11 Monna Vanna, Schauspiel von Maurice Maeterlinck (1902), das dem Dichter zu besonderem Tagesruhm verhalf.
12 Ferenczi 1914 b.
13 Vgl. Ferenczi 1914 b, S. 188.

7. »Passive« Technik

Zur Analyse narzißtischer Erkrankungen

Die Psychoanalyse bezweckt, unbewußte Strebungen bewußt zu machen und sie, die nur nach Lust ausgehen, in die Realität einzugliedern. Zum Unbewußten gelangt man durch die freien Assoziationen sowie durch die Handlungen, das ganze Verhalten des Patienten, also durch seine Mitteilung einerseits in Worten, andererseits in Darstellungen. Da hiebei der Arzt innerhalb der vier Wände des Behandlungszimmers das einzige lebendige Objekt des Analysanden ist, wird er zum Gegenspieler dieser Darstellung. Der größte Teil des Materials erscheint in dieser Form der »Übertragung auf den Arzt«. Seine Aufgabe ist es, schon in den ersten *Andeutungen* der Darstellungen die Triebkräfte zu erkennen und dem Patienten bewußt zu machen.

Das Verfahren ist langwierig und fordert nicht nur vom Hilfesuchenden, sondern vor allem vom Arzt Zeitaufwand, d. h. Liebe und Geduld, d. i. Zurückdrängen der Neugier und des Betätigungstriebes, sowie Verzicht auf rasche Erfolge, in deren Glanze er sich narzißtisch spiegeln könnte. Das ist nicht leicht, und selbstverständlich ist der Wunsch abzukürzen. Allzugern tritt man aus seiner Reserve, und vergessend, daß es sich um verdrängte Regungen des Kranken handelt, die durch Gegenströmungen von seinem Bewußtsein ferngehalten werden – drängt man aktiv sich *seine* Wünsche, *seine* Assoziationen auf, behebt aber so nie die Ursache der Krankheit: die *individuellen* Verdrängungen des Kranken, macht nie die *dem Kranken* ureigenen Regressionen rückgängig, paßt ihn nie seiner *ihm* gegebenen Realität ein.

Einen Weg scheint es jedoch zu geben, der die Analyse abkürzt, ohne die Richtung, die durch die analytische Theorie gezeigt wird, zu verlassen. Den Wegweiser bietet eine Beobachtung, die jeder Analytiker schon oft, ohne es zu wollen, infolge eines technischen Fehlers machte: Häufig werden Regungen der Übertragung – in praxi wohl meist negative Objektbeziehung und Projektion – in den ersten Andeutungen von dem auf Mitteilung durch Worte Eingestellten übersehen. Unerkannt vom Arzt, unbewußt dem Kranken, wachsen sie, werden zum Widerstand in der Analyse, ja, zum unüberwindlichen

Hemmnis für sie. *Also: Strebungen, die bewußt gemacht werden, verlieren ihre Kraft; solche, die sich unbewußt stauen, werden mächtig.* Wie wäre es, wenn wir dieses altbekannte Phänomen konsequent therapeutisch ausnützten?

Ein Beispiel: Die Analyse der Depressionen hat uns gezeigt, daß bei ihr die positiven Objektbeziehungen sehr locker sind, während die negativen, vor allem die sadistischen, narzißtisch ausgetobt werden. Oberflächlich sind die Liebesbeziehungen, die rasch eine vage Übertragung herstellen und – besprochen und bewußt gemacht – immer schemenhafter werden, während die Haßregungen wachsen, immer stärker die Außenwelt abstoßen, immer fester sich um das Ich als Objekt ballen, um es schließlich oft zu vernichten. Man kann nun so vorgehen, daß man sofort bei den ersten Andeutungen auf Haß- und Todeswünsche eingeht, sie und ihre narzißtische Umbiegung in vollem Umfang bewußt macht, sie erledigen läßt und währenddessen unter der schützenden Decke der Ignorierung die positiven Objektwünsche durch Monate (es waren gewöhnlich drei bis fünf) sich stauen läßt.

Die negative Übertragung kann auf folgende Weise in den Vordergrund gerückt werden: Den Beginn der Behandlung stellt die Aufklärung des Patienten über die unbewußte Ursache seiner Erkrankung und die Mitteilung der psychoanalytischen Grundregel[1] dar. Sodann fährt man fort: »Das, was wir erschließen sollen, ist – wie gesagt – Ihnen unbewußt, mir unbekannt. Sie werden es also nicht, in Worte formuliert, mitteilen können, und ich vermag es Ihnen ebensowenig zu sagen. Nun lehrt aber die Erfahrung, daß sich Strebungen im Analysanden, ohne ihm bewußt zu sein oder zu werden, durch Handlungen äußern können. Sie stellen dar. Statt zu sagen: in mir lebt ein Haß, werden Sie hassen. Statt zu sagen: ich liebe, werden Sie lieben. Da ich in diesem Zimmer beim Aufsteigen der Regungen der einzige Anwesende bin, fällt mir meist die Rolle des Gegenspielers zu. So werden Sie mich hassen, lieben, bemitleiden, fürchten. Dies ist dann die Mitteilung, daß Sie irgend jemanden hassen, lieben usw. Was Sie während der Dauer der Behandlung tun werden, werden wir als solche Mitteilung durch Darstellung werten.«

Wenn nun nach kurzer Zeit das bekannte Schweigen eintritt und der Patient sich zum Beispiel mit seiner Situation beschäftigt, gibt es zwei Fragen: »Was verschweigen Sie?« und »Warum schweigen Sie?« Die erste führt uns meist zu positiven, die zweite zu negativen Strömungen.

Mit dieser Technik habe ich alle Depressionsanalysen der letzten Jahre in vier bis sechs Monaten zu einem glücklichen Ende geführt, und zwar bei sogenannten endogenen Depressionen, Melancholien wie bei Hypochondrien. Ein Hauptgrund dieses Erfolges mag sein, daß die Versagung der Liebe, in der der Kranke gehalten wird, seinem Masochismus entgegenkommt.

Ein weiteres Arbeitsgebiet der passiven Technik sind die *schizophrenen Störungen*. Hier kann man unter vorläufiger Vernachlässigung der Objektübertragung positiver und negativer Art direkt auf die Identifikation und Projektion losgehen. Namentlich bei Psychosen mit Gehörstäuschungen wird man hiebei von dem Kunstgriff Gebrauch machen, sich der Ausdrucksweise der Akuasmen zu bedienen, das heißt: von Patienten und Arzt statt in erster und zweiter Person in dritter oder unpersönlich zu sprechen, ferner das Zwangsmäßige des Gedankenablaufes zum Ausdruck zu bringen. So antwortet ein Patient noch auf die Frage »Muß man Stimmen hören?« oder »Was denkt es in ihm?«, der auf direkte Ansprache hin stumm bleibt. Man schätze derartige Kleinigkeiten nicht gering – wo gibt es in der Analyse überhaupt »Kleinigkeiten?« – Vielmehr handelt es sich um ein sehr kompliziertes Unternehmen: dem Kranken wird von seiner gesamten Umgebung und der eigenen Realitätsprüfung ständig eingepaukt,* die Strebungen, die sich in den Sinnestäuschungen äußern, müßten dissimuliert werden. Wir nun erheben diese ins Irreale, Phantastische abgedrängten Triebe in die Realität, indem wir uns: die reale Außenwelt, in die Irrealität seiner Phantasiewelt einschreiben. Wir gestatten dem Kranken den Lustgewinn, uns: das Objekt, hassend durch Identifikation zu beseitigen, und erlauben ihm, die schwache positive Objektübertragung unter der schützenden Decke der Ignorierung zu verstärken, während er sich sonst ihrer durch Projektion – klinisch gesprochen: Sperrung – erwehren würde. Bei dieser Technik arbeiten wir – kurz gesagt – statt mit »Übertragung« mit »*Eintragung*«.**

So gelang es mir, zwei als Hebephrenie imponierende Erkrankungen in einem halben, beziehungsweise dreiviertel Jahr zu heilen und mehrere sehr schwere alte Anstaltsfälle günstig zu beeinflussen, so zum Beispiel einen Katatonen, der seit sechsundzwanzig Jahren fast mutazistisch im Bette lag, innerhalb von drei Monaten zum Plaudern, Aufstehen und Arbeiten zu bringen. Auch wurde in dieser Zeit seine Berührungsangst behoben, die ihn gehindert hatte, Leuten die Hand zu geben, Türklinken anzufassen usw. Eine Patientin, die seit über fünf Jahren abstiniert hatte und mit der Sonde gefüttert werden mußte, aß

---

* Wie es einmal eine meiner Kranken ausdrückte: »Stimmen hören darf man nicht.«
** Positiver und negativer Art.

nach einer Behandlungsdauer von nur zwei Monaten allein. Ich habe bisher zu meinen Versuchen fast ausschließlich die schwersten Fälle benutzt; aber selbst bei ihnen war in kurzer Zeit sehr viel – wenigstens sozial – zu bessern; von den geheilten war zum mindesten eine ein recht schwerer.*

Ähnliches Vorgehen erlauben gewissen Formen von *Perversion* und *Impotenz*. Auch bei der *Zwangsneurose* kann man oft die lauwarme positive Übertragung durch scheinbare Nichtbeachtung stärken, muß aber dafür die negativen Regungen und oft die Projektion angehen. Man kann getrost die Bindung des Kranken an den Arzt, wenigstens bewußt, auf die negative Übertragung einstellen. Dann wächst um so sicherer unbesprochen die positive und ermöglicht um so besser die schließliche Übertragung auf ein real geeignetes Liebesobjekt.

Schwierig ist es natürlich, den Zeitpunkt zu wählen, an dem der Patient aufzuklären ist, daß und in welchem Ausmaß positive Liebesbeziehungen in Übertragung auf den Arzt bestehen. Ich glaube, das Wesentliche hat hier bereits Freud[2] gesagt: wir sollten die Übertragung erst dann besprechen, wenn sie zum Widerstand wird. Aber wirklich zum Widerstand, nicht etwa, daß nur ab und zu eine kleine Pause in den Reden des Kranken entsteht, er sich mit unserer Zimmereinrichtung und dergleichen befaßt, dann erst, wenn Auflehnung, Trotz in Erscheinung tritt. Aber selbst dann handelt es sich meist um Projektion, hinter der sich die positive Übertragung verbirgt.

Ein Bedenken könnte noch sein, ob es gelingt, die nötige Ablösung der Übertragung zu erreichen, wenn man sie vorher so massiert hat. Glücklicherweise lehrt die Erfahrung, daß die Befürchtung unnötig ist, daß vielmehr gerade durch längeres Ignorieren im Unbewußten angewachsene, nunmehr starke positive Übertragung nach ihrer Bewußtmachung sich leichter und vollständiger auf ein neues der Realität entsprechendes Objekt verschiebt, als der immer wieder in Brosamen zutage geförderte Liebesdrang.

Jedoch muß zugegeben werden, daß meine Erfahrungen, wenn sie auch in mehr als zehnjähriger Arbeit gesammelt wurden, eben nur die eines Einzelnen sind. Ich würde es daher auch noch nicht wagen, schon heute mit dieser passiven Technik an die Öffentlichkeit zu treten, stände nicht eben jetzt die Technik im Mittelpunkte der Diskussion. In ihrem Rahmen kann die Überschrift dieser Bemerkungen als Polemik

---

* Ein Zustand faseliger Verblödung bei einem Vierzigjährigen, der im neunzehnten Lebensjahr von einer Depression eingeleitet worden war und nach einer halluzinatorischen Erregung seit vierzehn Jahren unverändert bestand.

gegen die von Ferenczi und Rank vertretene »aktive Technik« aufgefaßt werden. In Wirklichkeit aber ist sie in der Hauptsache als Widerspruch gegen die »wilde Psychoanalyse« zu verstehen, wie sie nicht nur von Pseudoanalytikern getrieben wurde und wird.

Technik ist Persönlichstes. Daher mag es erlaubt sein innerhalb des sachlichen Beitrages zur Technik-Debatte die Genese meiner Methodik mitzuteilen, da so allein klar zu zeigen ist, welche Ziele sie sich steckt: Meine ersten Analysen waren Versuche an Psychosen im Sinne der »frühen *Züricher* Schule«: Übersetzungen aus der psychotischen Sprache in die normale; ausschließliche Arbeit des Arztes, der (wenn er glücklich eine Deutung gefunden) sie dem Patienten an den Kopf warf; deskriptive Leistung. Nun mußte auffallen, daß hiebei fast regelmäßig Verschlimmerungen im Krankheitszustand, Sperrungen, Stuporen und halluzinatorische Verwirrungszustände auftraten. Freud* lehrte uns ihre Dynamik und Gesetzmäßigkeit verstehen. Um diesen Klippen zu entgehen, war die Technik, auch die klassische, die bei den Schizophrenien erfolglos war, zu ändern.

Vier wichtige Eindrücke wurden hiebei zum Wegweiser:

1. Die Tatsache, daß sich die Sperrungen durch Vermeidung von Deutungsaktivität hinausschieben ließen. Passivität in dieser Beziehung, Selbstbescheidung wurde Gebot.

2. Der glückliche Zufall in den Mechanismus der Spontanheilung eines katatonen Stupors Einblick zu erhalten.[3] Hier wurde es klar, welch eminente Bedeutung die Identifikation (zu der die Projektion trat**) hat. Aufgabe wurde, diese Mechanismen der narzißtischen Objektwahl der Kur dienstbar zu machen.

3. Das Erlebnis, daß eine Analyse an einer negativen Übertragung scheiterte, die bereits in der zweiten Stunde sich gezeigt hatte, aber zunächst von mir übersehen worden war. Das Problem, die negative Übertragung möglichst rasch anzugehen, die positive unbesprochen wachsen zu lassen, war damit gestellt.

4. Schließlich hatte ich das Glück, sehr bald als Patientin eine Schauspielerin zu finden, die geradezu unerschöpflich in Symptomhandlungen war. Mein Interesse war daher auf die »Darstellungen« – der Ausdruck drängte sich aus dem Beruf der Analysandin auf – gerichtet. Die einfache Konstatierung, eventuell die möglichst exakte Beschreibung der Darbietungen der Patientin wirkten stets überzeu-

---

* Zuerst in der Diskussion meines 1913 in der Wiener Psychoanalytischen Vereinigung gehaltenen Vortrages.

** Vgl. Freuds Schreber-Analyse (1911c).

gender als alle meine Deutungsarbeit. Die Kranke war tätig, ich nur passiver Zuschauer. Sie führte mir den ganzen Heilungsprozeß als spannendes Schauspiel vor. Der ganze Ablauf der Assoziationen wurde zur Symptomhandlung. Die Mitteilung durch Worte fand ihre mindestens gleichwertige Ergänzung in der Mitteilung durch Darstellung im Sinne Freuds »Psychopathologie des Alltagslebens«.[4]

In diesen Leittendenzen sind wohl alle Psychoanalytiker einig. Der Gegensatz zwischen den verschiedenen Arten des Vorgehens zeigt sich erst bei speziellen Beispielen, wohl am besten bei der Terminsetzung. In den meisten Fällen komme ich ohne sie aus. Wird sie nötig, so entwikkelt sie sich meist in der Weise, wie ich an einem Fall von psychischer Impotenz kurz zeigen möchte.

Bei dem vierunddreißigjährigen Mann bestand seit zwölf Jahren ein »Mangel« an Libido, so daß es trotz starkem bewußten Wunsches nach Verkehr nie dazukam. Der Zustand war durch eine Impotentia coëundi gegenüber einer Angestellten der Firma, wo er arbeitete, eingeleitet worden. Kurz vorher hatte er mit einem Mädchen, das im gleichen Hause wohnte, durch Monate lustvolle geschlechtliche Beziehungen unterhalten, sie aber unter dem Einfluß eines geistvollen, älteren Freundes und Pensionsgenossen, der oft sagte, Frauen empfänden keine tiefe Lust, sich entwerten lassen und war von diesem zur mutuellen Onanie verführt worden. Die Analyse ergab, daß dieses Erlebnis die Übermalung über eine ältere, traumatische Szene war, in der der Dreizehnjährige Absichten auf das Kindermädchen seiner Schwester gehabt hatte, sie aber aufgab, als er seinen älteren Bruder auf einem Gang zum selben Mädchen mit erigiertem, ihm fabelhaft groß erscheinendem Penis beobachtete. Diesem Idealpenis galt nun seine intensive ambivalente Einstellung, die sich vor allem in Minderwertigkeitsgefühl für das reale Glied manifestierte, dessen Kleinheit auf die Sünde der Onanie zurückgeführt wurde. Von hier aus führten die Wege über ähnliche Szenen zur Klarlegung der verschiedensten unbewußten Partialtriebe und Objektbindungen. Schließlich gelang auch die Bewußtmachung der Urszene, in der er sich der Mutter als Ersatz für den abwesenden Vater vergebens angeboten hatte. Dies alles nahm etwa ein halbes Jahr in Anspruch, während die nächsten Monate nur kleine Nachträge brachten: die Analyse, die rasch sehr tief (bis zum zweiten Lebensjahr) vorgedrungen war, war »verflacht«. Patient konstatierte dies. Bei einer abermaligen derartigen Feststellung von seiner Seite einige Wochen später wies ich ihn auf die »Mitteilung durch Darstellung« hin, daß er (trotzdem die Analyse seiner Meinung nach das Wesentliche gebracht hätte) nichts unternommen habe. Dies gab Anlaß, die Gründe des Verhaltens (»Passivität«,* Hängenbleiben am Analytiker, also: positive Übertragung, Angstlust usw.) bis zur Urfixierung in der »Präexistenz« zu verfolgen und endete damit, daß *der Patient selbst* das Ende der Kur nach Ablauf von sechs Wochen festsetzte. Analyse dieser Zeitangabe mit dem Erfolg ihrer Vorrückung um vier Wochen. Zehn Tage langes Herumdrücken ohne entscheidende Vorbereitung. Vier Tage vor Ablauf der Zielzeit Koitus, tags darauf lustvolle Wiederholung, anschließend daran Analyse der Vorkommnisse der letzten Zeit. Pünktlich verabschiedet sich Patient mit dem Gefühl vollständiger Heilung.

Ich habe dies Beispiel gewählt, da es auf den ersten Blick scheinen mag, als sei ich höchst aktiv vorgegangen. In der Tat unterließ ich jedoch jeden Befehl, beschränkte mich einzig darauf, dem Patienten seine Einfälle zu diesem, seinem passiven Verhalten bringen zu lassen. Das Resultat davon war der Verzicht auf die zahlreichen Lustgewinne aus der Passivität und die Hingabe an diejenigen aus der Aktivität. Hätte ich selbst die Aktivität durch Terminsetzung übernommen, so hätte ich den Kranken zur Wiederholung seiner Passivität in Übertragung gezwungen. Dies der aktuelle Anlaß meiner Zurückhaltung. Daneben wirkte die Beobachtung, daß regelmäßig von vornherein zeitlich begrenzte Analysen ungünstig enden.** Auch war für mich sicher eine dahingehende Äußerung Freuds[5] suggestiv. Das Wesentliche aber war die aus den Analysen gewonnene allgemeine Überzeugung, daß der Patient sich selbst gesund machen müsse, wie er sich selber krank gemacht hatte. *Natura sanat, medicus curat*: dem Arzt fällt es nur zu, die Heilungstendenzen im Patienten zu warten. Die Einpassung in die Realität geht von diesem selbst aus.

Ja, noch weniger tut der Analytiker: Der Kranke kommt zu ihm und agiert, von seinem Leiden getrieben, all das, was ihn bewegt, vor dem Spiegel Arzt, durch den die Bewegungen zu ihm zurückgeworfen werden. Und immer aufs neue vergleicht der Patient sein aktuelles Bild mit seinem Ichideal und paßt sie einander an, bis er im Leben auftreten kann.

Doch ich habe mich mit Eifer für die Passivität meiner Technik eingesetzt und sie oben sogar gegen den Vorwurf der Aktivität, der erhoben werden könnte, zu verteidigen gesucht. Das erinnert daran, daß der Analysand oft ähnlich von einer verpönten Regung zum Arzt sagt: »Jetzt werden Sie denken, der Trieb sei in mir.« Ich werde also wohl,

---

* Der Ausdruck »Passivität« deckt eine sehr komplizierte Triebverschlingung. Ich nehme sie nicht (wie Jung die Trägheit) als Urphänomen.
** Mit Ausnahme der Ferienanalysen an Kindern und Jugendlichen.

trotz meines passiven Verhaltens, im Sinne Ferenczis und Ranks aktiv sein. Nicht nur so, daß vielsagendes Schweigen und gebieterisches *laissez-faire* oft mehr drängen, als viele Worte und Geschäftigkeit, daß wir auf diese Weise – und so am besten – Erinnerungen, Träume, Phantasien, Darstellungen »forcieren«.* In der Tat gestattet die passive Technik gerade bei den Depressionen und Schizophrenien, wie ich dort begründete, die verpönten Regungen. So können meine Vorschläge in gewisser Beziehung als spezielle Ratschläge zu einer aktiven Methode aufgefaßt werden, und Zurückhaltung, bewußte Passivität wird höchste Aktivität.

Anmerkungen

1 Freud 1913c, S. 468.
2 Freud 1913c, S. 473.
3 Landauer 1914, Nr. 6 dieses Bandes.
4 Nunberg und Federn 1975, S. 213.
5 Freud 1913c, S. 458f.

* Vergleiche Ferenczis »Forcierte Phantasien« (1924a).

8. Gedanken bei Analyse einer »Folie du doute«

Diese Ausführungen sind keine *Analyse* einer *Folie du doute*, eines Symptomenkomplexes, den man gemeinhin der Zwangsneurose zurechnet. Ist es doch kaum möglich, eine einigermaßen tiefgehende Analyse einer derartigen Störung zu überschauen oder gar darzustellen. Ja, es handelt sich nicht einmal um die Wiedergabe der zusammenfassenden Eindrücke eines abgeschlossenen Falles, sondern um Überlegungen, die *während der Behandlung* und *zu ihrer Bewältigung* etwa um die 120. Analysenstunde angestellt wurden. Die Publizierung des Falles erfolgt wegen des *technischen* Problems, während das Motiv der Niederschrift ein *therapeutisches* war. Durch fünf Wochen ungefähr ging nämlich ein Widerstand, nicht nur passiv, Tag für Tag auflösbar, sondern volle Auflehnung, an der die Analyse zu scheitern drohte: Der Kranke werde das, was ihm in den Kopf komme, nicht sagen; intime Dinge werde er nicht reden, da sein Verhältnis zum Arzt zu wenig persönlich sei. Er fühle sich nur als Fall behandelt, der Analytiker möge ja theoretisch ganz tüchtig sein, aber er interessiere sich nicht für ihn als Menschen; er nehme ihn zu schematisch. Die homosexuellen Wünsche, die sich in den Äußerungen zeigten, gab er ohne weiteres, aber auch ohne jeglichen Affekt als möglich zu, aber eben nur als möglich. Irgend welchen Eindruck machten diese Aufklärungen ebensowenig, wie die über den dahinter sich verbergenden Ödipuskomplex, vielmehr wurde haarscharf bewiesen, daß alles doch nichts nütze, nur Theorie sei, daß er nur als Sache behandelt werde u. s. f., endlos dasselbe.

In solchen Fällen empfiehlt sich ein zwiefaches Verfahren: Erstens dem Patienten gegenüber Geduld und völlige Passivität. Dieses Vorgehen erlaubte es der Analyse, daß sie sich weiterschleppte. Der zweite Teil des therapeutischen Verfahrens spielt sich *ohne Patienten* ab und besteht zunächst in einer Selbstanalyse des Analytikers. Hiebei kann man von einem einfachen Kunstgriff ausgehen: Erfahrungsgemäß werden, wenn man mehrere Analysen gleichzeitig führt, täglich fast alle Triebregungen wenigstens gestreift. Fehlt nun mehrere Tage mir eine oder tauchen bei verschiedenen Analysen verschiedenster Krankheiten und verschiedenster Bearbeitungsdauer gehäuft und vordringlich dieselben Komplexe auf, so klopfe ich mir auf die Finger: was hast du gegen jenen Trieb, für jenen Komplex?, und ich finde dann fast stets die Ursache des Verhaltens der Patienten in mir. In unserem Falle versagte das Hilfsmittel: fast täglich kam fast jeder Trieb irgendwie zum Anklingen. Ein grobes Übersehen infolge einer bei mir bestehenden Verdrängung lag also ebensowenig vor, wie das Sich-Aufdrängen eines bestimmten Triebes in mir, den ich dann fälschlich meinen Patienten zugeschoben hätte.

Es konnte sich demnach nur um eine im Kranken vor sich gehende Verdrängung, eine *Triebverknotung*, um eine *komplexe* Erscheinung handeln. Also mußte ich mir, soweit dies schon möglich war, seine Triebkräfte vor Augen führen, mir Rechenschaft darüber geben, wie und aus welchen Bausteinen der Patient die Fassade gebaut hat, die er eben bot. Ich mußte für mich den Versuch zu einem konstruktiven Erfassen seiner Persönlichkeit machen.

Hiebei war von einem Aktualereignis auszugehen. Freud hat, als er sich Rechenschaft über das Scheitern der *Dora*-Analyse geben wollte, sie uns als eine Traumanalyse dargestellt. Ähnlich markante Träume, bzw. die dazu nötigen Assoziationen fehlten hier*; ich bringe jedoch später im Auszuge einen Traum, der ein Jahr vor Beginn der Analyse sich ereignete, und einen weiteren aus dem vierten Lebensjahr.

Man konnte auf die Krankheitserscheinungen zentrieren, die der Patient bot: es war eine schwere Arbeitshemmung, die den sechsundzwanzigjährigen Chemiker zu mir geführt. Alle manuellen Verrichtungen, wie sie sein Beruf, aber auch das tägliche Leben verlangten, gingen ihm unendlich langsam von der Hand und nahmen entsetzlich viel Zeit in Anspruch. Zu jeder Kleinigkeit mußte er sich einen Ruck geben, und zwei Dinge gleichzeitig unternehmen, war immer wieder sein Ziel, aber unmöglich durchzuführen. Hatte er es sich vorgenommen, so vertrödelte er es. Filtrierte oder kochte er z. B. eine Substanz, so konnte er währenddessen keine andere wiegen oder titrieren. Immer wieder traten Zweifel auf, ob er das eine oder das andere zuerst machen solle, wie er sich seine Zeit und seine geringe Arbeitsfähigkeit am besten einteilen solle. Hatte er etwas angepackt, ließ er's liegen, griff zum anderen, träumte, ließ es fahren usw. Ständig war er daran, sich seine Zeit einzuteilen, Stunden verwandte er auf die Überlegung, wie etwas am raschesten und billigsten zu erledigen sei.

Nun wäre es am Schlusse einer Analyse sehr reizvoll, eben diese Symptome – so vielgestaltig und verschwommen sie auch sind – bis in

---

* Patienten mit *Folie du doute* sind »schlechte Träumer«, da sie bei ihrem starken Schuldgefühl Träume nicht als Schäume abzutun imstande sind, sie also schleunigst verdrängen müssen.

ihre letzten Wurzeln zu verfolgen. Das wäre hier besonders schwer, da man – abgesehen von der zwangsmäßigen Neugierde und Einteilungswut – keinen positiven, sondern negativen Erscheinungen gegenübersteht. Bei dieser Zwischensynthese ist es völlig unmöglich. Denn eben um die zentrale Stellung der eigentlichen, als Krankheit empfundenen Phänomene ballte sich der Widerstand schon seit Jahren an. Nur von der Flanke konnte man hoffen, in die Tiefe vorzudringen.

Eine zweite eklatante Krankheitserscheinung war allerdings während der Analyse zutage getreten: Eine Hemmung der Potentia coëundi, er nannte es: Mangel an Aktivität, wieder eine höchst unscharfe und vor allem negative Leistung.*

Positiv aber war eine Reihe von »Erfindungen«, mit denen er sich seit längerer Zeit beschäftigte: Nach den Sommerferien nämlich berichtete er, daß er einen Teil von ihnen darauf verwandt habe, in einer Patentbibliothek nachzusehen, ob einige Erfindungen, zu denen ihm die Idee gekommen, schon patentiert seien. Natürlich sei er wieder einmal zu spät daran gewesen, da sie samt und sonders längst gemacht worden waren. Auf Befragen zählte er einige auf: eine Petroleumlampe, die man ohne Abnahme des Zylinders anzünden könne, ein Licht, das beim Öffnen einer Türe von selber angehe.

Sein erster Einfall sei ein Klosett gewesen, dessen Spülung sich beim Aufstehen automatisch einschalte. Wegen einer solch unappetitlichen Sache würde er jedoch nie ein Patent nehmen. Das automatische Licht könne man auch anderwärts in dunklen Räumen verwenden.

Patient nimmt sich auf dem Abort stets sehr in acht, unnötig mit Gegenständen in Berührung zu kommen, um sich nicht zu beschmutzen. Einmal als Achtjähriger sei beim Abwischen das Papier gerissen und er habe seine Hände verunreinigt. Unter großem Widerstand berichtet er dann, daß die Finger der Mutter (von der schon früher einmal erzählt worden war, daß sie unappetitlich esse) manchmal gerochen hätten. (Sie hat pruritus ani.) Allmählich habe sich jene Scheu vor dem Berühren all der schmutzigen Gegenstände entwickelt. Dabei hält er sich aber, wie er manchmal klagt, endlos auf dem Klosett auf, liest dort jeden Fetzen, der ihm in die Hand kommt.

Die Frage, wie er sich beim Urinieren benehme, versteht er zunächst gar nicht. Auf die Präzisierung, wie er den Strahl dirigiere, meint er:

---

* Bereits während der Niederschrift der Arbeit wurde es klar, daß die angegebenen Gründe nicht das Motiv zur Zurückschiebung dieser Krankheitserscheinungen sein können. Vielmehr reizten Gedanken, die Tausk[1] ausgesprochen, zur Ergänzung.

man gehe doch vor oder rückwärts, damit das Wasser in die Öffnung träfe. Auch wird das Glied bei der Herausnahme zum Wasserlassen nicht berührt. Demnach *verhält er sich dem Penis und dem Urinstrahl gegenüber passiv.*

Besonders eklatant wird die Scheu, den Penis zu berühren, und die Neigung, ihm die Funktion in eigener Regie zu überlassen, um selbst nur zu beobachten, bei einem kurz vor den Ferien vorgenommenen ersten »Koitus«: Nach den unglaublichsten und ungeschicktesten Vorbereitungsmaßnahmen kam er endlich so weit, das Bett mit einem Mädchen zu teilen. Als dies nun das Glied anfaßte, um es einzuführen, wehrte er mit einem Pfui ab und versuchte durch über eine Stunde, den ganzen Körper hin und her schiebend, den nicht erigierten Penis in die Vagina zu jonglieren. Endlich gab er angewidert auf. Jetzt wurde plötzlich das Glied steif, rutschte ohne Hilfeleistungen einer Hand in die Scheide und ejakulierte dort; dabei lag er selbst ganz ruhig und verlangte dasselbe von dem Mädchen, da er nichts Künstliches machen wollte, das irgendwie an Onanie erinnert.*

Setzen wir die hier in Erfahrung gebrachten Mechanismen in die Abortriten ein, so ergibt sich, daß diese zwangsmäßigen Handlungen der Vermeidung der verpönten Onanie – und zwar der bewußten, in die Pubertät fallenden genitalen, wie der noch unbewußten älteren analen – dienen.** Um der drohenden Angst zu entgehen, werden Phantasien, wie jeder Berührung der verpönten Organe ausgewichen werden kann, gesponnen, die – um die obszöne Genese zu verdecken – ganz *bewußt* auf harmlose Gegenstände verschoben werden: eben die Erfindungen, die uns beschäftigen. In ihnen kehren dann, in der mannigfaltigsten Weise symbolisiert, die ursprünglichen, verdrängten Antriebe zurück. Ich deute nur kurz an: Licht = Mittel zur Behebung der Angst erregenden Dunkelheit, Befriedigung; Zylinder = Penis; mit dem Lichte spielen = urinieren, onanieren; sich die Finger verbrennen = kastriert werden, Akzeptierung der Kastration, Selbstkastration. Das Lampenproblem lautet etwa: wie kann ich onanieren, ohne der Kastration zu verfallen? Nun dachte er sich die Ausführung so, daß man ein Loch im Zylinder anbringt. Diese Wunscherfüllung bringt neben der bereits zugänglichen Determination (Loch = Vagina) eines Koituswunsches in

---

* Der Vorgang ist natürlich recht kompliziert; abgesehen von der Tatsache des Gehorsams gegen das Verbot sexueller Betätigung, spielt noch die Entwertung des Sexualobjektes, der Trotz gegen das Koitusverbot mit, ja eigentlich alle verpönten Tendenzen, die die Analyse bisher aufgedeckt.
** Ich lasse hier eine Reihe sekundärer Onanien an anderen Organen (vor allem Nase, Ohren und Augen) weg.

tieferer Schicht (Loch = Anus) die unbewußten Antriebe nach analer Selbstbefriedigung.*

Wenn ein Techniker einen Apparat konstruiert, ist es zunächst seine Absicht, Hände durch leblose Instrumente unnötig zu machen. Apparate oder ihre Teile oder auch nur ihre Namen erinnern daher noch oft an Hände und Arme, z. B. die Klammern, die Hebelarme usw., aber mit der Zeit ward die Maschine komplizierter, individuenhafter. Sie ersetzt nicht nur Hände, sondern ganze Menschen. Sie soll Menschen darstellen, unerschöpflich an Kraft, Ideale der Potenz, soll, was weder dem menschlichen Arm, noch dem Penis, noch dem Anus möglich war, sein: *Perpetuum mobile.* Namentlich die an diesen Erfindungen so reichen Schizophrenien[2] und die an magische Kräfte glaubenden und daher narzißtischen Menschen des Mittelalters haben sich dem Problem der Verselbständigung und Personifikation eines solchen »Idealpenis« und »Idealanus« gewidmet. Dieses sich selbst, seinem Penis als einem Objekt Gegenüberstehen finden wir aber auch ganz ausgesprochen bei unserem Kranken, z. B. beobachtete er selbst sich dauernd bei jenem Koitus; der Penis ejakuliert erst, nachdem das Ich auf die Lust verzichtet hatte. Aber auch sonst haben wir Beweise für jene Selbständigung des Genitales bei ihm, z. B. in einem Traum.**

Alle Apparate, mit denen er zu tun hat, namentlich in seinem Berufe, sind Penes, Vaginae und nicht zuletzt Ani, die er nicht berühren darf. Er scheut die Betastung, um nicht der Kastration zu verfallen. Ein schöner Traum, wenn die Organe von selber, ohne daß ihm eine Schuld zugemessen werden könnte, Lust spenden würden; darauf wartet er. Andererseits akzeptiert er aber die gefürchtete Kastration, um aus seinem weiblichen Genitale, dem Anus, Lust zu gewinnen. Diesen mit seinem Bewußtsein gänzlich unverträglichen Wunsch hat er verdrängt. Als Beleg für *diesen* Teil der Analyse dient eine Deckerinnerung an die Belau-

---

* Es kann wohl nicht bloßer Zufall sein, daß unser Patient all seine Ideen – es waren etwa fünfzehn, von denen nur die primäre und die beiden ersten Überarbeitungen genauer analysiert wurden – bereits ausgeführt fand. Die automatische Einschaltung des Lichtes im Lift, einem bekannten Angstort (Schweben in einem Schacht!) ist ja wohl allgemein bekannt. Mit einer sehr populären Erledigung des automatisch spülenden Klosetts wurde ich in Straßburg bei einem eintägigen Besuch als Student vertraut; im Triumph wurde ich in den Abort der Universität geführt, wo zahlreiche junge Leute sich dem schönen Spiel hingaben, abwechselnd sich auf die Sitze zu setzen und wieder rasch aufzuspringen. Und laute Heiterkeit erfüllte die anderwärts so stillen Räume.

** Ich zitiere nur Bruchstücke und den Schluß nach einer am Morgen nach dem Traum, ein Jahr vor der Analyse, angefertigten Niederschrift.

»Das große häßliche Mädchen,… das dann… von dem jungen Manne, der mit ihr auf der Bank saß, in das Freudenhaus hineingelockt wurde… Ich durfte später in das Haus hineingehen. Das Mädchen wurde mir gezeigt. Es zeigte sich mir als eine auf einem Spülbrett liegende Trichterröhre, die gerade von einem der Männer ausgespült wurde.«

schung eines Koitus zwischen einem Dienstmädchen und dem Onkel im vierten Lebensjahr, die wir in späterem Zusammenhang bringen.

Dem Erfinder gilt es aber – wie gesagt – nicht nur, Arme, Hände, Genitalien, Ani usw. zu ersetzen, sondern durch seine Apparate Menschen zu verdrängen. So werden Apparate individualisiert und Verrichtungen automatisiert, damit wir unseren Todeswünschen ungestraft nachgehen können. Schon die ersten Erfindungen in der Kinderstube dienen dazu, ein Liebesobjekt, das uns nicht zu Willen und deshalb zu beseitigen ist, zu ersetzen, z. B. ein Geschwister, über das wir uns geärgert, weil wir ein Spielzeug allein haben wollten, oder das uns erzürnte, weil es nicht mitspielte. Dann muß entweder ein phantastisches Liebesobjekt herhalten oder ein lebloses Ding die Funktion des Liebesobjektes übernehmen. Und es wird dann nicht nur Instrument zum Verschaffen von Lust, an dem wir unseren ganzen Machtwillen* austoben können, sondern auch Ableiter des Hasses gegen das geliebte Objekt. Oft auch Mittel zur direkten Bestrafung desselben. Solche feindliche Brüder, die Arbeiter, will der Fabrikherr ersetzen durch tote Wesen, die keine Lustgewinne zum Entgelt für seinen Vorteil verlangen. Nicht immer tritt das Haßmoment sekundär so deutlich wieder hervor, wie bei der Fabrikation der Kriegsmaschine. Oft finden wir die ursprünglichen Haßmotoren des *Perpetuum mobile* noch angedeutet: Ich erinnere an die Konzeption Zolas in »Arbeit«, wo die Sonne, der Vater, die Apparate speist, an die tausendjährigen Versuche, die Mutter Meer zur unerschöpflichen Kraftspenderin** zu machen.

In unserem Falle finden wir das Haßobjekt nicht positiv ausgedrückt, nur negativ, die Erfindungen sollen *alle* Menschen überflüssig machen. In einer bewußt feindseligen Art ist der Patient gegenüber seiner Familie eingestellt: den Vater zwar verehrt er, kann es jetzt leicht tun, weil er schon lange tot ist; auch ist er weitgehend durch einen Vatersbruder, der lang im Hause wohnte, ersetzt, zu dem die Ambivalenz bewußt ist; mit der Mutter verbindet ihn ständiger Kampf; eine Schwester ignoriert er möglichst; bei einer anderen hat er den Haß auf deren links gerichtete politische Anschauung abgelenkt.

Durch Automatisierung der Apparate hat er aber nicht nur die äußeren Liebesobjekte beseitigt, sondern vor allem auch *sich selbst*. Er hat damit die Todeswünsche, welche ursprünglich den Objekten galten, zur Selbstbestrafung gegen sich gewendet und erfüllt. *Sein Ich* wurde

---

* Ich gebrauche natürlich den Ausdruck nur der Kürze wegen für ein recht verwickeltes Phänomen mit Komponenten: groß, Vater sein wollen, Sadismus usw.
** Vor wenigen Tagen erst ging die Nachricht durch die Zeitungen, daß ein Schwindler den Erdmagnetismus als *movens* ausgenützt haben wollte.

zum Haßobjekt, das – zur Strafe für seine Sünden – durch Krankheit ruiniert werden soll. Also nicht nur *narzißtische Liebeswahl*, wie wir oben sahen, auch *narzißtische Haßwahl*.

Wenden wir uns nun der Tatsache zu, daß sich die Tabus von deutlich obszönen Dingen auf solche, die *de norma* gleichgültig sind, fortgesetzt haben. Er sexualisiert z. B. die Zugleine der Wasserspülung, indem er in ihr ein herabhängendes Glied erblickt und vermeidet. Dies Instrument, das unsere Berührung mit dem Kot verhüten soll, wird aber auch selber Kot, schmutzig, ebenso wie alle anderen Gegenstände, die örtlich mit Kot etwas zu tun haben.

Diese allmähliche Übertragung auf immer entferntere zum Abort gehörige Gegenstände vollzog sich im siebenten Lebensjahr, in das eine Hochblüte *sexueller Forschung* fiel. Damals beobachtete er dasselbe Dienstmädchen Therese, dessen Koitus er früher belauscht, bei einem Spaziergang während der Defäkation.* Kurz darauf zog er im Gartenhäuschen eine etwas jüngere Spielgefährtin Eva völlig aus. Was er hiebei sah, weiß er nicht. Er erinnert sich nur an sein Schuldgefühl hiebei und »sieht« sein eigenes neugieriges Gesicht. Also: was er sehen wollte, daran erinnert er sich nicht: Therese hatte etwas Herabhängendes (die Kotstange), *das sie verlor*, Eva – *überhaupt nichts*; das will er nicht anerkennen. Dann müßte er sich mit der Tatsache der Kastrationsmöglichkeit abfinden.

Die war ihm schon einmal vertraut geworden; mit vier Jahren etwa hatte er den ersten Traum, dessen er sich erinnert: *er sieht eine schmierige Ebene.* Zu diesem Traume, der um die zwanzigste Analysenstunde aufgetaucht war, kamen folgende Einfälle: 1. daß das Dienstmädchen ihn oft morgens ins Bett genommen; 2. daß er bei dem Onkel öfters geschlafen und morgens im Bett gespielt habe; 3. daß sein Onkel das Dienstmädchen, mit dem er eben das Zimmer teilte, besucht habe, wobei er den Onkel nur bis zum Bauch, das Mädchen selbst überhaupt nicht, sondern nur ihr Bett sieht.

Damals hatte er die Gefahr der Kastration dadurch beseitigt, daß er den Vater – dieser war Mathematiker und sehr pedantisch – durch Identifikation aus der Welt schaffte und in einen Zähl- und Beobachtungszwang verfiel, von dem später noch die Rede sein wird. Das erste Schuljahr mit einer Liebesbindung an die sehr gütige Lehrerin hatte die Heilung von diesem ersten Schub der Neurose gebracht.**

---

* Es traten Zweifel auf, ob dieses frühere Erlebnis sich nicht auf eine Vorgängerin von Therese beziehe. Dieser Punkt ist nicht geklärt. Vorläufig muß ich, da sich jedenfalls beide Personen vielfach decken, sie als eine einzige betrachten.

** Für die Beobachtung einer Urszene im engeren Sinne, zwischen Vater und Mutter, fehlen

Jetzt steht er wieder vor der Tatsache: Du kannst kastriert werden, aber auch wieder vor der anderen: die Kastration hat ihre lustvollen Seiten. Er durchschlägt den Knoten durch *Selbst*kastration: Er traut seinen Augen nicht mehr. Diese Autotomie durch Blendung, wie wir sie auch im Ödipus finden, ist kein seltener Wunschtraum. Ein anderer Zwangsneurotiker meiner Beobachtung hatte in der Pubertät ganz bewußt dahingehende Phantasien und beabsichtigte, sich dadurch zu vertiefen und zu verinnerlichen, daß er sich hinderte, die Welt zu »erkennen« (bewußt vom Kranken im Doppelsinn gebraucht). Die Selbstvollziehung der Kastration bringt neben der narzißtischen Identifikation mit dem strafenden Vater autosadistische Wunschbefriedigung.

Drei Symptome, unter denen er leidet, datieren von dem neuen Insult: Ein hysterisches (er reibt sich oft die Augen; dies enthält vor allem noch onanistische Komponenten), seine zwangsneurotische Zweifelsucht und seine Perversion Neugierde, die ihn immer wieder zwingt, jede Arbeit zehnmal zu unterbrechen, umherzuschauen, alle Dinge, die in der Nähe liegen, zu betasten, auf der Straße plötzlich stehen zu bleiben, sich umzudrehen, alle Plakate anzustieren, jeden bedruckten Fetzen, besonders auf dem Klosett, zu lesen. Die Neugier ist der Motor der Unterbrechung jeder geregelten Tätigkeit.*

Allerdings besteht noch eine weitere Motivierung für die Eigentümlichkeit, stets mehrere Dinge gleichzeitig zu intendieren, in der Erinnerung, daß er zu Anfang seiner Schulzeit einmal von seiner Mutter Bekannten als Wunderkind gezeigt worden sei, da er neben seinen Schularbeiten auf Klavierspielen horchen, Reden zuhören usw. konnte. Damals sei er sehr stolz darauf gewesen und habe wohl gemerkt, daß seine Mutter ihn darob bewundere, wenngleich sie ihn zur Aufmerksamkeit und Konzentrierung schon damals anhielt. Diese Mahnung erschien ihm natürlich dadurch recht verlogen, und er befolgt sie deshalb auch heute, da sie sicherlich ehrlich gemeint ist, noch nicht. Daß es sich bei dem Wunsche, gleichzeitig auf mehrere Beschäftigungen konzentriert zu sein, nicht um einen Ausnahmefall handelt, ersieht man aus der Tatsache, daß die Geschichte es der Mühe wert fand, von Cäsar diese Eigentümlichkeit zu überliefern.

Beweise, doch hat Patient bis ganz kurz vor der traumatischen Szene das elterliche Schlafzimmer geteilt.

* Es fällt nicht schwer, die Zweifelsucht – man nennt sie gerne lobend wissenschaftliche Skepsis – als allgemein wirkenden Motor technischer Vervollkommnung und Automatisierung zu erkennen: Eine wissenschaftliche Beobachtung gilt eigentlich erst dann als erwiesen, wenn bei ihr möglichst das menschliche Auge usw. durch tote Instrumente, z. B. photographische Platte, ersetzt wird.

Die Wunscherfüllung gleichzeitiger Betätigung auf verschiedenen Gebieten ist für den Menschen so wichtig, da sie in sich noch andere Wunscherfüllung enthält. Nicht nur die Zeit, auch der Ort ist damit aufgehoben. Wir sehen es schon in jener kleinen angeführten Erinnerung. Das Kind saß nicht nur an seinem Tisch über den Schularbeiten, es belauschte gleichzeitig die Schwester beim Klavierspiel in einem, die Mutter bei ihren Gesprächen im anderen Zimmer. Ist nun wirklich Ort und Zeit aufgehoben, so ist damit die Neugier gestillt. Er weiß dann, was im Abort* und elterlichen Schlafzimmer vor sich geht. Mit der Allzeitlichkeit und Allgegenwärtigkeit ist aber (Fabel von der Tarnkappe)** die Allmacht verknüpft: der Mensch ist Gott, d. h. Ideal.

Wir haben im vorhergehenden die mannigfaltigsten Gründe gefunden, die unseren an einem zwangsneurotischen Symptomenkomplex leidenden Kranken veranlassen, Wunschträume von Automatisierungen zu phantasieren. Er will die Berührung von bewußt unsympathischen Gegenständen vermeiden, ersetzt deshalb seine Hände durch Maschinen. Die werden verselbständigt, gehen auf eigene Verantwortung auf Lust aus und wachsen zum Ideal von Potenz, ersetzen nicht nur erogene Zogen, sondern ihn selbst und die Umwelt. Zugleich erreicht er, daß seine Sinnesorgane, denen er mißtraut, ausgeschaltet sind. Vor allem kann er nun vieles gleichzeitig tun, ist über Ort und Zeit erhaben. All dies soll erreicht werden, indem er die Zerrissenheit des Affektes bei sich und anderen durch automatisierte, tote, Affektlosigkeit ersetzt.

Es handelt sich bei der Automatisierung um einen Spezialfall des allgemeineren psychologischen Mechanismus der Affektverschiebung. Doch ist es nötig, ihn speziell hervorzuheben, da er eine große Rolle in der Psychologie der Zwangsneurose spielt. Es ist ein biologisch wertvoller, ja lebensnotwendiger psychischer Mechanismus. Um seine Wichtigkeit zu ermessen, vergegenwärtige man sich ein Kind, das eben das Laufen erlernt: Das Heben eines Beinchens, das vielleicht an und für sich schon ganz gut geht, wird zum schwierigen Problem, wenn gleichzeitig der Körper in Gleichgewicht zu halten ist. Dabei auch ein Spielzeug in der Hand zu halten, ist Heldentat. Aber gar den Kopf nach einem anderen wenden, darnach greifen, das alte festhalten, Gleichgewicht bewahren und gehen: das ist unmöglich. Und dagegen eine alltägliche Leistung eines Erwachsenen, z. B. während man zur Türe geht, in der Absicht, etwas zu besorgen, in der einen Hand Hut und Schirm,

* Er muß stets aufpassen, wenn im Abort Geräusche entstehen.
** Frühere Erfindungen beschäftigen sich mit diesem Problem.

in der anderen eine Mappe, verabschiedet man sich mit Geste und Wort von einem Bekannten, den man dabei ansieht. Diese vom kindlichen Standpunkt aus phänomenale Vielseitigkeit gelingt nur durch die Einsparung der Affekte, die wir ursprünglich jeder Einzelleistung zuwenden mußten: der Automatisierung des Gehens, Gerierens, Sprechens, Festhaltens usw.*

Greifen wir auf die Zeit der ersten Erwerbungen von Automatisierungen in der Kindheit zurück, so ist es neben dem biologischen Wert, dem Realwert, der Lustgewinn, der ins Auge fällt: man beachte den Stolz, mit dem irgendeine derartige Leistung wie ein Wunderei begakkert wird, wie sich das Kind narzißtisch aufbläht und darnach trachtet, sich in der Liebesgunst seiner Objekte zu spiegeln.

Heben wir die Automatisierungen auf, so werden die gleichzeitigen Verrichtungen für den Erwachsenen wieder fast ebenso unmöglich wie für das Kind. Man mache das einfache Experiment: wenn wir auf einen Gegenstand, dem unsere Aufmerksamkeit zugewendet ist, losgehen, benötigen wir nur die Gehbreite eines Randsteines. Über ein Brett von gleicher Breite, in 1 m Höhe angebracht, können wir kaum gehen. Über einen Abgrund von 100 m wäre es uns völlig unmöglich, uns einem so schmalen Pfade anzuvertrauen. An diesem Beispiel zeigt sich, wie bei jedem Versuch, eine Automatisierung zu durchbrechen, neurotische Angst ausgelöst wird, denn bei dem Gehen über das wenig über dem Boden stehende Brett kann wohl nicht von Realangst die Rede sein.**

Beim Zwangsneurotiker ist der Automatisierungsvorgang von zweifacher Bedeutung: einmal können die normal automatisierten Vorgänge (wie Ankleiden und Gehen) durch Intentionen, die aus dem Unbewußten kommen, gestört sein. Sie sind dann im Gegensatz zum Gesunden, bei dem sie affektlos, sozusagen passiv ablaufen, mit oft starken, positiven und negativen Affekten besetzt, sind konfliktuös und erfordern starke Aktivität. Andererseits bilden sich häufig magische Schutzhandlungen aus (z. B. Kopfschütteln, Räuspern usw.), von

---

* Ein zweiter Spezialfall von Affektverschiebung, der gleichfalls für die Zwangsneurose charakteristisch ist und auf den Freud[3] schon früher aufmerksam gemacht hat, ist die Tatsache, daß bei Zwangsneurosen das Trauma, welches die Erkrankung auslöst, im Bewußtsein ist (im Gegensatz zum Hysteriker, der es meist, zum mindestens großenteils, verdrängt hat), daß es aber affektlos gebracht wird. Nicht das Ereignis, sondern der dazugehörige Affekt ist verdrängt. Die Mehrzahl der Analysen von Zwangsneurosen scheitert an der Schwierigkeit des Mangels an Schwierigkeiten. So wird es hier zum Problem, neben der bestehenden lauwarmen positiven Übertragung eine möglichst stark negative hervorzurufen. Hier sehe ich eine Berechtigung der aktiven Therapie, mag es dann auch oft zum Abbruch der Behandlung kommen.
** Die Analyse dieses Phänomens bringe ich in einer späteren Arbeit.[4]

denen den Affekt zu verschieben allmählich gelingt, oft so gut, daß die toten Schatten kaum noch die Realanpassung stören. Erst ihre Behinderung macht dann die Affekte wieder deutlich und läßt sie als Angst wiederkehren.

Während also im Leben des Gesunden der Automatisierungsvorgang als solcher mit der Zeit affektlos wird und es – abgesehen von den beiden positiven Strömungen: Realwert und narzißtischer Lustgewinn – fast stets bleibt, ist der Mechanismus bei der Zwangsneurose so gut wie immer einerseits Wunschziel, andererseits Tabu.

Mit der Erkenntnis dieser Zusammenhänge sind die Grenzen der Therapie gezogen: Es kann nicht das Ziel des Arztes sein, den *Mechanismus* der Automatisierung *an sich – und überhaupt einen psychischen Mechanismus* – anzugehen, mag er auch noch so charakteristisch für eine Neurose oder Psychose sein, sondern nur seine *Anwendung* da, wo das Wohl des Kranken oder der Gesellschaft bedroht ist. Dazu ist dann allerdings nötig, die Affekte aus der Verdrängung zu heben und sie an die ursprünglich konfliktuösen Verrichtungen wieder zu binden. Aber wo sind diese Affekte? Sicher nicht in der lauwarmen positiven Übertragung, welche die Analyse von Zwangsneurotikern oft endlos sich hinschleppen läßt; nicht in dem narzißtischen Wohlgefallen an tausend schönen und interessanten Onaniephantasien.

Durch die Betrachtung der Automatisierung waren wir von unserem Fall auf allgemeine Betrachtungen gelenkt worden. Wir haben uns nun einem Umstande zuzuwenden, der wenigstens nicht in diesem Umfange verallgemeinert werden darf: Bisher sprachen wir von Erfindungen und haben außer acht gelassen, daß es sich ja *nicht um wirkliche Erfindungen*, sondern nur um *Ideen* zu solchen handelt. Natürlich stoßen wir bei der Analyse dieses Umstandes wieder auf die bereits bekannten Triebkomponenten: die Eigentümlichkeit, alle Produkte, vom Kot angefangen bis zur Mitteilung in der Analyse, zurückzuhalten, die Angst, an die Dinge heranzugehen, sie zu berühren. Wir stoßen aber auch auf die Tatsache, daß Patient *larvierter Linkshänder* ist: er schneidet Brot links, zeichnet links wie rechts und dergleichen mehr. Verrichtungen allerdings, über denen einst die Tyrannis der Erziehung im besonderen Maße waltete, namentlich das Schreiben, versieht er rechts. Man kennt die gewaltsamen Eingriffe der Erziehung, wie »gib die schöne Hand«, jenes Zweifeln des Kindes, mit welcher Hand die Gabel zu halten sei. Und man wird wohl nicht fehlgehen, hier eine Wurzel der Zweifelsucht zu suchen. Nicht, daß ich glaubte, in der Linkshändigkeit meines Kranken einen Anhalt für somatische Grundlagen gefunden zu haben, wie das für die Epilepsie gälte; einzig die psychischen Folgen der

Erziehungsmaßnahmen möchte ich in ihrer Bedeutung charakterisieren.

Immerhin handelt es sich auch bei dieser Determination um keine Rarität: zwei weitere Zwangsneurotiker aus meiner Beobachtung sind gleichfalls Linkshänder und eine an derselben Neurose leidende Dame hat als Lieblingsschwester eine Linkshänderin*, die sie (nicht nur in dieser Beziehung) stets bei der Mutter auszustechen trachtete. Zwei der Genannten haben es übrigens verstanden, einmal ihren rechten Arm zu brechen, um (unter anderem) ungestraft einmal Linkser sein zu dürfen.

Wir haben im Vorhergehenden einen Längsschnitt durch die Entwicklung der Neurose unseres Kranken zu legen gesucht. Wenden wir uns, nachdem wir die Triebe in der Vergangenheit erschlossen, der Gegenwart zu, seinen akuten, schier unüberwindlichen Widerständen. Es handelte sich um eine Auflehnung des Kranken gegen die psychoanalytische Grundregel, rationalisiert mit Äußerungen wie: das Verhältnis von Arzt und Kranken sei zu wenig persönlich; der Analytiker nehme den Kranken nicht als Menschen, sondern als Fall, er schematisiere. Also: der Patient empfindet sich nicht als Mensch, sondern als Sache genommen und lehnt dies ab, während wir gerade gefunden haben, daß er ambivalente Personen und sich selbst und Teile von sich durch Sachen, Automaten ersetzen will.

Es bedarf wohl nach vorliegender Arbeit, die ich freiwillig dem Kranken gewidmet habe, um mir über ihn klar zu werden, keiner Widerlegung, daß ich nicht zu wenig Interesse und Liebe auf den Patienten verwende. Es handelt sich demnach nicht um eine objektiv vorhandene, sondern um eine subjektiv empfundene »Schematisierung«, gegen die sich der Kranke auflehnt. Mit anderen Worten: Während die Lust, durch eine Sache, einen Automaten ersetzt zu werden, an sein bewußtes Ich geknüpft ist und in seinen Erfindungsphantasien lauten Ausdruck findet, scheint bei ihm die gleichsinnige Unlust von einem – homosexuellen – Objekte auszugehen, wird auf dieses projiziert und dann, reflektiert, auf das Ich zurückgewendet. Sein Ich spiegelt sich im Analytiker, wie es der Narziß der Fabel in den Wassern tat. Durch eben diese Projektion, eine Regression in den Narzißmus, erwehrt er sich der bedrohlich anwachsenden homosexuellen Triebregung, welche durch die Übertragung aktiviert wurde.

Er wiederholt damit in der Übertragung einen Vorgang seiner frühen Jugend: der Verliebtheit in seinen Penis entfloh er durch Verselbständigung desselben und Automatisierung; der liebenden und neidenden

* Auch die älteste Schwester unseres Kranken, eine Zwangsneurotikerin, ist Linkshänderin.

Bewunderung des Penis des Onkels und des herabhängenden Gegenstandes, den er bei Therese sah, wich er aus durch deren Ersetzung durch Automaten. Besonders deutlich tritt diese Neigung zur Projektion in der Art zutage, in der sich unser Kranker nicht nur selber erfindend betätigt, sondern von klein auf den Erfindungen Anderer seine Liebe und Zeit gewidmet hat. So war von je das Hauptobjekt seiner Neugierde Eisenbahn und Tram. An den Elektrischen lernte er das Zählen und die Ziffern lange vor der Schulzeit. Sie und die Zeiten, wann sie das väterliche Haus passierten, kontrollierte er früh. An den Geräuschen lernte er Vororts- und Stadtbahn unterscheiden. Er muß jedem abfahrenden Zug nachsehen, »um seiner verlorenen Aktivität nachzutrauern«. Charakteristisch ist für ihn die Häufigkeit, mit der in seinen Träumen Viadukte und Lokomotiven eine Rolle spielen. Zum Beleg folgendes Bruchstück aus dem bereits zitierten Traum: »Eisenbahnviadukt, viele rauchende Kaminschlote, prachtvoller gelbroter Abendhimmel. Weissagung um ¾11 Uhr (es fährt gerade ein Zug über den Viadukt): 1. Dies wird der letzte Zug gewesen sein, der über den Viadukt fuhr!...« *Diesen nach außen projizierten Automaten gegenüber tritt die Selbstautomatisierung zurück.* Ja, man könnte sagen: eigentlich ist fast ausschließlich die Perversion der Neugierde und die Überlegung über Zeit- und Geldeinteilung automatisiert; sie durchbricht stetig die normalerweise automatisierten Betätigungen in Alltag und Beruf; der Kranke hat den Arzt gerade deshalb aufgesucht, *weil er unter der Behinderung leidet, Automat zu sein.*

Liegt nun in Anbetracht davon, daß wir Schritt für Schritt auf Narzißmus stoßen, in tiefster Schicht etwa keine Zwangsneurose, sondern ein Paranoid vor? Ist die analerotische Regression, die wir aufgezeigt haben, vielleicht nur ein allerdings mißglückter Heilungsversuch aus der narzißtischen? Wird der weitere Verfolg der Analyse am Ende die Zwangsneurose abbauen und ein absolut asoziales Paranoid aktivieren? Mir scheint: noch sind wir zu diesen Schlüssen nicht berechtigt, denn noch könnte es sein, daß umgekehrt die narzißtische Stufe einen Heilungsversuch durch *Progression* von der Analerotik darstellte.

Und dies um so mehr, da bisher eine affektive Auseinandersetzung mit dem Trotz auf analerotischer Basis noch aussteht. Wohl wissen wir, daß Patient seinen Stuhl noch heute tagelang zurückhält, daß seine gleichfalls an chronischer Verstopfung leidende Mutter ihn mit der ihr eigenen Pedanterie zur Stuhl- und Urinabgabe zu bestimmten Zeiten anhalten wollte; wir kennen Erinnerungen, in denen sich das Kind vor befohlenen Spaziergängen unfähig zur kommandierten Defäkation zeigte und durch endloses Sitzen auf dem Klosett das Fortgehen vereitelte. Des fernern ist die Übertragungsparallele von Mutter und Arzt voll bewußt, von der Mutter, die noch heute den Sechsundzwanzigjährigen in fast allen praktischen Fragen als unmündig nimmt, dessen affektive Einstellung als *quantité négligeable* betrachtet wird. Allerdings: all dies wurde und wird affektlos berichtet, denn besprochen wurde es natürlich bereits mehrfach in der Analyse, auch akzeptiert als interessante Hypothese des Arztes. Das kann sowohl als paranoide Affektlosigkeit gelten wie auch als jener häufige Fall bei Übertragungsneurosen, wo die ersten Mitteilungen affektlos gebracht werden, um erst nach Monaten mit entsprechendem Affekt wiederholt zu werden. Nun sind die genannten Tatsachen erst im sechsten Lebensjahr belegt und es ist, bis auf den Traum im vierten Jahre, noch unbekannt, ob sie nur Neuauflagen älterer noch unbewußter Vorkommnisse sind. Das gewichtigste Moment, das man trotz der narzißtischen Mechanismen für Zwangsneurose geltend machen kann, ist jedoch, daß der sogenannte analerotische Trotz stets eine narzißtische Reaktion auf die Kränkung des Narzißmus, allerdings auf analerotischem Gebiet, ist.

Sei dem nun wie es sei! In diesem Augenblick konnte die Analyse nicht abgebrochen werden, selbst wenn es ein Paranoid war. Sperrung für die gesamte Außenwelt (sei es in Form schwerster Stuporen, sei es als halluzinatorische Erregungszustände) sind allen Analytikern, die sich an Paranoide so weit herangearbeitet und hier abbrechen oder nach Art der Übertragungsanalyse passiv weiter analysieren, bekannt.* Vor allem dürfen wir nicht aus dem Auge verlieren, daß der Projektionsmechanismus an sich durchaus nicht pathologisch ist. Ist es doch nur durch ihn dem Ich möglich, ein Du zu hypothetisieren, es zu verstehen, mit ihm zu rechnen.

Ob allerdings die lauwarme Übertragung die Belastungsprobe einer aktiven Therapie aushalten würde, war nicht zu beurteilen, denn das Problem, das jetzt der Analyse gestellt war, lautete: die homosexuellen Triebkomponenten zu verstärken, sie gegen die Verdrängung, welche vom Narzißmus ausging, mit dem bewußten Ich zu verbinden. Da aber seine Homosexualität im Narzißmus, in der Identifikation mit Therese, wurzelt, würde sich eine Verstärkung desselben nicht umgehen lassen, ja sie würde wünschenswert sein.

* Es ist mir Pflicht, auf einen Prioritätsanspruch Freuds für die Deutung der Sperrung hinzuweisen. In einer Diskussion eines von mir 1913 in der Wiener PsA. Vereinigung gehaltenen Vortrags über analytische Erfahrungen an Schizophrenen führte Freud in einer Diskussionsbemerkung den von mir heute vertretenen Gedankengang aus, dem ich damals lebhaft widersprach. Ich habe deshalb auch erst *nach* Fertigstellung der Arbeit mich dieses Intermezzos erinnert, was ich als hübschen Beitrag zur Psychologie des Vergessens erwähne.[5]

Die nächsten Wochen der Analyse gestalteten sich dementsprechend dramatisch: Als Patient seinen Einwurf, er werde vom Arzt nur als Fall behandelt, wiederholte, wurde ihm erklärt: Er projiziere seine Abneigung gegen die Automatisierung, die er bewußt in anderer Beziehung anstrebe, auf den Arzt. Dieser habe sich ihm im Gegenteil außerordentlich stark gewidmet, d. h. da er mir das Geschenk der Mitteilungen verweigerte, bot ich ihm ein Geschenk dar. Zum Beweis: hier die Arbeit mit ihrem Zeitaufwand und mit Liebe. Schweigen, dann mit zitternder Stimme der Kranke: »Das hätte ich nicht erwartet.« Wieder Schweigen, dann in herzlicherem Tone einige Mitteilungen. Tagelanges Weiterschreiten der Analyse auf von Zensur freiem Gebiet alter affektloser Erinnerungen.

Noch in einem anderen Punkt war die Technik zu ändern: Schon wiederholt hatte Patient auf Mitteilung einer Deutung mit dem Verlangen geantwortet, der Arzt möge ihm die Mitteilung wiederholen, damit er sie besser sich einprägen könne. Man solle sie ihm einpauken; Patient wolle sie sich aufschreiben, um sie auch untertags vornehmen zu können. Diese Aufforderung war bisher als Widerstand gegen das Bewußtwerden der Tatsachen, als Zweifelsucht erklärt und zurückgewiesen worden. Nunmehr wurde in ihr die Komponente des Wunsches, wie ein Schuljunge, als »Automat« behandelt zu werden, erkannt und demgemäß entsprochen. Der zu befürchtenden Ausnützung wurde zu begegnen gesucht, indem ausdrücklich auf dieses Entgegenkommen als Gegengewicht gegen den zur Projektion führenden Wunsch hervorgehoben wurde.

Nach ungefähr zehn Stunden erschreckte die Mitteilung, daß Patient während der Stuhlverrichtung mit seinem Kot rede, ihn noch lange betrachtete, ja, Zwiegespräche mit ihm halte.

Dies war die Krisis der Analyse, die am Projektionsmechanismus des Patienten beinahe gescheitert wäre, denn die Zurückführung des Phänomens auf das »anale Kind«, als das er sich selbst in die Welt setzen wollte, brachte es zum Schwinden. Damit waren die Bahnen wieder frei für die Erscheinungen der Objektübertragung.

Nachtrag bei der Korrektur:

Wenn ich heute, fünfviertel Jahre nach Beendigung der Behandlung, ihren Weiterverlauf kurz andeuten darf, so geschieht das am besten als Analyse der Tatsache, daß Patient bei all seinen bisherigen Erfindungen »natürlich wieder einmal zu spät kam«. Er veranlaßte eine Kollegin, in dieselbe Pension zu ziehen. Bei einer der ersten Zusammenkünfte kam es während des Küssens zu einem unwillkürlichen Samenabgang, »*Coitus discretus*«, wenige Tage darauf zur Ejaculatio praecox. Ich kann mich nunmehr ganz kurz fassen, da ich mich auf die vorzügliche Arbeit von Abraham (1917) beziehen kann, für die mein Fall als Paradigma dienen könnte. Besonders mächtig zeigte sich die Urethralerotik entwickelt (vergleiche auch Sadger, 1910, S. 409 ff). Die Unfähigkeit, gleichzeitig zwei Flüssigkeiten chemisch zu verarbeiten, erwies sich als Folge der Tatsache, daß der Kranke Urin und Sperma nicht auseinander hielt, während das Unvermögen gleichzeitiger Beschäftigung mit festen Substanzen und Flüssigkeiten die gegenseitigen Hemmungen analer und urethraler Tendenz illustrierte. Der aus dem Kastrationsverbot abzuleitende Haß gegen das andere Geschlecht war gut fürs Bewußte verdeckt durch die Liebe zum Kameraden, dessen Kollegenschaft die homosexuelle Komponente durchbrechen und infantile Urinspiele erneuern ließ. Die Tatsache, daß sie, nicht zur Familie gehörig, dieselbe Wohnung teilte, charakterisiert sie noch besonders als Imago von Therese und dem Onkel.

Die Aufhellung der Zusammenhänge, die ungefähr 60 Stunden beanspruchte, führte zu einer Entwertung des Verhältnisses, ohne daß es zu einer Lösung kommen konnte: die *Ejaculatio praecox* verwandelte sich in *Ejaculatio retardata*. Wir waren beim letzten, etwa 40 Sitzungen umfassenden Abschnitt angelangt, bei der Besprechung der Analerotik und ihrer Zusammenhänge mit dem Narzißmus, dem Kastrationskomplex und den Geburtsphantasien. In Übertragung gelang es ihm, sich freiwillig an ein Objekt auf Zeit zu binden und sich von ihm neugeboren zu lösen.

Die urethral- und analerotischen Manipulationen der praktischen Chemie mit ihren früher unwiderstehlich lockenden, aber verpönten Determinationen hatten mit diesen ihre Bedeutung verloren: seit mehr als Jahresfrist betätigt er sich zu seiner eigenen und der Umgebung Zufriedenheit als Propagandachef einer chemischen Fabrik. Die Automatisierungstendenzen gegen sich, die Mechanisierungsabsichten gegen die Umwelt finden hier sublimierten Ausdruck dadurch, daß er sich und anderen die Zeit einteilt, die Arbeit zuweist und vor allem, daß er viel in die Schreibmaschine diktiert oder auf ihr selbst schreibt. Jetzt ist es ihm auch gelungen, rechtzeitige Erfindungen zu machen: er konnte zwei Patente auf dem Gebiet beweglicher Reklame nehmen, die den toten Buchstaben verlebendigen. Der Zweifel zwischen urethraler Exkretions- und analer Retensionslust hat er durch genitale »Amphimixis« (Ferenczi)[6] bei Imagines der guten Mutter Therese überwunden. Die »verzweifelte« Suche nach dem Idealpenis hat er aufgegeben, am männlichen Liebesobjekt, das ihn doch vorenthalten würde, wie es der Onkel tat, am weiblichen, das ihn immer wieder verlieren würde, wie einst Therese die Kotstange; er hatte es können, weil er am eigenen Körper den realen wieder entdeckt hatte, aus dem ungestraft Lust zu gewinnen war. Das große »Kunststück« (Rank) war gelungen: *Lust ohne Ver-Lust*, ohne Verlust des eigenen Penis, ohne Abtötung des Fleisches und des Ichs, die sich in Lust immer wieder neu gebaren. Das gestrenge Über-Ich hatte damit seine Macht verloren. Er weiß jetzt, daß die linke Hand auch »die schöne« sein kann und etwas nicht schon deshalb verboten ist, weil es gefällt.

Durch all diese Veränderungen war auch der Aktualanlaß seines letzten Krankheitsschubes weggefallen, der nach dem Examen eingesetzt hatte. Da wäre es seine Pflicht gewesen, sich als praktischer Chemiker zu betätigen. Namentlich seine Mutter drängte dazu. Urethralen und analen Spielen, die sie einst verboten, hätte er sich nun auf ihr Geheiß sein Lebtag ergeben sollen! Aber zwingen läßt sich so leicht kein Zwangsneurotiker, gewiß nicht von der *realen* Mutter (bezw. vom Vater) oder ihren *realen* Imagines, nur von seinem Über-Ich, der Mutter von *einst*, und am wenigsten zur Lust, die sie einstmals verboten.

Anmerkungen

1 Tausk 1916.
2 Vgl. Tausk 1919 und Kielholz 1923.
3 Vgl. Freud 1894a, S. 59–72.
4 Landauer 1927b, Nr. 9 dieses Bandes.
5 Vgl. Nunberg und Federn 1975, S. 213.
6 Ferenczi 1924, S. 13.

9. Automatismen, Zwangsneurose und Paranoia

Ein Patient von depressiv-zwangsneurotischem Charakter erzählt gelegentlich folgende kleine Selbstbeobachtung: Wenn er sich rasiere, ertappe er sich immer wieder dabei, wie er an seiner Uhrkette spiele und sich zehn- und zwanzigmal bei seiner Tätigkeit unterbreche, um auf die Uhr zu sehen, jedoch ohne bewußt die Zeit abzulesen. Die inhaltliche Analyse dieser Erscheinung fällt an Hand seiner Einfälle leicht. Wenn sich der Kranke während der Pubertät in irgend einem Raum allein befand, sei es, um seine Aufgaben zu machen, sei es aus Gründen der Körperpflege, zog er immer wieder sein Glied heraus, um zu onanieren, trotzdem er lebhafte Schuldgefühle dabei empfand. In dem jetzt bestehenden Phänomen ist nun für das ominöse Liebesobjekt ein symbolisches, ein totes, substituiert. Da hernach das Objekt unanstößig ist, vermag das Es die Betätigung an ihm durchzusetzen, ohne daß das Über-Ich mobilisiert würde, um durch Schuldgefühl hindernd oder strafend einzugreifen. Höchstens mag man eine Andeutung seines Waltens in der Notwendigkeit der Rationalisierung des Spielens an der herabhängenden Kette finden, welche übrigens eine Wiederkehr des Verdrängten (die »lebendige« Uhr) und wichtige Beziehung zur Zeit enthält.

Die analytische Besprechung der Erscheinung brachte sie zum Schwinden. Jedoch berichtet wenige Tage darauf unser Patient über ein neues Symptom: Beim Rasieren, namentlich wenn er das Messer schleife, begännen seine Augen zu jucken. Wolle er nun reiben, so dränge sich ihm immer wieder der scheußliche Gedanke auf, er werde sich mit dem offenen Messer, das er in der Hand hält, die Augen ausstechen. Trotzdem er sich die Unsinnigkeit der Befürchtung klar mache, da er ja das Messer zuvor weglegen könne, sei er immer ganz durcheinander, und es brauche längere Zeit, bis er sich dem Rasieren wieder zuwenden könne. Aber immer wieder dränge sich ihm die Befürchtung auf und zwinge ihn, sich das Gräßliche auszumalen. Es ist ohne weiteres klar, daß dieses Phänomen die gleichen Tendenzen wiederholt, die das frühere brachte, nur noch mehr: Der Juckreiz am Glied – Patient hat sich oft durch seine langandauernde Onanie wundgescheuert – wird aufs Auge verschoben. Die Hand, die sich nun zur symbolischen Selbstbefriedigung erhebt, droht gleichzeitig den Frevel zu rächen. All die Ängste vor der Kastrierung, alle Wünsche nach Selbstbestrafung finden ihren Ausdruck in der Zwangsvorstellung, welche sich in den Vordergrund schiebt und ausführlich geschildert wird, während das hysterische Symptom des Juckreizes nur im Vorübergehen Erwähnung findet.

Die Bewußtmachung der verpönten Selbstbefriedigungswünsche während des Rasierens bewirkte also zwar die Beseitigung des ursprünglichen unscheinbaren Symptoms, setzte aber die ambivalenten Kastrations- und Selbstkastrationstendenzen in Bewegung, die sich in einem weit quälenderen und auch bedenklicheren Phänomen Abfuhr verschaffen, ja, eigentlich erst das erzeugen, was Krankheitserscheinung genannt zu werden verdient.

Verlassen wir hier die *inhaltliche* Analyse der Erscheinungen und auch ihre (übrigens günstige) Geschichte und wenden wir uns dem *Formalen* zu, dem Unterschiede der in ihnen enthaltenen Automatismen, hysterischen und zwangsneurotischen Vorgängen. Ursprünglich liegt nur eine Automatisierung vor, etwas, was wir gemeinhin als schlechte Gewohnheit bezeichnen. An Stelle des lebendigen Liebes*objektes*, des Penis, war ein totes: die Uhrkette getreten. Ihr steht – bewußtermaßen wenigstens – kein Liebes*subjekt* gegenüber. Es ist, als ob der Kranke sagte: Es ist kein Penis zum Spielen da; den habe ich beseitigt, um der Kastration zu entgehen; auch onaniere ich nicht mehr, höchstens meine Hand, denn ich habe keine Lust von meinem Spiele. Als aber diese Ausrede nach der Deutung wegfällt, setzt sich der Wunsch des Es auf neuen Umwegen durch; mittels jener eigenartigen Innervierungsänderung des Juckreizes, die wir nach Freud[1] Konversion nennen und von der wir wissen, daß sie sich aus Vorgängen zusammensetzt, die man der normalen Erektion vergleichen kann. Noch klarer zeigt dies ein inhaltlich gleiches Symptom, das mir mehrfach begegnet ist: Steifigkeit der Oberschenkel nach dem Schlafe oder bei längerer Bettruhe, die auf Massage der betroffenen Gliedmaßen schwindet. Auch hier ist, wenigstens wenn die Verdrängung gut gelungen ist, nichts von Zwang zu empfinden, sondern das Reiben wird mit deutlicher Lust gepflegt, da ja das Liebesobjekt gut entstellt ist und damit auch die Betätigung. In unserem Falle aber wurde die harmlose Gewohnheit dadurch behindert, daß das Schuldgefühl in Bewegung gesetzt und so der Automatisierungsvorgang unterbrochen worden war. Und er wird unterbrochen durch eine recht komplexe, immer wiederkehrende Handlung des Ichs: der Vorstellung der Kastration, ihrer Folgen und der Notwendigkeit ihrer Verhütung. Während bei den hysterischen Symptomen der *einfache* Innervierungs*vorgang* durch einen *einfachen* Konversions*vorgang*, eine Erektion, gestört ist, durchkreuzt beim Zwangssymptom eine Innervierungsfolge eine Konversionsfolge. Praxien und Taxien und Vorstellungen sind durch ebensolche behindert. Man kann also hier – um das oben erwähnte Wort Freuds zu variieren – den Innervierungsvorgang des Zwangssymptoms zwar nicht einer Erektion, sondern einem Befriedigungsvorgang vergleichen.

Unser Beispiel zeigt uns im unfreiwilligen Experiment *eine* Entstehung von Zwangssymptomen, und zwar aus ihren häufigen Vorläufern, den Automatismen. Sie ist keine seltene, denn bei unseren Zwangsneurotikern finden sich vor Ausbruch der Erkrankung schon sehr zahlreiche Eigenarten und Gewohnheiten, die erst, wenn sich ihnen irgend ein Hindernis in Form äußerer Versagungen oder von Schuldgefühlen entgegenstellt, sich in Zwangssymptome verwandeln; so erklärt sich auch die Tatsache, daß sich Patienten nach »wilder« Analyse schwerer krank fühlen, als vor der Behandlung, ja, daß wir es praktisch längst als erste Aufgabe bei der Analyse zwangsneurotischer Charaktere erkannten, die Symptome bewußt zu machen, – wie wir uns bisher ausdrückten, – sie in der Tat erst oder wieder hervorzurufen. Dies ist einer der Gründe, warum wir in Versagung behandeln müssen und ein Motiv aktiven Vorgehens nach Ferenczi.[2] Vorgänge wie diese, dürfte wohl Freud gemeint haben, wenn er von der Überführung der Symptome in eine Übertragungsneurose sprach. Wir gehen dabei ganz konform der inneren Medizin, die z. B. eine chronische Malaria aktiviert, um sie bekämpfen zu können. Auch gehen die Symptome bei Besserung, die sich spontan oder auf suggestive Beeinflussung einstellt, häufig in Gewohnheiten und Automatismen über, da das Über-Ich – sei es nach der Entstellung z. B. Symbolisierung, Verschiebung usw. des Objektes, sei es auf Anordnung einer Vaterimago wie eines Hypnotiseurs – die Lustbetätigung zuläßt. Namentlich bei den sogenannten Spontanheilungen von Schizophrenien oder zwischen den einzelnen Schüben dieser Erkrankung finden wir unzählige Schrullen, die wie Skelette die abgestorbenen Zwangssymptome und analog die paranoischen oder halluzinatorischen anzeigen. Die von Abraham[3] hervorgehobene Tatsache, daß sich auch die Melancholien auf zwangsneurotischen Charakteren aufbauen, hat vielleicht eine ähnliche Erklärung.

Das Über-Ich, das gestreng die Lustbetätigung verboten und nur auf die Symbolisierung des Penis und das dadurch ermöglichte Desinteressement des Ichs hin, ein Auge zugedrückt hatte, drohte in dem angeführten Fall mit Kastration und veranlaßte, daß es zu der Reaktionsbildung der *Vorstellung* dieser Kastration kam, die übrigens in Recompense die Darstellung einer passiven, weiblichen, masochistischen Liebesbetätigung enthält. Janet hat uns die Zwangshandlung als eine Störung normaler Automatisierung beschrieben, wir ergänzen nur, daß die Automatisierung einen ursprünglich lustvollen Vorgang betrifft und daß die Störung durch das Über-Ich geschieht, das die Handlung verbietet, und daß sie durch einen der Konversion ähnlichen Vorgang erfolgt, der gleichzeitig ambivalente Strafe und neue lustvolle Handlung bringt. Aber auch diese Praxien usw. können wieder als alloplastische Handlungen gehemmt sein und dann nur autoplastisch als Vorstellung in Erscheinung treten, wie in unserem Falle von Zwangsbefürchtung.

Sehen wir uns ein zweites Beispiel an. Eine Asthmakranke berichtet, sie habe heute wieder einmal mit überkreuzten Beinen am Tisch gesessen, trotzdem ihr Bruder (wie früher ihr Vater) immer darüber schimpft. Aber sie tue es eben gerne. Auf die Aufforderung, die Art ihres Sitzens genauer zu beschreiben, gelingt ihr dies trotz lebhaftesten Bemühens und wiederholten Ansetzens durch zwanzig Minuten nicht. Der einzig wesentliche Nachtrag ist, daß sie so freier atme. Darauf aufmerksam gemacht, wie schwer ihr die Schilderung falle (sie weiß nicht einmal, worauf ihr Gewicht dabei ruht und ähnliches) und daß es doch merkwürdig sei, wie lang sie sich mit Worten herumschlage, statt das Sitzen in einem Augenblick zu demonstrieren, weist sie eine derartige »Zumutung« als unmöglich entrüstet ab. Volle fünfundzwanzig Minuten geht diese Empörung weiter. Dann erkennt sie die Eigenart ihres Verhaltens, das darauf schließen läßt, daß recht starke verpönte Regungen in dem Sitzen ihren Ausdruck finden, und versucht es endlich. Doch vergebens. Auf einmal weiß sie nicht mehr, wie sie so oft dasitze, probiert so und so. Und gibt es schließlich auf. Über ihre Ungeschicklichkeit schimpfend, dreht sie sich zu mir um und setzt sich, dabei mich hilflos ansehend, auf, worauf ich sie darauf aufmerksam machen kann, daß ihre jetzige, von ihr unbeachtete Stellung wohl die vorhin gesuchte sei.

Übergehen wir die sehr reizvolle inhaltliche Analyse des Sitzens mit überkreuzten Beinen, auch die ethnologisch interessante Frage, warum wir mit herabhängenden, die Orientalen und andere Völker mit untergeschlagenen Beinen sitzen, und wenden wir unsere Aufmerksamkeit einzig dem Formalen des Verhaltens der Patientin zu. Der Vorgang des Sitzens ist *de norma* eine Aufeinanderfolge und Zusammenarbeit zahlreicher Innervationen, eine Taxie, bei der nur der Impuls und der Endeffekt bewußt sind, die Handlungen selbst aber unbewußt. Sie waren es allerdings nicht immer, denn beim Kinde ist die Synthese noch nicht gelungen (dies gilt übrigens – wie Hoffmann und Krehl[4] sehr feinsinnig gezeigt haben – überhaupt für alle sogenannten Willkürbewegungen, namentlich aber für jene häufig ausgeführten, erstarrten komplexen Leistungen, die man Praxien nennt, und die beruflichen Automatismen). Auf die – wenn auch nicht ausdrücklich ausgesprochene – Aufforderung hin, sich zu setzen, und im Bewußtsein, daß ein Beobachter zugegen ist, mißlingt die Leistung: Der Automatisierungsvorgang ist so lange zwangsmäßig gestört, als er vom Bewußtsein kontrolliert werden soll. Zuerst lehnt sich die Patientin ganz bewußt gegen die Zumutung auf, aber selbst, nachdem ihr bewußtes Ich sich unterworfen, sträubt sie sich gegen die bevorstehende Entlarvung und Auslieferung an das tyrannische Über-Ich. Nur um eine harmlose, wenn auch angenehme Gewohnheit ohne alle sexuellen Hintergründe soll es sich handeln. Im besonderen aber lehnt sich die Kranke als zwangsneurotischer Charakter gegen jeden Zwang auf, soweit er von außen, von einer Vaterimago kommt. Man kann es geradezu als Regel bezeichnen, daß Automatisierungen durch positiven Befehl zwangsmäßig negativ beeinflußt werden können. Jede, auch die komplizierteste störende Handlung ist dann leichter möglich als die gewünschte, sonst geläufige. Man muß nicht weit nach solchen Vorgängen gehen, wir alle kennen zahllose aus täglicher Erfahrung. So braucht man nur einem Kinde, das ein Wasserglas zehn Schritte weit spielend getragen und dabei noch munter geschwätzt hat, zu befehlen, ja recht Obacht zu geben – dann ist das Tischtuch sicher gleich naß. Alle automatischen Vorgänge, ursprünglich lustvolle Handlungen, sei es, daß aus einer erogenen Zone direkte Organlust quoll, sei es, daß sie eine einfache Handlung symbolisch darstellen und so indirekt oder unbewußt Lust brachten, sei es, daß sie narzißtische Lust spendeten aus dem Gedanken: »so groß bin ich schon, daß ich sitzen, gehen, tragen, reden usw. kann« – diese Vorgänge sind der Lust geraubt worden, weil sie verpönt war, weil eine andere Lust stärker winkte, weil der mächtige Wunsch, vieles gleichzeitig zu tun, an mehreren Orten zur selben Zeit zu sein, lockte; die Lust ist ausgeschaltet worden oft auch unter Einfluß der Außenwelt, Beseitigungstendenzen gegen Störenfriede der Lust, die sich gegen das Liebesobjekt zurückgewendet und so das Ich beseitigt haben. (All diese Zusammenhänge habe ich ausführlich an einem Beispiel von *Folie du doute* geschildert.[*]) Die Bewußtmachung der Lust, die verdrängt ist, würde all die verpönten Regungen zum Bewußtsein bringen und das Schuldgefühl mobilisieren. Deshalb wird zwangsmäßig die Entautomatisierung verhindert. Aber es tritt zum Schutze der Automatisierung nicht nur eine Unfähigkeit, die Handlung unter Kontrolle des Bewußt-

---

[*] So gelingt hier der Koitus erst dann »unwillkürlich«, nachdem bewußt auf ihn verzichtet ist.[5]

seins auszuführen, auf, sondern sogar ein zwangsmäßiges Sträuben (Negativismus). Wir sehen so ein Zwangssymptom, wenn auch in unserem Falle ein ganz flüchtiges, zum Schutze verpönter Lust einsetzen.

Dies Beispiel ist auch geeignet, noch eine andere Frage der Beantwortung näher zu bringen: Welche Lustbetätigungen sind es vor allem, denen wir als Vorstufen von Zwangssymptomen begegnen? Entsprechend der Tatsache, daß bei unseren Neurotikern nur selten (und dann auch nur unvollständig) die genitale Organisationsstufe der Libido erreicht wurde, finden wir kaum je genitale Onanie oder gar den Koitus, auch nicht in Symbolen, automatisiert. Um so häufiger begegnen uns Betätigungen der Anal- und Urethralerotik, von der oralen Zone besonders das Beißen, Kauen, Saugen und Sprechen, von der Muskellust besonders das Stehen, Sitzen und Gehen. An diesen erogenen Zonen dürften sich übrigens die ersten Automatisierungsvorgänge im Leben des Kindes abspielen, erleichtert durch die Erinnerungen an die Erlebnisse der früheren Generationen, die Vererbung. In verkürzter und individuell abgewandelter Form macht so das Einzelwesen Wandlungen durch, die die Stammesfolge erlebt, und zur Übereinanderschichtung zahlreicher Zentren in den verschiedenen Hirnregionen führte, bzw. den alten subkortikalen ihren weiten Spielraum neben den sogenannt bewußt arbeitenden Zentren der Großhirnrinde beließ.*

Unser Fall von zwangsmäßiger Behinderung eines Automatismus läßt uns auch einige wichtige Anlässe solcher Durchkreuzungen erkennen. Die Patientin gehört zu jener Gruppe von Kranken, die jedes Wort des Arztes auf die Goldwage legen und jedem Dreck die größte Wichtigkeit zumessen. (Sie werden in der saloppen Ausdrucksweise die Betonung des analen Charakters ersehen.) So war natürlich meine Bemerkung, daß es eigenartig sei, daß sie sich so lange vergeblich bemühe, die Verrichtung zu beschreiben, statt sie in einer Sekunde zu demonstrieren, nicht nur Befehl, sondern zwingender Befehl von großer Bedeutung. Aber eben der Zwang und die Bedeutung, die ich, wie die Patientin annimmt, der Sache beimesse, ruft den Trotz, die narzißtisch-analerotische Zurückhaltung hervor. Je bedeutsamer das zu Demonstrierende, desto stärker der Trotz, desto stärker auch die Haßgefühle und Todeswünsche gegen den Zwingenden, und – in der Unmöglichkeit, ihn zu vernichten, sowie in Selbstbestrafung für die bösen Wünsche – würde die Patientin lieber zu den schwersten Selbstbeschädigungen greifen (und ihre sie erschreckende Dummheit in der Schilderung und

---

* Vgl. dazu meine Arbeit: Die kindliche Bewegungsunruhe.[6]

Ungeschicklichkeit in der Darstellung des Sitzens ist für sie eine solche) als zur bewußten Regulierung der automatischen Handlung.

Noch mehr fiel der zweite Umstand ins Auge, drängte sich vor allem der Kranken selbst auf: die Bedeutung des Gesehenwerdens. So äußert sie während der Phase der Auflehnung, sie könne doch so etwas nicht machen, wenn ich zusehe; es sei ihr schrecklich, so beobachtet zu werden; sie käme sich so – sie finde kein Wort dafür – komisch vor, wenn sie mir das vormachen solle. Dabei ist der Zeigetrieb sonst ganz offenkundig und unverdrängt (Patientin liegt stets sehr unruhig und strampelt sich jede Stunde mehrere Male die Röcke weit übers Knie, lief im Mädchenpensionat und auch heute noch oft zu Hause halb angezogen herum und gibt ohne weiteres zu, daß sie sich nicht ungern zeige). Aber es handelt sich hier nicht um einfaches Nachgeben den Anforderungen des Zeigetriebes, sondern um ein Sich-zur-Schaustellen, um ein ans Paranoische mahnendes Beobachtungsgefühl. Wir werden daher wohl nicht fehlgehen, in ihm eine Projektion des eigenen Voyeurtums zu erblicken. Ich kann hier nicht auf die Rolle eingehen, die dieser Fund und seine Folgen in der speziellen Analyse spielen, nur auf die allgemeinere Bedeutung des Projektionsmechanismus als Störer automatischer Vorgänge sei hingewiesen. Diese wird klar belegt durch die Tatsache, daß zahlreiche Absonderlichkeiten sogenannter präpsychotischer Persönlichkeiten mit dem Ausbruch einer paranoischen oder halluzinatorischen Phase einer Schizophrenie verschwinden. So wurde ein Maler meiner Beobachtung, der vor dem akuten Schub künstlerisch ein Revolutionär und im Privaten ein Sonderling war, in der Psychose zum braven Akademiker und Spießbürger. Aber auch die Unfähigkeit, alltägliche Verrichtungen – wie Berufsarbeiten, Sprechen, von analen und urethralen Betätigungen ganz zu schweigen – vor fremden Augen aus Angst vor Blamage zu verrichten, ist uns allen geläufig. Der Gedanke: »Was werden die andern sagen, wenn ich das nicht fertig bringe, und wie werden sie mich auslachen?« drängt sich gerade bei jenen am häufigsten hemmend dazwischen, die bei fremden Fehlern die lautesten Lacher sind.

Nun ist aber der Projektionsvorgang das gerade Gegenstück zum Automatisierungsmechanismus. Während dort die Außenwelt, sogar die tote, dadurch verlebendigt wird, daß das Ich die endopsychischen Vorgänge auf sie verschiebt, sie dadurch verlebendigt, beseelt (Animismus), werden hier die lebendigen Ereignisse im Ich dadurch beseitigt, daß das lust- und leiderlebende Ich abgetötet wird. Beide Psychismen versuchen Auswege aus demselben Konflikt. Kein Wunder, daß sie sich bei ein und denselben Leuten oft nebeneinander finden und sich gegenseitig ablösen können. So tritt auch bei unserem Beispiel nach kurzer Projektionsphase, die ausgelöst war durch feindliche Gefühle gegen den befehlenden, sonst geliebten Arzt, – mit der Entwertung des Befehles und damit des Arztes – erneut die Automatisierung in ihr Recht. Die Patientin ist erst dann imstande, das Sitzen mit überkreuzten Beinen auszuführen, nachdem sie bewiesen, daß sie es nicht kann, sie dem Arzt erfolgreich eine ganze Stunde zu trotzen vermocht hatte und während sie ihn ansieht, da sie doch von ihm abgewandt liegen soll. Mit diesem aktiven Schauen bestätigt sie übrigens die Deutung, die wir der Behinderung des Geschautwerdens als Projektion gehemmter aktiver Schaulust gaben. (Bei der Gelegenheit sei darauf hingewiesen, daß man Analoges bei jener häufigen Erscheinung aufzeigen kann, daß Patienten in der Analyse zeitweise nur sprechen können, wenn sie dabei den Arzt ansehen.)

Das, was ich Ihnen zum Psychismus der Automatisierung bis jetzt sagen konnte, ist herzlich wenig und bedarf noch nach den verschiedensten Seiten der Vervollständigung. Aber es ist ja erst ein Anfang. Die Schulpsychologie tut ihn, so weit sie ihn nicht als extrapsychisch und daher nicht in ihr Bereich gehörig zur Seite schieben kann (was ihr infolge der Ontogenese doch nicht völlig gelingt), mit Umschreibungen wie Übung wenigstens so halb in die somatischen Schubladen. Auch die Psychoanalyse hat ihn bisher recht stiefmütterlich behandelt. So finden wir außer den Beiträgen zu seiner Individualgenese in Ferenczis Ticaufsatz[7] und seiner jüngsten Arbeit[8] und in meinem *Folie-du-doute*-Fall meines Wissens nichts. Dagegen bewegen sich Alexanders Gedankengänge in seinem Salzburger Kongreßvortrag (»Metapsychologische Darstellung des Heilungsvorganges«)[9] parallel den hier vorgetragenen; ja die Automatisierungs- und Entautomatisierungsvorgänge stehen ihm im Mittelpunkte der Symptombildung und Heilung. Allerdings faßt er dazu den Begriff der Automatisierung weiter als ich, der sich auf die Automatismen im engeren neurologischen Sinn beschränkt. Die Begrenzung des Über-Ichs auf das Unbewußte – der Freudsche Begriff umfaßt auch die bewußten Ideale und Anforderungen – ermöglicht ihm dies. So wird bei Alexander das zur »Herrschaft des körpergewordenen Über-Ichs«, was mir als Regression in den subjekt-objektlosen Zustand der »Präexistenz« erscheint, zwei übrigens miteinander wohl vereinbare Resultate.

Der Grund der Vernachlässigung dieses seelischen Aktes durch die Psychologie ist recht offenkundig: auf der einen Seite stehen für sie Vorgänge, die absolut organisch sind, auf der anderen Seite solche, deren seelische Wesenheit täglich neu Erlebnis werden, aber unliebes, denn das Weltbild ist durch jene unüberbrückbare Grenze von Totem und Lebendigem gestört. Der Drang nach Beseitigung dieses Widerspruches führt zu dem Streben, die Grenzlinie des Körperlichen, Kausalen, möglichst ins Psychische, Konditionale vorzuschieben. So, wie es das Ziel des Ingenieurs im Auftrage des Fabrikherrn ist, die lebendigen Arbeiter durch tote Maschinen zu ersetzen, nimmt der stumpfsinnige Materialist eine sich immer vergrößernde Zone an, in der das willkürlich arbeitende und daher unzuverlässig funktionierende Großhirnlebewesen von den stur reagierenden Reflexautomaten chemisch-physikalischer Zwangsläufigkeit verdrängt wird. Nicht diese Machterweiterungen des Toten sind von jenem Standpunkt aus erklärungsbedürftig, sondern das Welträtsel, daß es eine Psyche gibt; dies wird nun dadurch beseitigt, daß man es durch Übersehen oder Totschweigen tötet. So wenden sich die Todeswünsche, die ursprünglich anderen, Eltern und Brüdern, galten, gegen die eigene Person. Tot ist schließlich dieser Materialist in einer toten Welt. Und nur als Toter ist er am Ziele seiner Wünsche, der Allmacht seiner Gedanken, die auf Tötung seiner Lieben, auf Selbstbestrafung wegen dieser Tötung ausgehen.

Er erreicht so das gleiche Ziel, das vor ihm andere Zeitalter auf anderen Wegen erstrebten. Die magische Epoche rächte den Mord oder Mordwunsch dadurch, daß sich an den Mörder die Furien hefteten oder, wie wir uns ausdrücken, der Mörder sich die Toten einverleibte und sie mit sich auf die Außenwelt zurückprojizierte, aus der nun ihre Gesichter drohen und ihre Stimmen gellen. Magische Handlungen suchen die Geister zu versöhnen und namentlich die Religionsübungen den gekränkten Vater. So entwickelt sich aus der paranoisch-halluzinatorischen (animistischen) Phase die zwangsneurotische der Herrschaft der Kirche mit ihrem Rituale, bis aus dem Übermaße des Zwangs einerseits und aus den Erfolgen der als Wissenschaft fortlebenden kindlichen Neugierde andererseits die abermalige Tötung des Vaters nunmehr im Himmel, der ganzen Welt und in Selbstbestrafung des eigenen Ichs durch die automatische Epoche des stumpfen Materialismus gelingt. Wie im Individualleben also drücken sich in der Geschichte der Menschheit dieselben Konflikte, dieselben Strebungen bald in Automatismen, bald in Zwangsneurosen, bald in Paranoien aus.

Die Epoche, die den letzten Ausschlag einleitete, nennt man die Zeit der Aufklärung; das Buch Darwins von der »Entstehung der Arten durch natürliche Zuchtwahl«[10] ist eine der wesentlichsten Früchte der Zeit. Sie werden sich daran erinnern, daß Freud sein Lebenswerk selbst mit dem des Kopernikus und Darwin verglichen hat. Jener hat die Erde, dieser den Menschen, er aber das bewußte Ich aus dem Mittelpunkt der

Welt gerückt. In der Tat ist so gesehen die Psychoanalyse die Erfüllerin der kühnsten Träume des Materialismus. Und so ist es kein Zufall, daß uns in der psychoanalytischen Literatur so oft der Ausdruck »psychischer Mechanismus« begegnet, wo doch andere, z. B. Psychismus, zur Verfügung stünden. Auch wir Psychoanalytiker sind eben Kinder des Zeitalters mißverstandenen Materialismus. Was aber soll nach der Paranoia, Zwangsneurose und Automatisierung kommen? Wir wissen es nicht.

Bezeichnenderweise sehen wir die Voraussetzung des Neuen darin, daß wir uns ehrlich zu unseren bösen oder bisher für schlecht gehaltenen Wünschen bekennen und manche von ihnen zulassen. Das heißt, daß wir das Über-Ich, die väterliche Autorität in uns, beseitigen wollen. Und so stünde uns denn der Vatermord am Ende wie am Anfang der Zeiten.

Anmerkungen

1 Freud 1905 d, S. 63; vgl. Freud 1894 a, S. 63.
2 Ferenczi 1919, 1921.
3 Abraham 1924, S. 117–133.
4 Johann Hoffmann, Neurologe, Heidelberg (1857–1919), Ludolf von Krehl, Internist, Mitbegründer der biografisch orientierten psychosomatischen Medizin, Heidelberg (1861–1937).
5 Landauer 1925 b, Nr. 8 dieses Bandes.
6 Landauer 1926 a.
7 Ferenczi 1921.
8 Ferenczi 1925.
9 Alexander 1925.
10 Darwin 1859.

10. Unentstellte Träume

Bei einer Patientin, die seit vielen Monaten wegen periodisch wiederkehrenden traurigen Verstimmungen in psychoanalytischer Behandlung steht, schreitet diese nur langsam vorwärts, weil jede einzelne Triebregung von der Kranken nur gegen einen sehr großen inneren Widerstand anerkannt wird. So ist sie eines Tages, ohne es zu wissen, sehr gereizt und vermag, darauf hingewiesen, keinen Grund für ihre Verstimmung anzugeben. Andern Tags kommt sie sichtlich erregt in die Behandlungsstunde. Sie habe heute nacht ganz unverhüllt geträumt, mit ihrem Vater (der ihr körperlich und seelisch zuwider ist) geschlechtlich zu verkehren. »Es ist also klar«, fügte sie hinzu, »daß ich das will. Daran ist nichts zu deuten. Es ist eben so. Mich gruselt es noch ganz.« Ich muß sie erst darauf aufmerksam machen, daß dieser Traum nicht recht zu ihrem sonstigen Wesen zu passen scheine. Sonst träume sie ganz verhüllt, habe kaum Einfälle zu den einzelnen Bildern. Jetzt bringe sie etwas völlig unentstellt, was sie sonst nie zu denken wage, nicht einmal die Sache an sich, geschweige denn mit diesem Partner. Es läge nahe, hier eine Falle zu vermuten. Ob sich nicht etwas ganz anderes hinter dem Traum verstecke? Sie hört zu, sagt – wie so oft – das sei wohl möglich, aber ihr falle nichts dazu ein. Kleine Pause. Dann: »Sie haben gestern gemeint, ich sei so gereizt. Mir ist nichts mehr dazu eingefallen, höchstens das mit dem Brief; daß ich mir da unzulänglich vorkam.« Und nun berichtet sie, daß ein verheirateter Kollege, der mit ihrer Freundin Leni ein Verhältnis gehabt, aber es vor kurzem abgebrochen hatte, neulich bei ihr gestanden sei und über ein geschäftliches Schreiben, das sie ihm gegeben, mit ihr gesprochen habe, als Leni eintrat. Da habe er den Brief rasch eingesteckt. Seitdem sei sie von der Freundin nun schon dreimal nach dem Schreiben gefragt worden. Erst gestern wieder. »Ich glaube, sie ist eifersüchtig auf mich. Und dabei hat sie wirklich keinen Grund.« Ich füge hinzu: »Da kann sie ja gleich sagen, ich verkehre mit meinem Vater.«

Diese Deutung ist ihr nicht nur sofort klar, sondern bringt sie auch auf Gedanken, die sie sich bisher nie eingestanden, auf ihre Liebe, aber nicht, wie man erwarten könnte, zu dem Freunde ihrer Freundin, sondern zu dieser selbst. Die Fragen der von ihr Geliebten, die ihr Beziehungen zu deren früherem Freund vorwirft, beantwortet sie also übertreibend mit einer ungeheuerlich erscheinenden Selbstanschuldigung, wie wenn sie sagen wollte: »Du Dumme, ich liebe doch den nicht, fast so wenig wie meinen Vater, sondern dich.«

Sie handelt also etwa so wie ein Kind, dem gegenüber man den Verdacht ausgesprochen hat, es habe Obst genascht, und das nun entgegnet: »Ich hab den ganzen Obstgarten leer gegessen.« Derartige Vorkommnisse sind äußerst häufig. Sie sollen offenkundig den Fragenden verhöhnen.

Aber diese Verhöhnung greift zu so klarer Übertreibung, daß sie gar nicht geglaubt werden kann. Sie soll ja besagen: Was ich rede, ist unsinnig, ebenso unsinnig wie deine Behauptung. Und in der Tat gelingt es durch diesen überraschenden Angriff oft, sich der Beschuldigung zu erwehren.

Aber nicht nur des Anklägers von außen, sondern auch dessen von innen, des eigenen Gewissens, des Vertreters der Eltern im eigenen Ich, des Überichs. Auf diese Weise kann man vor sich selber unerlaubte Wünsche verbergen. So anerkennt man oft ohne weiteres tiefgehende Interessengegensätze, nicht aber die kleinen Bosheiten. Die muß man vor sich – in Fehlhandlungen, Krankheitssymptomen oder Übertreibungen verstecken. Namentlich bei solchen Leuten, die sich etwas mit Psychoanalyse und mit der Traumlehre Freuds beschäftigt haben, finden wir nicht selten erstaunlich unverhüllte Träume. Die Strebungen des Ödipuskomplexes darf man sich ja ohne weiteres eingestehen; die sind allgemein menschlich. So gelingt es besser, seine individuellen »Sünden« vor sich zu verbergen, als wenn man leugnete, den Tugendbold spielte. Z. B. brachte ein Patient monatelang die klarsten Liebesszenen mit seiner vor etwa 15 Jahren verstorbenen Mutter, um zu verschweigen, daß er gegen eine *uneingestandene* Liebe zu seiner Schwägerin ankämpfte.*

Aber nicht nur in der psychoanalytischen Behandlung und in der Erziehung begegnet uns diese höhnische Übertreibung. Sie spielt auch im Strafrecht eine große, verhängnisvolle Rolle. Ein Beispiel: Vor kurzem untersuchte ich einen Angeklagten, der zahllose, recht ungeschickte Diebereien begangen hatte. Als Jugendlicher hatte er seinen ersten Verweis für einen Holzdiebstahl erhalten, den sein Vater begangen und dessen Schuld er stillschweigend auf sich genommen. Jetzt aber verhielt er sich immer wieder herausfordernd gegen die Gesellschaft, als

---

* Dies ist der Grund, warum nicht genug davor gewarnt werden kann, zu aktiv mit Deutungen zu sein, »wilde Analyse« zu treiben. Man wird dann nichts über das Individualleben der Kranken hören. Mit den schönsten schulmäßigen Träumen, Phantasien und Einfällen wird er einen erfreuen, alles Wesentliche aber geheimhalten, vor allem vor sich.

ob er sie höhnen wollte: »Nun ja, ich bin ja ein Dieb. Aber ich weiß, daß ihr alle Diebe seid; war doch mein Vater, der Dieb, der so streng gegen jeden kleinen Streich des Kindes war, ein besonderer Tugendheld, ein Schutzpolizist.«

11. Chi mal ti vuol, mal ti sogna

Ein Traum und seine Deutung im Dekameron

In der siebenten Geschichte des neunten Tages seines Dekameron erzählt Boccaccio:

Talano hatte ein schönes Mädchen geheiratet, das aber bizarr, unfreundlich und ungefällig war. Als sich beide auf einem Landgut befanden, träumte er, *er sähe seine Frau durch einen Wald in der Nähe gehen; plötzlich sprang ein gewaltiger Wolf aus dem Gebüsch an ihre Gurgel und zerfleischte ihr Gesicht und Hals vollständig.* Am Morgen warnte er seine Frau: obwohl sie unfreundlich zu ihm sei, täte es ihm doch leid, wenn ihr etwas Schlimmes geschähe. Die Frau aber antwortete: *»Chi mal ti vuol, mal ti sogna. Tu ti fai molto di me pietoso, ma tu sogni di me quello che tu vorresti vedere.«* (Wer dir übel will, träumt von dir übel. Du tust dich sehr mitleidig um mich, aber du träumst von mir, was du sehen willst.) Und sie unterschiebt dem Mann sogar die Absicht, sie von dem Wäldchen fernzuhalten, da er sich dort mit einer andern treffen wolle.

Die Deutung der Frau mutet uns ganz analytisch an. Nicht so – wenigstens auf den ersten Blick – der weitere Fortgang der Geschichte: Die Frau geht in das Wäldchen, wird dort von einem Wolf tatsächlich angefallen, der ihr Gesicht und Hals furchtbar zurichtet, so daß sie für ihr Lebtag entstellt ist. Auch das Urteil der Zuhörer dieser Erzählung scheint uns ein Durchbruch des Dämonenglaubens jener Zeit: es handle sich gar nicht um einen Traum, sondern um eine Erscheinung.

Wir aber sind berechtigt, die ganze kleine Dichtung so zu betrachten wie einen Traum. Der Träumende ist wie die Erzählerin Pampinea eine Frau. Sie wünscht, daß ihr Mann eifersüchtig auf sie sei, daß er sie gewalttätig liebe (man denke an die Entstellung von Frauen durch ihre Liebhaber gerade in Italien mittels Zerfleischung der einen Gesichtshälfte, welche diese Frauen als stolzes Zeichen ihrer Liebe tragen). Und das erklärt auch ihre Unfreundlichkeit und Ungefälligkeit, mit der sie gleichfalls Gewalttätigkeit erzwingen will.

12. Eine »Dirne«

Zuerst suchte mich ein junger Akademiker wegen des »hochinteressanten Falles« seiner Kusine auf. Ich müßte das Mädchen retten. Durch seine Worte aber klang: ihm sollte ich das Mädchen retten. Einige Wochen später erst kam der Vater. Ihn begleitete seine Schwester, der Chef des Hauses. Die sprach fast fortwährend: was sie alles für die Person getan, und wie die Dirne es mit Undank lohne. Erst am Schluß sagte der Vater: er habe viel Unglück in seinem Leben gehabt, aber das Kind sei sein ganzer Stolz und seine Hoffnung gewesen. Jetzt habe er allen Glauben an die Welt verloren. Andern Tags kam die Mutter, eine kleine, dicke Frau. Sie weinte über *ihr* Unglück und über *ihre* Schande. So gescheit und tüchtig sei das Mädchen, daß sie der ganzen Familie wieder hätte aufhelfen können. Wohin käme nur das viele Geld, das sie in ihrer Stellung verdiene? Statt dessen müsse man in tausend Ängsten leben, daß sie einen noch Geld koste.

Und dann kam die 17jährige, nicht hübsch, nicht elegant, nicht frisch. Sie setzte sich mir mit einer Bewegung gegenüber, die sagte: auch das wird vorübergehen! Von Anfang an war ich ihr naturgegeben ein Exponent ihrer Feinde, ihrer Familie.

Und da sollte ich helfen? Gegen ihren Willen, im Sinne ihrer Angehörigen, mit irgendwelchem Druck zu arbeiten, versprach – denselben Mißerfolg, denselben Gegendruck, der alle bisherigen Versuche vereitelt hatte. Aber wie ihre Mitarbeit zu ihrer Änderung gewinnen?

Bereits mit 10 Jahren trieb sich das Mädchen in den Nebenräumen kleiner Kaffees und Weinstuben mit Jungens herum. Von ihrem 14. Jahr ab wußte man, daß sie fast allnächtlich durchs Fenster die elterliche Wohnung verließ. Die Familie sah den Verkehr mit Männern und erschrak über die Folgen, die drohten. Immer wieder versagte die Bewachung. Die Spionage von Detektivbüros führte zu nichts, höchstens zu dem Einen: ihr Mißtrauen auf die ganze Umwelt zu übertragen. Dementsprechend verliefen die ersten Stunden, ja Wochen weitgehend einsilbig. Was ich erfuhr, sollte höchstens der Abschreckung dienen, mich nicht weiterhin mit ihr zu befassen. Vielleicht würde es ihr so möglich werden, das, was sie ersehnte, rascher zu erreichen: wegzukommen, möglichst weit weg, vielleicht gar nach Amerika. Und so erfuhr ich denn, daß sie die Nächte in Spielhöllen verbrachte. Rätselhafte Summen gingen da um. An einem Abend konnte durch die Hand des Mädchens ein Betrag fließen, so groß, wie das Jahresbudget der ganzen bürgerlichen Familie war. Und neben dem Spiel gingen Orgien einher mit Frauen und Männern. Gewisse Rauschgifte spielten eine große Rolle, nicht so dagegen die gewöhnliche Form des Geschlechtsaktes, wohl aber bestimmte Perversionen.

Das Kind war auf einem Dorfe geboren, wo der Vater eine Mühle besaß. Fünfviertel Jahre war sie gestillt worden. Dann aber war sie heute auf morgen abgesetzt worden. Sie soll fast einen ganzen Tag geschrien und jegliche Nahrung verweigert haben. Lang lutschte sie an den Fingern. Auch das wurde gewaltsam abgewöhnt. Der Träger dieser und ähnlicher Entziehungsmaßnahmen war die Mutter. Der Vater dagegen war in den Augen des Kindes der Herrgott der Welt. Alle Leute am Ort dienerten vor ihm. Und sie war der Herrgott ihres Herrgottes als einziges Kind, das sie durch fünf Jahre blieb. Dann kam eine Schwester. Mit acht Jahren (bis dahin hatte sie Privatunterricht von einer Lehrerin erhalten) kam das sehr lernfähige Kind in eine Pension der nahen Stadt. Im Kreise von 10–15 Knaben war sie das einzige Mädchen. Fast ständig tobte ein Kampf um sie. Sie hatte immer einen Favoriten, zu dem sie nachts, wenn die Erwachsenen die Kinder schlafend glaubten, ins Bett kam und mit dem sie Zärtlichkeiten austauschte, Forschungsexperimente über den Unterschied von Knaben und Mädchen. Neben diesen Annehmlichkeiten hatte das Favoritentum für den jeweiligen Günstling noch eine andere sehr greifbare Seite: er bekam von dem Mädchen vorgesagt, durfte aus seinen Heften abschreiben; sie machte ihm die Aufsätze und dergleichen mehr, so daß mit der Günstlingschaft gleichzeitig einer der ersten Klassensitze verbunden war. Die besten Noten allerdings hatte der unbestrittene Primus der Klasse: das Mädchen. Und ganz analog verhielt sie sich, als ich sie als 17jährige kennenlernte: während des ersten Teils der Behandlung sanierte sie das Geschäft eines Freundes. Auch ihrem ersten Liebhaber im engeren Sinne des Wortes, einem jungen Schauspieler, verschaffte sie das erste Engagement. Denn die Realität zu bezwingen ist doch eine Kleinigkeit. Das bißchen Lernen: man hört ein wenig hin, und dann weiß man es doch. Die Schule ist auf Dummköpfe zugeschnitten. Ihre besten Aufsätze machte sie zum Gaudium ihrer Freunde, Tabak qualmend und Kognak trinkend, in den Zwischenpausen zwischen einzelnen Tänzen in Animierkneipen. Ihre Lernfähigkeit und Leistungsfähigkeit überhaupt schien Lehrern und Vorgesetzten geradezu unbegrenzt. Dank ihrer Wurstigkeit, wie sie sagte. Und sie hatte recht. All das, was sonst durch die verschiedensten affektiven Einflüsse nicht zu eigen gemacht bezw.

nicht reproduziert werden kann, war ihr gleichgültig, hatte gar keinen Affektwert, als nur den *einen* sekundären: bagatellisiert zu werden; und damit war die Umwelt, die sich mit Müh und Not all das erschuftete, lächerlich gemacht, weil sie es ernst nimmt. Mit Frauen trat sie übrigens nie in Kampf. Schon als Kind war sie niemals in einen seelischen Konnex mit Mädchen gekommen. Die waren eben so wenig ernst zu nehmen wie ihre Schwester. Man begönnerte sie höchstens und beschützte sie, wie sie ja auch ihre Schwester vor ihrem Leben bewahren wollte. Die sollte nur ein braves Haustöchterchen werden, denn ihr Leben war nicht schön, nur spannend, erregend. Mit ihrer Umwelt stand sie also im Kampf, selbst da und gerade da, wo sie sich ihr anzupassen schien. Hohn war ihre Einstellung, ein einziger Protest gegen ihr Schicksal, das sie als Weib, als Kastrierte, als körperlich Minderwertige in diese Welt von Männern gesetzt hatte.

Schon als kleines Kind war sie darauf eingestellt gewesen, mit ihrem bewunderten Vater zusammen zu leben. Die Mutter, die sich durch die Erziehungsnotwendigkeiten gezwungen glaubte, ihr vieles zu wehren, dünkte ihr kleinlich und pedantisch. Der Vater, der ihr großzügig erschien, weil er ihr manche kleinen Ungezogenheiten hingehen ließ, sie verwöhnte, in ihr »seinen großen Jungen« sah, seinen Vertrauten, war ihr das Ideal alles Erstrebenswerten.

Durch die Eingriffe, mit denen die Mutter die Lust des Kindes gestört hatte, war sie früh aus seinem Liebesleben ausgeschaltet worden. Der Ödipuskomplex schien daher nur teilweise zustandegekommen. Es blieb nur ein Zusammensein zu zweit bewußt. Und so finden wir denn auch bei ihr dessen häufige Folge: Infolge Identifizierung mit dem geliebten Vater Homosexualität als Lustbefriedigung mittels eines körperlich gleichgebauten Wesens oder wenigstens eines Wesens, dessen Körperunterschiede beim Geschlechtsakte indifferent sind: *mittels eines derartigen Wesens, nicht mit* einem Objekt, also verhüllte Selbstbefriedigung.

In dieses Gemeinschaftsleben zu zweit platzte im 5. Lebensjahr der Patientin das Schwesterchen herein, das ihr durch seine Existenz zeigte: es besteht eine innige Gemeinschaft zwischen Vater und Mutter, ein Liebesspiel, das sie, von Beobachtungen von Tieren her, kannte. Der Vater hatte sie also betrogen. Es war nicht wahr, daß sie die Vertraute des Vaters, seine Geliebte, war. Nun wurde ihr Kosenamen »mein großer Junge« zur ständigen Mahnung an ihren Schimpf. Er verachtete sie, weil sie ein Mädchen war. Und jetzt sah sie mit einem Mal auch des Vaters Fehler, seine Schwäche. Dem Weib, der Mutter gegenüber schien ihr dieser Mann schwach. Dem Weib gegenüber sollten sie alle schwach sein. Wer sie als Weib sah, soll ihr unterliegen, an dem rächte sie sich für ihr Weibsein, indem sie ihn klein machte. Jeden Mann entmannte sie, indem sie seine männliche Rolle, in der Welt zu herrschen, übernahm. Sie sah auch früh die geschäftliche Bedeutungslosigkeit des Vaters, der bald – sie war damals 15 Jahre alt – seine Mühle liquidierte und Angestellter bei seiner Schwester wurde. Ihre hauptsächlichsten Tagträume waren, dem Vater eines Tages aus der Misère der bürgerlichen Existenz durch eine Riesensumme heraus zu helfen, die sie ihm vor die Füße werfen wollte. Ganz klein sollte er dann sein.

Wie aber sollte es mir gelingen, durch diesen Wall des Hasses, des Hohnes und der Menschenverachtung eine Bresche zu schlagen? Sie war eine leidenschaftliche Zigarettenraucherin, eine Tatsache, die ihr in dem spießbürgerlichen Milieu des elterlichen Hauses schon viel Scherereien bereitet hatte: Eine Frau raucht nicht, das bekam sie alle Augenblicke zu hören; am allerwenigsten darf dies natürlich ein halbes Kind. Daß sie das nicht sei, wollte niemand zu Hause wissen, am allerwenigsten der enttäuschte Vater. Mit Gewalt wollte er vorgehen, mit der Gewalt des Mächtigen gegenüber dem Kinde, der gar nicht Notiz nimmt, was in dem Beherrschten vorgeht. Wenn sie etwas sagen wollte, wurde sie unterbrochen: für die Argumente dieses mißratenen Kindes hatte man keine Zeit und Lust. Und da kam nun jemand und hörte sie an. Nicht nur das: er schimpfte nicht, mochte sie ihn noch so sehr reizen. Alles verstand er, ehe es noch recht gesagt war. Nie war er verwundert oder entsetzt. Was will der? Will er nur aushorchen? Natürlich, um sie an die Eltern zu verraten. Ein allzu begründetes Mißtrauen, da sie sich ja im Gegensatz zu all dem wußte, was in der Welt der Erwachsenen als Recht und Ordnung galt. Allmählich fühlte sie aber doch, daß sie nicht einem Richter gegenüber saß, also einem Feind, sondern jemandem, der einfach gut zu ihr war. Das war neu. Das war gefährlich. Sie beschloß, den Arzt auf die Probe zu stellen. Es versteht sich wohl bei diesem Menschen, so wie er nun einmal war, von selbst, daß er sich zunächst niemals in die analytische Situation fügte, sich nie auf das Sofa legte, um sich seinen Gedanken und damit dem Analytiker zu überlassen. Sie saß mir also gegenüber und beobachtete mich, meist schweigend. Jetzt beschloß sie vorzugehen, zu enthüllen, daß ich doch im Lager der Feinde stünde. Denn war dies nicht der Fall, so war ihr ganzes Weltbild erschüttert, die Welt war nicht von Uranbeginn feindselig; dann gab es doch Menschen, die liebten, d. h. Zeit für andere hatten, zu *deren* Lust, nicht zur eigenen. Also fragte sie eines Tages, die Beine herausfordernd übereinander schlagend: »Kann ich mir eine Zigarette anzünden?« Meine Antwort darauf: »Warum möchten Sie gerne rauchen? Warum müssen Sie ständig etwas im Munde haben, denn ich beobachtete seit langem, daß Sie immer kauen, da Sie sich bisher nie zu rauchen getrauten.« Sie wiederholte ihre Frage, ich meine Gegenfrage, die auf die Bedeutung des Mundes in ihrem Lusthaushalt zielte. Dabei hütete ich mich, irgendwie auch nur im geringsten ein Verbot auszusprechen; da die Zeit jedoch nicht mehr reichte, um an diesem Tage das ganze Problem aufzurollen (sie hatte wohlweislich bis gegen Ende der Stunde gewartet), forderte ich sie auch nicht auf zu rauchen. Andern Tags ruft mich der Vater an: sie habe ihm erklärt, nicht mehr zu mir zu kommen. Mit Gewalt sei bei ihr nichts auszurichten, sagte sie. (Eine Fehlleistung; denn so erzwang sie sich unbewußt mit Hilfe des Vaters bei mir zu bleiben, zwang mich aber zur offenen Parteinahme.) Der Vater fragte denn auch, was vorgefallen sei. Ich berichte kurz den *äußeren* Sachverhalt, worauf der Vater, über mein Verbot (wie er meint) entzückt, das Mädchen mir mit Gewalt vorführen läßt. Sie setzt sich mir stumm gegenüber; und ich lege ihr nun dar, daß sie es versucht habe, mich zu ihrem Feinde zu stempeln, trotzdem ich nicht ein Wort gegen das Rauchen eingewendet hätte; nun wäre es unsere Aufgabe, in Erfahrung zu bringen, was sie zum Rauchen zwinge; denn es sei offenkundig, daß sie unter einem Zwange stehe, den Mund zu betätigen. Sie unterbricht mich. »Also: darf ich mir jetzt eine Zigarette anstecken?« – »Sie können tun, was Sie wollen; nur sagen Sie mir alles, was Ihnen durch den Kopf geht.« Statt weiter zu reden, nimmt sie sich hastig eine Zigarette aus der Tasche, findet aber keine Streichhölzer. Sie ist verwirrt, wagt nichts zu sagen. Ich reiche ihr schweigend Feuer. Ein paar gierige Züge. Sie wird kreidebleich. Kalter Schweiß tritt auf ihre Stirn. Sie muß sich hinlegen. Ihr ist übel. Sie ringt nach Luft. An sich ein kleines hysterisches Symptom, nur bemerkenswert, weil es eine Gewohnheitsraucherin befällt, psychogene Wiederholung von Vergiftungserscheinungen, wie sie häufig bei der ersten Zigarette auftreten, die sie selbst zwar nie gehabt, aber bei Kameraden verspottet hatte. Für die Behandlung aber ein Vorgang von immenser Bedeutung; denn eine Triebäußerung, gebaut wie eine Perversion, tritt plötzlich auf als ihr Negativ, als hysterische Krankheitserscheinung mit schwerem Krankheitsgefühl, während die Perversion neben der bewußten Körperlust nicht nur kein Leid, sondern als Verhöhnung noch außerdem narzißtische Lust gebracht hatte. Leid war da, und damit war erst eine Behandlung gegeben.

Eine Triebäußerung, gebaut wie eine Perversion. In diesem Fall dürfte ich ruhig noch mehr sagen: ich könnte ruhig von einer Variante einer Perversion reden. Denn nunmehr kommen wir in die Triebschicht. Der genitale Geschlechtsverkehr spielt in dem Leben des Mädchens keine Rolle. Er wird ausgeführt, zuerst ein paarmal aus Neugierde, weil die großen Leute so ein Wesen davon machen, dann eigentlich nur mehr, um irgend etwas zu erreichen, zum mindesten die Verhöhnung des Mannes. Ihr weibliches Genitale haßt sie. Sie erkennt die Tatsache ihres Weibseins nicht an und benützt es nur, um die Männer zu quälen. (Beim Koitus tritt stets Scheidenkrampf auf.) Die Hauptrolle in ihrem Lusthaushalt spielt der Mund. Durch ihn entzieht sie den Männern ihre Kraft. Wenn es nach ihr ginge, gäbe es nur Fellatio. Das führt uns in ein sehr interessantes, aber zum großen Teil noch dunkles Gebiet hinüber, für das Radó[1] den Ausdruck »alimentärer Orgasmus« geprägt hat, d. h. Lustrausch durch Nahrungsaufnahme, ein Vorgang, der bei den Süchtigen eine große Rolle spielt, bei den Giftsüchtigen und bei der Spielsucht.

Hinter meiner Schilderung zeichnen sich bereits typische unbewußte Phänomene ab, die ich grob schlagwortmäßig charakterisiere: Penisneid, Rache für die eigene Kastration durch Kastrierung der Männer. Das Kind verhöhnt den Vater und trotzt seiner Mutter.

Es ist kein seltener Typ, den wir vor uns haben. Die großen Messalinen der Weltgeschichte sind aus solchem Holze geschnitzt. Aber vielleicht erscheint diese Auffassung einer Haltlosen noch recht haltlos. Man kann einwenden, – selbst wenn man schon die Richtigkeit meiner Beobachtungen unterstellt, – daß meine Erklärung zum mindesten nur auf ganz seltene Ausnahmen zutrifft. Ich werde also die Häufigkeit einer derartigen Entstehungsgeschichte zu beweisen haben. Die statistische Untersuchung wird dazu wenig helfen; denn will man Angaben von einer Zahl sammeln, die eine Statistik lohnen, so kann man nicht dem einzelnen Fall so viel Zeit widmen, daß diese Liebe mit der Gegenliebe der Offenheit belohnt wird, mit dem Vertrauen, welches solche ausgestoßenen Wesen nur schwer zu einem Mitglied der elterlichen Gesellschaft fassen. Wir werden uns daher nach einem anderen Beweisstück umsehen müssen, nach dem Verständnis, das Dichtungen, die derartige Entstehungsgeschichten schildern, bei der Allgemeinheit gefunden haben. Wir dürfen also auch keine noch so hochstehende Kunstdichtung heranziehen, die zeit- und raumbegrenztes Verständnis gefunden hat, sondern werden eine alte, ewig neue Volksdichtung aufgreifen müssen, deren Motiv in unzähligen Kunstdichtungen verwertet wurde. Zu unserem Zweck dient uns die Rahmenerzählung aus »Tausendundeine Nacht«. Hier findet sich das Motiv – wie meistens in der Dichtkunst – gleich in zwei Dubletten, angedeutet sogar in einer dritten. Und was für uns besonders angenehm ist, in einer männlichen und weiblichen Variante. Noch eines macht uns dies Beispiel besonders lieb: die Dichtung entstammt einem Kulturkreis, in dem manches, was bei uns nur verhüllt gesagt werden dürfte, unentstellt in Erscheinung treten kann.*

König Schahsemann machte sich auf den Weg, um seinen Bruder zu besuchen. Gegen Mitternacht fiel ihm ein, daß er etwas im Schlosse liegen gelassen habe; er kehrte wieder um und fand seine Gemahlin in seinem Bette in den Armen eines schwarzen Sklaven. Er tötet beide und macht sich dann wieder auf die Reise. Seine Farbe aber wird gelb, sein Körper verzehrt sich. Bei seinem Bruder Schahriar angekommen, sieht er von seinem Fenster aus, wie die Gemahlin seines Bruders im Garten sich einen schwarzen Sklaven herbeiruft und ihn umarmt. Da dachte er sich, dies sei viel schlimmer als das, was ihm widerfahren sei. All sein Zorn und sein Kummer schwand, und er aß und trank wieder. Durch diese Veränderung aufmerksam gemacht, dringt Schahriar in seinen Bruder, ihm die Gründe zu sagen; sie beobachten nun gemeinsam die Untreue. Durch das Geschehene verwirrt, wandern die beiden Brüder fort, Tag und Nacht, bis ans Meer. Dort ließen sie sich nieder, um sich auszuruhen. Nach einiger Zeit begann das Meer zu toben; eine schwarze Säule erhob sich aus ihm, stieg bis an den Himmel und kam auf die Wiese zu. Erschreckt flohen die Könige auf den Gipfel eines Baumes und beobachteten von dort aus, wie ein Ifrit mit einem Kasten an Land stieg und sich unter den Baum setzte. Dem Kasten entnahm er eine Frau und verkehrte mit ihr. Darauf legte er sein Haupt in ihren Schoß und entschlief. Nun entdeckte die Frau die beiden Könige und forderte sie auf, zu ihr herunterzukommen und mit ihr Geschlechtsverkehr zu üben. »Seid mir zu Willen, oder ich wecke den Ifrit.« So gehorchten denn die beiden aus Furcht, worauf die Frau aus ihrer Tasche einen Beutel und aus ihm eine Schnur herausholte, an welcher 570 Siegelringe hingen. Die Besitzer dieser Ringe seien ihr zu Willen gewesen, ohne daß es der Ifrit gemerkt habe; und sie fordert nun auch von den Brüdern die Siegelringe. Der Ifrit habe sie in der Hochzeitsnacht entführt und auf den Grund des Meeres versenkt, »ohne zu wissen, daß wir Frauen alles, was wir wollen, auch durchsetzen. Erlogene Liebe tragen sie – die Frauen – zur Schau, doch Verrat ist ihres Rockes Futter.« Dieser Vorfall tröstet die beiden. »Wenn diesem, der doch ein Ifrit ist, schlimmeres als uns widerfahren ist, so liegt für uns hierin ein Trost.« Und König Schahriar ging nach Hause, tötete die Gemahlin und den Sklaven. Dann ließ er sich eine Jungfrau

* Ich folge im Weiteren der Übertragung aus dem Arabischen von Max Henning, der bekannten neunbändigen, bei Reclam erschienenen Ausgabe.[2]

bringen und ließ sie nach der Brautnacht hinrichten; und so verfuhr er drei Jahre lang.

Wir haben also in dieser Dichtung vor uns: eine Frau, die mit jedem ihr nur erreichbaren Manne in Geschlechtsverkehr tritt, und einen Mann, der jede Nacht mit einem andern Mädchen schläft. Weder der Frau, noch dem Manne ist das Objekt der Liebesbetätigung individuell bedeutsam. Man kann überhaupt nicht von Liebesobjekt reden, sondern höchstens von Mitteln, Lust und Haß und seine Rachsucht zu befriedigen. Und an jedem derartigen Haßinstrument wird sie auf höchst gewalttätige Weise befriedigt. Es wird zur Geschlechtsleistung gezwungen, dann werden die Mädchen umgebracht, die Männer ihrer Siegelringe beraubt, die in einem Beutel geborgen werden. In jener märchenhaften Welt ist der Siegelring bewußtermaßen (gleich der Krone und dem Szepter) der Ausdruck und das Mittel der Macht über Leben und Tod. In der Symbolsprache des Traumes ist er auch das Symbol des Geschlechtsteils, dessen die Männer nach und durch den Geschlechtsverkehr verlustig gehen, den ihnen das Weib genommen hat.

Bei dem Erlebnis der Könige und namentlich des Schahriar spielt die Beobachtung eines Geschlechtsaktes für das Zustandekommen der feindlichen Einstellung zur Umwelt, namentlich der Frau gegenüber eine bedeutsame Rolle. Zuerst sieht Schahriar, durch den Bruder veranlaßt, die Untreue seiner Gemahlin. Später erlebt er eine ähnliche Szene mit der Frau des Ifrit. Da aber fällt uns als merkwürdige Überschichtung auf: Zuerst ist er zweimal Zuschauer von Geschlechtsakten, und dann wird er selbst tätig. Das erinnert uns lebhaft an manche Träume, namentlich Pollutionsträume. Und diese Ähnlichkeit läßt uns darnach suchen, ob es sich vielleicht in diesem Teil der Dichtung um einen Traum handeln könnte, den wir ähnlich verstehen können, wie die Träume von Gesunden und Kranken. Und in der Tat ist die Szene mit der Frau des Ifrit durch folgenden Passus eingeleitet: »Sie tranken dort (nach einer Wanderung, die Tag und Nacht gedauert hatte) von der Quelle und ließen sich nieder, um sich auszuruhen.« Es handelt sich also um den Zustand einer Erschöpfung oder Ermüdung, in dem sich beide befanden, als plötzlich das Meer zu toben beginnt, und die schwarze Säule sich erhebt und zum Himmel aufsteigt, um allmählich die Gestalt des Ifrit anzunehmen, also eine Situation, wie sie beinahe jeder ähnlich in Träumen erlebt hat. Doch wer ist nun dieser Ifrit und seine Frau, wenn wir die Regeln der Traumdeutung zu Hilfe nehmen: ein riesenhafter Mann, kaum absehbar groß, dessen Kommen uns erschreckt, der uns unheimlich ist und uns in tausend Ängste versetzt, mit dem die Frau droht, um ihren Willen durchzusetzen? Es ist der Erwachsene, vom Kinde aus gesehen, der übermächtig erscheinende Vater. Dessen Geschlechtsverkehr mit seiner Frau, der Mutter also, sieht König Schahriar im Traume. Wir sind wieder bei jenem typischen Erlebnis des Kindes, bei der »Urszene«, an der der Ödipuskomplex so oft zerschellt, der Ödipuskomplex, zu dem wir bei all unseren bisherigen Untersuchungen des Gemeinschaftslebens und seiner Störungen gelangt sind.

Er hat auch im Leben der Dirne, deren Geschichte uns beschäftigt, denselben unheilvollen Effekt ausgelöst. Es war allerdings nicht die tatsächliche Beobachtung eines elterlichen Beischlafes. Ich unterstelle das. Denn mein Material gibt mir keinen Beleg dafür, wobei ich außer Betracht lasse, daß es aus Gründen, die ich später noch erwähnen werde, unvollständig ist. An seiner Stelle steht die Beobachtung des elterlichen Geschlechtsverkehrs in der Vorstellung, ausgelöst einmal durch die Geburt der Schwester, dem offenkundigen Beweis der Untreue des Vaters an dem Kinde, und andererseits die wiederholte Beobachtung des Geschlechtsverkehrs an Tieren und das Wissen um seine Folgen.

Das, was uns am meisten interessiert, ist die Frage, wie ein derartiger Mensch in die Gemeinschaft wieder eingegliedert werden kann, der er zwar körperlich, aber nicht seelisch angehört. Dazu wollen wir zunächst berichten, auf welche Weise Schahriar von seinem Frauenhaß geheilt wurde. (Seinen Bruder heilt die Schadenfreude.) Ist es nur die Tatsache, daß Schehersad durch 1001 Nacht hindurch ihm Geschichten erzählt, die immer dann abbrechen, wenn sie am spannendsten sind? Hat sie sich nur durch die Neugierde, das immer erneute Hervorrufen einer Spannungs- oder Angstlust gerettet? Wir wollen diese Tatsache nicht gering einschätzen. Denken wir doch daran, daß auch unsere Haltlose in ständiger Spannung lebte, daß sie sich immer wieder in Angstsituationen versetzte, durch die immer wiederholte spielerische Gefährdung der Existenz, nicht nur durch ihre sozialen, sondern auch ihre leiblichen Klettereien aus dem Fenster und über Mauern, an die Spielsucht, an die Giftsucht – Opium und Kokain, die immer wieder körperlich bedingte Angst setzen. Aber ich glaube, daß das nicht genügt. Das, was der König von Schehersad erwartet, ist anderes: er sucht zwar immer Neues, ist nie voll befriedigt. Aber was sucht in ihm? Schehersad selbst bleibt immer neu ein Rätsel: sie ist nie auszuschöpfen, denn er will sie nicht nur leibhaft, sondern auch, daß sie sich mit ihm befasse. Es ist nicht wie bei den anderen Frauen, die er nimmt und wegwirft, nur zu geschlechtlichem Genuß. Ihr Zeitaufwand für ihn ist es, der sie am Leben erhält und sein Leben bedeutet. So wie einstmals dem Kind der Zeitaufwand der Mutter alles war, insbesondere: die

Mutter selbst. Und so sitzen sie Nacht für Nacht Stunden beieinander und reden und erleben unendlich viel gemeinsames in der Phantasie, in einem gemeinsamen Tagträume-Reich, zu dem niemand Zutritt hat außer den beiden.* Das übrige Leben ist nur ein Anhang zu dem. Man erledigt es so nebenbei, den ganzen Königsberuf, aber auch den Geschlechtsverkehr im engeren Sinne, der vor und nach der Erzählung stattfindet. Nur wenn ein Kind geboren wird, dann wird für eine einzige Nacht diese gemeinsame Welt zur Seite geschoben.

Wer also einen solchen Haltlosen aus seinem Hohn gegen die Gesellschaft herausholen will, der muß Zeit und Liebe haben, um mit diesem Haltlosen eine Gemeinschaft Mutter–Kind oder Vater–Kind zu gründen, die zunächst abseits der großen Gemeinschaft ist und die allmählich erst mit der Gesellschaft zusammenwachsen kann. Für ihn gilt das Lied, das die Frau des Ifrit singt: »Enthalte Dich des Tadels, der morgen den Getadelten gestärkt hat und nur die Sehnsucht zur heftigsten Liebe entflammt.« Mit Tadel, mit Recht-haben-Wollen (sagt uns diese Dirne, diese Mutterdirne, deren Genese Freud[3] einen seiner schönsten Aufsätze gewidmet hat), werden wir sie nur noch ärger in ihren Hohn hineintreiben, der sich scheinbar in heftigster Liebe äußert, auch letzten Endes Sehnsucht nach Liebe verdeckt. Wir werden ihre Wut damit erhöhen, die uns alle mit Liebe umstricken soll, damit wir in den Armen der Frau entmannt werden können.

Doch nun zum weiteren Verlauf der Behandlung: Ich hatte mit der Negierung des Verbotes zu rauchen, mit der Anerkennung der Gleichberechtigung des Mädchens mit mir, den Vorgang des Rauchens, den Hohn und die Auflehnung darin wertlos, ja verwerflich gemacht. Zunächst innerhalb meiner vier Wände hatte es also keinen Sinn mehr zu trotzen. Im Gegenteil, nunmehr war sie weich, war der Trotz verdrängt, übernahm sie selbst die Rolle der Strafenden. Mein Interesse für sie sollte gelohnt werden. Sie wollte werden wie ich, und ihr höchstes Ideal war nun, dereinst mit mir zusammen zum Wohle anderer zu arbeiten, andere zu retten. Aus sich heraus verzichtete sie auf eine ganze Menge Dinge, die bisher (so weit sie bekannt waren) Anstoß erregt hatten. Durch zwei Monate hatte sie keine Beziehungen zu einem Mann oder einer Frau, spielte sie nicht mehr, nahm sie kein Rauschgift. Mir zu Liebe, um auf diese Weise sich die Möglichkeit der Behandlung zu Hause durchzusetzen. Denn nunmehr, da sie weicher wurde, schlug

---

* Die Schwester von Scheheresad, die auch anwesend ist, ist nur eine dichterische Abspaltung, eine Verdoppelung der Hauptfigur, wie dies im Traum und Dichtung häufig, ein Pendant zu der Verdoppelung des Schahriar zum königlichen Brüderpaar.

die Haltung der Familie völlig um. Auf einmal hatte es gar keinen Sinn, für die Behandlung dieser Person Geld aufzuwenden; man wollte sie nach Amerika abschieben. Ein Vierteljahr früher noch wäre sie mit Freuden darauf eingegangen; jetzt sträubte sie sich. Sie, die bisher so sehr auf ihre Freiheit gehalten, ließ es zu, daß sie ins Geschäft gebracht und von dort abgeholt wurde. Sie begann, ihr Gehalt zu Hause abzugeben, verließ auch unter Tags das Haus nicht mehr allein. In alles wollte sie sich fügen. Aber eine mehrnächtliche Abwesenheit von zu Hause, die der dringend notwendigen Bereinigung einer früheren Angelegenheit diente, gab den erwünschten Vorwand, die Behandlung abzubrechen, sie über See zu schicken.

Dies Ereignis ist fast typisch: Der Kranke, der zu uns kommt, steht von sich aus gesehen außerhalb der familiären, schulischen, beruflichen oder sonstigen sozialen Gemeinschaft. Vor dem Unbewußten der anderen Mitglieder der Gemeinschaft sieht die Sache ganz anders aus: Da steht er nicht außerhalb der Gemeinschaft, sondern in ihr als Kämpfender, als Stein des Anstoßes, als nötiger Blitzableiter für die innerhalb der Gemeinschaft mit Notwendigkeit entstehenden Spannungen. Der Herrschende und die sich mit ihm eins fühlende Gemeinschaft hat ihn nötig als Objekt gewalttätiger Antriebe, zu *deren* Bewußtmachung und Rechtfertigung. Er dient dem Bedürfnis nach Selbstquälerei, Selbstbestrafung. Das ist die Funktion der trotzigen Kinder innerhalb der Schule, daß an ihnen der Lehrer seine Macht erprobe, daß die artigen Kinder jemanden hassen und verachten dürfen. Das ist die Funktion des Armen und Arbeitsunfähigen der berufstätigen Gesellschaft, daß jeder seine eigene Leistung bewundern kann und sich wegen seiner Mühen bedauern darf und moralisch seine Gewalttätigkeit bemäntle. Das ist die praktisch in ihrer Bedeutung gar nicht zu überschätzende Aufgabe des Kampfes zwischen Mann und Frau in den Strindberg-Ehen. Das – und daß man sich durch diese Qual das Himmelreich erkaufe, seine Sünden büße. Darum also ist regelmäßig die Eingliederung eines Patienten in seine Gemeinschaft durch die Umgebung gefährdet, die damit des Objektes und Mittels ihrer eigenen Triebwelt beraubt wäre. Es gibt wenige tief greifende analytische Behandlungen, wo nicht an einem wichtigen Punkte dieselbe Umwelt des Patienten, die bisher am meisten unter den Leiden des Kranken gelitten hat, deren Krankheit diese Leiden waren, gefährdet, und ein großer Teil der Behandlungen leidet hieran Schiffbruch. Und so sagt denn Freud auch ziemlich resigniert in seinen technischen Ratschlägen, er könne zwar den Psychoanalytiker in der Behandlung des Kranken beraten; für die Behandlung der Angehörigen aber wisse er keinen Rat.[4]

Anmerkungen

1 Radó 1926.
2 »Tausendundeine Nacht« (1895–97).
3 Freud 1910 h, 1912 d.
4 Freud 1912 e, S. 386 f.

13. Die Gemeinschaft mit sich selber

Über narzißtische Charaktere, Neurosen und Psychosen

Wir kennen den Menschen nur als Gemeinschaftswesen. Von allem Anfang an *lebt* er in Symbiose. Noch *erlebt* er sie nicht. Dies allein wäre Objekt psychologischer Forschung. Bei dem Schmarotzerdasein des Embryos im Mutterleib aber, in dem für gewöhnlich Reizstille herrscht, haben wir keinen Anhalt, von einem Subjekt-Objekt-Bewußtsein, einem Erleben zu sprechen. Erst die Geburt läßt diese *Präexistenz* zur Existenz werden – Existenz kommt von *existere* = aus sich herausstellen –; erst dann gibt es Reiz, Reizaufnahme, Reizerlebnis, Reizantwort: die Ichtriebe streben nach Wiederherstellung der Reizstille.

Die erste Zeit nach der Geburt bleibt die Gemeinschaft zwischen Mutter und Kind Mittelpunkt des menschlichen Daseins. Nach wie vor ist das Kind auf die Mutter angewiesen, daß sie ihm die Reizstille ermögliche. Aber die Sinnesorgane, unter ihnen vor allem die Muskeln, beginnen gemäß ihren ererbten, in ihrem Bau fixierten Funktionen zu arbeiten. Und mit dieser triebhaft lustvollen Betätigung gewinnt das Kind selber mehr und mehr die Macht über die Reizwelt, in erster Linie über die unmittelbare, den eigenen Körper. Es beginnt sich auf die Symbiose mit dem Körperich einzurichten. Zur Beherrschung der Reizwelt aber dienen vor allem die Niederschläge der früheren Erlebnisse. Diese Erinnerungen werden gleichfalls als Ich erlebt, mit dem das Subjekt eine Lebensgemeinschaft zu bilden genötigt ist (Zeit des primären Narzißmus).

Auf diese Weise lockert sich ganz allmählich die Lebensgemeinschaft Mutter–Kind, und neue mit anderen Objekten der Außenwelt greifen Platz. Auch der Vater tritt als Liebesobjekt in das Leben des Kindes ein. Die Stellung des Kindes zur Mutter sowohl wie zum Vater aber ist nicht einheitlich; vielmehr sind die Eltern als Träger der Erziehung–Entziehung immer häufiger gezwungen, dem Kinde Lust zu versagen, ja direkt Unlust zuzufügen. So entsteht neben der geliebten Mutter die böse Mutter, neben dem geliebten Vater der böse Vater. Zunächst allerdings sind die vier Erlebnisketten noch nicht zu einer Einheit zusammengefaßt, da das einheitliche Ichbewußtsein, das Identitätsbewußtsein des erlebenden Subjekts, nicht erstarkt ist. Vielmehr sind es vier Subjekte, die sich in vier Erlebnisketten an vier Objekten erleben. Erst um das 4.–5. Lebensjahr herum ist die Vereinheitlichung des Ichs soweit fortgeschritten, daß man von den vier Beziehungen als einem einheitlichen Komplex sprechen kann, dem *Ödipuskomplex*, in dem die vier Beziehungen in eine Abhängigkeit untereinander gebracht sind: Der Vater wird gehaßt, weil die Mutter geliebt wird, und umgekehrt. Dieser innere Widerspruch des Ödipuskomplexes trägt in sich den Keim des Todes. Treten nun gar spezielle Konflikte auf, so zerbricht er, der aus der Konsolidierung des Ichs erwuchs. Die typische Veranlassung dieses Zerbrechens ist die *Kastrationsdrohung*, die Kränkung des Ichs durch Bedrohung mit Versehrung der Körperlichkeit, speziell des Penis.

Bei einem solchen Ereignis entsteht mannigfaltige Gefahr: das lustspendende Körper-Ich könnte verloren gehen. Man könnte den Verlust dadurch ausgleichen, daß man die Liebe von ihm abzöge. Man könnte den Körper verachten, ja hassen, weil man den geliebten Bedroher nicht verachten, nicht hassen kann und darf: sonst würde man böse, ungeliebt. Diese Einstellung ist der Anstoß zur Bildung von Religionsgemeinschaften, die das Fleisch abtöten, um sich in Liebe mit Gott und den Mitbrüdern geborgen, unsträflich zu finden. Man könnte nur mehr in der Welt der Körperlosigkeit leben, sei es in Gedanken, sei es in der Phantasie, in der Welt, die dem eigenen Ich entstammt, in einer narzißtischen Welt also. Denker und Dichter, aber auch Zwangsneurotiker und Halluzinierende wählen diesen Weg. Glücklicherweise allerdings ist der Abzug der Liebe vom Körper-Ich gewöhnlich nicht vollständig. Meist wird nur das *Ganze* der Körperlichkeit ausgeschaltet. Umso wichtigere Lustspender werden wieder, wie in frühester Kindheit, die einzelnen Organe, namentlich die Anfangs- und Endpunkte des Verdauungskanals. Eine auffallend geringe Rolle als Lustquelle bei diesen Autoerotismen spielen die in der Realanpassung so wichtigen Sinnes- und Bewegungsorgane. Ihre Funktion wird weitgehend aus dem Ichidentitätsbewußtsein ausgeschaltet und »subalternen« Ichen überlassen, automatisiert, gerade weil ihre Leistungen das Ichgefühl in erster Linie schufen, weil sie das Ich »sich fühlen« ließen.

Aber man könnte auch den Droher hassen und auf seine Vernichtung hinarbeiten und so die Gefahr für das Ich abwehren – wenn der Gehaßte nicht auch geliebt, ja zum Leben notwendig wäre. Doch es gab eine Zeit, – sie liegt noch nicht weit zurück, – da der Gehaßte (ich nehme schematisch im folgenden den Knaben und den Vater als Beispiel) noch nicht eins mit dem Geliebten, der böse Vater ein anderer als der gute war; als das Ichidentitätsbewußtsein noch nicht war, als noch kein einheitliches Ich da war. Wenn man auf diese Stufe zurückginge?

Gänzlich darauf zurückgehen, wenigstens auf die Dauer, geht nicht. Dann ist man nicht lebensfähig, kann Gefahren nicht als altbekannte erkennen und abwehren. Aber teilweise geht es, wenn die Erlebniskette: böser Vater, Enttäuschung am geliebten Vater sich aus dem Ichidentitätsbewußtsein ausschaltet.

Und diese Lösung des Dilemmas, wenigstens ihr Versuch, ist die Regel. Aus Angst vor der Gefahr würgt das Kind die Enttäuschung hinunter in die Tiefe des nun entstehenden Unbewußten, d. i. bewußtseinsunfähigen Verdrängten. Dadurch kommt der komplexe Psychismus der Identifikation mit dem geliebten Bedroher in Gang, das Sich-zu-eigen-machen, das Sich-an-die-Stelle-setzen. Ein Bild aus der Physik: kinetische Energie, die bisher als Arbeit in Erscheinung trat, wird in potentielle Energie, lebendige Kraft zurückverwandelt.

Doch verlassen wir die Theorie! Sehen wir uns lieber die Lösung des Ödipuskomplexes an dem Fall eines Gesunden an. (Ich bringe aus Gründen der Diskretion nur Bruchstücke von Analysen, die stets Jahre zurückliegen und in Einzelheiten, Namen, Orten usw., zum mindesten aber dadurch entstellt sind, daß ich eben nur Bruchstücke bringe.)

Eines Tages sucht mich ein hoher Richter auf, der Psychoanalyse genauer zu studieren wünschte. Er fühlt sich durchaus gesund, ist vor allem in bezug auf seine Arbeitskraft voll auf der Höhe. Er hat auch allen Grund, mit sich und seinen Erfolgen zufrieden zu sein; hat er es doch in noch jugendlichen Jahren zum höchsten Richter seiner Stadt gebracht und füllt seinen Platz zu allgemeiner Zufriedenheit aus. Zahlreiche Ehrenstellen beweisen ihm die allgemeine Anerkennung. Dabei ist ihm der Aufstieg wahrlich nicht leicht gemacht worden. Er stammt aus einem kleinen Dorfe, wo sein Vater einen kleinen Kramladen hatte. Da der Junge durch Gescheitheit auffiel, immer gute Noten hatte und niemals böse Streiche machte, nahm sich der Pfarrer des Ortes seiner an und sorgte dafür, daß er auf ein Lehrerseminar kam. Auch hier war er immer ein Musterkind. Bald erhielt er eine Stelle als Dorfschullehrer eines kleinen Nestes. Dort arbeitete er in seiner ganzen freien Zeit an seiner Weiterbildung und sparte jeden überflüssigen Pfennig, so daß er nach wenigen Jahren das Abitur nachholen und die Universität beziehen konnte. Dort hielt er sich mit Stundengeben über Wasser. Nach Bestehen aller Examina – natürlich machte er den Doktor – ging er in die Richterlaufbahn. Aber auch jetzt noch arbeitet er ständig an seiner Weiterbildung. Alles Neue zieht ihn mächtig an. Man kann ihn einen Philister des Modernen nennen. So kam er auch zur Analyse.

Er wünschte, sich zu informatorischen Zwecken einer kurzen Lehranalyse zu unterwerfen. Diese ging nicht in die letzten Tiefen, da kein

Krankheitsdruck auf ihm lastete, sein Ich nicht durch die narzißtische Kränkung einer Unzulänglichkeit gelockert war. Auch sein Sexualleben sei ganz in Ordnung, meint er. Seit 15 Jahren ist er mit der Tochter eines früheren Vorgesetzten verheiratet. Es sei keine reine Vernunftehe gewesen. Das Mädchen sei ihm von Anfang an sympathisch gewesen. Die Ehe ist gut. Er hat zwei Kinder. Seine Frau führt zu seiner Zufriedenheit die Wirtschaft, sorgt für Ordnung im Hause und für Ruhe, wenn er arbeitet. Sie ist sparsam. Es gab, abgesehen von der Inflation, nie irgendwelche Geldsorgen. Er kann für seine Ausbildung immer Geld bereitstellen. Und die Weiterbildung kostet viel Geld. Jedes Jahr besucht er Kurse in fremden Städten, geht auf Kongresse und hat jetzt für die Analyse und den Aufenthalt außerhalb seines Wohnortes eine ausreichende Summe reserviert. Denn da sei das Geld gut angewandt. Wie man sinnlos Geld ausgeben, überhaupt etwas Sinnloses tun könne, sei ihm unverständlich. So entbehrte (und hatte von jeher entbehrt) das Verhältnis zu seiner Frau jeglichen spielerischen Beiklangs, jeglichen zwecklos Lustvollen. Zwar Geschlechtsverkehr mußte sein. Das ist eheliche Pflicht, so wie es auch Pflicht ist, um sich gesund zu erhalten. Deshalb wäre es höchst unvernünftig, prüde zu sein. Man muß über alles sachlich reden können. Und so, wie er über diesen Punkt dachte, war er überhaupt. Man konnte, trotz der intellektuellen Freude an seinen Reden, trotz der Achtung, die er einem abzwang, nicht warm werden. Er war im Grund genußunfähig, unlustig in seinen Beziehungen, nicht nur sexuell frigid, ein Symptom, das bei Männern mindestens ebenso häufig wie bei Frauen ist. Das ist durchaus nicht gleichbedeutend mit Impotenz, ja oft mit großer Potenz verschwistert. Im Verlauf der Analyse nannte er sich deshalb einmal »verholzt«.

Diese Eigentümlichkeit führte uns in die früheste Jugend zurück bis vor die Schulzeit, wo er bereits jener Musterknabe gewesen war, der die Liebe des Pfarrers auf sich gezogen hatte, und der er im Grund als Musterbeamter und Mustergatte auch jetzt noch war. Allerdings von frühester Kindheit weiß er durch die Erzählung seiner Mutter, daß er ein sehr lustiges, ja wildes Kind gewesen sei, kaum zu bändigen. Er hing als Nesthäkchen außerordentlich an der Mutter und hielt sich fast den ganzen Tag bei ihr in der Küche auf. Es war nicht möglich, sämtliche traumatischen Erlebnisse der Zeit um das 4. bis 5. Jahr aufzudecken, die zu der Charakterveränderung geführt hatten, und noch weniger kann ich sie hier schildern. Eine vollständige Analyse war auch nicht unser Ziel; wesensändernde Therapie wurde nicht angestrebt. Verdankte er doch seinem Charakter seine äußeren Erfolge; trotzdem brachte bereits die teilweise Aufdeckung jener jetzt mitzuteilenden Vorgänge eine merkwürdige Wirkung hervor: er wurde genußfähiger, namentlich in sexueller Beziehung. Und dies fand einen offenkundigen Ausdruck darin, daß er nach Aussage seiner Bekannten um 10 Jahre jünger aussah als vor der Analyse.

Er erinnert sich vor allem an zahlreiche Erziehungsmaßnahmen seiner Mutter, die sehr auf Sauberkeit und Pünktlichkeit aus war. Sein Vater war still, von oben herab. Seine Gemessenheit imponierte ihm gewaltig. Allerdings einmal verlor der Vater, der im allgemeinen nicht schlug, völlig die Beherrschung. Er erinnert sich an eine furchtbare Szene in einer Nacht. Es muß um sein 5. Jahr herum gewesen sein, da er im Kinderbett im elterlichen Schlafzimmer schlief; kurz nach dem 5. Geburtstag aber siedelte er in ein anderes Zimmer und Bett über, da um jene Zeit sein Bruder in die Lehre nach auswärts kam. Er weiß nur noch, daß er mit furchtbarer Angst aufgewacht war und schrie, und daß der Vater aus der Richtung, wo das Bett der Mutter stand, im Hemd auf ihn losstürzte und ihn furchtbar verschlug. Es handelt sich um eine Deckerinnerung, denn in die Szene hatte er sich bei späterer Überarbeitung selbst hineinretuschiert: Er sieht sich in seinem Bett am Kopfende sitzen, er weiß oder fühlt sich nicht sitzend. Nach der ganzen Situation und nach allen Erfahrungen aus anderen bis in die Details geklärten Analysen dürfen wir annehmen, daß sich die Szene wie folgt abspielt: das Kind erwacht von den Geräuschen des elterlichen Koitus. Neugier gilt den Vorgängen im Bett der Mutter. Der Knabe echot die keuchende Atmung. Die Erinnerung an die Erlebnisse der Vorfahren, die in jedem Menschen schlummern, werden dadurch mobilisiert: eine starke Erregung setzt ein, zu groß für das kleine Gefäß des kindlichen Organismus. Die Reizüberfülle bedeutet eine Gefahr, auf die, wie auf Gefahr überhaupt, mit Angst reagiert wird. Eine Gefahr scheint von außen zu drohen. Ist sie doch ein Vorgang in der Körperlichkeit, dem Organ der Vermittlung zur Außenwelt. Sie scheint vom Vater auszugehen, und sie wird durch das Schreien, das den zur Angst führenden Vorgang zu kupieren unternimmt, realisiert, zur tatsächlichen Gefährdung durch den Vater gemacht. Unter Beschimpfungen schlägt der ihn. Und die Mutter eilt nicht zu Hilfe. Sie ist also auf Seiten des Vaters. Sie gehört zum Vater. Die geliebte Mutter hat ihn um des bösen Vaters willen verraten. Der sonst Bewunderte bedroht ihn. Die Welt ist schlecht. Das Kind kapselt sich, angewidert von ihr, ab, weil es keine Liebe gibt. Auch den Körper haßt er und wirft ihn weg. Er will keinen Mittler, weil er keine Außenwelt will. Er zieht sich auf sein geistiges Ich, sein Denken zurück. Das gibt ihm die Waffen, den Menschen fremd, ihren Anforderungen zu genügen, ja sogar sie sich gefügig zu machen. Denn er braucht die Menschen. Er kann nicht ohne sie leben. Nur hat es keinen Sinn, sie liebend zu erleben. Liebevolle Hingabe an sie als Selbstzweck ist sinnlos, ja sinnwidrig. Man muß wie der Vater sein, kühl, in sich zurückgezogen, immer bedächtig.

So nimmt er das Wesen des gefürchteten und doch bewunderten Vaters in sich auf, macht sich dessen Sein zu eigen. Ein Teil des Ichs ist nunmehr der Vater. Das Individuum trägt ihn mit sich in unlösbarer Gemeinschaft herum. Und der Vater in ihm – wir nennen diesen Teil der Persönlichkeit das »Über-Ich« – schaltet mit ihm, wie es eben der Vater mit dem Kinde tut: er befiehlt und verbietet, er straft, ermahnt und lobt. Er schlägt und streichelt das Kind, nach eben jenen unerforschlichen Gesetzen, die das Kind in den Vater hineinsah. Ja noch mehr: wie sich das Kind verhalten hätte, wenn es Vater gewesen wäre und es als Kind gewagt hätte, so böse gegen ihn zu sein. (Das ist, wie man weiß, noch viel härter als ein Erwachsener ausbrüten könnte: Kinder sind noch ungehemmt grausam.) Die Forderungen aber, die dieses Über-Ich stellt, werden sehr leicht unabänderlich. Denn aus Haß ist das Über-Ich geboren; noch im Sohne ist der verbietende, befehlende Vater gehaßt, sein Verhalten hassenswert. Aber doch auch bewundert wie der leibhaftige Vater es war. Deshalb wird das Über-Ich (teilweise) verdrängt, und immer wieder erneuert sich der Prozeß der Aussonderung aus dem Ichbewußtsein. Das Verdrängte zieht immer neues Material an sich, das damit unbewußt, unkorrigierbar und verewigt wird. Neue Autoritätspersonen schichteten sich und ihre Forderungen darüber, das Über-Ich verwirklichend: die Gesellschaft, die Kirche und all die andere reale Außenwelt und Innenwelt gewordene Außenwelt.

Daß ständig sich steigernde, oft sich auch widersprechende Forderungen Konflikte mit der Triebwelt erzeugen, die das Ich im Dienste des Über-Ichs verbannt und damit angestaut hat, kann fast weniger wundernehmen, als daß es trotzdem noch so viele relativ genuß- und leistungsfähige Menschen gibt. Umsomehr Anlaß haben wir, uns anzusehen, wie in einem solchen Fall die Balance gehalten wird: Unser Richter hatte ein zwar strenges, aber doch leicht zu befriedigendes Über-Ich, wie er den Vater gesehen hatte. Auch der Pfarrer, der bald darauf eine große Rolle in seinem Leben spielte, war gütig. Seine Lehrer, seine Vorgesetzten waren mit ihm zufrieden, da sie seinen Eifer und seine kühle Intelligenz sahen. Und so war er im Einklang mit seinem Über-Ich, wie wir es nennen: *ein narzißtischer Charakter*. Das, was er an Lust nicht gewann, vermißte er nicht. Er hatte reichlich Ersatz an der Ehre, die ihm sein Über-Ich und in dessen Verwirklichung die Welt gab. Vielleicht wird er manchem nicht als »vital« erscheinen, weil er nichts geheimnisvoll Geniales an sich hatte; denn er versetzte nicht durch zahlreiche, plötzlich aus dem Unbewußten hervorbrechende Impulse in Bewunderung und Angst, war so gar nicht geeignet, der Verkörperer unbewußter Wünsche anderer zu sein. Er war ganz Contenance, zusammengehalten von einem starken Ich. Aber triebschwach war er sicherlich nicht. Nur war die Entäußerung der Triebe darauf abgelenkt, ihm und seiner Umwelt die Realität dienstbar zu machen: Gäbe es viele solcher Menschen, so wäre das Leben zwar langweiliger, aber angenehmer. Allerdings konnte man sich nicht absolut auf sein Ich verlassen. Denn selbst bei ihm gab es Durchbrüche des Unbewußten; wie bei jedem Menschen. Allerdings waren dies seltene und relativ periphere Vorkommnisse. Hier ein Beispiel:

Wir hatten in der Analyse einige Tage über Beziehungen des damals Zwanzigjährigen zu einer jungen Kollegin gesprochen, die mit ihm das Dorfschulhaus bewohnte. Als sie hinkam, schloß sie sich ihm an, und er, der gerne dozierte und dabei hoffte, seine Kenntnisse zu festigen, erbot sich, ihr französische Stunden zu geben. Aber bald wurde aus der ernsthaften und zweckmäßigen Unterhaltung ein lustvolles, zielloses Geplauder. Ja er glaubte sogar wahrzunehmen, daß das Mädchen in ihn verliebt sei und ihm Avancen mache. Da zog er sich brüsk zurück. Und er hatte ganz recht – meinte er. Denn es handelte sich um eine ganz gewöhnliche Person, die sich bald darauf mit einem Bauernburschen einließ, was üble Folgen zeitigte. Immerhin, auch unserem Analysanden schien es während der Erzählung, – er hatte ja in der Zwischenzeit viel »gelernt«, – daß er selbst wohl nicht ganz unschuldig an dem Schicksal des Mädchens sein könne, daß es vielleicht doch nicht so schlimm gewesen, sondern nur verführt von der Einsamkeit und der körperlichen Nähe eines jungen Menschen.

Kurz nach dem Bericht war er über Sonntag zu Hause. Er saß nach dem Abendessen im Wohnzimmer bei der Zeitung, als ihm einfiel, daß er einmal einen Brief des Mädchens erhalten hatte. Vielleicht könnte man aus der Schrift entnehmen, was es für ein Mensch war. Er beschloß, mir das Schreiben mitzubringen. Er legte die Zeitung weg, ging in sein Arbeitszimmer an den Schreibtisch, um es herauszusuchen, und – arbeitete noch lang in einem Buch, das auf dem Schreibtisch gelegen. Andern Morgens beim Anziehen dachte er an einen Traum der letzten Nacht. Dabei fiel ihm auf einmal ein, daß er gestern abend ganz vergessen habe, den Brief herauszusuchen, und er tat es nun und steckte ihn zu sich.

Die Analysenstunde dieses Tages spielte sich etwa wie folgt ab: er erzählte mir das für ihn merkwürdige Vergessen seines Vorsatzes im

Wohnzimmer, wobei er alle Vorbereitungen, das Zusammenlegen der Zeitung usw. sehr breit schilderte und völlig ratlos vor der Tatsache stand, wie das zugegangen sei, daß er vor dem Schreibtisch den Vorsatz vergessen. Er weiß jedes Detail bis zu dem Augenblick, wo er vor dem Schreibtisch stand, und dann wieder, daß er, im Buche lesend, auf dem Schreibtischstuhl saß. Dazwischen ist für ihn eine Lücke. Ihre Größe vermag er nicht annähernd zu schätzen. Er fühlt nur eben die Identitätslücke, die Lücke in seinem Bewußtsein, ja in seiner Existenz.

Plötzlich fiel ihm wieder der Traum ein, den er in der Nacht gehabt hatte (ich bringe nur seinen ersten Teil): »Ich bin mit meinen Kindern auf der Sommerreise im Spiegelsaal von Schloß Linderhof; wir lachen, weil mein Sohn im Scherz sagt, ich hätte so furchtbar viele Kinder.« Der Analysand bringt dazu den Einfall, daß er im letzten Sommer mit seinen Kindern eine sehr große und anstrengende Wanderung im bayrischen Gebirge unternahm, trotzdem er als Kind nie an körperliche Leistungen gewöhnt war. Er war dabei nicht wenig stolz auf seine Leistungsfähigkeit. Und dazu passe ja auch die Anspielung seines Sohnes auf seine sexuelle Potenz, auf die Möglichkeit vieler Kinder.

Und nun langt er in seine Tasche und reicht mir den Brief her. Dreiviertel der Analysenzeit war schon vorüber, als ihm die Übergabe des Briefes einfällt. Und er fällt ihm erst wieder ein, nachdem ihm der Traum in Erinnerung gekommen war. Während er mir den Brief gibt, beginnt er folgenden Nachtrag zu dem Erlebnis mit der Kollegin, der ihm jetzt erst in Erinnerung kommt: Das Mädchen hatte ihm gut gefallen. So waren bei ihm öfters sexuelle Wünsche aufgetaucht. Trotz seiner Grundsätze hätte er zu gerne einmal »die Liebe« kennengelernt. Allerdings ging es nicht. Er konnte noch nicht heiraten. Er hatte ja sein Studium vor. Eines Tages aber, als er während des Lernens nahe bei dem Mädchen saß, habe er die Wärme, den Duft und die Erregung des Mädchenkörpers gespürt. Am liebsten hätte er mehr gemacht. Da habe er plötzlich gefühlt, daß sein Glied nicht steif sei. Scham vor dem Mädchen packte ihn. Er sprang auf. Und von diesem Augenblick an war er kalt und feindselig gegen das Mädchen. Jetzt verstehen wir auch den Traum als Tröstungstraum und können nachfühlen, warum es erst der Traum ermöglichte, dieses vergessene Stück seines Ichs sich wieder zu eigen zu machen: Er ist heute noch jung und liebeskräftig, könnte noch so viel Kinder haben, wie er will.

Ein harmloses Erlebnis, ein alltägliches Vergessen, wie Freud und seine Schüler viele beschrieben haben. Und doch uns wichtig, als Beispiel, wie manchmal eine Vorstellung, eine Erinnerung, die das Ich nicht wahrhaben wollte, es durchbrechen kann. Selbst dem Gesündesten, Geschlossensten droht Gefahr und damit die Gefahr der Krankheit. Von hier, der ichpsychologischen Betrachtungsweise aus, verstehen wir auch die Bedeutung, die Breuer[1] hypnoiden Zuständen hat beimessen wollen: wir finden oft solche Momente am Ursprung einer Krankheit, sei es (wie Federn[2] es dargetan) in Form der Depersonalisation, der Ichentfremdung, sei es im Sinne einer Ohnmacht oft kürzester Dauer, wie ich es mehrfach sah, also eines Ichverlustes, auf jeden Fall: einer Störung des Ichbewußtseins, der Icheinheit. Diese wird sekundär – aus der Notwendigkeit des Lebens heraus – wieder durch Rationalisierungen sekundären Krankheitsgewinnes usw. geflickt. Das Vorquellen der Triebwelt aus dem lädierten Ich aber nennen wir *Krankheit*.

Ein Detail dieser Analyse führt uns vom gesunden narzißtischen Charakter zur schweren narzißtischen Psychose, zur Schizophrenie König Ludwigs II. von Bayern, des Schöpfers von Linderhof. Stellen wir uns den Kranken dort in seiner geheimnisvollen Existenz vor. Unaufhörlich geht er auf und ab in der Flucht der Prunkräume des ersten Stockes. Keine Menschenseele ist um ihn. Er ist allein mit sich und seinen Gedanken. Und diese Gedanken sind allmächtig. Aus dem stillen Gebirgswald hat er ein Zauberreich geschaffen, wo er als der allmächtige Sonnenkönig haust. Aus dem kleinen, armen Bayern hat er genau so viel Geld gestampft wie der Herrscher Frankreichs. Es ist vergoldeter Stuck. Sein Wunsch verleiht den Dingen Ewigkeit, sogar den flüchtigen Blumen. Auf dem Tisch steht eine Riesenschale der seltensten, nie welkenden Blüten; aus Meißner Porzellan. Wenn er speisen will: das »Tischlein deck dich« fährt empor. Er braucht keine Menschen, um seine Notdurft zu stillen. Nur er ist da, sein Ich. Und das ist überall. In den vielen Spiegeln wandert es mit ihm unaufhörlich auf und ab. Und wenn er sich vor ihm verneigt, so beugen unzählige Sonnenkönige ihr Haupt vor ihm.

Wir kennen ein erschütterndes Dokument, das uns Aufschluß über die Entstehungsgeschichte der Krankheit gibt: zwei kostbar eingebundene Tagebuchbände.[3] Sie enthalten nur wenige Seiten, aber sie enthüllen uns einen furchtbaren Kampf, das vergebliche Ringen eines hochgespannten »königlichen« Willens gegen die triebhafte, als Erniedrigung empfundene Onanie, die Lustbefriedigung aus seinem eigenen Körper, und gegen die Homosexualität, der Lust an Körpern, die sind wie der seine. Nur aus sich, aus seinesgleichen kann er Lust ziehen. Freilich, trotz seiner Schönheit, ist dieser Körper gering und verächtlich im Vergleich zu dem Herrn und Meister in ihm, dem göttlichen Sonnenkönig, mit dem er oft Zwiesprache hält. Und wie sich selbst verhöhnend, sucht er an seiner statt den Körper niederer Menschen, Reitknechte und anderer gewöhnlicher Sterblicher, mit denen er sonst nicht spricht. An der Gewalt seiner Triebwelt scheitert sein Gottum immer wieder. Und er beschimpft diese Triebwelt, verkündet die schärfsten Strafen über sie im Namen Ludwig XIV., zu dem er betet und spricht, wie das Kind zum Vater:

»Que la mémoire de la grande Reine* soit benie et
vénérée à jamais (baiser de la pierre du socle
de la croix et de la neige symbole de la pureté et
de la candeur du lys) me donne la force pour
vaincre le mal à jamais (maidits soient
encore et pour toujours les baisers profanes)
Que Dien,** la source de tout le bien au monde
vienne à mon aide messe de deuil à minuit
(agenouillé et baisé la main de la noble
      portrait en miniature)
et auguste Reine dont nous célébrons aujourdhui plus
que jamais la mémoire qui ne palirat pas si
longtemps qu'ils y a des ames monarchiques!
lu dans l'œvre des St. Amand: la dernière
année de Marie Antoinette.
Que les suites de la déplorable faute commise
au 10 Octobre, soint ettoufés à jamais,
jamais entre les jours d'octobre 5 et 6 et le 16!
entre les saints baisers de la colonne de marbre
de la grande galerie près du salon de la paix
et ceux de la colonne de marbre d'ici
(vestibule) de la pierre du socle de la croix
symbolique et de la neige.
  Linderhof   le 16. Octobre 1881
pensez à 83 L S et aux premiers nuits à
Basse ville en 3 ans si tout va bien!
I. L. S. V.
dix ans depuis Versailles.[4]
oder
»Au nom du Père, du Fils et du
Saint Esprit!
Ich liege im Zeichen des Kreuzes (Erlösungs-
tag unseres Herrn) im Zeichen der Sonne

 * Marie Antoinette.
 ** Es steht im Text häufig n statt u.

204

(Nec pluribus impar!) u. des Mondes
(Orient! Wiedergeburt nach Oberons Wunder
Horn. –) Verflucht sei ich u. meine Ideale,
wenn ich noch fallen sollte Gott sei Dank,
es ist nicht mehr möglich denn es schützt mich
Gottes heiliger Wille, des Königs erhabenes
Wort! – nur psychische Liebe allein ist gestattet
die sinnliche dagegen verflucht. Ich rufe feierlich Anathema über sie aus: »Du nahst als
Gottgesandte, ich folg' aus holder Fern, so fährst
du in die Lande, wo ewig strahlt dein Stern –
   Adoration à Dieu et la sainte
   religion! Obéissssance absolue au Roy
   et à so volonté sacrée.«[5]

oder

   »3 Februar Hände *kein einziges* Mal mehr hinab, bei schwerer
      Strafe!«[6]
Er sendet sich Dekrete, wie:
   »De Par le Roy.
   Au nom du Roy Louis XIV et du Roy
   Louis XV. Il est ordonné que dans la nuit
   du quatorzième au quinzième octobre
   1872 on s'ait touché pour la *derniere fois* aux-
   chl-dans les noms de ces Roys si
   puisants et augustes est la garantie de la force pour vaincre a jamais
   Donné à Hohenschwangau le 15 october
   de l'an du grace 1872 de notre règne
   le neuvième. –

                           Louis.«
   »16. Okt. Todestag der Königin Marie Antoinette.
   Der Muth des Glaubens sei ihm neu gegeben.
   Daß auch für ihn einst der Erlöser lebt!« –
   »Um Deiner Gnaden reichste Huld nur an-
   zuflehen für Seine Schuld!«
      Vivat Rex in aeternum

      ,,   ,, ,,   ,,
                        ,,[7]
      ,,   ,, ,,   ,,
oder
   »Au Roy
   In diesem Briefe ist der *Befehl* und

205

hiemit auch die Notwendigkeit u.
Möglichkeit zu gänzlicher Enthaltsamkeit, selbst des Küssens gegeben, ana-
thema in *aeternum*! Überwunden
mithin mit 32 Jahren u. nicht ganz
3 Wochen alt, letzter Unglücksfall,
entsetzlich nahes Streifen an gänzlichen Fall,
Nacht auf 13. Sept 77
Verflucht das *Blenden* der
Erscheinung, das in sich an unsere Sinne
drängt. – Geschworen *nie* und *nimmer*,
nimmer wieder, i. J. der Vollendung des Linderhofes u. i. J. vor Beginn des
Chiemsee-Baues (Versailles!)«[8]

Um die Triebwelt zu betäuben, will der gigantische Wille in ihm immer mehr, ist er immer mehr Louis XIV. Bis sich schließlich die Außenwelt gegen ihn auflehnt. Ein anderer wird zum Herrn und Meister über ihn gesetzt. Ein Arzt soll ihn bewachen. Da reißt er, der sich nicht der Gewalt des Gebietenden in sich erwehren konnte, die Verkörperung der äußeren Gewalt mit in die Stille, wo es keine Sünde gegen den König und Herrn in ihm gibt. Er kehrt zur Mutter, zum Nichtssein zurück.

Hier haben wir das Beispiel einer schweren narzißtischen Psychose vor uns, einer Lebensgemeinschaft eines Menschen mit sich selbst, die so eng ist, daß die Wirklichkeit der Außenwelt nicht mehr in sie eindringen kann. Er hält sie fern. Niemand darf ihn sehen. Er lebt nur nachts. Die Minister sprechen nur durch Türritzen hindurch. Die besonderen Umstände, daß diese Krankheit einen König eines halb absolutistischen Landes traf, ließen die Wünsche in groteskem Ausmaß Wirklichkeit werden. Ludwigs Wille war weitgehend allmächtig. Wenn ein gewöhnlich Sterblicher in dieser festen Gemeinschaft mit sich selbst lebt, so gewalttätig, daß er alle Außenwelt von sich stoßen muß, so verweigert sich diese Welt der Verwirklichung der Wünsche. Sie sind auf die nur psychische Realisierung angewiesen: Halluzinationen, magische Verkennungen, Doppelwertungen entstehen, so daß die Stallmagd zur Prinzessin, der Papierfetzen zum Tausendmarkschein wird.

Zwei Extreme der Lebensgemeinschaften: Triebwesen(Es)-Über-Ich-Ich haben wir bisher geschildert, das friedliche Zusammenarbeiten der drei Instanzen im gesunden narzißtischen Charakter und den psychotischen Fall, wo die unbezähmbar gewordene Triebwelt das Ich zwingt, eine unwirkliche Außenwelt aufzubauen, in denen Über-Ich und Es gleichermaßen sich austoben können. Dazwischen gibt es unendliche Varianten des Verhältnisses zwischen den drei Kräftegruppen im Menschen. Wertvolle, wo das Ich eines Künstlers die Wunscherfüllungen seiner Triebwelt auf die Leinwand in einer Form projiziert, die geeignet ist, der Traum vom Glücke Tausender zu sein; wo der Denker, mit Worten und Begriffen – Teilen des Ichs – spielend, der Menschheit ermöglicht, die Welt der Wirklichkeiten zu meistern und ihre ständige narzißtische Kränkung, der gefühllosen Ananke ausgeliefert zu sein, verringert. Glückliche Zustände: ekstatische, in denen die Liebe zum Ich überflutet auf die Umwelt, und verliebte, in denen sie auf einzelne Objekte überströmt, auf andere besser, schöner erscheinende Ich (Ichideale). Die Unzahl leichter Störungen, wo die Liebe zur Außenwelt gestört ist und damit das Ich, das Mittel, mit ihr zu verkehren, so daß die Welt verändert erscheint, traurig, leer, fremd; schließlich die hypochondrischen Erkrankungen, wo die durch die Kastrationsdrohung bedrohte Liebe zum Körper-Ich zur drückenden Sorge wird. Da sind die Ängstlichen, deren Furcht vor der Kastration sich jede Minute verwirklicht in der Angst, um ihren Schlaf, um ihre Zeit, um ihr Geld, um ihr Ansehen gebracht zu werden; die Mißtrauischen, die ihr liebes Ich ständig verfolgt glauben; die Trotzigen, die gegenüber den Bedrohungen der Außenwelt, die sie allüberall wittern, glauben, sich versteifen zu müssen, um sich so zu fühlen. Da ist die Langeweile, die die Sekunden zur Ewigkeit dehnt, welche das reale, oft unbewußte Liebesobjekt sich versagt, so daß die Liebes- und Haßantriebe nicht in einer Wirksamkeit untergebracht werden können, die das Ich sich lustvoll erleben läßt. Da ist die faselige Verblödung, – in allen Stufen vom anstaltsbedürftigen Schwerkranken bis zur Dame der Gesellschaft, – da das greifbare Ich und die Außenwelt der Dinge geflohen wird, und an ihre Stelle Worte treten, Worte, Worte, Worte.

In all diesen narzißtischen Störungen scheint zunächst keine Hilfe *von außen* möglich. Denn der Außenwelt des Helfers gegenüber verschließt sich – dem Wiederholungszwang folgend – der Kranke. Eine Übertragung lustvoller Objektbeziehung kommt nicht zustande. Sperrungen setzen ein, oft Verschlimmerungen, namentlich dann, wenn der Therapeut aktiv wird. Und doch sind wir oft nicht machtlos. Wenn wir uns ganz passiv verhalten, nur »da« sind, erleben wir es manchmal, wie wir erst Teil des Menschen werden, und wie dann ganz allmählich diese Verkoppelung von Sinneseindrücken und Reaktionen sich vom Menschen löst, so wie ehemals aus dem Chaos kindlichen Erlebens sich die Welt der Wirklichkeit gebar.

Von manchen Seiten ist die Forderung aufgestellt worden, der Psychoanalyse eine Psychosynthese folgen zu lassen. Jetzt verstehen wir, warum Freud dies stets lächelnd abgewehrt hat: die Psychoanalyse erstrebt das Unbewußte, Verdrängte, das, was aus dem Zusammenhang mit dem an der Realität orientierten Ich gerissen ist, diesem Ich wieder zugänglich zu machen. *Psychoanalyse ist bereits Psychosynthese*, Wiederherstellung der notwendigen und lustvollen Symbiose von Außenwelt mit ihrer Repräsentanz in der Persönlichkeit (dem Ich), den Forderungen der gehaßten-geliebten Wirklichkeit, die wir uns zu eigen gemacht (dem Über-Ich) und den Notwendigkeiten des leib-seelischen Lebensvorganges (dem Es).

Anmerkungen

1 Breuer und Freud 1895, S. 14, 173–179.
2 Federn 1926.
3 Herausgegeben von Ed. Grein, Schaan-Lichtenstein, Verlag Rupert Quaderer, 1925.
4 Grein 1925, 87 ff. Die dortige Übersetzung lautet:
Daß das Andenken der großen Königin gesegnet und verehrt sei für immer (Kuß des Steinsockels des Kreuzes und des Schnee's, Symbole der Reinheit und Unverdorbenheit der Lilie) mir gebe die Kraft, das Böse für immer zu überwinden (verflucht seien noch für immer die profanen Küsse.) Daß Gott, die Quelle alles Guten auf der Welt mir helfe! Trauermesse um Mitternacht (kniend und küssend die Hand der edlen und erhabenen Königin, deren (Porträt in Miniatur) Andenken wir heute mehr als jemals feiern, das, solange es monarchisch Gesinnte gibt, nicht verblassen wird. Gelesen im Werk von St. Amand: Das letzte Jahr der Marie Antoinette. Daß die Folgen des beklagenswerten Fehltrittes begangen am 10. Oktober, für immer ausgemerzt seien, immer zwischen den Tagen des Oktobers 5. u. 6. u. dem 16.! Zwischen den heiligen Küssen der Marmorsäule der großen Galerie beim Salon des Friedens und denen der Marmorsäule von hier (Vestibül) des Steinsockels des symbolischen Kreuzes und des Schnee's.
Linderhof   den 16. Oktober 1881.
Denkt an 83 LS und an die ersten Nächte in Basse-Ville (?) in 3 Jahren wenn alles gut geht.
J. L. S. V.
zehn Jahre seit Versailles.
5 Grein 1925, S. 3.
6 Grein 1925, S. 8.
7 Grein 1925, S. 39. Der dortige Kommentar und die Übersetzung lauten:

Kommentar:
Wieder folgt ein Abstinenzgelübde in Form eines Dekretes, diesmal im Namen Ludwigs des XIV. und des XV. Das Französisch ist unklar und fehlerhaft. Uebersetzung des französischen Textes:
Im Namen des Königs Ludwig XIV. und des Königs Ludwig XV.
Es ist befohlen, daß man sich in der Nacht vom 14. zum 15. Oktober 1872 zum letztenmal... berührt hat. In den Namen dieser so mächtigen und erhabenen Könige ist die Garantie für die Kraft, um für immer zu siegen.
Gegeben zu Hohenschwangau, den 15. Oktober des Gnadenjahres 1872, unserer Regierung des neunten.
Louis.
8 Grein 1925, S. 69.

III. Das Ich und die psychosexuelle Entwicklung

14. Die Zurückweisung der Aufklärung durch das Kind

Wenn man Kinder über die körperliche Beschaffenheit, namentlich Geschlechtsmerkmale, die Zeugungs-, Schwangerschafts- und Geburtsvorgänge im Unklaren läßt, treten so häufig und so offenkundig Schädigungen* zutage, daß man sich die Frage vorlegen muß, wieso es möglich ist, daß die Sexualaufklärung heute noch bei so vielen Kindern gar nicht, mangelhaft oder doch zu spät erfolgt. Die Gründe, welche von den Gegnern der Offenheit vertreten werden, scheinen mir nicht zu genügen, weder die bewußten vernunftmäßigen noch die beträchtlich stärkeren unbewußten gefühlsmäßigen. Denn wenn das Kind sich mit seiner ganzen Person für seinen Wunsch, aufgeklärt zu werden, einsetzen würde, würde es wohl fast stets sein Ziel erreichen, da ihm ja massenhaftes Material zufließt, wie wir täglich in unseren Analysen sehen. Dieses Material wird aber entweder gar nicht verwertet – oder dient zum Aufbau bestimmter meist recht typischer Theorien. Diese können sich also wohl nur deshalb halten, ja, müssen sich immer wieder erneuern, weil sie dem Kinde gefallen und wichtigen Triebregungen jener Zeit entsprechen, in der es zu fragen anfängt und wenn es die Fragen erneuert. Das ist das dritte bis fünfte Lebensjahr, das achte bis zehnte und die Pubertät.

Bereits mit drei Jahren ist das Kind kein unbeschriebenes Blatt mehr. Im Gegenteil: es hat schon eine Menge wichtiger Erziehungsmaßnahmen über sich ergehen lassen müssen, besonders solche, die mit der Beherrschung von Harn- und Kotentleerung zusammenhängen. Die Verrichtungen des Enddarms und der Blase, an sich mit recht erheblicher körperlicher Lust und Unlust verknüpft, sind ihm durch die Stellungnahme der Mutter oder deren Vertretung auch zu einer Quelle wichtigster seelischer Lust und Unlust geworden. Belohnungen und Bestrafungen haben nicht nur sein Verhältnis zu den Pflegepersonen dabei stark berührt, sondern auch seine Einstellung zu den Organen immer wieder beeinflußt, die ihm in gewisser Beziehung selbständig, aber als Ursache der Stellungnahme der Pflegeperson gegenüberstehen. Auch seine Selbstliebe ist durch diese Beziehungen oft gekränkt und gestützt

---

* Ein Beispiel einer solchen Schädigung gebe ich in »Analyse der Phobie eines achtjährigen Mädchens«[1].

worden. Dadurch besteht eine kolossale Wertung dieser Schamgegend beim Kinde in positiver und negativer Art.

Trotz der Bedeutung, die die Erzieher den Funktionen dieser Teile geben, konnte es dem Kinde nicht entgehen, daß die Produkte nicht in entsprechender Weise von ihnen gewertet werden. Sie werden weggeschüttet. Nach ihrer Produktion ist die hauptsächlichste Beachtung, die sie erfahren, daß ja kein Spürchen von ihnen übrig bleibt, weder an den Händen, noch am Gesäß, noch in der Luft. Selbst ihr Geruch muß aus dem Raum. Die Funktionen werden also hochgeschätzt, das Produkt aber verachtet, damit fördert man den Zwiespalt auch der Wertung der Organe.

Dieser Prozeß erhält neue Nahrung durch die Beobachtung immer wiederkehrender Tatsachen: diese Gegend wird möglichst rasch verhüllt, namentlich vor Fremden. Mutter und Vater zeigen sie nicht wie Gesicht und Hände, ja verbergen sie offenkundig. Bei der Reinigung wird häufig eilig über die Partien hinweggegangen, jedenfalls ihre Berührung im Sinne des Kindes, das daran Freude empfindet, zu kurz gestaltet. Durch all dies wird der psychophysische (leib-seelische) Vorgang der Scham ausgelöst, der nun seine ererbten Äußerungen zeigt. Es ist bei der Scham (und beim Ekel) wohl ähnlich wie beim Sprechen, Stehen und Gehen: sie muß zwar im Einzelleben erlernt werden, aber die Lernfähigkeit, ja, die Lernnotwendigkeit ist angeboren.

Gestärkt und unterstützt wird diese Scham durch immer neue Maßnahmen. Der After darf nie berührt werden, sonst sind die Finger »ba«. Das Genitale anzufassen, trägt Schelte, Drohungen und Strafen ein. Auch die Verhütungsmaßnahmen, wie Festbinden der Hände, erscheinen dem Kinde als schwere Ahndungen. Gar nicht selten werden Knaben von neurotischen Eltern zu den drolligsten Maßnahmen gedrillt, um nicht einmal beim Urinieren das schreckliche Ding, vor dem die Mutter sich so ekelt, anzulangen. Um diese Zeit gelingt es zumeist den Erziehern mit mehr oder weniger gewaltsamen Mitteln, die Säuglingsonanie zu unterdrücken, das normalerweise bestehende reflexartige Spielen am Genitale. Um den Erziehern zu gefallen, – »so, jetzt habe ich dich lieb«, will es hören, – nimmt das Kind wenigstens mit *einem* Teil seiner Person diese Wertung der Schamgegend und bald ihrer Verrichtungen an; ja, da eine gegenteilige Wertung, eine Vorliebe, gleichfalls besteht, aber verdrängt werden muß, wird diese Scham häufig übermäßig verstärkt. Jede Beschäftigung, auch jede gedankliche Beschäftigung mit der Schamgegend, scheint verboten.

Oft hat es schlimme Folgen, wenn das Kind gegen einen starken inneren Antrieb gehorsam ist. Dann wird der Gehorsam leicht zwangsmäßig. Es bleibt auch bestehen, wenn das Gebot überholt, ja, sinnwidrig geworden ist. So kann es sich ereignen, daß eine dauernde Unfähigkeit die Schamgegend am wirklichkeitsgerechten Arbeiten hindert. Neben Darm- und Blasenstörungen können geschlechtliche Unzulänglichkeiten – Impotenzen beim Mann, Kälte bei der Frau, Geschlechtsverirrungen und Neurosen bei beiden Geschlechtern – auf diese Erlebnisse zurückgehen. Die mangelnden Fragen des Kindes über sexuelle Dinge, die ungenügende Stärke des Interesses und die Dummheit in Beschaffung und Verwertung des sich sonst aufdrängenden Materials sind bereits Vorläufer der oben genannten späteren Störungen. Häufig handelt es sich auch um eine regelrechte infantile Neurose, die sich außerdem in anderen Symptomen, wie Angstanfällen, Zwangshandlungen, Charakterverbildungen, namentlich Trotz und Jähzorn, und vor allem allgemeiner Dummheit, der häufigsten neurotischen Erscheinung, äußert.

Auslösend hiefür sind nicht selten Ereignisse, die dem Kinde noch besonders triftige Gründe geben, nichts von den wahren Zusammenhängen bei der Entstehung von Menschen wissen zu wollen. Dafür ein kleines Beispiel: Die Mutter eines vierjährigen Knaben erwartet ein Kind. Sie will nicht, daß ihr Junge belogen werde, nimmt ihn daher eines Tages auf den Schoß und erklärt ihm, daß er hier jetzt nicht mehr wie früher herumtollen dürfe, weil in ihrem Leibe ein Geschwisterchen wachse. Aufmerksam hört der Knabe zu und stellt auch einige Fragen, die sein Verständnis beweisen. Trotzdem verlangt er andern Tags ein Stückchen Zucker für den Storch, damit dieser ein Schwesterchen bringe. Wieder erklärt ihm die Mutter wahrheitsgetreu alles. Am dritten Tag wiederholt sich die Szene. Als die Mutter aufs neue beginnt, wird sie von dem wütenden Ausruf unterbrochen »Du lügst!«

Also: das Kind will keine Aufklärung. Es will das Storchenmärchen. Das ist ihm angenehmer, denn wäre es wahr, so brauchte er keine Rücksicht zu nehmen auf den gemeinen Eindringling in die Mutter, der ihm seinen bisherigen Alleinbesitz an diesem Liebesobjekt raubt. Niemand soll ihr doch näher sein als er. Jetzt aber schon muß es deshalb Liebesspiele lassen, auf liebendes Tollen verzichten. Wenn schon ein Konkurrent kommt, – warum nicht eine lebendige Puppe, gern auch ein Spielgefährte, – so doch einer von außen, ein Fremder, der der Mutter nicht so nahe kommt. Eifersucht ist ein Hauptmoment, warum Aufklärung dem Kinde unerwünscht sein kann. Ein anderes Kind kommt über diese Dinge vielleicht dadurch hinweg, daß es ständig Fragen stellt, ob bei ihm dasselbe sich ereignet habe, verlangt immer wieder, erzählt zu bekommen, wie es getragen und gestillt worden sei, und beruhigt sich in dem Gefühle, daß es nicht schlechter gestellt sei als der Ankömmling.

Noch deutlicher treten all diese Momente in der zweiten Frage- und Aufklärungsepoche zutage. Hier ist der Tatbestand der bewußten Verfemung der Schamgegend meist längst gründlich festgelegt. Alles, was mit ihr zu tun hat, ist Schweinerei. Und dieser Gegend soll man nun entstammen.

Auch ist der Reiz der Aufklärung häufig zu stark. Das Kind scheut vor der Erregung, die es packt, zurück. Oft kann man beobachten, daß die Neugier, immer wieder geschürt durch tropfenweise von Kameraden, die sich daran aufpeitschen, sexuell erregt Vorgetragenes, das Kind so aufwühlt, daß es davon gequält ist und sich aus Selbstschutz, und um weiter ein braves Kind zu sein, vor neuen Mitteilungen abschließt. Nicht selten tritt solches Nichtwissenwollen in Form des Ekels auf, der auch körperlichen Ausdruck finden kann. So begegnete mir mehrfach morgendliches Erbrechen als Schutzmittel gegen gemeinsamen Schulweg mit Kameraden, wodurch Zuhausebleiben oder Fahren erreicht wurden.

Und nun soll gar noch der Vater, der nur allzuoft Störenfried der lustvollen Spiele mit der Mutter war, eine wichtige Rolle dabei spielen. Meist ist er, zu mindesten für einen Teil der kindlichen Persönlichkeit, ein notwendiges Übel, der Geldverdiener, Nahrungs- und Geschenkeverschaffer, den man deshalb bei guter Laune erhalten muß. So kommt es, daß das Kind, das doch so oft hört, es selbst oder andere ähneln dem Vater, das weiß, daß der Vater irgendwie zu ihm gehört, nicht wahr haben will, daß er etwas mit der Entstehung des Kindes zu tun habe. Und gewiß will es meist nicht wissen, welch schmutzige Dinge mit welch ekelhaften Organen dabei vorgehen. »So was tun *meine* Eltern nicht«, ist eine häufige Antwort auf Erklärungsversuche durch Kameraden.

Sollen wir nun vor diesen Tendenzen zurückweichen und die Aufklärung unterlassen? Ich glaube, die Frage ist falsch gestellt. Da Scham, Ekel und Eifersucht, stark entwickelt, den Keim kommender Erkrankungen darstellen können, oft schon kindliche Charakterverbiegungen und Neurosen sind, ist es Aufgabe des Erziehers, deren Wucherung zu verhüten, beziehungsweise, wenn sie einmal eingetreten sind, sie abzubauen. Demnach muß vom ersten Tage an dafür gesorgt werden, daß die Verrichtungen von Harnröhre und After ebensowenig als schlimm empfunden werden wie die des Mundes. So gut wir nicht in den Fehler mancher Negerstämme verfallen, die das Essen mit Scham bedecken,* ebenso können wir Harn- und Stuhlverrichtungen zu gleichgültigeren

* Immerhin »darf man« bei uns nicht auf der Straße essen.

Vorgängen werden lassen. Dazu gehört, daß wir die ursprünglich bestehende hohe Wertung dieser Tätigkeiten nicht selbst noch ins Groteske
steigern, damit nicht die Scham, die ererbt ist, übermäßig ausgebaut
werden muß, um die Triebkräfte der Harn- und Kotlust in Schach zu
halten. Auch wird die Mutter und deren Vertretung dadurch, daß sie
das Kind nicht allzufest an sich bindet, es von vorneherein daran gewöhnen, zu teilen, namentlich Zeit und Liebe der Mutter. Wird all dies
vermieden, so sucht das Kind die Aufklärung und nimmt sie freudig als
wertvollen Liebesbeweis entgegen. Dann wird es nicht der Köchin
glauben, die erzählt: Ganz weit weg ist ein Teich; von dem holt der
Storch irgend ein Kind heraus; das ist dann dein Bruder.

Anmerkung

1 Landauer 1927 a, Nr. 15 dieses Bandes.

15. Analyse der Phobie eines achtjährigen Mädchens

Nachfolgende Beobachtung, welche bereits mehrere Jahre zurückliegt, soll zeigen, daß im Mittelpunkt mancher kindlicher Neurosen die »Aufklärung« steht. Man darf dann allerdings diesen Begriff nicht eng fassen, sondern muß in ihn sowohl die Antwort auf das Woher und Wie – kindlich! Warum? – als auch das Wohin – in der Kindersprache: Und dann? – die Frage nach dem Sterben und Totsein einschließen.

Kurz vor den Weihnachtsferien suchte mich eine Frau aus einer nahe gelegenen Stadt auf, da die zweite ihrer drei Töchter, damals acht Jahre alt, sehr unter Angstzuständen leide, die das Kind herunterkommen ließen, weil es nicht schlafen und nicht essen könne. Immer meine es, die Speisen seien vergiftet. Zuerst wurde diese Erscheinung während des Sommeraufenthaltes beobachtet, nachdem tags zuvor die Jüngste sich den Magen verdorben hatte. Abends weine die Kleine immer und könne nicht einschlafen, wenn nicht die Mutter bei ihr sitze, und selbst dann beruhige sie sich oft erst nach Stunden. Wenn sich auch diese Erscheinung zuerst gleichfalls während des Badeaufenthaltes ab und zu gezeigt habe, so sei der Zustand doch erst während der Herbstferien unleidlich geworden, die das Kind zu Hause verbracht hatte.

In der Tat war das Mädchen sehr herabgekommen, sah körperlich zurückgeblieben aus (etwa wie sechsjährig), hatte aber einen alten müde-traurigen Blick.

Wir verabredeten, daß das Kind während der Weihnachtsferien zu einer Tante nach Frankfurt kommen solle und mir täglich für eine halbe Stunde gebracht werde. Kinder behandle ich wegen ihrer leichten Ermüdbarkeit stets nur so kurz. Zur Vorsicht machte ich die Mutter darauf aufmerksam, daß es wohl nötig werden würde, auch über Sexuelles zu reden. Ihr Töchterchen sei noch ganz naiv. Bei ihr spiele so was keine Rolle. Im übrigen, wenn ich es für nötig hielte, sie aufzuklären, so wäre ihr das nur recht. Auch bei der Ältesten, damals zwölf Jahre alt, habe es die Erzieherin auf einem Spaziergang in den letzten Herbstferien gemacht, gemeinsam mit einer gleichalterigen Tochter einer Freundin.

In den ersten zwei Behandlungsstunden war das Mädchen kaum zum Reden zu bringen. Jedoch war es kein trotziges Schweigen, sondern ein vorsichtiges. Einzig wenn man auf die Angstzustände kam, wurde es gesprächig. Es fühlte sich deutlich dadurch interessant. Allmählich wird durch Plaudern über die Schule, die wenig bekannte Stadt usw. das Kind zutraulich. Es freut sich, daß ich mich so eingehend mit ihm befasse, mit ihm ganz allein. Die anderen hätten auch immer Geheimnisse. Hier hake ich ein und erfahre nun: die Schwester habe mit ihrer Freundin immer was zu tuscheln. Dann werde es weggeschickt, es verstehe nichts davon, sei noch zu klein. Das ginge seit den Herbstferien so, wo das Fräulein sie beim Spazierengehen vorausgeschickt und mit den Großen Geheimnis gemacht habe. Auf die Frage, was da wohl gesprochen worden sei, wird die Kleine rot und schweigt verlegen. Der Ausdruck ist so eindeutig, daß ich ihr auf den Kopf zusage, daß sie es wüßte. Sie dürfe es mir ruhig sagen, ich hielte sie für groß genug, um mit ihr darüber zu sprechen. Jetzt sagt sie ohne weiteres, daß sie von Kinderkriegen gesprochen hätten, und daß sie alles wisse. Die brauchten gar nicht zu denken, daß sie das nicht verstehe. Als ich ihr recht gebe, wird sie heiter. Nun frage ich weiter, was ihr denn wirklich bekannt sei. Wenn sie noch etwas wissen wolle, so würde ich wahrheitsgetreu antworten. Daraufhin stellte sie die Frage, wie die Kinder in den Bauch der Mutter kommen. Ich sagte ihr, daß sie doch wisse, daß der Bauer Samen in die Erde lege, damit das Getreide in ihr wachse. Dasselbe täte der Vater. Diese ganze Unterhaltung hatte etwa zehn Minuten gedauert und nun plauderte sie frei über alles mögliche, durchaus verwandelt, ein frisches Kind. Offenkundig war ihr das Wesentliche an dem Gespräch der Liebesbeweis, den ich ihr dadurch gegeben, daß ich sie für voll nahm. Von diesem Tag an ißt und schläft die Kleine etwa zehn Tage vollkommen normal, nimmt sichtlich zu, ihre körperliche und seelische Entwicklung macht einen deutlichen Sprung.

Während unserer Stunden tritt immer mehr die Eifersucht auf die Geschwister, namentlich auf das vier Jahre jüngere Schwesterchen, hervor. Im Mittelpunkt ihrer Liebe steht die Mutter, deren Liebling aber die Jüngste sei. Die verstehe sich einzuschmeicheln. Wenn sie nur den Magen verdorben habe, dann weiche die Mutter nicht von ihr. Da auf diese Bemerkung hin vom Kinde, selbst auf direktes Fragen, keine neuen Einfälle zu erzielen sind, entschließe ich mich, ihr die Erzählung der Mutter von der Entstehung der Vergiftungsangst im Sommer mitzuteilen.* Daraufhin fällt ihr ein, daß die Angst gewöhnlich zuerst in der Form auftrete, daß sie Angst für das Leben des Schwesterchens und des Vaters empfinde, erst später für sich selbst. Das allererste Mal überhaupt sei die Angst aufgetreten, als die Mutter im Sommer abends mit

---

* Anna Freud hat in ihrer »Einführung in die Technik der Kinderanalyse« (1927) dargelegt, daß eine derartige Verwendung von Mitteilungen der Angehörigen in Kinderanalysen oft nötig ist.

dem Vater ins Kurhaus habe gehen wollen. Sie wäre damals so gern mitgegangen, habe geweint, weil sie nicht mit dem Vater habe gehen dürfen. Als ihr nun die Mutter Adieu gesagt habe, habe sie so schön ausgesehen, und da sei plötzlich die Angst gekommen. Diese ganzen Mitteilungen erfolgen ohne weiteres Zutun von meiner Seite. Leider mußte hier die Unterredung abgebrochen werden.

Anderen Tags ist die Kleine wieder blaß und verstört, spricht stokkend wie in der ersten Stunde, klagt, daß es nicht geschlafen und kaum gegessen habe und sehr von Angst über die Mutter gequält worden sei. Auch für mich habe sie Angst gehabt. Hier setzte nun der zweite Teil der Aufklärung ein: sie habe sich wohl über mich geärgert, weil ich gestern hatte abbrechen müssen, da sie im besten Reden war. Sie habe das als Zurückweisung ihrer Liebe empfunden. »Aber ich will doch nicht, daß du stirbst. Das ist doch gräßlich, wenn man tot ist.« Ich bemerke ausdrücklich, daß ich selbst nichts von Todesgedanken erwähnt hatte. Nunmehr aber spreche ich ausführlich mit ihr, daß man natürlich jemanden, der einem wehe tue, zum Teufel wünsche, das sei nicht schlimm. Man dürfe ihm nur nichts Böses tun. Sie aber strafe sich schon wegen der Gedanken mit ebensolchen Todeswünschen. Jetzt beruhigt sie sich etwas, fragt aber dann, was nach dem Tode sei. Sie berichtet über Erzählungen von der Hölle, die reichlich blutrünstig sind. Ich erkläre ihr, daß wir nur wüßten, daß mit dem Tode eben das Leben aufhöre. Was dann sei, wisse niemand. Was sie erzählt habe, seien Märchen, um die Menschen zu schrecken. Jetzt will sie ausführlich wissen, wie das Sterben vor sich gehe, ob es schmerzhaft ist und dergleichen. Alles wird wahrheitsgetreu beantwortet, soweit nicht die Einschränkung gemacht werden muß, daß auch kein Erwachsener es wisse. Ohne weitere Nachhilfe zieht das Mädchen nun selbst die Schlußfolgerungen, wie ihre Krankheit entstanden ist: als Angst, daß die Todeswünsche gegen sich in Erfüllung gehen, weil sie Todeswünsche gegen ihr Nahestehende gehabt habe.

Von diesem Tag ab ist das Kind völlig geheilt. Die 20 Tage des Ferienaufenthaltes bedeuten nicht nur eine Zunahme von 8 Pfund, sondern auch eine deutliche Änderung des Ausdrucks und des Charakters. Etwa vier Jahre später, aus Anlaß einer anderweitigen Behandlung in der Familie, sah ich sie wieder: Ein hübsches gesundes freies Ding, dessen Erziehung weder in körperlicher noch in geistiger Hinsicht Schwierigkeiten bereitete.

Ich bin mir wohl bewußt, daß die Psychoanalyse dieses Falles recht wenig in die Tiefe ging. Es scheint mir aber, daß dies in Fällen wie hier durchaus nicht nötig ist. Trotz der schweren Erscheinungen, die das

Kind zuerst bot, handelt es sich doch nur um eine Schädigung, die durch besondere Erlebnisse bei einem sonst relativ gesunden Kind entstanden waren. Die kurze Behandlung reichte aus, um es wieder auf den normalen Stand zu setzen, von dem aus dann die Entwicklung normal weiter ging. Nach dem Erfolg der Behandlung erscheint es wohl kaum zweifelhaft, daß wahrheitsgetreue Aufklärung durch die Mutter, zur rechten Zeit gegeben, den Ausbruch der Erkrankung hätte verhindern können, allerdings eine Aufklärung, die sich sowohl auf das Werden wie auf das Vergehen des Menschen bezogen hätte.

16. Das Menstruationserlebnis des Knaben

I.

Nicht nur, wenn man von der Menstruation als Naturvorgang spricht, sondern auch wenn man das Erleben derselben meint, denkt man zunächst wohl ausschließlich an das Subjekt Frau. Und es sind in der Tat außerordentlich zahlreiche und wichtige Erlebnisse, wenn das kleine Mädchen zuerst von all dem Geheimnisvollen erfährt, das es erleben wird, weil es Weib ist, oder gar wenn es unvorbereitet von ihm ereilt wird; wenn Klassenkameradinnen das Unwohlsein haben, das Kind aber vergeblich auf sein Großwerden wartet und tausend Befürchtungen wegen seiner »Minderwertigkeit« empfindet; wenn das Mysterium des Weibseins, das ersehnte, gefürchtete, es absondert von den »Kindern«, namentlich von den Buben. Und dann: wenn der Vorgang eintritt und Schmerzen bringt und merkwürdige Verstimmungen, denen Spannung, Aufregung, Sehnsucht, Steigerung der seelischen Produktivität vorangehen, oder wenn es trotz seines Namens Unwohlsein kaum bemerkt verläuft. Und später: wenn das eine Mal die Menstruation der in Geschlechtsgemeinschaft lebenden Frau sehnsüchtig erwartet wird als Zeichen, daß das gefürchtete Kind nicht droht, das andere Mal das schreckliche Ereignis der Blutung sich wiederum ereignet und die Hoffnung auf das Kind erneut zunichte macht. Die Vierzig sind überschritten: die Regel verliert ihre Regelmäßigkeit, bleibt lange fort. Droht das Alter? Und schließlich ist die Zeit da: die Frau ist nicht mehr Frau.

Dem gegenüber scheint das, was der *Knabe* und *Mann* an der Menstruation erleben könnte, ein Nichts zu sein. Und doch: wir leben in einer Männergesellschaft. Die Religionsbräuche und ihre blassen Geschwister: die allgemeinen Sitten und Anschauungen in ihr stammen in der Hauptsache von Männern. Das Tabu der Unberührbarkeit der blutenden Frau geht mindestens so sehr vom Manne wie von der Frau aus und lehrt uns, daß auch beim Manne durch die Menstruation wichtige Affekte aufgerührt und Triebe wachgerufen werden. Im folgenden seien aus der Analyse eines Mannes eine Reihe von typischen Erlebnissen des Knaben, in deren Hintergrund Menstruationen stehen, mitsamt ihren Folgen wiedergegeben. Alles ist stark vereinfacht, denn die Folgen sind nie ausschließlich durch das Menstruationserlebnis bedingt. Im Gegenteil: die Begegnung mit der Menstruation ist stets nur ein Stück, oft nicht das Wichtigste, aus der Kausalreihe. Aber es ist nicht aus ihr wegzudenken.

II.

Schon die Klagen, die den jungen Mann in Analyse führten, sind bis zu einem gewissen Grade für die nun zu bringende Vorgeschichte bezeichnend: der Frau gegenüber besteht eine *geringe Aktivität*. Soweit überhaupt Beziehungen zu ihr möglich sind, sind sie fast ausschließlich geistiger Natur. Wenn auch keine absolute *Impotenz* besteht, so tritt sie doch zeitweilig auf. Stets aber ist die Befriedigung beim Geschlechtsverkehr mangelhaft, so daß man von Frigidität sprechen kann. Aber nicht Ekel vor der Frau ist es, der ihn behindert; die Frau wird hochgeschätzt, allerdings nur theoretisch. Eine Inferiorität der Frau auf geistigem Gebiet wird nicht anerkannt – nur hat der Kranke nie das Glück gehabt, einen wirklichen geistigen Kameraden zu finden. Mochte auch eine Zeitlang mit der oder jener eine Gemeinschaft sich anbahnen, immer erwies sich die Frau als launisch und – ohne daß ein eigentlicher Grund vorlag, – hörte plötzlich die Beziehung durch das Verschulden der Frau auf. War es, daß die Frau körperlich enttäuscht war? Stellte sich immer die leidige »Sexualität« dazwischen? Auch zu Männern waren kaum tiefe Beziehungen vorhanden. Der Kranke war eigentlich sein Lebtag allein und litt außerordentlich stark unter dieser Unfähigkeit, mit anderen Menschen in Kontakt zu kommen.

Nicht immer war der Kranke so gewesen. Als elfjähriger Junge noch weiß er sich in einer engen Freundschaft mit einer nur wenig älteren Schwester sicher. Gerade um jene Zeit des zehnten und elften Jahres erinnert er sich wöchentlicher, sehr herzlicher Zusammenkünfte mit eben dieser Schwester und einem um wenige Jahre älteren Vetter. Das Hauptinteresse bei diesen Nachmittagen bildete die sexuelle Forschung. In der Wohnung des Vetters war ein Konversationslexikon leicht zugänglich und da knieten die drei nun auf ihren Stühlen, über den Tisch gebeugt, und beratschlagten mit hochroten Köpfen, bei welchem Schlagwort man nun noch nachsehen könne, betrachteten die Abbildungen des menschlichen Körpers und debattierten eifrig über Details, die ihnen noch nicht klar waren. Beobachtungen in der Umwelt, die in jener Zeit glühend interessant und reich an Forschungswerten waren, wurden ausgetauscht. Zu Menschen bestanden die lebhaftesten affektiven Einstellungen freundschaftlicher und feindlicher Art, gerade auch in Zusammenhang mit den Forschungen, und wurden witzig besprochen.

Da, eines Tages, fehlte die Schwester. Sie interessiere sich nicht mehr, sie sei kein Kind mehr. Die Jungens sollten ihre Sachen allein machen. In ihrem Alter habe ein Mädchen kein Interesse mehr für solche »Schweinereien«. Der Knabe war vor den Kopf geschlagen, doch ein zweiter schwerer Schlag sollte folgen: Jetzt besann sich auf einmal der Vetter auf den Altersvorsprung. Der Knabe war allein. Nicht seinetwegen hatte also der Freund, für den das Kind den Vetter gehalten hatte, sich mit ihm getroffen, nicht einmal der gemeinsamen Forschung wegen, nicht wegen der Sache. Weil die Schwester ihn im Stich ließ, darum verließ ihn auch der Freund. Traurig blätterte er allein im Konversationslexikon und stieß dabei wieder auf das Kapitel von der Menstruation, das ihn bisher eigentlich kaum interessiert hatte. Nach den ersten Sätzen aber klappte er angewidert das Buch zu und unterließ von nun an jede weitere Forschung, bis ihn als zirka Neunzehnjährigen der Spott seiner Kameraden zwang, sich mit Frauen und dem Liebesproblem zu befassen. Denn nunmehr war er ein Einsamer.

In dem Augenblick, in dem er jene ersten Zeilen des Abschnittes über Menstruation, den er längst kannte, las, war ihm blitzartig die Erleuchtung gekommen: seine Schwester hatte menstruiert. Sie war jetzt Weib, und er war noch ein Kind. Die Reifung der Frau zum Geschlechtstier hatte sie getrennt. Geschlechtstier – dieser Gedanke bohrte sich in ihn ein. Die geschlechtliche Reife, die Möglichkeit, nun Kinder bekommen zu können, hatten der Schwester alles Interesse an der nur spielerischen folgenlosen Kameradschaft genommen. In ihr war Verlangen nach all dem anderen – Wirklichen. Was waren dagegen die Artikel aus dem Lexikon, die Gemeinsamkeit des Forschens und Denkens, der Drang nach Wahrheit! Handgreifliches wollte sie statt dessen. Und ihn mit seinen Gedanken hat sie wie ein Kind überlegen lächelnd abgewiesen!

Ihm aber war jene Zeit der Freundschaft, die ihm in seinem Leben das bisher größte Glück gebracht hatte, nach wie vor das Glück, das Erstrebenswerte. Das, was er bis zu seiner Behandlung immer wieder suchte, war der Kamerad-Schwester, mit dem zusammen man forschte und suchte, in lustvoller Abgeschlossenheit von der Welt, die die Gemeinschaft nicht wollte, und der man durch die Gemeinschaft trotzte. Diese gesuchte Schwester umfaßte für seine Wünsche völlig den Vetter mit, da das Zusammensein mit ihr das Zusammensein mit ihm, ihr Verlust den seinen bedeutet hatte. Hartnäckig hielt sich in seinem Unbewußten der Glaube, daß jene Zeit der Kindheit mit ihrer Aggressionslosigkeit doch einst wieder erstehen würde. Die Menstruation, das Erwachen des Weibes, wurde ihm zu dem Scheußlichen, was Mann und Frau trennt, weil die Frau damit gierig wird und entmenscht. Sie wurde zum Träger des zu scheuenden Teiles im Menschen, im Gegensatz zum Männlichen, Kameradschaftlichen, Geistigen.

III.

Diese Einstellung zur Menstruation war in dem Knaben nicht unwidersprochen: etwas in ihm drängte auch zum Erwachen des Körpers, zum Mannwerden, zum Lieben. Auch Neid war in ihm gegen die Schwester um der Reife willen, die in der Menstruation sich offenbarte. Besonders brannten in ihm die Bemerkungen der Schwester, daß *sie* kein Kind mehr sei. Dabei war sie doch nur wenig älter. Dank der gemeinschaftlichen Erziehung, die sie bisher stets genossen hatten, waren sie als Gleichaltrige aufgewachsen. Die Tatsache, daß sie Weib war, hatte ihr plötzlich einen Riesenvorsprung gegeben; denn aus seiner Lektüre wußte er, daß Mädchen »viel früher reif« werden als Knaben. Und plötzlich wurde es ihm auch klar: seine Mutter war ja auch um etwa zehn Jahre jünger als der Vater. Sie hatte als noch nicht ganz Achtzehnjährige geheiratet. Da ist der Mann ja noch nichts. Aber nicht nur kürzer warten muß die Frau auf das »Wunderbare«. Sie ist auch schöner: sie hat eine glattere Haut, sie hat runde Arme und Brüste, weil sie ein Weib ist. Er hat noch keinen Bart und keinen Stimmbruch*. Sie trägt die Kinder. Der Mann hat nur einen Augenblick etwas vom Kinderkriegen. Die Frau hat diesen Augenblick auch. Aber ihr ganzes Leben bereitet sie sich darauf vor. Neun Monate lang ist sie in Hoffnung. Nur die Frau kann Kinder gebären. Kein Mann kann körperlich neues Leben schaffen.

Aus diesem Neid des Knaben auf die Frau wegen ihres Äußeren, ihrer Frühreife und vor allem ihrer Gebärfähigkeit, die durch die Menstruation dokumentiert wird, entstehen immer sehr wesentliche psychische Einstellungen des Mannes zur Frau. Sie werden häufig noch durch das Verhalten der Umwelt, namentlich der Mutter zur menstruierenden Schwester unterstrichen. »Alle Augenblicke« wird sie geschont. Natürlich, Mädchen muß man verzärteln. Einen Knaben fragt niemand, ob er müde ist. »Was Extras zu essen bekommt sie – wegen des Teints.« Um seine Pickel kümmert sich niemand. Ist ja auch nur ein

---

* Wie der Vetter. (Ich begnüge mich hier, wie oft bei der Wiedergabe des Bruchstücks einer Analyse, mit kurzen Andeutungen wichtigster Erlebnisketten.)

Bub; da kommt es ja nicht darauf an, ob er gefällt. Jede Laune geht ihr durch. Wenn sie patzig ist, ist sie »nervös«. Bei ihm gilt schon der zehnte Teil als ungezogen.

Sehen wir von den krankhaften Verwandlungen von Männern in Frauen ab, die doch immer zum Leide verurteilt sind, weil sie unvollständig bleiben müssen dank der biologisch fundierten Tatsache, daß der Mann eben als Mann im Register des Standesamtes figuriert und an ihn männliche und nicht weibliche soziale Forderungen gestellt werden. Auch sind diese Erscheinungen trotz ihrer relativen Häufigkeit absolut genommen nicht von jener gesellschaftlichen Bedeutung, zu der sie die Propaganda der gesellschaftlich Verfemten machen möchte, sondern nur ärztlich wichtig. Wesentlicher ist eine – man kann wohl sagen – allgemein gültige psychische Reaktion auf den »Gebärneid« des Mannes, wie wir das sehr kompliziert gebaute Phänomen in Anschluß an Groddeck[1] nennen, der meines Wissens zuerst darauf aufmerksam machte. Dies ist das Erlebnis des Mannes: er ist außerstande, aus seinem Körper neue Menschen zu produzieren. Nur die Frau produziert körperlich Menschen. Der Mann ist auf gedankliche Produktion angewiesen. Gegen das Eingeständnis seiner Unterlegenheit, nur geistig, aber nicht körperlich produzieren zu können, setzt er sich – Angriff scheint die beste Verteidigung – durch die Behauptung zur Wehr: Die Frau könne nicht geistig produzieren, weil sie körperlich produziere. Allerdings setzt sich die Bewunderung für ihre Leistung neben der Verspottung ihrer geistigen Inferiorität doch durch: die Frau sei naturnäher, gefühlstiefer, ursprünglicher als der Mann, der durch seine geistige Tätigkeit in bezug auf das Leben, namentlich das Gefühlsleben, abgestumpft sei.

Bei unserem Patienten trat dieses psychische Gebilde bewußtermaßen in den Hintergrund. Für ihn bestand die Gefahr des Geschlechtstieres Weib, zu dem die kindhafte (gleichzeitig knaben- und mädchenhafte) Freundin immer wieder wird und die den Mann zu verführen droht. Der Verführte aber war der Vetter gewesen, den er mit dem Geschlechtstier Schwester verlor.

IV.

Gar zu gerne wäre er selbst der Verführte gewesen. Denn auch in ihm hatte sich das Geschlechtstier geregt. Aber es war durch frühere Erlebnisse niedergehalten worden, die von der Geschlechtslust, namentlich der Lust aus dem Genitale, abschreckten, und unter denen wieder ein Menstruationserlebnis eine große Rolle spielte: Als der Knabe neuneinhalb Jahre alt gewesen war, kamen die Kinder eines Morgens in die Küche und schnappten dabei etwas von dem Gespräch der Dienstmädchen auf. (Da um jene Zeit kurz hintereinander Kindermädchen und Köchin wechselten, war die Zeit der Erinnerung genau zu datieren.) Irgend etwas von Bluten und von Watte war die Rede. Neugierig fragte der Knabe: Das Zimmermädchen habe eine Wunde am Bein. Kichern der Köchin. Interessiert wollte er sehen. Verlegene Abwehr, rasch wurden die Kinder aus der Küche abgeschoben. Die begannen aber bereits auf dem Gang die Köpfe zusammen zu stecken und zu tuscheln: Da war irgend etwas Unheimliches dahinter. Wie sie gelacht hatten! Warum sie sich genierten? Damals begannen die Forschungen, von denen anfangs berichtet wurde. Denn daß die geheimnisvolle Wunde und das Bluten irgend etwas mit Geschlechtlichem zu tun hatte, das stand für den Knaben fest. Aber noch etwas war ihm Gewißheit: Irgendwie mußte das Bluten und die Wunde mit den Geschlechtsteilen und vor allem mit der Geschlechtsbetätigung zu tun haben. Irgend etwas unbestimmbar Gefährliches hing mit den Geschlechtsteilen und ihrem Berühren zusammen. Immer wieder, wenn er in der Analyse auf diese Dinge zu sprechen kam, drängte sich ein anderes früheres Bild dazwischen: Er mag damals vier bis fünf Jahre gewesen sein. Er steht im Badezimmer vor der Badewanne, in der die Schwester steht. Sie will ihm lachend einen Purzelbaum vormachen. Er sieht ihr rundes Gesäß. Das erscheint ihm in der Erinnerung übergroß. Er hat den Eindruck, als ob es beim Hinsehen immer größer werde, um alles andere zu verdrängen.

Aus dem Zusammenhang, aus dem die Erinnerung sich ihm immer wieder aufdrängt, wird klar, was dieses Gesäß verdrängen soll: es zieht den Blick auf sich, weg von jener anderen Stelle, wo nichts ist, wo der Penis fehlt, weg auch von dem eigenen Genitale, das sich geregt haben mag, dessen Erregung aber nicht bewußt werden darf, weil anderes in ihm lauter spricht. Dieses Bluten – so sagt es in ihm – steht damit in einem Zusammenhang: der Penis fehlt der Frau. Er wird ihr immer, wenn er nachwachsen will, abgeschnitten. Das ist die geheimnisvolle Wunde. Und man darf nicht davon sprechen, denn das Genitale wird abgeschnitten, wenn man an ihm gespielt hat. Alte Verbote wachen auf. Bisher hat er sie nie für ernst genommen. Er hat es nicht glauben wollen, daß man ihm das Spielorgan wegnehmen könne, wie die Kinderfrau* gedroht hatte. Er wird »das« also nie mehr tun. Und damit er nie mehr

---

* »Kinderfrau« ist die später erwähnte Amme der Schwester im Gegensatz zu den übrigen »Kindermädchen«. – Hier geht eine wichtige Kausalkette ab: Sadismus, Identifikation mit der kastrierenden Kinderfrau.

in Versuchung geraten kann, verleugnet er von da ab jegliche Lust vom Genitale. Es ist und bleibt gefühllos. Um der *Kastration* in körperlichem Sinne zu entgehen, kastriert er sich *seelisch*.

Durch diese *Selbstverstümmelung* erreicht er gleichzeitig, daß sein Neid auf die Schwester, von dem wir vorhin sprachen, hinfällig wird. Er ist zwar nicht Weib, – wie es der wirklich Kastrierte wäre, – wohl aber bleibt er so ewig der geschlechtslose Knabe, der eins war mit dem geschlechtslosen Mädchen. Der Horror vor der blutenden Schwester ist besonders geeignet, dies Phänomen auszulösen, da die Scheu vor der ersten geheimnisvollen Wunde ihm die lustvolle Gemeinschaft mit der Schwester verschaffte. Denn im Anschluß an jenes Erlebnis in der Küche setzten die Forschungen mit der Schwester ein.

Und diese Forschungen betasteten, wenn auch nur in Worten und Vorstellungen, immer wieder das Genitale, das eigene und das der Frau. Sie schafften so eine, wenn auch unzulängliche und daher dauernd spannende Befriedigung des Wunsches, der ihn gepackt hatte, als er von der Wunde des Mädchens hörte: an dem Bein, an der Wunde herumzusuchen. Gewalttätige Antriebe klingen an. Sie sind es besonders, die der Verpönung verfallen: er wird sich nie an eines anderen Genitale vergreifen! Und um sich davor zu schützen, schießt er über das Ziel hinaus, verzichtet er auf jegliche Aktivität.

Nur unter *einer* Bedingung ist ihm Aktivität, wenn auch in der eingeschränkten Form geistiger Tätigkeit, der Forschung erlaubt: zusammen mit einem weiblichen Kameraden, der Schwester, bzw. ihrem Ersatz, wenn also eine Penislose mit dabei ist. Gebranntes Kind würde das Feuer scheuen. Da dies bei der Schwester nicht der Fall zu sein scheint, sind vielleicht alle Befürchtungen hinfällig. Aber er vermeidet die Gewißheit: während der ganzen Forschungsperiode, selbst damals, als sie nach dem Vorfall in der Küche aus Anlaß der blutenden Wunde des Mädchens einsetzte, vermeidet er es, seiner Schwester seine Mutmaßungen und Ängste wegen der Kastration mitzuteilen. So liest er zwar auch den Abschnitt über Menstruation im Lexikon, aber er verarbeitet ihn einigermaßen erst nach der Trennung von der Schwester.

So scheitern auch späterhin die Kameradschaften mit den Frauen daran, daß er sich ihnen nicht restlos anvertraut: er will nicht wissen, daß und wie sie »Weib« werden. Und letzten Endes lauert in ihm auch noch die Eifersucht: der bewundernde Haß gegen den einst geliebten Vetter, der nur der Schwester, des Weibes wegen an der Gemeinschaft teilnahm.*

---

* Vor allem gegen ihn richtet sich starke unbewußte Feindschaft.

V.

Gerade die zuletzt geschilderten Zusammenhänge des Erlebnisses der Menstruation mit dem Glauben, die Frau sei ein *wegen Genitalbetätigung verstümmelter Mann* und der Mann selbst könne kastriert werden, sind typisch. Und sie haben zur *Ächtung der Frau in der Männergesellschaft* viel beigetragen.

Wir begneten bei der Besprechung des »*Gebärneides*« der nämlichen Behauptung in der Verkleidung, die Frau stehe der Natur näher. Unser Kranker sprach vom Geschlechts*tier*. Die Frau gab und gibt ihrem Antrieb nach Spielen am Genitale und überhaupt nach genitaler Betätigung hemmungslos nach. Darum ist sie auch kastriert – und diese Kastration wird infolge des körperlichen Minderwertigkeitsgefühls des Mannes aus dem Gebärneid aufs Geistige verschoben. Der Mann aber weiß sich zu beherrschen. Sein Wille, sein Geist sind stark. Er ist lieber Sohn; die Frau ist schwach, ist böse. Er fühlt sich eins mit dem starken Vater, sie ist das Kind.

Vor allem das ungezogene Kind, das vom artigen heuchlerisch verachtet wird, das von der Gemeinschaft mit dem Vater ausgeschlossen ist. Die jüdische Religion macht sie in der Menstruation zur Unreinen, deren Berührung allein schon vom Tempeldienste ausschloß, deren Begattung mit Ausrottung – Kastration auf alle Ewigkeit – bestraft wird. Der Islam spricht ihr das ewige Leben ab; sie ist ein Tier, nur dem Irdischen ergeben. Und auch das christliche Mittelalter debattiert, ob sie eine Seele habe.

Andererseits weckt gerade ihre Hilflosigkeit die sehnsuchtsvolle Liebe des kindlich gewalttätigen Mannes. Parzival, der Weib und Kind vergessen hat, wird durch die Blutstropfen im Schnee an sie erinnert. Jetzt ist er reif; »aus Mitleid wissend« kann er die, die statt seiner kastriert wurden, erlösen.

VI.

Unser Patient, von dem unsere Überlegungen ausgegangen waren, hatte als Kind noch einen *dritten Zusammenstoß mit der Menstruation* gehabt. Dieses Erlebnis führt uns zu seinem Verhältnis zu seinen Eltern, speziell zur Mutter. Gerade hier aber werden wir uns große Beschränkung bei der Wiedergabe auferlegen müssen, wenn wir nicht uferlos aus der sehr langen Analyse berichten wollen:

Soweit der Kranke in seine Kindheit zurückblicken kann, besteht eigentlich keine besondere Beziehung zur Mutter. Irgendwelcher tieferen Gefühle zu ihr ist er sich nicht bewußt. Das schien daran zu liegen, daß die Mutter wenig Zeit auf das Kind verwandte, ihrer Geselligkeit und ihren Interessen lebte und die Kinder dem Dienstmädchen überließ. Daß das von jeher so gewesen sein müsse, schließt er aus der Tatsache, daß er, wie auch die wenig ältere Schwester, Ammen hatten. Deren Amme blieb dann als Kinderfrau im Hause und übernahm ihn bis zu seinem vierten Jahre mit in Pflege, dann kam ein neues Kindermädchen. Es ergibt sich aus der innigen körperlichen Beziehung, die die Kinderfrau als Amme mit der Schwester gehabt hatte, daß der Kleine in seiner Empfindung recht gehabt haben mag: er sei zurückgesetzt worden.

Die Mutter schwebte nur über dem Haushalt. Die Kinder sahen sie eigentlich nur, wenn sie inspizieren kam, ob sie richtig gewaschen seien, ob ihre Kleider in Ordnung seien, oder wenn sie vorgeführt wurden, um einem Fremden »schön guten Tag zu sagen«, oder zum »guten Tag« und »Adieu«. Denn auf diese Respektsäußerungen legte die Mutter großen Wert. So spielte sich denn das Leben der Kinder fast ausschließlich in dem Kinderzimmer ab, das hinten an einem langen Korridor, weit ab von der Welt der Erwachsenen, lag. Erst etwa mit Beginn der Schulzeit kamen sie zum Essen in die geheiligten Räume »vor«. Dort mußte Ruhe und Ordnung herrschen, und im allgemeinen spielte sich diese Essenszeit in den kühlen Formen der Höflichkeit ab.

Nur manchmal hing ein schweres Ungewitter über der Familie. Die Mutter war reizbar, und wegen irgend eines minimalen Anlasses brach plötzlich eine wüste Schimpfflut über die Kinder und vor allem über den Mann herein, die gewöhnlich damit eingeleitet wurde: »Du weißt doch, daß ich das nicht vertragen kann, wenn ich mein Kopfweh habe«, und sie schloß meistens damit, daß die Mutter schimpfend das Zimmer verließ, die Tür zuwarf und sich weinend in ihr Schlafzimmer einschloß. Resigniert blieb der Mann zurück und suchte die verstörten Kinder zu beruhigen, wobei dann Worte fielen wie: »Die Mutter ist heute wieder aufgeregt, weil sie sich nicht wohl fühlt«, und einmal ereignete sich die Bemerkung: »Ihr wißt doch, das ist alle vier Wochen so.«

An einem solchen Abend brauchten dann die Kinder der Mutter nicht »Gute Nacht« zu sagen. Am anderen Morgen aber mußte man bei der Mutter zum »Guten Morgen« antreten, und zwar war sie dann nicht wie sonst beim Frühstückstisch. Vielmehr lag sie im Bett, und diese Besuche im halbdunklen Schlafzimmer waren dem Knaben höchst ekelhaft. Denn schon, wenn man die Türe aufmachte, schlug einem dumpfe Luft entgegen. Trat man näher ans Bett heran und streckte einem die Mutter die Hand entgegen, so traf einen ein widerlich süßlich-fauliger Geruch.

Die Mutter schien also, trotzdem sie bei den Kindern sehr auf Sauberkeit hielt, selbst durchaus nicht sauber zu sein. Was da nun eigentlich roch und nach was es roch, das wußte er nicht. Aber das Ganze hatte irgend etwas Unheimliches an sich: Diese Gewitterschwere über dem Hause, der sinnlose Krach, das Nicht-Aufstehen der Mutter und ihr Gestank. Und das »alle vier Wochen einmal«. An der Frau haftet also irgend etwas, das sich jeden Monat einmal unter Lärm und Gestank entlud. Was das war, war völlig unerklärlich. Es war unbeeinflußbar, mochten sowohl er wie auch der Vater sich die größte Mühe geben, ja recht nett zu sein.

Namentlich befaßte das Kind sehr die Tatsache des Gestankes der Mutter. Waren die Frauen unsauber? Es schien fast so, denn alle Übrigen im Hause schienen das als selbstverständlich zu nehmen. Niemand sprach davon und als er einmal zu dem Dienstmädchen eine derartige Andeutung wagte, bekam er eine ausweichende, spöttische Antwort. Erst viel später, nach dem Erlebnis in der Küche mit dem Dienstmädchen, brachte der Knabe den Geruch irgendwie mit jener geheimnisvollen Wunde und dem Bluten in Zusammenhang, wobei unklar blieb, ob er in jenem Augenblick an dem Dienstmädchen denselben Geruch wahrnahm wie an der Mutter, oder ob ihm nur plötzlich die Erkenntnis kam, daß das, was er bei der Mutter roch, Blut war. Nach seiner Liebesenttäuschung an der Schwester allerdings ist ihm ganz bewußt, daß er eines Tages auf dem Aborte, kurz nachdem ihn die Schwester verlassen hatte, ein Stück blutiger Watte liegen fand, das so roch wie die Mutter.

Diese Erlebniskette führt uns in noch ältere Zeiten zurück als das Bisherige: die genitalgeschlechtlichen Dinge sind bewußtermaßen *doppelwertig*, wenn auch die tieferen Wurzeln der Zwiespältigkeit im Unbewußten stecken. Die eine, die *Kastrationsangst*, haben wir bereits bloßgelegt. Auch die Kausalketten, die uns jetzt zum *Ödipuskomplex* führen, können in dem wenigen, was ich aus dem Material brachte, erahnt werden: Liebe zur Mutter (Kinderfrau), Identifikation mit dem Vater (Vetter). Aber immerhin, diese Konflikte sind noch denkbar. Absolut unausdenkbar ist aber das, was hier noch im Hintergrund droht: Die Beziehung zum Schmutz, zum eigenen Kot. Die Vorschriften der Reinlichkeitspflege, repräsentiert durch Mutter und Kinderfrau, hat sich der Knabe so zu eigen gemacht, daß die Schmutzlust des Kindes völlig verschwunden scheint. Und doch droht sie noch in ihm; er muß die stinkende Mutter und Frau besonders ekelvoll meiden, um seinem eigenen Schmutz zu entfliehen.*

VII.

Es wäre nun ganz falsch, behaupten zu wollen, daß all die Vorgänge, die wir bei unserem Patienten beschrieben haben, sich auf bewußte klare Vorstellungen und Überlegungen hätten zurückführen lassen. Im Gegenteil: es waren ganz unscharfe, ganz verschwommene Gefühle und Einstellungen, um die es sich da drehte, die eben gerade wegen ihrer Unfaßbarkeit in Worte nicht durch den Verstand begrifflich zu bewältigen waren. Man könnte meinen: einzig weil ihm die Kenntnisse fehlten. Doch diese Erklärung genügt nicht, denn auch später, als er sich diese in gemeinsamem Studium mit Schwester und Vetter verschafft hatte und selbst noch als 19jähriger, als er erneut sich orientierte, war er außerstande, die Wirklichkeit zu ordnen und damit sich in sie einzuordnen. Wir haben die Gründe kennengelernt: Die Angst um die Unversehrtheit des Körpers beherrschte ihn und machte ihn blind. Im Unbewußten lebte die Kastrationsdrohung der Kinderfrau. Der Menstruationsvorgang schien zu bestätigen, daß ihre Ausführung denkbar sei. Darum durfte er nicht denken, mußte das Wissen, die drohende Gewißheit fliehen. Die Frau aber, das Geschlechtliche war unheimlich, geheimnisvoll, grauen- und ekelhaft, die Beschaffenheit der Frau, die Vorgänge um sie: das regelmäßige Bluten, ihre unbeherrschbare Reizbarkeit, ihr Gestank.

Man mag sich fragen, ob derartige Erlebnisse *unvermeidbar* sind, Erlebnisse, die einzelne Menschen, wie unseren Kranken, vom Glücke ausschließen und in ihrer Häufung so gewaltige Folgen haben, daß sie die Stellung der Frau in Haus und Gesellschaft bestimmten und bestimmen. Allerdings mit einfacher, auch rechtzeitiger, kluger Aufklärung wird man beim männlichen Gebärneid und der Kastrationsangst ebenso wenig erreichen wie bei ihrem weiblichen Pendant: dem Penisneid. Denn in den Aufklärern lebt noch meist irgendwo das Jahrtausende Alte, durch die eigene Erziehung Belebte, das in den Anschauungen und Verhaltungsweisen der Umwelt gegenständlich wird. Denn sie vor allem schafft die Atmosphäre des Geheimnisvollen, Unerlaubten

---

* Hier münden die Menstruationserlebnisse in zwangsneurotische Symptome ein, die das Krankheitsbild beherrschten.

um das Ganze des Geschlechtlichen, das selbst dann seine unheilvolle Wirkung tut, wenn die einzelnen direkten Erzieher sich bemühen, ehrlich zu sein. Wie überall in der Pädagogik heißt es darum: erst Generationen gesunder, angstfreier Eltern und Erzieher heranbilden!

Anmerkung

1 Vgl. Groddeck 1923, S. 29 f und 51 f; 1988, S. 502 f.

17. Die Ich-Organisation in der Pubertät

I.

Wenn man über Pubertät spricht, so denkt man gewöhnlich nur daran, daß in einem gewissen Zeitraum einige Organe aus scheinbarem Schlafe zu so gewaltsamem Leben erwachen, daß damit die Tätigkeit des gesamten Organismus in umwälzender Weise geändert wird. Während bisher das Kind nur der Entfaltung seiner Maße und der Erweiterung seiner Herrschaft über den eigenen Körper und auch über die dadurch sich vergrößernde Umwelt gelebt hatte, scheint sich die Person mehr und mehr auf ein neues Ziel, die Erhaltung der Art, einzustellen. Diesem einfachen Schema könnte vielleicht die Reifung irgend eines Tieres entsprechen; wir wissen es nicht, denn wir können uns mit ihm nicht genügend verständigen. Auf den Menschen trifft es nicht zu, bei dem auf ererbter Grundlage allmählich eine komplizierte Ich-Organisation entstanden ist, um die differenzierten Außen- und Innenreize durch differenzierte persönliche Antworten zu bewältigen: durch *ad hoc* zustandekommende Willkürhandlungen und nicht nur durch (im Entwurf bereit liegende) ererbte arthafte Trieb-, Affekt- und Instinkthandlungen. Solche undifferenzierten und relativ unangepaßten Handlungen sind auch beim Menschen als potentielle Kräfte vorhanden und brechen gar oft hervor, namentlich wenn Erschütterungen von außen oder innen her das Individualgebäude erbeben lassen und in ihm Sprünge erzeugen, bestimmen zum mindesten die Willkürhandlungen mit. Eine ganz besonders gefährdete Zeit, ja eine Periode fortwährender Katastrophen ist die Pubertät; denn durch die neuen Organfunktionen und die von ihnen mächtig aufgerüttelten Triebe sind die Anforderungen, die an die bisherige Ich-Organisation gestellt werden, noch lange nicht erschöpft: Da das heranwachsende Wesen anders funktioniert, stellt auch seine Umwelt neue Anforderungen, Forderungen an den Erwachsenen, die nicht wie bisher nur Forderungen der Familie sind, sondern auch des Stammes, des Volkes und der Klasse.

Ein Wegweiser kann uns vielleicht sein, was uns Ethnologen über die Pubertätsriten sogenannter primitiver Völker berichten: Es gibt Stämme, bei denen sich die Heranwachsenden mit den ersten Zeichen der Reifung vom Gemeinschaftsleben für einige Zeit zurückziehen. Sie sind dann gesellschaftlich tot. Als Neugeborene, oft unter anderem Namen, in anderer Kleidung und Haartracht nehmen sie nach dem Weihefest ihren Platz unter den Erwachsenen ein, neben ihren Vätern und Müttern als Gleichgestellte. In der Verborgenheit aber und bei der Weihe müssen sie sich allen möglichen Qualen unterziehen, um sich wegen früherer böser Gelüste gegen die Väter und Mütter zu entsühnen. Die Existenz dieser Menschen ist nicht ungebrochen. Nun geht zwar die Organverwandlung der Pubertät als ganz allmählich schleichender Vorgang am Körper-Ich, seinen psychischen Repräsentanten sowie den Trieben vor sich. Trotzdem gibt es stets neue Verwerfungen in der Ich-Organisation, die in ihrem Zusammenhang, als Ganzheit zu Grunde gehen kann. Viel häufiger, als daß sie zertrümmert wird, ereignet es sich allerdings, daß sie für kurze Zeit vom Individuum abgeworfen wird, um erhalten werden zu können. In wenig Zeiten des menschlichen Lebens liegt der Totstellreflex so bereit wie in der Pubertät, jener Vorgang, in dem das Individuum den Tod auf Zeit vorwegnimmt, um dem Tod auf Dauer zu entgehen.

Als charakteristisches Beispiel eine Beobachtung aus der Frühpubertät eines praktisch gesunden Kindes (I), das sich eines Tages bei Tisch in den Finger schnitt und ohnmächtig vom Stuhle sank, trotzdem es sonst nicht empfindlich war. Am Tage vorher war es durch Bemerkungen der Hausnäherin in Berührung mit der Menstruation gekommen. Von innen her drohen alle möglichen Gefahren durch eben dieselben Vorgänge, zu denen das junge Wesen sich körperlich hin entwickelte, hingetrieben wurde und sich hinwünschte. Der Gefahr des Todes, vor allem der Gefahr des Ersterbens der Liebe geliebter Objekte – und die liebeleere Welt ist kalt, tot, man ist gemütlich tot in ihr – entzog es sich durch den zeitweiligen Tod. Dabei ist besonders bemerkenswert, daß das Kind früher zu wiederholten Malen über die Generationsvorgänge aufgeklärt worden war. Diese Kenntnisse waren hauptsächlich rational verarbeitet worden. Jetzt aber waren sie nicht mehr schöne Geschichten, die als Liebesbeweis des Erzählenden Freude bereiten, jetzt ging es um eigene Angelegenheit, die Sache des eigenen Körpers, in dem es rumorte.

Oder ein zweiter Fall (II), der – weil aus einer Psychoanalyse stammend – viel genauer untersucht werden konnte. Am Tage der zweiten Menstruation wurde ein Mädchen von ihren Eltern zu einem Feuerwerk mitgenommen. Dort ärgerte es sich zunächst darüber, daß der wie immer knauserige Vater einen schlechten Platz genommen, so daß es fürchten mußte, nichts sehen zu können. Dazu pflanzte sich noch der Vater während eines Gespräches mit einigen anderen Erwachsenen vor das Kind auf und nahm ihm die Aussicht. Ein fürchterlicher Knall. Eine Frau schrie auf: »Meine Augen!« Einen Augenblick wurde das Mädchen bewußtlos. Als es wieder zu sich kam, war aus dem gesunden Kind eine innerlich überalterte Zwangsneurotikerin geworden, die etwa 40 Jahre an den Folgen dieser noch nicht *einen* Minute litt. Was während dessen in ihr vorgegangen war, kann hier natürlich nur angedeutet werden: Im Vordergrund standen Todeswünsche gegen den Vater, der wegen seiner Strenge und Sparsamkeit gehaßt wurde. Daneben liefen auch Todeswünsche gegen die Mutter, die die jüngere Schwester vorzog, welche gleichfalls oft zum Teufel gewünscht wurde. Jetzt aber hatte des Vaters Sparsamkeit sie gerettet. Sonst wäre sie ja an der Stelle der verletzten Frau gewesen, deren Platz sie so gerne eingenommen, einer Imago der Mutter, die sie auch gerne beim andererseits bewunderten Vater verdrängt hätte. Im ersten Augenblick des Schreckens und der Reue verurteilt sie sich kindlich grausam, wie das Unbewußte ist – zum Tode, um es dann allerdings bei einem Tod auf Zeit bewenden zu lassen und sich zu einem Leben zu begnadigen, in dem kein Verlangen nach dem Vater oder dessen Ersatz existieren durfte, zum Leben der Verstümmelten, das nur noch der Sorge für die jüngere Schwester und später deren Kinder geweiht ist. Sie wurde Mutter, ohne Frau zu sein: jungfräuliche Mutter.*

Eine andere Form des Bewußtseinsverlustes ist der Schlafzustand, sehr häufig in der abgeschwächten Form der Ermüdung. So war eine Zwölfjährige (III) eines Tages kaum aus dem Schlaf zu bekommen und war dann so müde, daß sie von der Schule zu Hause blieb und fast den ganzen Tag schlief. Vier Wochen später wiederholte sich die Müdigkeit. Als diesmal der Vater sie wegen ihrer Faulheit schalt und sie zum Aufstehen und Schulbesuch zwingen wollte, stellte sich heraus, daß sie blutete. Jetzt erklärte man das frühere Ereignis als Vorläufer der Menstruation und führte Müdigkeit und Schlafbedürfnis auf die körperlichen Vorgänge zurück. Mit Recht.

Allerdings in der Jahre später wegen Depressionen unternommenen Analyse legte sich der Gedanke nahe, daß die Schlafzustände und die Müdigkeit, deren häufige Bedeutung als Äquivalent von Depressionen

---

* Diese Erklärung für eine im Leben vieler Völker vorkommende Erscheinung steht nur bei oberflächlichem Zusehen in Widerspruch zu den Deutungen Freuds[1], Storfers[2] und anderer Psychoanalytiker. Denn sie ist, an Frauen gewonnen, eine Ergänzung der Erklärung vom Männerstandpunkt aus, die als Analyse der herrschenden Gesellschaftsschichte dominiert. Ein hübsches Beispiel übrigens, wie sich eine soziale Gegebenheit, unter bestimmten Umständen aus bestimmten Triebkonstellationen produziert, in einzelnen Gliedern der Gesellschaft aus ganz anderen Triebkonstellationen reproduzieren kann.

schon in voranalytischer Zeit erkannt worden war (Lautenheimer), auch in diesem Fall an Stelle von Depressionen aufgetreten waren, wie dies auch während der Behandlung manchmal der Fall war. Dafür sprach vor allem das Datum des ersten Schlafzustandes: der Geburtstag des vier Jahre jüngeren Bruders. In der Zeit der Geburt dieses Geschwisterchens lag die Infantilneurose, Angstzustände, Reaktionen auf die unglückliche Liebe zu ihrem Vater, der sie dadurch enttäuscht hatte, daß er von der Mutter und nicht von ihr das Kind bekommen. Jetzt rührte sich das Weib in ihr und ließ die alte Enttäuschung wieder anklingen. Die Mutter, jetzt geliebt, durfte nicht mehr Haßobjekt sein, nicht mehr weggewünscht werden. Besser war, sie war selbst ausgeschaltet. Und so flüchtete sie denn, das Ich im Schlafe abschüttelnd, in die Präexistenz zurück, in jenen Zustand, da sie nicht Ich gewesen, sondern ein Teil der Mutter. So kam sie an Stelle des Bruders in die Mutter zurück, sperrte die Mutter für den Bruder, um – mit der Mutter eins – sich mit dem Vater zu vereinen.

Der Schlafzustand als Bewußtseinsverlust löscht nicht nur das Bewußtsein vom eigenen Ich aus, sondern zerbricht auch die Kontinuität des Ichs. Manchmal kehrt es im Traum wieder, oft allerdings als Traum-Ich, d. h. ein anderes Ich als das aktuelle Ich, oder wenigstens vermischt mit einem solchen, z. B. mit einem infantilen oder einem anders gearteten Wunsch-Ich (vgl. auch Federn)[3]. Endlich ist das Objektbewußtsein verwischt, die ganze böse Welt ausgelöscht, hier namentlich die Mutter und der Bruder. Im Traumbewußtsein kehren nur Traumobjekte wieder, eine Wunschwelt oder, unter dem Einfluß des nur teilweise ausgeschalteten Aktualbewußtseins eine gefürchtete Welt. So kommt es scheinbar zu neuen Objektbeziehungen, in der Tat aber zur Bildung narzißtischer Scheinobjekte (Traumhalluzinationen).

In den bisherigen Fällen war das Bewußtsein vom Ich völlig zerstört, nicht nur das vom *Körper-Ich* selbst, sondern von dessen psychischer Repräsentanz: dem *Körperschema* Goldsteins und Schilders[4], ferner das Bewußtsein vom Erlebenden, das Subjekt. Dies geschieht unter dem Einfluß der Ich-Teile, die durch Angleichung an die Außenwelt entstanden sind, des *Über-Ichs* Freuds. Lange nicht immer sind alle Teile des Ichs gleichmäßig befallen, manchmal trifft die Schädigung, die vom Überich ausgeht, nur einzelne Abschnitte; oft bedroht sie auch nur solche.

Besonders klar zeigt das der Fall eines 16jährigen Bauernmädchens (IV), das ich vor Jahren in der Frankfurter inneren Klinik von Bergmann[5] mehrfach untersuchen konnte: Es litt unter zeitweiligen Angstzuständen, während derer das Bewußtsein getrübt war. Es wußte nur von Angst, war sich aber nicht bewußt, daß diese Zustände nur auftraten, wenn es in nächster Nähe bestimmter männlicher Personen war, denen es ans Genitale zu greifen suchte. Es ergab sich, daß die Zustände aufgetreten waren, nachdem der Vater das Kind zweimal beim Spielen mit dem Penis von Kameraden ertappt und aufs schwerste bedroht hatte. Patientin konnte auf die lustvolle Betätigung nicht verzichten, konnte auch wegen der Angst sie nicht ausüben. Im Dämmerzustande war sie sich nicht »Ich« und durfte nun handeln. »Ich« war brav und ängstigte sich. Oder auch: Die Patientin »war Angst«, um einen Ausdruck Goldsteins[6] zu gebrauchen, der mir bedeutet, daß das persönliche Ich ausgelöscht, das typische Ich im ererbten Affektanfall durchgebrochen sei.

Wieder anders war die Ich-Störung bei einer Patientin (Fall V), die wegen Angsthysterie in Behandlung stand und die in ihrem 14. Jahre kurz hintereinander zwei Zufälle hatte: Das eine Mal während eines Fangspieles, bei dem ihr ein Kamerad nachlief, dem sie scherzhaft schreiend entkommen wollte, wobei sie sich in die Arme eines angebeteten älteren Vetters warf. Einen Augenblick wurde ihr schwarz vor den Augen und leicht übel. Kurze Zeit darauf tanzte sie in derselben Gesellschaft mit ihrem Vetter, wobei es ihr plötzlich schwindelig wurde, so daß sie sich hinsetzen mußte. Beide Male war sie mit ihrer Brust in Berührung mit dem Geliebten gekommen und stark erregt worden. Die Erregung durfte ihr aber nicht bewußt werden, wie überhaupt alles Körperliche abgelehnt wurde und die Schwärmerei bewußtermaßen eine Verehrung für die geistigen und künstlerischen Eigenschaften des Vetters war. Man könnte diese beiden Erscheinungen des Schwarzwerdens vor den Augen und des Schwindels unter Angst buchen, Angst vor dem eigenen erwachenden Körper, durch den die Harmonie mit dem Über-Ich bedroht war. Man kann aber auch den Akzent darauf verlegen, daß das Körpergefühl gestört ist. Und das wird oft ausschließlich gestört, so sehr, daß eine *intrapsychische Ataxie* resultieren kann, wie sie manchen als charakteristisch für die Schizophrenie erscheint, die man aber in der Pubertät und übrigens auch später sehr oft als eines der wichtigsten Phänomene bei den Neurotikern findet. Aus der Negierung der phallischen Funktion von Organen erwächst mangelndes Körpergefühl, oft begrenzt auf einzelne Körperteile, oft auf den ganzen Körper verbreitet, und dadurch mangelnde Körperbeherrschung. Der Autotomie[7] in bezug auf die Körperteile entspricht auch die Autotomie in bezug auf die Triebe. (Man erkennt das Walten der Kastrationsangst.) Während der Pubertät ist die Störung besonders häufig, weil für das Bewußtsein oft noch das Körperschema des Kindes existiert, da inzwischen der Körper verändert ist. Besonders das Körperschema in bezug auf die heranwachsende weibliche Brust mit dem nun oft stark erigiblen Gliede der Brustwarze ist häufig nicht das gegenwärtige, sondern das Körperschema der Vergangenheit. Droht nun ein Reiz direkt auf die Brust oder auch oft nur ein psychischer Reiz, der die Brusterregung auslöst, das bisherige Körpererleben zu durchbrechen, können Entfremdungsgefühle auftreten, die allerdings häufig von Angst überlagert oder durch rasch nachfolgende Angst übertönt werden. So in Fall VI, einer wegen Zwangsneurose in Analyse stehenden Dame: Sie war die Jüngste einer kinderreichen Familie und hatte schon von ihrem zehnten Jahr an verheiratete Schwestern. Besonders gern spielte sie mit dem Mann ihrer zweitältesten Schwester, bei dem sie oft auf dem Schoß saß, während er ihr erzählte. Als Zwölfjährige spang sie ihm auf die Knie, als er gerade am Fenster saß und sie nicht hatte kommen hören. Er fuhr zusammen, so daß sie zu fallen drohte. Er fing sie auf. Aber in diesem Augenblick war ihr ganz eigen zu Mute. »Ich kannte mich gar nicht mehr.« Und eine furchtbare Angst, verrückt zu werden, überkam sie. Der Schwager hatte sie an der Brustwarze gestreift. Noch einmal erlebte sie einen ähnlichen Vorgang, als sie sich als Sechzehnjährige bei stürmischer Begrüßung desselben Schwagers an ihn anpreßte und – von ihrem Bewußtsein abgewiesen – das Glied des Mannes spürte.

Besonders häufig treten nach meiner Erfahrung derartige Entfremdungsgefühle mit oder ohne Folge von Angst oder allein Angst bei der Berührung der Brustwarzen und der Klitoris auf und ebenso bei der Berührung mit männlichen Genitalien – sei es am eigenen, sei es am fremden Körper. Ein triftiger Grund der Entfremdungsgefühle bei Mädchen ist der Zweifel: Bin ich Mann oder Frau? Bist du es oder bin ich es?

Im Falle des Knaben ereignet sich Analoges, wenn er durch Anpressen an eine Frau sein eigenes Genitale erigiert, ihm fremd, seinem Willen entzogen fühlt (worüber später noch zu sprechen sein wird). Und er fühlt es *mittels* der Frau; sie hat doch die Veränderung gezaubert. Ist der Phallus ein Teil der Frau? Der uralte verdrängte Glaube an die Frau mit Penis, an die Unmöglichkeit des Kastriertseins klingt an. Hermaphrodit rührt sich in ihm.

Zahlreiche Frauen finden ihre höchste Lust in der Erregung des Mannes, in der Erektion, die sie bewirken. Namentlich in Eifersucht wirft so eine Frau der anderen vor, sie lege es nur darauf an, ihr den Mann, ihren Penis wegzunehmen. Sie projiziert so ihren eigenen Wunsch auf eine andere.

In diesen Zusammenhang gehört es, daß lebendige Penissymbole, die typische weibliche Angstanlässe sind (wie Schlange, Maus usw.), nicht Darstellungen des starren, sondern des schlaffen, beweglichen Gliedes des Mannes sind, ebenso aber auch des eigenen, dessen Zuckungen den ganzen Körper erschreckt zusammenfahren lassen. Bei denselben Frauen finden wir dann als Gegenstück die Erinnerung bzw. Deckerinnerung an ein Erlebnis der Vorpubertät oder Pubertät, wo sie durch den Anblick eines riesenhaften Penis erschreckt wurden.

Ein zweiter häufiger Anlaß zu solchen Entfremdungsgefühlen sind die Abweisungen der Erlebnisse der genitalen orgastischen Funktion beim erstmaligen Auftreten. So berichtet eine spätere Hysterika (VII), daß sie als Zwölfjährige einen ihr verbotenen Roman der älteren Schwester las. Dabei preßte sie ihr Genitale gegen die Tischecke. Plötzlich wurde ihr ganz merkwürdig zu Mute, ganz fremd. Und dann spürte sie, daß sie in der Schamgegend naß war. Und sie ekelte sich entsetzlich. Oft sind diese Vorgänge von der Angst gefolgt, krank zu sein, sich ein genitales Leiden zugefügt zu haben, wobei bewußt oder unbewußt die Befürchtungen wegen der verbotenen, oft als ekelhaft abgewiesenen Onanie eine große Rolle spielen. Auch hier tritt häufig nur eine Angst oder ein Schrecken ins Bewußtsein. Schon allein die Tatsache der Häufigkeit des Schreckens beim ersten Erscheinen des Orgasmus weist uns darauf hin, wie wenig gerüstet das Ich dem neuen, plötzlich einsetzenden Erlebnis gegenübersteht. Auf die Belegung mit Angstreaktionen verzichte ich, da über diese Vorgänge schon eine sehr große Literatur besteht und da sie nichts für die Pubertät besonders Charakteristisches bringen könnte. Das, was für die Pubertät bezeichnend ist, ist ja die außerordentliche Schwäche der Ich-Organisation und daher das Hervortreten schwerer Störungen wie Schreck, Entfremdungsgefühle und Störungen des Bewußtseins bis zur Ohnmacht.

Nun bestehen ferner im Ich eine ganze Reihe von Hemmungsapparaten für primitivere Bewegungen, die bereits in der Latenzzeit und auch schon früher recht gut funktioniert hatten, unter dem Einfluß der Körperverwandlung der Pubertät geschädigt werden können. So ereignet es sich, daß choreoforme, athetotiforme und myokloniforme Bewegungsstörungen sowie Torsionen auftreten (oder auch nur mit Mühe unterdrückt werden), wodurch eine große innere und äußere Unruhe des Pubertierenden resultieren kann. Homburger[8] hat mit Recht auf den Wandel der Motorik während der Pubertät hingewiesen. Es kommt fast zu einem Zerfall der in der Latenzzeit stark gebundenen Motorik. Die Bewegungen werden fahrig, ungenau und durchkreuzen sich oft. Damit mag wohl zusammenhängen, daß man namentlich in der Frühpubertät so oft der echten Chorea begegnet. Um dieselbe Zeit tritt, begünstigt durch psychische Erlebnisse der Angst und der Trauer, zu denen der Pubertierende nur allzu oft Gelegenheit hat, gehäuft die Tetanie auf, um ihrerseits wieder psychische Folgen zu hinterlassen. So werden die sehr häufigen Waden- und Großzehen-Krämpfe Tetanischer und Tetanoider[9] in hysterischen Konversionssymptomen festgehalten, eignen sie sich doch gut zur symbolischen Darstellung von Erektionen.

Aus den Beobachtungen bei der infektiösen Chorea wissen wir von dem Zusammenhang der extrapyramidalen Bewegungen mit der Affektivität. Diese ist während der Latenzperiode, begünstigt durch das stärker werdende Über-Ich schon weitgehend in die Gewalt ererbter Hemmungsmöglichkeiten geraten. Namentlich während der Frühpubertät lockert sich die Beherrschbarkeit der Affekte, und der Pubertierende wird von einer Fülle von Affektausbrüchen geschüttelt. Die Tränen sitzen so locker wie die tollsten Heiterkeitsausbrüche und wildester Trotz und Hohn. Entsprechend der außerordentlichen Ansprechbarkeit des Affektapparates sind in der Frühpubertät die Affekte meist nur ziemlich oberflächlich. Späterhin vertiefen und verlängern sie sich. Nicht wenige Fünfzehn- bis Siebzehnjährige erleben ihre ersten, später immer wiederkehrenden Depressionen, manische Zustände und Angsterkrankungen.

II.

Wir haben bisher nur von den Schädigungen der Ich-Organisation gesprochen. Da in der Regel Schädigungen des lebendigen Organismus Wucherungen in ihm zur Folge haben, werden wir uns nicht wundern, wenn die Pubertät uns eine Verstärkung der Zuwendung zum Ich bringt und damit eine Zeit des blühendsten Narzißmus. Weil aber der Zusammenhang der Ich-Organisation zum mindesten zeitweise gelockert ist, so können bei der narzißtischen Besetzung einzelne Teile besonders bevorzugt sein. Und so ist die Pubertät ein dankbares Feld des Studiums für diejenigen, die unter die verschiedenen libidinösen Strebungen, welche man als Narzißmus zusammenfaßt, Ordnung bringen möchten, eine Notwendigkeit, die zuerst Westerman-Holstijn[10] formuliert hat.

Bevor wir uns aber jenen Ausgleichserscheinungen zuwenden, haben wir uns noch eingehend mit einer Ausfallserscheinung aus dem Ich zu beschäftigen, welche allerdings auch gleichzeitig eine Kompensation ist. Ich meine die Verdrängung. In dem Fall II, einer Patientin, die nach einer kurzdauernden Ohnmacht als Zwangsneurotika aufwachte, war bei dem Beginn der Analyse und sehr lange Zeit hindurch nichts von dem Vorfall bekannt. Da wir schon sehr genaues über den infantilen Ödipuskomplex und vor allem über die anale Phase wußten, war die Patientin noch davon überzeugt, daß ihre Neurose da war, so lange sie denken konnte. Erst ganz allmählich ließ sich vermuten, daß sie in der Latenzzeit – man möchte sagen: lichte Augenblicke gehabt hatte. Im Anschluß an ein sehr erschütterndes Übertragungserlebnis in der Analyse, das in ihr die Hoffnung auf Heilung durch ihre eigene Person aufkommen ließ, trat plötzlich die Erinnerung auf, die sagte: Ich habe mich krank gemacht, ich werde mich auch gesund machen. So lange sie in kindlicher Abhängigkeit und in braver gehorsamer Arbeit mit dem Analytiker zusammen schaffen wollte, letzten Endes allerdings ungläubig, – was ihr völlig unbewußt war – war ihre eigene »Schuld« und damit das ganze Erlebnis unbewußt. Und es mußte unbewußt bleiben, so lange der Zweifel am Analytiker, letzten Endes an der ganzen Welt, unbewußt war. Mit der Bewußtmachung ihres Unglaubens an die Autorität, mit dem Triumph ihres Narzißmus fiel der Grund der Verdrängung weg, die das Erlebnis und seine Ursachen (die ganze Revolution der Latenzzeit und Frühpubertät) hatte verschwinden lassen. Ein ganzer Teil des Ichs, gespeist von störrischen Trieben, mußte negiert, wenn man will, bewußtlos werden. Damit das Ich liebenswürdig und damit existenzfähig werde, mußte es verstümmelt sein.

In anderen Fällen gelingt zwar die Verdrängung des Teils der Persönlichkeit, der dem Über-Ich unerträglich ist. Als Ausgleich aber bleiben Bruchstücke des Erlebnisses in Erinnerung, in einen anderen Zusammenhang eingefügt und mit großen Mengen von Befürchtungen – negativen Wünschen also – besetzt. So z. B. in unserem Fall VI, jener anderen Zwangsneurose, bei der die Berührung der Brust und des männlichen Gliedes eine starke Angst, verrückt zu werden, erzeugt hatte. Hier erfuhren wir von allem Anfang, daß die Neurose seit jener Zeit existiere und daß alle Zwangssymptome von diesen Angstzuständen ihren Ausgang genommen hatten. Aber gerade das Ominöse, die Berührung der Brustwarze und des männlichen Gliedes, war mit allen unerlaubten Wünschen ausgeschaltet worden. Nur von außen her schien die Gefahr zu drohen: Die Patientin lebte von dem Augenblick an nur noch der Vermeidung von Schmutz und der Reinigung von ihm (Berührungsangst, Waschzwang usf.). Sie existierte nur noch für das Ich, wie es nicht sein sollte – ein Beispiel einer mißglückten Verdrängung.

Durch die Verdrängung wird die Kontinuität des Ichs zerstört: Ich, der ich mich heute erlebe, bin ich, der sich gestern erlebte. Das, was ich gestern sah, ist mir heute bekannt, wird mir auch morgen nicht neu sein. Dieses Kontinuitätsbewußtsein, in den häufigen Entfremdungsgefühlen der Pubertät durchbrochen, wird durch Verdrängung völlig durchsiebt. Da aber die Verantwortlichkeit sowohl gegen die Außenwelt, wie gegen die inneren Forderungen gleich bleibt, stellt sich eine Kontinuität immer wieder her, nicht aber der Zusammenhang mit dem tatsächlichen Ich, sondern mit dem Ich, wie es hätte sein sollen, das nun – Kraft der Allmacht des Unbewußten – Realität ist, Realität wenn auch nicht der Zukunft, so doch der Vergangenheit, Kinderparadies.

Eigentlich sollte man meinen, es sei unnötig auf die Verdrängung hinzuweisen, da wohl kaum einer der Funde Freuds so in die Reden der Allgemeinheit eingedrungen ist wie eben dieser. Zwei Gründe veranlassen mich aber, diesen Psychismus sogar als eigenen Abschnitt innerhalb dieses Aufsatzes noch besonders hervorzuheben:

Obwohl die ersten Belege über die Verdrängung aus Nachpubertät und Pubertät stammen, hört man jetzt häufig fast nur von einem Spezialfall der Verdrängung sprechen: der frühinfantilen Amnesie. Bei ihr haben typische Erlebnisse und typische Reaktionen stattgefunden. So kann man von ihnen gut reden, ohne von sich zu sprechen. Da sagte einmal eine Patientin von mir: »Ach der Ödipuskomplex, über den spricht sich's leicht. Daß ich den Vater heiraten und die Mutter töten wollte, warum nicht? Das tun ja alle. Daß ich aber heute Lust verspürte, auf der Elektrischen schwarz zu fahren (d. h. ohne zu bezahlen), das zu sagen, ist schrecklich.« Die typischen Ereignisse werden gar zu leicht nur als typische, nicht als individuelle, ureigenste erlebt. Besser: Über die ganze Verdrängung, die nicht rückgängig gemacht wird, klebt man nur die Zettel: Ödipuskomplex, Kastrationskomplex usw. Der Patient und auch sehr viele sogenannte Psychoanalytiker schützen sich gegen das Wiedereindringen des Real-Ichs an Stelle des Soll-Ichs durch die Flucht von den Erlebnissen in Gemeinplätze des Begriffsbereiches. Sie halten sich draußen, betrachten sich als Objekte, statt das subjektive Leben zu erneuern. Darum vermeidet man auch gerne jene Zeit, aus der sich viele individuelle Details aufdrängen werden, wo z. B. der Vater gar nicht mehr als irgend ein Vaterbegriff gesehen werden kann, sondern der spezielle Vater ist mit dieser Nase, diesem Mund, diesem Tonfall, diesen lieben und unangenehmen Eigentümlichkeiten, diesen speziellen Anlässen zur Verliebtheit und zur Wut. Wer in mühevoller Zuwendung zu jeder einzelnen Einzelheit die scheinbar geschlossene Wachstumszeit der Pubertät durchackert, wird allerorten auf Lücken und Widersprüche stoßen, unscheinbare Hinweise auf wichtige Verdrängungsschübe. Er wird so den Menschen selbst zu packen kriegen, der sich bisher immer der Analyse entzog, am sichersten dadurch, daß er scheinbar recht eifrig in den vorgeprägten Begriffen herumkramte. Wer die Analyse zu einem wirklich individuellen Geschehen gestalten will, wird nicht an der Pubertät vorbeigehen, so wenig wie am Aktuellen. Er wird beide Zeiten mit der frühinfantilen Zeit verknüpfen und so ein der Realität entsprechendes Ich-Kontinuum wiederherstellen. Bei der Erörterung analytischer Fragen mit Nichtanalysierten aber wird man die Aufmerksamkeit namentlich auf die erreichbaren Lücken und Widersprüche der Pubertät lenken, um ihnen klar zu machen, wie wenig das Bild vom Ich der Wirklichkeit vom Ich entspricht.

Neben diesem Gesichtspunkt zwingt uns aber noch ein weiterer, der Pubertät einen großen Raum in unseren Untersuchungen einzuräumen: Ein großer Teil der psychischen Erkrankungen geht kontinuierlich von der Pubertät in den Dauerzustand des Erwachsenen über. Die sogenannten neurotischen Charaktere, die Charaktereigentümlichkeiten und – wie man die Phänomene sonst noch benennen will – sind sehr, sehr häufig Restzustände oder mehr oder minder mißglückte Heilungsversuche von Pubertätserkrankungen, soweit sie sich nicht lückenlos auf die Infantilneurose zurückverfolgen lassen. Sehr oft aber hatte sich nach dieser die Persönlichkeit einigermaßen konsolidiert. Für eine Zeit wenigstens war der Betreffende das, was man gemeinhin gesund nennt. Da brach die Katastrophe der Pubertät herein und zerriß das Ich unheilbar.

So in meinem zweiten Fall, bei dem die Heilung erst dann erreicht werden konnte, als der Beginn der Erkrankung in der Pubertät aufgedeckt worden war. Und das geschah, nachdem schon sehr genau die Infantilgeschichte geklärt war, ohne den geringsten therapeutischen Erfolg geliefert zu haben, weil sich die Patientin vor dem Wiedererleben in die Begriffssphäre geflüchtet hatte.

Viele dieser Pubertätserkrankungen sind tiefgreifende Ichzerstörungen, Psychosen, wenn auch oft harmloser Art wie die Ohnmachts- und Schlafzustände. Es ist kein Zufall, das von voranalytischen Psychiatern der Zusammenhang wichtiger Psychosengruppen mit der Pubertät erkannt wurde, wie schon Namengebungen, z. B. Hebephrenie (Jugendirresein), verraten.

In den Zusammenhang mit der Verdrängung gehört ein anderes Phänomen, das Fenichel[11] als geglückte Verdrängung bezeichnet hat: die Hemmung. Bei ihr ist es gelungen, einen Teil der Persönlichkeit zu autotomieren. Und damit nicht irgend etwas an die ausgeschalteten Organe, bezw. an deren phallischer Natur und an die gehemmten Triebe mahne, wird ein Bewegungs-, Wahrnehmungs- und Denkverbot errichtet. Denn, käme man in die Nähe dieser Organe und Triebe, so entstünde Angst als Signal der Gefahr für das brave Ich. Fast jeder Fall von Neurose, aber auch die Mehrzahl der sogenannten Normalen zeigt uns eine Anzahl von Hemmungen, sodaß ich praktisch fast jeden der bisher gebrachten Fälle als Beispiel der Hemmungen und ihres Zusammenhangs mit der Pubertät bringen könnte.

Fall II steht für eine große Gruppe Neurotischer, bei denen die genitale Sexualität überhaupt nicht zu existieren scheint. Ja, jedes darauf bezügliche Denken, jedes auch nur Nacherleben beim Kunstgenuß bleibt aus. Es ist ein blinder Fleck, der nicht schwarz im bunten Blickfeld wahrgenommen wird. Nichts ist da, was auf den Ausfall hinwiese: Auch der ganze Umkreis fehlt bei jenen reinen Wesen, Engeln, die unberührt durch die Welt gehen, an denen alles abprallt.

Ihr Widerpart ist »die Dirne«, wie ich sie einmal geschildert habe[12], die eiskalt durch Leben geht, ebenso unberührbar: Sie hat die Technik der Genitalität automatisiert, bleibt ganz abseits, ist ganz Menschenhaß und Menschenverachtung.

Weil es sich bei den Hemmungen häufig um völlig geglückte Autotomie handelt, ist es oft sehr schwer, sie zu erkennen. Z. B. im Fall V, einer Angstkranken, die dauernd in Hetze und Zeitnot war, die ständig klagte, was sie alles zu tun habe. Es war gar nicht fertig zu werden: Immer hatte sie geschafft, hatte sich keine Minute Ruhe gegönnt, und doch war wieder dies und jenes liegen geblieben. Hörte man sich ihren Tageslauf an, so war er besetzt wie ein Durchschnitts- ja vielleicht Überdurchschnittstagewerk. Ein Zeichen dafür, daß eben der Durchschnittsmensch gehemmt ist. Sah man jedoch die raschen, etwas hastigen Bewegungen, ihre schnelle Auffassung, so konnte man sich nicht von der Empfindung losmachen, daß der Nutzeffekt der ständigen Tätigkeit dieser lebhaften und beweglichen Persönlichkeit eigentlich größer sein müßte. In solchen Fällen hilft nur exakteste Bestandsaufnahme eines Tages. Und schon erfahren wir: das Anziehen erforderte 3/4 Stunden. Was ist so zeitraubend? Welche Kleidungsstücke erfordern die meiste Zeit? Keine. Aber heute als sie sich zu frisieren begann (kurz geschnittene Haare!), freute sie sich, daß sie so früh dran war. Als sie sich an den Frühstückstisch setzen wollte, war es doch wieder zu spät dazu. Wie das zuging, ist ihr ganz schleierhaft. Die Erforschung ergibt nur – *Zeitlücken*, eine höchst merkwürdige von der Wissenschaft kaum beachtete Erscheinung: Von außen her gesehen, tut der Betreffende irgend etwas, trödelt herum; häufig auch quatscht er über einen ziemlich gleichgültigen Gegenstand. Für sein Erleben räumt er auf, kämmt sich, seift sich zum Rasieren ein, ist mit Zeitungslesen befaßt und plötzlich merkt er, daß es spät ist. Es ist nicht so und so viel Uhr geworden. Denn es geht nichts vor, es wird nichts. Es gibt keinen Zeitablauf, während das Bewußtsein an den Objektschatten klebt.*

Erst die sozusagen mikroskopische Untersuchung ergibt Ansatzpunkte für Phantasien, von denen das Ich des Alltags zunächst nichts weiß. Von dem sind sie abgetrennt. Nur unter starkem Drängen und ganz allmählich füllen sich die Lücken aus. Die Beschäftigungen, von denen das Ich weiß, sind solche, die für gewöhnlich von unbewußten Seelenteilen – »subalternen Ichen« – ausgeführt werden, ohne daß sich das Chef-Ich darum kümmerte. Es handelt sich um Aktionen, die – teils in der Kindheit, teils z. B. bei Berufsfertigkeiten erst später – einmal die ganze Person ausgefüllt haben. Am typischsten dafür ist Stehen und Gehen. Späterhin werden sie, während das Ich etwas anderes unternimmt, automatisch erledigt, sind aber in normalen Fällen jederzeit bewußt zu machen, zu hemmen oder zu beschleunigen. Sie sind meist nur deskriptiv unbewußt, müssen durchaus nicht dynamisch unbewußt, nicht bewußtseinsunfähig sein. In der Zeit der Hemmungen sind die Rollen zwischen subalternen Ichen und Chef-Ich vertauscht, z. B. geht das Ich, hebt Fuß auf Fuß. Das andere in ihm phantasiert. Wachschlaf möchte man sagen.

In unserem Fall V waren die Ausgangspunkte der unbewußten Phantasien jene zwei früher berichteten schockhaften Erlebnisse, Überflutungen der Persönlichkeit durch starke, plötzlich einsetzende Sexualerlebnisse. Wie mir scheint, ist das Schockhafte und die Sexualerregung typisch für die Wurzeln der Hemmung. Eine überstarke Aktualneurose war entstanden. Ihre Wiederkehr wird durch Selbstbeschneidung verhütet.

Man wird wohl kaum je zu einer wirklichen Heilung einer Hemmung gelangen, wenn nicht der Gehemmte vorher bis an die Grenze der Aktualneurose gebracht worden ist, wenn nicht aktualneurotische Züge in der Übertragungsneurose in Erscheinung treten. Erst dann entsteht das alte Ich-Gefühl wieder, das durch die Hemmung aus der Persönlichkeit herausgeschnitten war.

Die psychogenen Hemmungen können Ausmaße und Formen annehmen, die an organische Erkrankungen erinnern. Oft ist bei den Gedankenlücken die Unterscheidung von Epilepsie schwierig. In einem Fall von Arbeitshemmung (XI), der mir vom Vater gebracht worden war, habe ich lange an eine Stirnhirnverletzung gedacht, da der zwölf-

---

* Das sind Phänomene, wie sie bei der Schizophrenie als Benennen, Iterieren beschrieben wurden, die faseligen Verfall der Persönlichkeit, Pseudodemenz in Erscheinung treten lassen.

jährige Junge einen Unfall erlitten hatte, nachdem er einige Zeit bewußtlos und mehrere Tage leicht benommen war. Der Mangel an Initiative in jeder Beziehung war außerordentlich. Nur das Fehlen der Merkfähigkeitsstörung und die Aussichtslosigkeit jeder anderen Therapie ließen mich die Analyse durchführen. Wäre doch die Weigerung der Behandlung einem geistigen Todesurteil gleichgekommen. Nachdem eine starke positive Übertragung hergestellt war, wurde sie zur Annahme von bisher gemiedenen Anforderungen benutzt, ich betone, nicht um die Leistungen zu forcieren, sondern um die Versuche von Flucht vor ihnen zum Erlebnis zu bringen. Angst trat ein, die immer mehr aktualneurotische Züge annahm, so plötzliches Erschrecken, die Teetasse könnte ihm entfallen, und ähnliche Symptome, die Angst vor überraschender Pollution anzeigten. Das schreckhafte Erlebnis des ersten unerwarteten Samenverlustes hatte den Kastrationskomplex und Eindrücke bei der Abgewöhnung des Bettnässens anklingen lassen. Fall XII, wiederum eine Arbeitshemmung, war offenkundig myxödematös. Die Kranke war seit dem 13. Jahr im Wachstum zurückgeblieben, die Menses setzten öfters aus. Auch hier stellten sich allmählich Affekte ein und in deren Folge im zweiten Behandlungsjahr der damals 25jährigen sogar ein beträchtliches Längenwachstum und körperliche und geistige Beweglichkeit.

III.

Wenn unter den bisher gebrachten Beispielen nur ein einziger Fall von männlicher Pubertät aufgeführt wurde, so war bei der Auswahl nicht nur der Wunsch des Herausgebers[13] maßgebend. Vielmehr waren auch sachliche Momente bestimmend, denn die Erscheinungen der Pubertät sind beim Weibe viel offenkundiger. Schon rein die körperlichen Phänomene. Außerdem genießt die Pubertät des Mädchens in vieler Beziehung eine gehobenere gesellschaftliche Stellung, die die einzelnen Erscheinungen mehr unterstreichen. Dies dokumentiert sich sehr deutlich an dem Unterschied der Datierbarkeit: Das Datum des ersten Samenergusses ist selten einigermaßen genau festzulegen. Oft schwankt man zwischen ein, ja zwei Jahren. Und was für ereignisreichen Jahren! Dagegen kann man meist die erste Menstruation auf den Zeitraum einiger Monate festlegen, gar nicht selten, sogar noch nach Jahrzehnten, den Tag. Fixierbar sind beim Manne gesellschaftliche Ereignisse, etwa der erste Koitus. Bei der Frau ist die Entwicklung der Figur und das Einsetzen der Monatsblutungen ein Erlebnis, das mit der Umwelt oder gegen sie erlebt wird. Der Knabe erlebt seine Pubertät, besonders die frühen Stadien, zwar innerhalb des bisherigen Kreises, der elterlichen Familie, aber in fast völliger Isolierung. Die Geschehnisse sind umwuchert und überwuchert von Phantasien, die relativ zeitlos sind. Fixierbar sind dann nur Schatten, die die inneren Erlebnisse auf Schule und ähnliche Gemeinschaften werfen. Erst aus seiner Not heraus findet er mit der Zeit einen neuen, *seinen* Zirkel, der abseits, ja gegen den bisherigen steht und so die Auflehnung zum äußeren, datierbaren Ereignis macht. Je gesunder ein Junge wird, desto mehr spielen die äußeren Ereignisse eine Rolle. Der Kranke ist und bleibt isoliert, weitgehend zeitlosen Phantasien überlassen, am meisten, wenn er brav in der Familie bleibt wie unser Fall XI.

Hier noch eine Bemerkung sowohl über die Datierungen der Entwicklungsphasen überhaupt als der im ersten Abschnitt geschilderten Ich-Störungen: Eine Bemerkung Freuds mißverstehend, daß die Pubertät die frühinfantile Sexualentwicklung wiederhole, hatte ich lang nach einer typischen Reihenfolge analog der frühkindlichen gesucht. Aber mein Ordnungssinn wurde nicht belohnt. Ich konnte mich einzig davon überzeugen, daß in der Pubertät auf diejenigen Phasen regrediert wird, für die frühe Fixierungen bestehen. Eine Gesetzmäßigkeit gibt es insofern, daß die Aktualsituation bestimmend bei der Wahl der Regressionsstufe dann eingreifen kann, wenn – wie meist – mehrere Fixationspunkte bestehen. Sehr häufig aber scheint eine Erklärung mir heute nicht möglich. So konnte beim ersten Schock in der Pubertät vielleicht die genitale Phase zugunsten der phallischen verlassen werden, um bei einem zweiten Schock der oralen Platz zu machen. Oft aber folgt Zwangsneurose einer Depression oder umgekehrt auch eine Depression auf Zwangssymptome.

Ebensowenig eine der Pubertät eigentümliche Gesetzmäßigkeit in den Phasen der Ich-Störung: Halluzinatorische Wunscherfüllungen können jederzeit auftreten, bald vor, bald nach Projektionsmechanismen. Die Natur erweist sich demnach als weitaus weniger zwangsneurotisch, als es gelehrter Beschreibung passen würde. Die Natur ist nun einmal keine angenehme Subalternen-Natur.

So werden wir auch bei den Versuchen, leicht aufzeigbare Differenzen zwischen den beiden Geschlechtern zu finden, auf manche Schwierigkeiten stoßen:

Gemeinsam sind die Erlebnisse beim Auftreten der Geschlechtsbehaarung, die häufig mit Abschneiden der Haare und Ekel vor der Unsauberkeit beantwortet werden. Hinter dem Phänomen zeigen sich deutlich Selbstkastrationswünsche, das Streben, braves Kind zu sein (vergleiche unseren Fall II). Eine gewisse Differenz ist der Bartwuchs, der schon deshalb positiv gewertet werden kann, weil er von Mutter und Schwester liebevoll bewundert worden sein mag. So wird bisweilen das erste Rasieren eine Handlung von sakraler Bedeutung. Das Mädchen konnte früher diesem die andere Haarfrisur gegenüberstellen. Ebenso spielte früher bei beiden Geschlechtern die Veränderung der Kleidung (lange Hose, langer Rock) eine wichtige Rolle.

Ein sehr bedeutsames Ereignis in der Entwicklung des Mädchens, dem der Knabe nichts Analoges gegenüber zu stellen hat, ist das Wachstum der Brust. Die extremen Folgen haben wir bereits an Fall V und VI angedeutet. Aber auch schon das langsame Größerwerden ist nicht unwichtig. Oft ist es allerdings als Erlebnis kein allmähliches Geschehen. Bewußt sieht dann das Kind eines Tages seine entwickelten Brüste: Das Weib erwacht plötzlich, wie das Hebbel in einem schönen Gedicht[14] schildert. Dieser Vorgang ist ähnlich zu erklären wie in meinen Fällen: Nur geschah dort körperliche Berührung, hier dagegen haben Blicke die Brüste berührt, die eigenen in Identifizierung mit fremden, die das kurz vorher taten, vielleicht vor dem Bewußtsein verleugnet.

Bei der früheren Bekleidung mit festem Korsett kam das allmähliche Anschwellen zu nicht selten schmerzvollem Bewußtsein. Auch hört man in diesen Zeiten oft von einer übermäßigen, peinigenden Kälteempfindlichkeit der Brustwarzen. Die Frage bleibt mir offen, ob die Schmerzvorgänge primär sind oder ob die erhöhte Interessenzuwendung hysterische und hypochondrische Phänomene auslöst. Denn die Libidobesetzung der Brust ist sehr intensiv, bestimmt oft geradezu das äußere Bild der Pubertät. Die Brust ist ja gesellschaftsfähiger als das Genitale im engeren Sinn. So spielen sich für das Bewußtsein bisweilen die gesamten Kämpfe zwischen Genitalwünschen und Genitalablehnung, zwischen der Sehnsucht, Weib zu sein, dem Streben, Kind zu bleiben, und dem Verlangen, Mann zu sein oder zu werden, auf diesem Territorium ab. Noch mehr als gewöhnlich wurde dies alles in einem Fall unterstrichen, der Hohlwarzen aufwies, also eine Minderwertigkeit sehr komplizierter Art dazu.

Besonders stark in den Vordergrund geschoben wird die bewußte Bedeutung der Brust, wenn Fettsucht auftritt. Heute, wo die schlanke Figur so viel gilt, kann dies besonders gut Ausgangspunkt wichtiger Minderwertigkeitsgefühle und männlicher Proteste werden, deren tiefere Begründung die Analyse aufzeigt. Auch beim Knaben kann die Fettsucht in der Pubertät von sehr weittragenden Folgen sein, besonders, wenn sie einen körperlich Unbehenden noch mehr von den natürlichen Kampfgemeinschaften ausschließt.

In meinem Material begegnet mir der männliche Stimmbruch nicht ein einziges Mal als psychisches Erlebnis von auch nur einigermaßen ausschlaggebender Bedeutung. Das überrascht mich, da er oft sehr auffällig und nicht ohne gesellschaftliche Folgen ist.

Desgleichen vermisse ich bei meinen Beobachtungen fast gänzlich die positive Wertung des ersten Samenergusses. Viele Mädchen hören mit Recht aus den Gesprächen, die die Mutter aus Gelegenheit der ersten Menstruation führt, einen gewissen Stolz über die große Tochter durchklingen. Wie häufig gewährt nicht das Mitleid der Mutter, daß die Tochter jetzt auch Weib geworden ist, Qualen tragend wie sie selber und bereit zu noch größeren Qualen, eine große Erleichterung bei den inneren Kämpfen. Gar oft fühlt auch das Mädchen bei der ersten Menstruation den liebevollen Blick des Vaters auf seiner großen Tochter ruhen. Diese sozial positiven Momente können beim Mädchen von größter Bedeutung sein. Beim Jungen dagegen wirkt die Gesellschaft fast immer nur im negativen Sinn, den wir ja auch beim Mädchen reichlich kennen.

Nur zweimal sah ich, daß Knaben den Samenerguß sehnsüchtig erwartet hatten und ihn freudig begrüßten. Beide Male handelte es sich um Knaben, die mit bestimmten Älteren, weiter Gereiften mutuell onaniert, den Führenden um den Orgasmus beneidet und den bisherigen Mangel als starke Unterlegenheit empfunden hatten. Sie hatten in der Furcht gelebt, sich durch Onanie schwer geschädigt zu haben.

Sonst aber ist der erste Samenerguß immer zum mindesten ein unangenehmes Ereignis, wie z. B. in unserem Fall XI, da der Junge aus einem bewußt sexuellen Traum benäßt aufwachte. Er fürchtete, sich mit Urin beschmutzt zu haben, und schämte sich gewaltig, daß ihm noch so etwas passieren konnte. Wird aber die wahre Natur der Pollution erkannt, so tritt erst recht Scham und das eifrige Bestreben auf, ihre Folgen, die Befleckung der Wäsche, vor Mutter oder Dienstmädchen zu verbergen.

Ich kenne nur einen einzigen Fall, es handelte sich um einen Jungen aus den Balkanstaaten, in dem der Vater, sichtlich stolz über die Gereiftheit seines Sohnes, ihn feierlich freudig zur Seite nahm, ihn als Mann begrüßte und ihn aufforderte, sich geschlechtlich mit Frauen zu betätigen, also eine Art Männerweihe. Wo diese sonst in unserem Kulturkreis erfolgt, tritt sie viel zu spät auf, ist häufig nur die gesellschaftliche Rezeption in das Erwerbsleben, steht mehr im Zeichen sozialer Verantwortlichkeit als sexueller Freiheit. Sonst ist der erste Samenerguß häufig ein Schreckerlebnis, das schlimme Folgen nach sich zieht. Eines Tages, bei irgendeiner mehr oder weniger störenden Gelegenheit, tritt eine starke Angst auf. Unwillkürlich zuckt der Knabe zusammen, ist plötzlich naß. So bekommt er eines Tages Angst während des Schwimmens, ihm ganz unerklärlich, da er doch ein guter Schwimmer ist. Er klammert sich an eine Stange am Ufer und – ist klebrig. Im Turnsaal will er mit einem Kameraden um die Wette die Kletterstangen hinauf. Plötzlich atemlos, kommt er nicht weiter und – hat sich naß gemacht, ohne Urindrang. Er hat eine schlechte Prüfungsarbeit geschrieben. Der Lehrer ruft ihn auf, um sie ihm mit einem als Unrecht empfundenen Tadel zurückzugeben. Der Junge will wütend darauf antworten. Plötzlich schüttelt es ihn. Er zittert am ganzen Körper und setzt sich mit hochrotem Kopf, denn er hat sich eingenäßt. Alle Mitschüler scheinen ihn anzustarren, auszulachen.

Das sind einige Beispiele, wie sich der Phallus plötzlich autonom gemacht hat und das Ich nicht mehr Herr über den Körper zu sein scheint. Der Penis, als Urinator längst in Gewalt des Besitzers, ist als Phallus plötzlich wieder unabhängig geworden. Eine schwere Kränkung des Narzißmus. Schon vorher ist ab und zu der Phallus selbständig, dem Willen des Besitzers entzogen gewesen. Plötzlich störte er, denn er war hart und groß, schwebte erhoben über dem Körper; und gerade in Augenblicken, wo das höchst peinlich war, wo es die Augen aller auf den Besitzer lenkte, wie er glaubte, wollte das Glied sich gar nicht in die Badehose verstecken. Ein anderes Mal – er sprach gerade mit einem scheu angebeteten Mädchen – schien es geradezu durch die Hose hindurchzudrängen und rieb unangenehm. Die Bedeutung der plötzlichen Erektion bei der Umarmung eines Mädchens oder noch viel häufiger einer älteren Frau, z. B. einer verehrten Tante oder Freundin der Mutter haben wir mit den ihnen folgenden Zweifeln und Entfremdungsgefühlen bereits früher erwähnt. Besonders stark können diese auftreten, wenn das erigierte Glied zuerst bei einem Kampfspiel, z. B. beim Raufen erlebt wurde. Auch bei unserem Fall XI hat das plötzliche Naßwerden während des Schlafes die Folge, daß der Junge an seinem Ich verzweifelte. Ich bin ja noch nicht einmal fähig, meinen Körper in der Gewalt zu haben. Ich bin ja ein kleines Kind. Wie kann ich da den Kampf mit der Außenwelt aufnehmen!

Derartige Reaktionen basieren auf der Bedeutung der frühinfantilen Einnässung, namentlich der nächtlichen, die erfahrungsgemäß beim Knaben viel länger und stärker auftritt als beim Mädchen. Damals hatte er sich nicht in der Gewalt gehabt. Immer wieder hatte er zu hören bekommen: Wenn Du nur wirklich wolltest, dann würdest Du, sobald es notwendig wird, aufwachen. Immer wieder hat er sich ohnmächtig gefühlt und ungerecht beschimpft und bestraft. Immer wieder sagte er sich: Ich hab doch gewollt. Ich bin hilflos gegenüber der Tatsache, daß ich – der Schlafende – für die anderen derselbe bin wie ich – der Wachende –, der doch so heiß will. Die Verantwortung sollte getragen werden für einen anderen, von dem man nichts weiß. Unbewußt mag dabei die Tatsache eine Rolle spielen, daß ein Zusammenhang zwischen dem Bettnässen und der Onanie gegeben ist. Da diese verboten ist und trotz tausend Ängsten immer wieder erfolgt, verbreitet sich das Schuldgefühl, das von der eventuell unbewußten Onanie ausgeht, unbewußt auch auf das Bettnässen, wo es bewußt nicht nur vollkommen negiert wird, sondern wo sogar die Forderung und Strafen als ungerecht empfunden werden. Gewöhnlich wird, wenn die Onanie infolge von Kastrationsdrohungen eingestellt wird, der Knabe sauber. Aber die tiefe Ich-Kränkung: »Ich bin nicht Herr über mich« hat seine Spuren hinterlassen. So sucht gerade der Knabe sich immer wieder zu überzeugen, daß er seinen Penis urinator vollkommen in der Gewalt hat. Urinspiele resultieren sehr oft als Wettspiele. Als *primus inter pares* will er da die Beherrschung des eigenen Körpers sich und anderen beweisen.

Nicht so das Mädchen, bei dem gerade der Anblick des männlichen Urinierens einen ähnlichen Schock darstellen kann, wie beim Knaben die Beobachtung der weiblichen Penislosigkeit. In der Verborgenheit darum, keineswegs Kamerad, können Versuche gemacht werden, dem Urinieren beim Stehen und im Bogen gleichzutun. Eine hoffnungslose Niederlage winkt, sehr häufig noch dadurch verstärkt, daß sich das Mädchen bei den vergeblichen Versuchen einnäßt und dafür Schelte bekommt.

Nach der Niederlage des ersten unwillkürlichen Samenergusses treten gar oft die Peniswettspiele des Knaben in Form der mutuellen Onanie wieder zum Vorschein. Nur heißt es jetzt: welcher Penis ist der größte, härteste. Wer kommt am raschesten zum Erguß? Wer kann ihn am längsten zurückhalten? Wer spritzt am weitesten? Die Ersetzung des Penis urinator durch den Penis phallus kann vollkommen sein.

Beim Mädchen findet die Onanie viel seltener in Gemeinschaft statt. Wenn es aber doch dazu kommt, erfolgt sie immer im Verborgenen, da die Klitoris sich nicht wie der Penis hervorwagt und sich zur Schau stellt. Durch den eigenen Phallus kann das Weib nie imponieren. Sie ist darauf angewiesen, durch den Phallus ihres Partners zu siegen. (Siehe das früher über die Eifersucht Gesagte!) So kommt es, daß der männliche Ehrgeiz urethralerotischen Ursprungs viel deutlicher hervortritt als der weibliche. Ist die Frau ehrgeizig – basiert auf Urethralerotik – so ist es gar oft ein Ehrgeiz der Frau mittels des Mannes. Umso deutlicher ist der allerdings nicht nur weibliche Ehrgeiz, der sich auf Penisneid (bezw. auf Penisangst) gründet. Beim Manne findet man also häufiger, daß er der Erste unter seinesgleichen sein will; dabei wird oft besonders Wert darauf gelegt, daß die anderen, mit denen gekämpft wurde, sehr stark waren. Bei der Frau treffen wir umso öfter, daß ihr Ehrgeiz fordert: Nicht die Andere, sondern ich.

Nicht nur bei Kampfspielen der mutuellen Onanie kann übrigens die Zurückhaltung des Samens wichtig sein, sondern vor allem auch bei der geheimen Masturbation: der »Kraftverlust« ist sehr gefürchtet. Nicht wenigen gilt die Onanie nur dann als solche, wenn Samen abging. Kann sie vorher abgebrochen werden, so erscheint dies manchem als Stärke (die allerdings mit Angstneurose oder Phobie erkauft werden kann). Sogar zur Glaubenslehre und höchsten Ethik der Selbstbeherrschung kann die Kunst der Samenzurückhaltung werden (Mazdaznan)[15].

Im Gegensatz dazu fand ich bisweilen die Unbeherrschbarkeit des Samens als großes, ersehntes Glück. Die Pollution im Schlafe oder gar im Wachen, ohne daß die Hände das Glied berührten und eine andere äußere Reibung erfolgte, war schuldlos: Es ereignete sich; ich tat ja nichts (wie in inserem Fall IV, jedoch ohne Angstentwicklung). Es ist die Einstellung, die vor kurzem einen Mann dem ihm befreundeten Ehegatten der Frau gegenüber, die er liebte, mit Entrüstung erklären ließ: »Ich würde nie meinen Freund betrügen. Und wenn es doch geschieht, dann ist es mir eben passiert.« Die »große Leidenschaft« entschuldigt fast alles.

Nicht *ich* bin es, sondern *etwas aus mir heraus*, eine höhere Gewalt: von dieser Einstellung zu der anderen, eine Gewalt von außen raube Sinne und Samen, ist kein weiter Schritt. Der Geliebte wird zum Verfolger, weil er die Herrschaft über den Körper nimmt, die Erregung erzeugt. Paranoische Reaktion, nicht unbedingt Paranoia in einem Kulturkreis, in dem die Maler mit glühenden Farben die Versuchungen des heiligen Antonius durch Teufelinnen schildern.

Noch in einem weiteren Punkt, in der Stellung zum Schmerz, finden wir einen Gegensatz zwischen der männlichen und der weiblichen Pubertät, doch ist hier der Unterschied weniger durch die anatomische Verschiedenheit als durch die Verschiedenheit der gesellschaftlichen Wertungen bedingt. Beim Knaben finden wir fast stets – oft bis zur Groteske gesteigert – das *Indianerideal* gültig: Schmerz haben darf man nicht. Gewiß darf man ihn nicht zeigen. In der Pubertät treten bisweilen Schmerzen am Samenstrang im Zusammenhang mit Onanie oder frustraner Erregung auf. Sie erzeugen schwere Selbstvorwürfe oder sind deren Ausdruck und werden deshalb meist zum streng geheimgehaltenen Makel. Und wenn ein Junge schließlich doch den Arzt aufsucht, und der die gefürchtete oder bewußt nicht verstandene Frage nach Onanie tut, so kann das der Ausgangspunkt neurotischer Dauer-störung werden. Denn Hypochondrie ist beim Knaben noch leichter von schlimmen Folgen als beim Mädchen. Trennt sie ihn doch von der Gemeinschaft der Gleichen und treibt ihn in die Arme der Mutter, die ihn liebend bewachen kann wie nur ein Cerberus.

Beim Mädchen – *urteilt man* – sind Schmerzen mit den Generations-vorgängen natürlicherweise und unabänderlich verknüpft. Darum können sie auch im Zusammenhang mit der Menstruation deutlich her-vortreten und werden hier absolut gesellschaftlich respektiert. Ja, sehr viele Mütter werden ihren Töchtern erklären, daß die Menstruation sich auch bei ihnen nur unter Schmerzen vollziehen werde.[16] Sie wissen nicht, daß dieser Schmerz ein Ausdruck des Widerstreites ist: Ich will den Samen, das Ei und das Blut behalten – ich will es hergeben. Vernich-tungs- und Kastrationstendenzen gegen das eigene Ich des Weibes, des mißratenen Mannes, ringen krampfhaft mit dem Drang, Mutter zu werden. All die Konflikte, die das Weib überhaupt durchtoben können, können hier zum Ausdruck kommen. In den Müttern, in den Vätern ist derselbe Kampf, den das Mädchen in den Menstruationsbeschwerden ausdrückt, um derentwillen es sich verachten kann. Aber Eltern, Tan-ten, ältere Freundinnen sagen: Frau sein heißt dulden. Und so bekennt sich das Mädchen sehr häufig zum Schmerz trotz dem Indianerideal der Brüder, denen sie gleich sein will. (Übrigens erweist sich die gütigere Einstellung dem Mädchen gegenüber in bezug auf das Zeigen des Schmerzes als realitätsgerechter als das Indianerideal: Bei späteren trif-tigen Schmerzanlässen, z. B. bei Krankheiten, sind Frauen in der Regel viel beherrschter als die Helden.)

Allerdings kann das gesellschaftliche Vorurteil nur dadurch seine den Schmerz bewußt machende Wirkung so gut ausüben, weil noch ein anderes Moment das Zustandekommen des Schmerzes begünstigt. (In der psychoanalytischen Literatur fehlt bisher jede Andeutung dieser außerordentlich wichtigen Schmerzfunktion.) *Der Schmerz ist eine Si-tuation, in der das Körper-Ich dem Subjekt unlustvolles Erlebnis wird. Der Schmerz bringt eine enorme Steigerung des Erlebnisses vom Kör-per-Ich und ist so ein Kompromiß mit den Ich-Vernichtungstendenzen,* wie dies auch schon in den Schmerzvorgängen in Erscheinung tritt. So reiht sich der Schmerz in die Kette der *Selbstvernichtungsversuche* wie Ohnmacht und Schlaf ein, andererseits aber auch in Erscheinungen der *narzißtischen Wucherungen.* Das mag erstaunlich scheinen, wenngleich die Erfahrung lehrt, daß gerade dann, wenn die Tendenz zur Selbstver-nichtung in Form der Ohnmacht oder der Schläfrigkeit droht, sehr häufig der Schmerz als Mittel des erhöhten Selbsterlebens gesucht wird. Damit man sich wach halte, bleibt es in der Regel bei leichten Schmerzzufügungen: sich kneifen, sich reiben, sich leicht stechen. Oft aber können auch die Schmerzreize groteske Formen annehmen. Mehr als einer treibt das Indianerideal bis zu schweren Prüfungen am Marterpfahl, namentlich dann, wenn er in eine Gemeinschaft von Leuten aufgenommen werden will, die er als Ich-Ideal liebt (Aufnahmeriten der Banden). Hierher gehören die *Selbstkasteiungen* mancher zukünftiger Künstler und Gelehrter, die sich gerade in der späteren Pubertät oft dadurch beweisen, wie sehr sie Herr ihres Körper-Ichs sind, wie energisch sie das wollen, was die Umwelt ihnen verwehren möchte. So halten sie sich nachts, über ihr Studium gebückt, dadurch wach, daß sie ihre Füße in eiskaltes Wasser stecken wie der junge Linné. Die Geißelungen der modernen Loyolaschüler gelten heute nur seltener der Gewinnung der Gunst Gottes als der von Examinatoren. Die Ertötung des Fleisches ist dabei oft bewußt beabsichtigt.

Nicht nur auf den Schmerz beziehen sich die verschiedenen gesellschaftlichen Wertungen. Dasselbe Schicksal haben die Affekte, namentlich Schreck, Angst und Trauer. Auch sie beinhalten eine Steigerung des Selbsterlebnisses neben Selbstvernichtungstendenzen, was anderen Orts dargelegt werden wird. Hier sei darauf hingewiesen, daß es als unmännlich gilt, sie zu zeigen. Während das »schwache« Mädchen leicht Mitleid und Hilfe findet, erntet der »schlappe« Junge allzuoft Spott und Vereinsamung, »wenn er sich gehen läßt«.

Ähnlich die Ohnmacht, die bei Mädchen häufiger auftritt. Daß hier zum mindesten nicht nur körperliche Unterschiede maßgebend sein können, beweist die schöne Literatur vor 150 und 100 Jahren, wo Männer noch sehr häufig in Ohnmacht fielen.

IV.

Im ersten Abschnitt war es noch einigermaßen möglich, die Störungen der Ich-Organisation von anderen Veränderungen abzutrennen. Aber schon bei der Besprechung der Verdrängung kamen wir in Schwierigkeiten, weil die Autotomie zwar ein Stück Ich ausschaltet, es aber durch ein anderes Stück Ich ersetzt. Besonders deutlich ist das bei einzelnen Neurosen wie z. B. unserem Fall II, wo die Zeit der Auflehnung, das böse Ich, der Zensur zum Opfer fällt und das aktuelle Ich an ein Ich angefügt wird, wie es hätte sein sollen. Noch viel weniger konnten wir bei der Besprechung der Unterschiede zwischen männlicher und weiblicher Pubertät Ich-Störungen von ihren Kompensationserscheinungen scheiden. Vielmehr wirbelten uns die verschiedenartigsten Phänomene durcheinander. Es wird jetzt unsere Aufgabe sein, in dieses Chaos etwas Ordnung zu bringen. Knüpfen wir zu diesem Zwecke beim Phänomen Schmerz an.

Im Schmerz wird das Körper-Ich – bzw. ein Teil von ihm – zu unlustvollem Erlebnis. Je stärker der Schmerz wird, desto mehr wendet sich das Interesse, und d. h. Libido, von der Umwelt ab und dem Körper-Ich zu. Während in der Regel das Körperschema kaum wahrgenommen wird, füllt es im Schmerz das Bewußtsein weitgehend aus.

In der Pubertät nun sind die Genitalien der Frau, und zwar bei der Menstruation der Uterus, sonst die Brust und der Vaginalausgang, häufig der Sitz von Schmerz. Beim Manne gibt es peinvolle Dauererektionen. Auch der Samenstrang ist betroffen, von dem Schmerz in die Hoden und in den Leib ausstrahlt. Genitalschmerzen sind gewöhnlich mit Kreuzschmerzen verschwistert. Beide Geschlechter haben oft schmerzhafte Muskel-, im besonderen Waden- und Großzehenkrämpfe, sowie Magenkrämpfe. Sexualerregung wird zu schmerzhaftem Harndrang oder zu quälender Harnverhaltung.

Ferner kennt man in der Reifungszeit gehäufte Kopfschmerzen verschiedenster Art, besonders Kopfdruck* und anfallsweise Bohren, das, häufig einseitig, von der Stirne ausgeht, zum Hinterhaupt hin oder umgekehrt, häufig einseitig, das leicht als Migräne angesprochen werden kann, da Übelkeit bis zum Erbrechen auftreten kann und manche Migränemittel wirksam sind. Hier aber gibt die Psychoanalyse reichliches, vor allem aktualneurotisches Material: Die Schmerzen entpuppen sich als Abwehrmaßnahmen gegen genital-geschlechtliche Erregung. *Der Schmerz verdrängt nicht nur Erektion, sondern ersetzt sie*. Der Träger des Schmerzes setzt sich als Geschlechtswesen außer Gefecht, doch erweist sich Orgasmus meist als rasch wirkendes, wenn auch nur symptomatisches Heilmittel.

Die genannten Attacken sind eben noch anderwärts determiniert: Sie treten sozusagen als Mitbewegung bei der unbewußt gewordenen Anspannung der Muskeln auf, die Urin (bisweilen auch Stuhl) zurückhalten. So erscheinen sie meist, kurz nachdem die bewußte Zurückhaltung automatisch geworden ist. Manchmal treten als weitere aufschlußreiche Mitbewegung Krämpfe in den Abflußgängen der Submaxilaris auf – es ist, als ob an den Hals gegriffen würde –, die sich in

---

* Dieser Schmerz kann ganz verschieden determiniert sein. Wohl den meisten Fällen gemeinsam ist das funktionale Phänomen der Darstellung der drückenden Situation (Trauer).

Speichelfluß äußern. Wir haben bereits früher die Bedeutung der Urin-beherrschung für den Narzißmus (namentlich des Knaben) kennen ge-lernt. Außerdem aber stehen noch analerotische Zurückhaltungswün-sche dahinter, jetzt aktualisiert im Antagonismus: soll Urin, soll Sperma entleert werden? Der Zweifel wird durch den Sieg der anal-narzißtischen Tendenz gelöst: keines von beiden; was Ich war, soll Ich bleiben.

Ähnlich kompliziert liegt es mit den anderen Schmerzen. So haben wir schon oben darauf hingewiesen, daß die Muskel- und Magen-krämpfe aus dem Bereich der Tetanie kommen mögen, aber sekundär Erektionsbedeutung erhalten können.

Alle diese Schmerzen können noch tertiär in den Dienst des Maso-chismus gestellt werden und ebenso in sadistischer Weise in der Außen-welt verwirklicht werden. Masochistische Phantasien blühen, deren Ursprung in frühe Kindheit zurückreicht. Da diese Seiten von anderen Autoren, vor allem von Freud[17] selbst eingehend untersucht wurden, kann hier auf die Literatur verwiesen werden.

Der Schmerz bringt nicht nur eine Steigerung der Libidozuwendung auf das Körper-Ich. Gerade in der willkürlichen Herbeiführung von Schmerzen, um drohenden Ich-Verlust, z. B. Schlaf oder Ohnmacht zu verhüten, erkennen wir seine Bedeutung, das subjektive Leben zu stei-gern. *Das Erlebende ist jedoch nicht die einmalige, erworbene Persön-lichkeit. Im Gegenteil: die verschwindet. Lebendig wird das typische ererbte Ich.* So spricht man davon, im Schmerze komme das Tier zum Vorschein, man schreie, man krümme sich wie ein Tier. Nichts anderes kann daneben mehr sein. Alles Denken, alles persönliche Fühlen, die ganze individuelle Umwelt erlischt, wenn – wie Busch sagt – die Seele in des Backenzahnes Höhle liegt.

Auch in den Schmerzbefürchtungen der Hypochondrie finden wir dieselben erhöhten Libidozuwendungen zu dem Körper-Ich. Das jetzt vorhandene Körper-Ich soll geschützt werden. Aber die Bedrohungen kommen nicht von außen, wie rationalisiert wird, sondern von innen her. Denn das, *was droht, sind* die phallischen Funktionen der Organe, *die Erektionen. Durch Hypochondrie wird das Körper-Ich, wie es sein soll, gegen das Körper-Ich, wie es sein möchte, geschützt.* So soll in Fäl-len wie unser Fall II das Körper-Ich das des Kindes sein und zahllose hypochondrische Befürchtungen gelten ihm und seinem Schutze. Aber im Befürchteten (in diesem Falle Magen- und Darmkrämpfe) werden phallische Funktionen vorweggenommen. Wie häufig derartige Vor-gänge sind, mag man aus der Tatsache ersehen, daß bei acht von den elf Analysefällen wenigstens zeitweise derartig fundierte Schmerzen bestanden und daß in keinem einzigen Fall hypochondrische Beschwerden vollkommen fehlten.

Die Häufigkeit der rein psychogenen Schmerzen und der Hypochondrie sowie der psychogenen Verwertung körperlicher Schmerzvorgänge zur Isolierung von der bösen verführenden Umwelt gibt reichlich Gelegenheit, die sozialen Folgen der gemeinschaftsfeindlichen Tendenzen zu studieren.

Der Zusammenhang von Schmerz und Affekten ist sehr eng. Wie bereits früher erwähnt, tritt auch in den Affektanfällen eine Steigerung der Interessenzuwendung zum Körper-Ich hin in Erscheinung, ebenso eine Steigerung des Selbsterlebnisses, das aber wie beim Schmerz umsomehr das erworbene Ich zugunsten des ererbten übertönt, je stärker der Affektanfall ist.

Die Steigerung des Ich-Erlebnisses nach dem Körper-Ich und nach der Subjektseite hin, wird besonders in der Pubertät sehr angestrebt. »Gefühl ist alles«, gilt für keine Zeit des Lebens mehr als für die Reifungsperiode, und zwar bis zum gewissen Grade in Übereinstimmung mit dem Über-Ich, da sich »tiefes Empfinden« in der Pubertät weitgehender gesellschaftlicher Duldung, ja sogar Hochwertung erfreut. So wird leicht *Gefühlsseligkeit* hochgezüchtet.

Weil die *Kunst* die sozial geschätzteste Form ist, die Objektliebe und Objekthaß sowie die Affektreaktionen annehmen kann (eine andere sind religiös-schwärmerische Tendenzen sehr komplizierter Art), so genießt gerade in der Pubertät die Kunst eine ganz besondere Bedeutung. Unzählige Pubertierende suchen die Fülle der in ihnen aufsteigenden Affekte in wenig sublimierter Form durch kaum verschleiernde Objektverschiebungen künstlerisch auszutoben. Wo die eigene künstlerische Produktion infolge früherer Abschreckung unmöglich ist, da tritt wenigstens die Reproduktion fremder künstlerischer Produktion, oft auch nur als Genießen der Kunstwerke, in Erscheinung.

Welches die Hinderungen sein können, die sich der Kunstproduktion in den Weg stellen, ersieht man aus dem Fall einer Malerin (XIII), wo die Zeichnungen stets deshalb mißlangen, weil die Proportionen der Gegenstände nicht getroffen werden konnten. Die oberste Schicht, ein funktionelles Phänomen, enthält bereits alles in Andeutung: Die Patientin kann nicht ihr Verhältnis zur Umwelt und zur eigenen Körperlichkeit finden. Sie kann sich nicht mit den Proportionen ihrer stark entwickelten Brust abfinden, die sie zur Weiblichkeit verdammt. Dahinter aber steht die schlechte Proportion ihres Genitales zu dem des Bruders. Diese Zurücksetzung läßt sie kein rechtes Verhältnis zu Eltern und Bruder und damit weder zum Manne noch zur Frau finden. Andererseits darf sie deshalb auch keine ewigen Werke an Stelle der sterblichen (der totgewünschten Familie) schaffen.

Sowohl die eigene künstlerische Betätigung wie der Kunstgenuß haben in der Pubertät noch eine wichtige gemeinschaftsbildende Funktion: In den Kunstschöpfern und Schöpfungen werden Ich-Ideale verkörpert und geben eine Möglichkeit zum Zusammenschluß, zur Identifizierung mit Ich-Gleichen. Die Führergestalten – fast alle haben einen Kampf mit ihren Autoritäten und mit dem Stumpfsinn der Allgemeinheit geführt – werden zum Kristallisationspunkt im Kampfe mit der Umwelt des Pubertierenden, den nur auf Reales gerichteten Eltern und Erziehern: Nichts wollen sie mehr von dem Gefühlsschwall der Reifungsperiode wissen, sie haben kein Verständnis mit dem Heranwachsenden, d. h. sie identifizieren sich nicht mit ihm, sondern fordern ihrerseits, daß er sich ihnen angleiche.

Schmerz- und Affektanfälle bedeuten eine Steigerung des Erlebnisses vom aktuellen Körper-Ich. Bei der derzeitigen Erziehung, bei der das Genitale so oft autotomiert wird und so außerordentlich häufig wenigstens andeutungsweise eine psychische Ataxie entsteht, tritt der eine oder andere Körperteil auch außerhalb der Schmerzattacken, sozusagen als Dauerreservoir für die genitalisierte Libido, in den Vordergrund. Am bekanntesten ist dies für die stark libidinöse Betonung der Haut, besonders bei der Frau. Sie kann phallische Formen annehmen, wie Abraham beim Erröten zeigte. Komplizierter werden die Verhältnisse in den hypochondrischen Beschwerden in bezug auf die Haut, wo oft Schönheitspflege so übertrieben werden kann, daß Ausschläge oder Furunkelchen entstehen, denen ungeheures Interesse zugewendet wird.

Die libidinöse Besetzung gilt nicht nur der Haut, die fühlt und gefühlt wird, sondern auch der, der man alles mögliche Böse schon von der Ferne ansehen kann. *So wird aus dem Aussehen das Ansehen.* Es soll in vielen Fällen das des reinen Kindes sein (oft aber auch das Gegenteil: »interessant«). Es bleibt immer gleich. Die Vorgänge in der schmutzigen Seele aber zeigt höchstens das abgespaltene, fixierte *Abbild* – so Wilde im »Bildnis des Dorian Gray« (Rank)[18]. Bei derartigem Aufbau ist das Ansehen, das man genießt, sehr leicht verletzlich, besonders in einer Zeit, in der so vieles, was andere Teile der Persönlichkeit in einem verachten, im Inneren vorgeht. Schon die unsinnigsten Behauptungen können darum einen Pubertierenden bis zur Verzweiflung bringen: »Ehre verloren, alles verloren!« So kenne ich einen ernsthaften Selbstmordversuch eines 15jährigen Sohnes aus behäbigem Bürgerhause (Fall XIV), weil eine Anzahl Schulkameraden ihn damit aufzogen, sie hätten seine Mutter auf dem Markt Gemüse verkaufen sehen. Warum kann eine in diesem Milieu läppische Bemerkung während der Pubertät diese Folgen haben? Marktweib = Dirne – Mutter = Dirne – in der Phantasie begehrte, gewährende Mutter – Kastrationsangst, so könnte man schlagwortartig die Assoziationen unbewußter Art (die die spätere Analyse zutage förderte) angeben, Assoziationen, die uns all das anklingen lassen, was Freud[19] zum Thema Mutter = Dirne festgestellt hat. Noch mehr können wirkliche Niederlagen, die der Pubertierende erleidet, von schlimmen Folgen sein, z. B. das Versagen in der Schule, das auf die Schuld der Onanie und auf eine mit ihr im Zusammenhang stehende Selbstkastration geistiger Art zurückgeführt wird und den Gegensatz zu den Eltern ins Unerhörte verstärken kann, wenigstens für das Bewußtsein: Denn für das Unbewußte ist er durch den Ödipuskomplex bereits außerordentlich akut geworden.

Beim Knaben ist die Haut nicht mit dieser Häufigkeit von Bedeutung wie beim Mädchen; wohl aus sozialen Gründen; gilt doch bei ihm das schöne Aussehen weniger. Immerhin spielte sie in zwei meiner Fälle eine große Rolle, ebenso ja auch beim »Wolfsmann« in der Analyse Mack Brunswicks[20].

In ähnlicher Weise, wie es bei der Haut der Fall ist, kann in Kompensation für die Autotomisierung des Genitales jedwedes *Sinnesorgan* große Mengen Libido auf sich ziehen. So ist die Reifezeit eine Zeit der Trunkenheit der Sinne, in der die Augen alles Licht und alle Farben trinken, die Ohren an jedem Tag hängen können, man ganz Ohr werden kann. Es handelt sich um Sinnlichkeit nach Goethes Sprachgebrauch, Sinnenfreude, Wortbildung also vom Plural der Sinne, gerade als Gegengewicht für die nicht gestattete Sinnesfreude, in der das Genitale das Sinnesorgan ist. In dieser Sinnlichkeit verbreitert der Pubertierende sein gesteigertes narzißtisches Streben auf die gesamte Umwelt, sie in sich aufnehmend und so zu jenem frühnarzißtischem Stadium zurückkehrend, wo die ganze Erlebniswelt Ich war.* Gerade wenn starker Innendruck der gesteigerten Sexualität ihn von seinem Über-Ich und den Repräsentanzen des Über-Ichs in der Umwelt trennt, ihn zum Ungeliebten, Isolierten macht, muß er die Grenzen des Individuums sprengen und in den Sinneseindrücken die Welt verschlingen.

Während *Wahrnehmen* sonst *die Aufnahme der Umwelt in die Person bei Erhaltung der Umwelt als Liebes- oder Haßobjekt* ist, greift der Pubertierende aus seiner Liebesnot heraus zu der frühkindlichen Weise

---

* In diesen Flegeljahren bzw. der Backfischzeit überschlagen sich die jungen Menschen gerne in Witzen, bei denen jedes Ding Penis oder Vagina, jeder Vorgang Koitus symbolisieren kann.

zurück, die Objekte zerstörend in sich aufzunehmen, um sie in Halluzinationen oder (in abgeschwächter Form) in *Phantasien* wieder von
sich zu geben als *zum Ich gewordene Umwelt*, in der er solipse lebt. Die
Pubertät ist eine Wucherungszeit der Phantasie, weil der starke Innendruck die ersehnte reale Umwelt fürchten läßt.

Eine andere sozial wichtige Folge der Zuwendung zu den Sinnesorganen ist die Neigung mancher Pubertierender, sich geradezu an
diese von den Sinnesorganen aufnehmbare Umwelt zu verschenken.
Hieraus resultiert in extremen Fällen das hebephrene Benehmen. Ein
vielleicht allzu krampfiges Hinwenden zur *Wissenschaft* mag im günsti-
gen Falle die Folge sein. Natürlich sind dann die Triebkräfte viel man-
nigfaltiger und komplizierter. So wendet sich ein Junge (Fall XV) nach
einem Konflikte mit seinem Vater, der im Ödipuskomplex wurzelt, der
Chemie zu, ist von diesem Augenblick an mit chemisch-synthetischen
Plänen ausgefüllt; die dem Bewußtsein nähere Schicht, sucht nach
einem Gift gegen den Vater. Er findet, nachdem er später in einer Ehe
mit einer Giftsüchtigen selber giftsüchtig geworden ist, ein Herzmittel
gegen die Krankheit seines Vaters. Außerdem befaßt er sich viel mit der
Mengenlehre der höheren Mathematik, Überkompensierungen von
Todeswünschen gegen den Vater und sich. In der Wissenschaft findet
auch der kindliche Forschungsdrang ein Ventil; er hat es umso nötiger,
da er durch die lustvollen und geheimnisvollen, dem eigenen Willen
entzogenen Vorgänge am eigenen Körper und Koitusbelauschungen
(zum mindesten bei Tieren) neue Nahrung erhält.

Das Wirken der Sinnesorgane ist für das Bewußtsein passiv. Seine
aktiven Komponenten sind weitgehend automatisiert; aber gerade sie
sind in der Pubertät besonders libidinös besetzt. Noch mehr kommt die
durch den Binnendruck in Gang gehaltene *Aktivität* bei der libidinösen
Besetzung der *Bewegungsmuskulatur* zum Vorschein: Die Motorik ist
eines der lustbetontesten Ziele des Pubertierenden; darum auch, in
Selbstlähmung, die häufige Müdigkeit. In der Bewegung kommt die
narzißtische Lust an der eigenen Körperlichkeit und an der eigenen
Mächtigkeit zum Ausdruck. Daher gewinnt *sportliche Betätigung* in
der Pubertät eine überragende Rolle, zumal heute der primäre Narzißmus eine starke Unterstützung aus sekundären Quellen durch die
Schätzung der Ich-Gleichen erhält. Heute ist der Sport zu einem der
wesentlichen gemeinschaftsbildenden Faktoren der heranwachsenden
Jugend geworden.

Nur allzu oft aber begegnet uns bei unseren Neurotikern eine starke
Hemmung der eigenen muskulären Betätigung. Einen Ausgleich bietet
dann die *Sportbegeisterung* für die Leistungen anderer, die so sind, wie

er sein möchte. Indem er sich mit einem Ideal identifiziert, erspart er sich teilweise die Minderwertigkeitsgefühle, die aus seinem Kastrationskomplex stammen.

Während die eigene Motorik die Zuwendung der Liebe zum aktuellen Körper-Ich bringt, sehen wir gerade bei solchen Parteinahmen, daß die Liebe dem vergangenen Körper-Ich gelten kann: Bei einem Kampfe zwischen Fußballmannschaften – sagen wir: zweier Städte, ist die Wahl der eigenen Partei oft bedingt durch die Tatsache, daß der Betreffende früher einmal in der einen Stadt weilte oder gar aus ihr oder deren Nähe stammte. Wir müssen überhaupt bei all unseren Untersuchungen uns immer vergegenwärtigen, wie Freud[21] den Narzißmus einführte: als Liebe zum Ich, wie es ist, wie es war, wie es sein wird, bzw. soll. Nur müssen wir noch dem vergangenen Ich hinzufügen: wie es hätte sein sollen. Während das Körper-Ich in diesen verschiedenen Möglichkeiten leicht aufgezeigt werden kann, ist das Subjekt viel schwerer in seiner zeitlichen Bedingung oder einer Soll-Gebundenheit erkennbar. Allerdings, wenn wir uns klarmachen, wie sehr wir alle und nicht nur die Neurotiker und Psychotiker ausgeprägter Art in all unseren Erlebnissen, namentlich in unseren Wahrnehmungen von früheren Wahrnehmungen und von dem, was wir wahrnehmen sollen, abhängig sind, so wird uns auch beim Subjekt diese Unterscheidung wichtig. Stärcke[22] hat mit Recht gesagt: Wahrheit sei das, was oft genug behauptet und dem nicht oft genug widersprochen worden sei. Halten wir uns hier nur an die Phantasien: Sie können schon auf den ersten Blick in zwei große Gruppen geteilt werden: In vorschauende, in denen das Ich, wie es werden bzw. nicht werden soll, lebt, und in rückschauende, die das vergangene Subjekt wieder vergegenwärtigen und – fast noch öfter – das Ich, wie es hätte sein sollen.

Eine besondere Bedeutung hat die Wiedervergegenwärtigung der Vergangenheit bei jener Abart des Phantasierens, das sich nicht mehr der halluzinatorischen Verwirklichung bedient, sondern mit Wortbildern handelt, das ständig an der Realität gemessen wird und das wir als Denken abtrennen. Die Vernunft und noch mehr der Verstand ist auf so außerordentlich komplizierte Weise tätig, daß wir hier nicht darauf eingehen. In diesen Zusammenhang gehört nur, daß der Intellekt oder Teile von ihm zum großen Libidoreservoir werden können. So ist bisweilen das Denken bis zum krampfhaften Zwang gesteigert, was dadurch begünstigt wird, daß der Intellekt sich höchster sozialer Wertung erfreut.

Häufiger allerdings als das Denken logischer Art wuchern Tätigkeiten, die dazu Vorläufer sind. Für die Pubertät mit am wichtigsten (schon weil sie stark gemeinschaftsbildend wirken kann) ist jene Form von Redekunst, wo endlos tiefste Probleme – wenigstens nach dem Gefühl der Redenden – um des Redens und des Diskutierens willen besprochen werden. Aber die ständige Wiederholung derselben Themen oft halbe Nächte hindurch, die ständige Notwendigkeit, sich und den Partner immer wieder von der Richtigkeit seiner Ideen zu vergewissern, vor allem aber die oft bedrohlichen Hemmungen, zu denen solche Diskussionen für die nach außen gewendete Produktion werden können, zeigen an, daß hinter den bewußten Dingen ungleich wichtigere unbewußte lauern: Liebe drängt diese Menschen zu Menschen; Haß entlädt sich gegen Objekte, die dieser Gemeinschaft hassenswert erscheinen. Aber alle Freundschaftsbeteuerungen, alle Haßausbrüche schaffen keine Lösung, weil weder die Objekte, noch die positiven und negativen Ziele wirklich sind. So können solche Diskutierklubs zu *Pseudorealitäten* werden, Stätten gemeinsamer Tagträume in scheinbar rationalistischem Gewande.

Wir haben schon früher bei den Phantasien darauf hingewiesen, daß sie zu merkwürdigen Verdoppelungen der Persönlichkeiten führen können, in denen Alltags-Ich und Traum-Ich (in den Redevereinigungen: Pseudoreal-Ich) ihre Rollen vertauschen können. Eine realitätsgerechte Variante der Erscheinung der mehrfachen Iche ist die Überkompensation der Schlaftendenz, bzw. des von außen kommenden Schlafbefehls und in Abschwächung irgend eines anderen Befehls, der an einen gegebenen Ort bindet: Der Wunsch allgegenwärtig zu sein, seine Zeit recht gut auszunützen, führt in der Pubertät häufig zum Training der Fähigkeit, zwei oder mehrere Dinge zugleich zu tun, z. B. dem Schulunterricht zu folgen und unter der Schulbank ein Buch zu lesen, Aufgaben zu machen und zu lauschen, was im Nebenzimmer gesprochen wird. Während in der Phantasie realitätsferne Traum-Iche gebildet werden, kleben hier Real-Iche an fernen Realitäten, indes das Alltags-Ich, oft weitgehend ungestört, seine Tätigkeit fortsetzen kann.

V.

Auch in bezug auf die Beziehungen, in denen der Pubertierende mit den Objekten steht, haben wir bereits das Wesentliche gesagt. Unsere Aufgabe ist es auch hier in den Wirrwarr Ordnung zu bringen. Das A und O der Objektbeziehung ist der *Ödipuskomplex*. A und O ist wörtlich zu nehmen. Der Beginn der Reifungszeit wird dadurch offenkundig, daß der Ödipuskomplex unter dem Einfluß der wieder erwachenden

Sexualität deutlicher anzuklingen beginnt. Die Pubertät ist beendet, wenn der Ödipuskomplex überwunden ist, also wenn wesentliche Liebesobjekte außerhalb der Familie gewählt werden und sich nicht mehr die *Dreigipfligkeit* mit den komplizierten Beziehungen der drei Personen untereinander wiederholt, welche zu ewig neuem Scheitern bei zwangshafter Gebundenheit führt. (Die Frage liegt nahe, wieviel Menschen überhaupt je reif werden.)

Der Ödipuskomplex tritt uns in der Pubertät selten in jener klaren Form entgegen, wie ihn Freud bei der Infantilperiode herausgearbeitet hat. Auch dort ist er schon meist sehr viel komplizierter und verhüllter als das Schema. In der Pubertät sind noch öfters die juristischen und biologischen Eltern nicht identisch mit den Ödipus-Eltern. Vielmehr treten namentlich mit fortschreitender Reifung Ersatzfiguren und Ersatzsituationen auf, die immer weniger mit den Originalfiguren und den Originalsituationen gemein haben. In pathologischen Fällen wirken lebensunwichtige Signale wie Namensgleichheit, gleiche Haarfarbe, gleicher Dialekt oder – umgekehrt in Abwehr – die Negation solch peripherer Momente bestimmend. Bei Gesunden geben zentrale Eigenschaften in positiver oder negativer Weise den Ausschlag. Im einen Falle ist der Ödipuskomplex verdrängt. Klippen aber ragen kaum sichtbar aus der Tiefe. Im anderen Fall ist er verflacht, keine Gefahr mehr, weil nichts zur Fahrt lockt.

Wir sind gewohnt, den einfachen, umgekehrten und vollständigen Ödipuskomplex auseinander zu halten. Dadurch, daß im 5.–6. Lebensjahr das Ich stärker funktioniert, entsteht aus dem Kampf mit der zwischenmenschlichen Realität heraus der vollständige Ödipuskomplex, dessen gedankliche Untergruppen und reale Vorstufen die beiden anderen sind. In der Pubertät dagegen ist der vollständige Ödipuskomplex als Geschehen der bewußten Persönlichkeit – der zwischenmenschlichen Realität – selten. Er ist dann meistens in seine beiden Bestandteile zerfallen, oft in der Weise, daß das eine Elternpaar die Eltern, das andere Ersatzeltern sind. Im Unbewußten bestehen daneben oft die Ergänzungsreihen, so daß zu gleicher Zeit der Ödipuskomplex doppelt vorhanden sein mag. Der Ödipuskomplex ist also – wenigstens als vollständiger – in der Pubertät meist nur psychische Realität.

Diese komplizierten Vorgänge der Abspaltung, Verdrängung und Verdoppelung lassen oft den unentstellten Rest besonders deutlich auch als zwischenmenschliche Realität hervortreten, wohl unter dem Einfluß von Gegenbesetzungen, um die Verdrängungsmaßnahmen zu schützen. So mußte der Ödipuskomplex sogar solchen Autoren auffallen, die sich der analytischen Technik nicht bedienen und ihn für die infantile Periode negieren. Z. B. Kretschmer, der ihn für die Pubertät gelten lassen will, während er seine Existenz in der Frühzeit leugnet.

Es gibt außerordentlich viele Fälle, in denen während der Pubertät der Ödipuskomplex nicht zustande kommt. Denn der Heranwachsende steht noch immer unter den außerordentlich starken Eindrücken, die den primären Ödipuskomplex zur Zerstörung gebracht haben. Dann aber ist meistens ein Trümmerhaufen von Vorstufen übrig. Auf den Ruinen blüht und wuchert es. Aber die Ruinen werden nicht zu neuen bewohnbaren Bauwerken. Das sind jene Fälle, die mich jahrelang narrten und nach einem Entwicklungsschema analog dem frühkindlichen suchen ließen. Denn dann begegnet man etwa der oralen Mutter oder dem analen Vater, bald dominiert die Oralität, bald die Analität. Nun kommt wieder eine Periode der phallischen Entwicklung usw. im tollsten Wirbel, oft das eine Mal in der, das andere Mal in anderer Reihenfolge. In diesen Fällen handelt es sich um Liebes- oder Haßbeziehungen zu den Eltern, in der Infantilperiode Vorstufe, in der Pubertätszeit Rest des Ödipuskomplexes oder neuer Versuch, zu ihm zu gelangen. Die Verknüpfung der Liebesbeziehung zum einen Elternteil mit Haßbeziehung gegen den anderen fehlt jedoch, da das Ich immer wieder unter dem inneren Widerspruch zerreißt. Die Welt ist voller Widerspruch. Sie löst daher notwendigerweise widerspruchsvolle Antriebe aus. Nur ein starkes Ich könnte den einen Antrieb zu Gunsten eines anderen hemmen und gar Kompromisse durchsetzen. Ist aber das Ich schwach, so zerbricht es immer aufs neue. Teile werden verdrängt, andere Teile regredieren zu früheren Entwicklungsstufen der Persönlichkeit. So wird denn die ganze Pubertätsperiode zu einer Folge von leichteren und schwereren Neurosen und Psychosen. Im Gegensatz dazu steht der normale Verlauf der Pubertät, in der der Ödipuskomplex zum klaren Ausdruck und dann zum allmählichen Abklingen kommt, sei es, daß von vorne herein, sei es, daß allmählich das Ödipusverhältnis mit exogamen Autoritätspersonen erlebt wird, wobei sich – wie Abraham[23] es nennt – »nachambivalente« Reihen bilden, also Liebes- und Haßobjekte verschiedene Personen sind und Liebe und Haß relativ unabhängig voneinander auftreten können.

Sichten wir eine Anzahl der von uns angeführten Patienten in bezug auf den Ödipuskomplex! In Fall II konnte bis zum traumatischen Erlebnis der Ödipuskomplex nicht voll ausgebildet werden. Etwa im 6. Jahr hatte es den Anschein gehabt, als hätte Patientin unter Bildung einer Angstneurose ganz von ihm gelassen. Allmählich hatten dann die Angstzustände sadistischen und masochistischen Betätigungen Platz gemacht. Auch war mit den Brüdern eifrig Sexualforschung getrieben worden. Kurz vor dem Trauma sehen wir einen analsadistischen Vater und eine anal-beherrschende Mutter. Zum Vater bahnt sich eine Andeutung der phallischen Ödipussituation an und die Mutter wird weggewünscht, damit das Kind sie beim Vater ersetzen könne. Im Schockerlebnis identifiziert sich die Patientin mit der Mutter, jedoch mit einer asexuellen Mutter. Phallus und Genitale existieren nicht mehr und damit auch kein Ödipusverhältnis zum Vater. Ja es kommt eigentlich nie mehr ein irgendwie wärmeres Verhältnis mit ihm oder mit anderen Männern zustande.

Fall III zeigt vor der ersten Menstruation ziemlich deutliche vollständige Ödipussituation, die sich auch noch in den Symptomen der Pubertätsneurosen nachweisen läßt. Später, nach einer Enttäuschung am Vater erst, regrediert sie auf die analsadistische Stufe.

Bei Fall V haben wir im ersten Abschnitt nur das Trauma, die erregende Berührung der Brustwarzen durch den geliebten Vetter bei Spiel und Tanz, erwähnt. Die Situation, in der der Schock des Erwachens der Sexualität fiel, ist denkbar kompliziert: Er ereignete sich während eines Besuches des Mädchens bei einer Tante, der jüngeren Schwester des Vaters. Der Vetter ist Sohn einer älteren Schwester des Vaters und war häufiger Gast im Hause der Tante. Das Mädchen war mit Recht auf die Tante wegen des Vetters eifersüchtig: Sie durfte sich aber nicht zum Bewußtsein kommen lassen, wie eng die Beziehungen zwischen beiden waren. Denn sie liebte auch die Tante, die ihr im Alter viel näher stand als die Mutter und lebens- und liebesbejahend war. Ihr konnte sie in stundenlangen Gesprächen ihr Herz ausschütten und ihr nach Lust von dem Vetter vorschwärmen. Der ist Künstler, – wie sie meinte: anerkannter – und noch dazu in der Kunst, in der Vater und sie dilettieren. Er ist mehr wie der Vater. Für all das hatte die Tante Verständnis. Sie ist eine Ideal-Mutter, wie sie sich und dem Vater eine wünschte, aber auch, wie der Vater gewünscht würde, also auch Vater-Ideal.

Im Laufe der nächsten Jahre entwickelt sich ein regelrechtes Konkurrenzverhältnis zwischen beiden Frauen: Sie entdeckt bewußt die intimen Beziehungen von Vetter und Tante. Auch zu ihr nimmt der Vetter intime Beziehungen auf, versucht mehrfach, sich von der Tante zu lösen, was aber nie recht gelingt. Andererseits wird durch viele Jahre das Mädchen dem Jungen völlig hörig. Verhüllte Haßtendenzen und überkompensierte Homoerotik stehen hinter der Zwangsbindung. Schließlich sucht sie sich daraus zu retten, indem sie sich in eine Verliebtheit mit einem weit jüngeren Mann stürzt, ein Abbild ihres jüngeren Bruders, den sie bemuttert, wie das ihre Mutter ihrem Vater gegenüber tut.

In Fall VI haben wir bereits angeführt, daß es sich um ein Verhältnis zum Manne der zweitältesten Schwester handelt. Diese war von jeher weitgehend ihre Ziehmutter gewesen, während die Eltern ihr als der Jüngsten des Hauses mehr Großeltern waren. Später heiratet sie den Schwager einer anderen Schwester, einen beträchtlich älteren Mann. Die Koitusbetätigung mit ihm wird stark durch unbewußte Schuldgefühle gehemmt, während die Onanie, auch die mutuelle – ursprünglich an einen Bruder gebundene – relativ frei bleibt.

Im Fall VII tritt der Ödipuskomplex der Pubertät in bezug auf ein älteres Geschwisterpaar auf, das eng befreundet war und dem sie erst nach vier, bzw. fünf Jahren folgte.

Besonders deutlich ist der umgekehrte Ödipuskomplex im Fall XI, wo eine hingebende Liebe des Knaben zum Vater besteht. Die Beziehung zur Mutter ist negativ. Soweit in der Pubertät in Umkehrung des infantilen Verhältnisses ein positiver Ödipuskomplex erkennbar ist, ist die Mutter eine Schwester des Vaters.

Auch bei der Künstlerin in Fall XIV ist der eine Ödipuskomplex besonders deutlich, diesmal der positive. Und zwar haben sich zuerst gegenüber dem Vater unter eifersüchtiger Ablehnung der Mutter und in der Spätpubertät gegenüber dem Bruder zärtliche Beziehungen herausgebildet. Jetzt ist die jüngere Schwester, die früher bemuttert wurde und zu der damals in Umkehrung des früheren Verhältnisses zur Mutter körperliche Beziehungen bestanden, gehaßt. Die akute Erkrankung kommt erst viel später zum Ausbruch, als Beziehungen zu ihrer Freundin mit einer drohenden Liebe zu einem Arzte in Konflikt geraten: das Verhältnis zu einer Imago der Mutter konkurriert mit einem Verhältnis zu einer Imago des Vaters. Beide Beziehungen sind prägenitaler Art: der Vaterimago gegenüber ist sie anal-masochistisch, zur Freundin oralerotisch eingestellt.

Zusammenfassend können wir sagen: Die Steigerung der genitalen Sexualität in der Pubertät führt zu immer neuen Versuchen, zu Liebesobjekten zu kommen, mit denen man sich verschmelzen möchte. Dabei stellt sich unter der Wirkung des Wiederholungszwanges immer wieder, in gesunden Fällen immer abgeschwächter, das alte Ödipusverhältnis her. Es wiederholt sich dann immer auch die Katastrophe seiner Zertrümmerung, wenn ein nie erledigter, nur verdrängter Schock das ursprüngliche zertrümmerte. Dann verbohrt sich die Person in das »Alles oder Nichts«. Sie verläßt die reale Welt, um in eine prägenitale zu regredieren. Konnte sich aber bei mildem Verlauf des infantilen Geschehens eine realitätsstarke und das heißt ich-starke Persönlichkeit bilden, so ist jede Neuauflage überarbeiteter, widerstandsfähiger gegen innere Zensur und äußere Enttäuschung.

Eine zweite Art von Objektbeziehung ist die *narzißtische*. Das Subjekt wendet seine Liebe anderen Menschen zu, in denen es sich wiedererkannt hat. Daß bereits der eine Elternteil des Ödipusdreiecks ein Ich-Ideal repräsentiert, die Liebe zu ihm auf narzißtischer Grundlage zustande kommt, zeigt, daß die Abgrenzung narzißtischer Objektwahl einer tieferen Ebene als der Ödipuskomplex angehört.

Die Bedeutung der Ich-Gleichen zeigt sich auf Schritt und Tritt. Spielen doch in der Pubertät Kameradschaften und Freundschaften eine wichtige Rolle. Sie ermöglichen es dem Heranwachsenden trotz der heute gültigen Erziehung einigermaßen gesund aus dieser Prüfungszeit hervorzugehen. Denn während die elterliche Familie und ihre Erweiterungen besonders die Schule sich sexual-ablehnend verhält, überhaupt lust- und affektverneinend auftritt – Erziehen heißt Entziehen – und die vernünftige Bewältigung der praktischen Wirklichkeit als Lebensziel darstellt, findet der Heranwachsende bei seinesgleichen Verständnis und damit Erlaubnis für seine Strebungen.

Besonders wichtig werden oft zwei Varianten der Ich-Gleichen: der wenig Ältere, das Ich, das man in kurzem sein wird, und der wenig Jüngere, das Ich von gestern. Daß das Ich von gestern *das Unausdenkbare*, an dem das Ich heute *herumdenken muß*, denkt, auch das tut, was zu tun das Ich heute sich gezwungen fühlt, ermöglicht die erleichternde Erkenntnis, daß es keine persönliche Schuld des Ichs ist, daß die Natur es will. Das Ich kann nicht anders. Immer wiederholt es sich, auch im Ich von morgen. Davon überzeugt sich der Ältere am Jüngeren und entsühnt sich immer aufs neue, die Leiden des Jüngeren mitleidend. Ihm will er das sein, was er sich gestern ersehnte, der gütige, alles verstehende Vater. Das gilt nicht nur für die Onanie in allen Formen, in denen sie nur auftreten kann, also nicht nur von der mutuellen genitalen Onanie, dem gegenseitigen Kitzel durch sexuelle Erzählungen und Sexualforschung, sondern auch von den sublimierten Erscheinungsweisen. Z. B. bewundert eine Anzahl gegenseitig ihre Gedichte, oft wenig verhüllte Onaniephantasien. Da sind jene oben genannten Debattierklubs, die gemeinsame sportliche Betätigung und Begeisterung.

Eine besondere Bedeutung haben jene Objekte, die *Verwirklichung der Ich-Ideale* sind. Wir haben bei den früheren Besprechungen immer wieder auf die Bedeutung des sozialen Faktors hingewiesen. Besonders wichtig wegen ihres Einflusses auf die Ich-Gleichen werden darum die Wertungen, die irgend eine Handlung oder Unterlassung durch Autoritäten der Schule, der Kunst usw. erfährt. Aber neben diesen im Sinne der elterlichen Autoritäten wirksamen Über-Iche gibt es noch mindestens ebensoviel andere Autoritäten, die man als *verwirklichte negative*

Über-Iche bezeichnen kann, da sie nach dem negativen Bilde der Eltern und deren Nachfolger geformt worden sind. Das sind die Autoritäten, die zur Empörung aufrufen. In einfachster Form treten sie in Erscheinung als ältere Brüder. Von diesem führt eine ununterbrochene Reihe bis zu jenen, die, sei es als Dichter, sei es als Wissenschaftler, sei es als andere geschichtliche Größen zur Auflehnung gegen das Dasein als Musterkind, das alles brav hinnimmt, aufgerufen haben.

Diese Führer der Menschheit erfreuen sich aber auch bei den elterlichen Autoritäten eines großen Respekts. Man darf an ihnen nicht zweifeln, noch weniger fast als an den Eltern. *Positives und negatives Über-Ich verschmelzen, und so wird alles zweifelhaft.* In keiner Zeit wird dem Menschen die innere Uneinheitlichkeit der ehemals göttlichen Autoritäten so vor Augen geführt wie gerade in der Reifungszeit, da negative Über-Iche, als Ideale der Auflehnung gewählt, den Applaus der positiven Über-Iche erhalten: Nicht einmal auf den Teufel ist Verlaß.

Während der Reifungszeit ändern sich die Anforderungen und Urteile der bisherigen Autoritäten: Da wird z. B. vom Vater dem Knaben angedeutet, daß es vielleicht mit den Vorschriften der Kirche nicht so genau zu nehmen sei. Wenn das Kind in seiner noch unerschütterten Welt der Schule lebt mit der Fiktion, Wissen sei um des Wissens willen da, fallen neben den selbstverständlich fortlaufenden Beteuerungen der Wichtigkeit der Schule Bemerkungen: das sei doch alles nur Theorie, die Hauptsache sei das praktische Leben, das Geldverdienen, die baldige pekuniäre Selbständigkeit. *Während also das Über-Ich,* namentlich das unbewußte, *aus der Persönlichkeit gleichbleibend wirkt, ändert sich das Bild vom Menschen, der das Original zum Über-Ich abgab, dauernd und beginnt häufig direkt dem Über-Ich entgegenzuwirken.* Noch komplizierter wird dies dadurch, daß die Über-Ich-Bildungen immer weiter gehen, sich immer neue Ablagerungen auf dem Kern bilden, der beim Untergang des primären Ödipuskomplexes zustande kam. So werden die Widersprüche in der Persönlichkeit des Reifenden bisweilen unerträglich groß. Oft bleibt ihm bei dem Durcheinandergerufe, den sich widersprechenden inneren Befehlen und äußeren Anforderungen nicht viel anders übrig als in eine tolle *Strampelperiode* zu flüchten (*Flegeljahre*). So wenigstens gewährt er der inneren Unlust und der Überbeanspruchung durch innere Gebote etwas Abfuhr.

Dazu kommt, daß die Gesellschaft mit *ganz neuen Anforderungen* an den Reifenden herangeht: Für den größten Teil unserer Jugend bringt die Pubertät *die* große Änderung im Milieu und Ziel: die Schulzeit ist abgelaufen; die Einreihung in das Berufsleben erfolgt. Auch für die Angehörigen der Stände mit längerer Schuldauer bringt die Pübertätszeit wenigstens eine gewisse Entscheidung: Der Schulbesuch tritt nicht mehr als Staats-, sondern Klassenforderung auf. Die bewußte Absonderung von der großen Menge beginnt und stellt wichtige Anforderungen an die Gestaltung des Weltbildes. Die Fiktion von der Gleichheit der Menschen und ihrer Ziele wankt. All diese Dinge treten für den Heranwachsenden nicht als abstrakte Begriffe und moralische Forderungen auf, sondern in der Gestalt einzelner umschriebener Wesen, die sich als Originale für Über-Iche und negative Über-Iche anbieten.

Von derartigen Liebes-, bzw. Haßobjekten sei noch eine oft das Leben entscheidende Figur hervorgehoben: der beträchtlich ältere Freund, bzw. Geliebte des anderen Geschlechtes, z. B. ein um zehn bis zwanzig Jahre älterer Onkel oder eine entsprechend ältere Tante. Eine derartige Figur ist einmal die verjüngte Auflage des andersgeschlechtlichen Ödipuselternteils, andererseits aber auch Ich-Ideal. Noch komplizierter sind die Beziehungen zum gleichgeschlechtlichen wesentlich älteren Freund, bzw. Freundin. In unserem Fall V haben wir in der Tante, die etwa 15 Jahre älter war, und in dem um acht Jahre älteren Vetter diese Figuren. Ihnen gegenüber wagt das Sexualverlangen meist nicht sofort bewußt zu werden, vielmehr wird ihnen gegenüber die Ich-Organisation von körperlich in Erscheinung tretenden Antrieben überrascht. In den zur relativen Gesundheit ausmündenden Fällen gelingt die Ablösung der grobsexuellen Antriebe auf entsprechende Objekte. Häufig geben dazu diese Personen selber die Möglichkeit, indem sie als Vertraute in scheinbar theoretischen Unterhaltungen, die aber bereits erotische Abschlagszahlungen sind, die Hemmungen lockern. Wenn dann die ersten schüchternen Ansätze gegenüber entsprechenden Objekten auftreten, bringt ihr Verständnis das Eingeständnis gleich freier Einstellungen. Damit heben sie die schreckliche Isolierung des Heranwachsenden auf: er weiß sich von Menschen geliebt, die sind, wie er sein möchte, und die gleichzeitig verbesserte Auflagen der Ödipusoriginale darstellen. Oft auch – besonders bei Intellektuellen – tritt eine Dauerbeziehung ein, die schon aus Trotz zur Ehe führen kann, nicht selten zur impotenten. Jedoch müssen diese Verbindungen durchaus nicht die unglücklichsten sein, wenn sie auch der *communis opinio* widersprechen.

Was unbestimmbares, aus unbewußten Tiefen stammendes Drängen war, dann Phantasie, – scheinbar aus der Fremde kommend, Eigenstes geworden –, wandelt sich in Greifbares, das selbst zwischen den Menschen wirkt: Wirklichkeit. Dem liegt der in seiner Kompliziertheit kaum durchschaubare Vorgang der *Verwirklichung* zugrunde. Einen

Ansatz zu ihm haben wir in funktionalen Phänomenen kennen gelernt: da läuft etwa der junge Mann, nach dem Orgasmus hingetrieben, etwas nach; aber die Hemmung, die ihm die Befriedigung verbietet, läßt ihn auch das Ersatzziel sich immer wieder entrücken. Ewig läuft der Angstgepeitschte hinter dem Zug her, im Traum wie in der Neurose. Anders in dem Zustand, den wir Gesundheit nennen. Wirkliche *Objekte*, solche, *die selbst wirksam sind, werden in ihren Zielen verstanden und zu eigenen Zwecken, die mit denen der Objekte zusammenfallen, verwendet.* Immer wieder bestaunt man das oft blitzschnelle – häufig unbewußte – Verstehen, das zwischen Menschen walten kann. Die Analyse einer Gruppe ergibt oft, wie glänzend die Partner ihre Neigungen gegenseitig erkannt haben und erfüllen. *Auch in den Neurosen, schlechten Ehen usw. passen die Menschen oft zusammen, nämlich in dem, was sie bewußt nicht wollen, aber unbewußt erstreben.* Sie suchen einander als Sexualobjekte und finden sich in Sexualablehnung; sie sagen Kameradschaft und meinen gegenseitige Quälerei; sie preisen die Freiheit und verwirklichen subalterne Tyrannis und sublime Sklaverei. *Das macht, daß mit fortschreitendem Alter immer kompaktere Beziehungsketten entstehen, in denen die einzelnen Glieder sich gegenseitig festhalten, so daß sie unbeweglich, für die Einzelbehandlung nicht mehr zu ändern sein können.* Oft schafft erst Vertauschung des Milieus oder dessen Änderung therapeutische Möglichkeit. In der Pubertät, wo das Ich noch schwach, oft zerrissen ist, da ist noch alles im Werden. Die Verwirklichungen sind in vollem Gang. Durch sie befreit sich der einzelne von seiner Einzelneurose. Aber nur zu oft verhaftet er sich damit einer Massenpsychose, in dem er den Phantasien gemeingefährlicher Geisteskranker Verwirklichung verschafft.

VI.

Wir sind mitten in dem Problem der Therapie und Prophylaxe der Pubertätsschwierigkeiten: Verständnis, das ist das Wichtigste für den Heranwachsenden, der bei der heutigen Erziehung notgedrungen im schwersten inneren Kampfe steht. Namentlich dann, wenn eine mehr oder weniger ausgeprägte Strampelperiode auftritt, ist nicht Strenge, sondern im Gegenteil geduldige Liebe das große Mittel, den innerlich Zerquälten einen Ausweg zu schaffen. Denn allzu oft ist die Einstellung des Jugendlichen: die Welt sei schlecht. Jeder sei böse zu ihm. Er beantworte nur notgedrungen die Feindschaft der anderen. Und das alles aus Armut an Liebe, solcher die er empfangen möchte und – mehr fast noch! – die er sich zu verschenken sehnt. Da ergibt sich ohne weiteres, daß die gewohnten Erzieher, deren bewußtes und noch viel mehr unbewußtes Verhalten die Ursache der Störungen ist, gänzlich ungeeignet sind, sie zu beheben.

Wer die Leiden junger Menschen lindern will, muß nicht nur ein weites Herz, sondern auch einen weiten Horizont haben; denn er muß viel Kritik vertragen können, nicht nur an sich selbst, – das wäre nicht schwer, denn wir fühlen uns nicht als Ideale – sondern an seinem Idealen. Je jünger er sich vorgibt zu sein, desto mehr wird er erleben, daß die Jungen Urvätergesichter annehmen und Vorurteile vorbringen, die überalterte Über-Ich-Forderungen aus nachträglichem Gehorsam übersteigern. Das löst Enttäuschung aus, denn meist rührt sich nun aus der Verdrängung des Erziehers längst Totgeglaubtes. Es ist bitter, bis man gelernt hat, darauf zu verzichten, daß der Jugendliche wirklich kein Ideal-Ich ist und nie werden wird, sondern höchstens noch so ein Ich. Der Wunsch, der Junge möchte sein Leben vernünftiger einrichten, als man selbst es tat, führt leicht zu seiner Vergewaltigung. Denn jeder muß alle Phasen der Entwicklung durchlaufen: vom Ei geht es über den Kiementräger zum Menschen, nur beim Embryo viel rascher als in der Ahnenreihe. Was wir hoffen können, ist einzig, die Entwicklung zu beschleunigen und zu erleichtern und die Umbildung der Kiemenbogen in später brauchbare Organe zu fördern.

Bei den meisten Pubertierenden erscheinen wenigstens zeitweise neurotische und auch psychotische Störungen. Glücklicherweise zeigt die menschliche Natur so viel *spontane Heilungstendenzen*, daß in den wenigsten Fällen tiefergehende Eingriffe nötig sind. Sehr oft genügen wenige Besprechungen oder kurze Behandlungen, die die Aktualkonflikte beheben und eine ruhige Weiterentwicklung ermöglichen. Es gehört zu den lohnendsten und beglückendsten Erlebnissen des Psychotherapeuten, ein junges Blaßgesicht, das mit dunklen Rändern um die Augen zu einem kommt, bei etwas Güte aufblühen zu sehen. In anderen Fällen ist tiefgreifende Analyse nicht zu umgehen, die jahrelang dauern kann. Bei ihr ist bereits weitgehend die Technik der Erwachsenenanalyse anzuwenden, allerdings soweit keine Psychose besteht. Dann – selbst bei einer rein psychogenen – bedarf es beweglicher, der Kinderanalyse angenäherter Methode.

Wie aber kann die allgemeine Situation der Heranwachsenden so gebessert werden, daß die sehr häufigen Störungen und die aus ihnen erwachsenden späteren Neurosen seltener auftreten? Freud hat wiederholt als einen der wichtigsten Gründe für das Zustandekommen von Neurosen und Psychosen den *zweizeitigen Ansatz der Sexualität* angegeben. Wenn auch das Auftreten einer Latenzzeit die Regel zu sein scheint, so brechen doch in nicht wenigen Fällen unverhüllt sexuelle Handlungen durch, bisweilen so zahlreich, daß die Latenzzeit zu fehlen scheint. Mein Material zeigt mir, daß in jenen Fällen, wo die Latenzzeit scheinbar nicht da ist oder wenigstens nicht ausgeprägt ist, ebenso oft und ebenso schwere Neurosen und Psychosen auftreten wie bei ausgesprochener Latenz. Trotzdem hat Freud mit seiner Annahme von der Bedeutung des zweizeitigen Sexualansatzes recht. Die Sexualentwicklung erfährt durch den Untergang des Ödipuskomplexes eine schwere Erschütterung. Ein Unbewußtes-Verdrängtes entsteht, das einerseits die Lustbefriedigung hemmt, andererseits übersteigert und so den Ödipuskomplex zum Kernproblem der späteren Neurosen und Psychosen macht. Denn der Ödipuskomplex ist zwar allen Menschen gemeinsam, seine Gestaltung und seine Erledigung aber ist streng individuell. Ob nun auf den Untergang des Ödipuskomplexes ein Verschwinden der Äußerungen der Sexualität eintritt, oder ob bestimmte Sexualbetätigungen weiter offen zutage treten, ist für das Zustandekommen von psychischen Störungen in der Pubertät unwichtig. Nur ihre Form wird dadurch mitbestimmt, da die Ausgänge des Ödipuskomplexes für die Auswahl der Erlebnisse in späterer Zeit maßgebend werden.

Am günstigsten scheinen mir jene Fälle zu verlaufen, bei denen der Ödipuskomplex nicht allzu explosiv zerplatzte und einen Trümmerhaufen hinterließ, sondern auf der phallischen Stufe sozusagen lebendig begraben wurde. Dann klingt er mit der Erhöhung des sexuellen Innendrucks wieder voll an. Dornröschen erwacht, und das Leben geht weiter, als wäre nichts geschehen. Nur: ein greifbarer Prinz ist da. Wenn sich dann die äußere Realität versagt, verschafft sich der Heranwachsende Ersatzfiguren: von der Mutter geht es über die Schwester zur Kusine; für den Vater tritt der Onkel, der Freund des großen Bruders usw. ein.

Das Problem »Psychohygiene der Pubertät« erweitert sich also zum Problem der Behandlung des Kindes vom ersten Tag an, namentlich aber in der infantilen Ödipuszeit und dann, das ungenügende Resultat korrigierend, in der Latenzzeit. Also ein Problem der Erzieher und der Umwelt, eine Frage nach den Erziehungszielen: Wie weit ist Lustentziehung nötig? Auf welche Weise schadet man bei ihr am wenigsten? Vor allem muß man sich darüber klar sein, daß jede Lustentziehung Haß gegen den Erzieher auslöst, daß der Haß notwendig, also nicht verdammenswert sei. Er darf nicht verdrängt werden, sondern muß kanalisiert werden; und einer der wichtigsten Kanäle ist der Mund: Das Kind muß seinen Haß aussprechen können. Er ist nicht undenkbar.

Seine Verdrängung ist unnötig und muß immer aufs neue rückgängig gemacht werden.

Aber wer verträgt heute, daß das Kind sich in Worten und Tat auflehnt, nicht nur bisweilen, sondern jahraus, jahrein, Tag für Tag? Niemand, der so aufgewachsen ist, wie wir alle. Die weitere Umwelt, Großeltern, Tanten, die Schule pfuschen hinein. Bei bestem Willen können wir nicht so geduldig sein, wie wir es sein sollten. Generationen lang muß gearbeitet werden, der einzelne muß versuchen, die Allgemeinheit zu ändern, damit sie den einzelnen verwandle, und so fort im ewigen Kampf.

Die Erziehung der Pubertierenden, ein kleines Stück Erziehung überhaupt, ist ihrerseits nur ein Ausschnitt aus dem großen Problem der Gestaltung der Gesellschaft. In der aber regieren nicht nur Illusionen, sondern manchmal sogar die tollsten Wahnsysteme. Ihre Grundlagen sind Grundlagen der Erziehung.

Wir sind von körperlich in Erscheinung tretenden Phänomenen ausgegangen, haben in verschlungene seelische Vorgänge geblickt und sind auf gesellschaftliche Faktoren gestoßen. Meine Darlegungen sind nicht säuberlich geordnet und wirken wohl verwirrend. Wäre es nicht ein besserer Weg für meine Untersuchungen gewesen, einige Krankengeschichten, chronologisch geordnet zu bringen? Dann aber hätte ich fortwährend den Gang der Geschehnisse durch Rückgreifen und theoretisches Vorschauen durchbrechen müssen. Ich hätte mich ebenso zerfasert und wiederholt. Wer die Wirklichkeit bringt, muß verwirrend sein. Denn das Leben ist chaotisch. Unsere Gedanken jedoch gleichen dem Gradnetz, das wir auf das Abbild der bunten Erde, auf die Karte, auftragen. Die Meridiane zerschneiden Dinge, die ineinander übergehen, und verbinden weit entferntes Zusammengehöriges.

Anmerkungen

1 Vgl. Freud 1910h, 1912d.
2 Vgl. Storfer 1912.
3 Vgl. Federn 1932.
4 Vgl. Schilder 1923; Gelb und Goldstein 1920.
5 Gustav von Bergmann (1878–1955) war von 1920 bis 1927 Direktor der Frankfurter Medizinischen Universitätsklinik; vgl. Nr. 5, Anm. 9.
6 Goldstein 1927b, S. 238.
7 Goldstein 1927a, S. 28.
8 Vgl. Homburger 1923.
9 Landauer 1922a.

10 Vgl. Westerman-Holstijn 1935.
11 Vgl. Fenichel 1931, S. 75–94; 1945, S. 148.
12 Landauer 1930b; Nr. 12 dieses Bandes.
13 Heft 5/6 des 9. Jahrgangs (1935) der Zeitschrift für psychoanalytische Pädagogik hat die Adoleszenz zum Thema. Landauers Aufsatz folgt Siegfried
Bernfelds Arbeit »Über die einfache männliche Pubertät« (S. 360–379).
14 Friedrich Hebbels Gedicht lautet (1857, S. 96f):

Das Mädchen im Kampf mit sich selbst

I.
Schweigend sinkt die Nacht hernieder,
    Und in tiefster Dunkelheit
Löst das Mädchen ihre Glieder
    Aus dem engen Sonntagskleid.
Aber ihre Hände irren
    Bei den Locken dann und wann,
Und um diese zu entwirren,
    Zündet sie ihr Lämpchen an.
Schüchtern nun bei seinem Strahle
    Schaut sie in des Spiegels Rund,
Und ihr tut zum ersten Male
    Ihrer Schönheit Macht sich kund.
Tief errötend, dennoch zaudernd,
    Blickt sie fort und fort hinein;
Dann, wie vor sich selbst erschaudernd,
    Löscht sie schnell der Lampe Schein.
Leise in sich selbst versinkend
    Und aus eignen Zaubers Glanz
Inniges Genügen trinkend,
    Ist sie still und selig ganz.
Doch sie will die Lust bezwingen,
    Weil sie aus ihr selber quillt,
Da verklärt dies holde Ringen
    Mailich süß ihr frommes Bild.
Und sie sieht's mit halbem Bangen,
    Daß, je mehr sie sich verdammt,
Ihr's von Stirn und Mund und Wangen
    Immer sternenhafter flammt.
Gottes eigner Finger leuchtet
    Golden durch ihr Angesicht,
Und sowie ihr Blick sich feuchtet,
    Löscht ihr Hauch zugleich das Licht.

II.

Doch zu nie erschöpftem Segen
    Wird dies heilige Empfinden
Auch ihr Innerstes erregen
    Und im Maß der Schönheit binden;
Aug' in Aug' mit sich im Spiegel,
    Feite sie sich selbst auf immer;
Unzerbrechlich ist das Siegel,
    Wie auch lockt der Erde Schimmer.
Diese wunderbaren Formen,
    Die des Leibes Bau ihr schmücken,
Werden die verwandten Normen
    Auch in ihre Seele drücken;
Und so wird ihr innres Leben
    All die Harmonie erwidern,
Die sie mit geheimem Beben
Angeschaut in Leib und Gliedern.

15 Mazdaznan, von altiranisch mazdao (allwissend), Versuch der Wiederbele-
   bung der Zarathustrischen Weisheit. Sekte um 1900 von Otoman Zar-
   Adusht Ha'nish (eig. Otto Hanisch, 1844 oder 1845 bis 1936) begründet;
   heute weltweit (Auskunft von Herrn Harald Hentrich/Berlin).
16 Im Original sinnentstellender Druckfehler.
17 Vgl. u. a. Freud 1924 c.
18 Rank 1914 a.
19 Vgl. Anm. 1.
20 Mack Brunswick 1929.
21 Freud 1914 c.
22 Stärcke 1929.
23 Abraham 1925, S. 217–226.

18. Gutachten aus den Erhebungen über Sexualmoral in den »Studien über Autorität und Familie« des Instituts für Sozialforschung

Das folgende Gutachten des Psychoanalytikers Dr. Karl Landauer (Amsterdam) ist eins aus einer ganzen Reihe von Äußerungen, die uns von Ärzten und Soziologen zugegangen sind, welche, auf die Untersuchungen des Instituts über Autorität und Familie aufmerksam gemacht, ihr Interesse für diese Untersuchung durch aktive Mitarbeit bekundeten. Wir fügen die interessante Äußerung an dieser Stelle ein, weil sie sich vorwiegend mit dem Problem der Sexualmoral befaßt.

Meine Erfahrungen beziehen sich auf eine Anzahl Holländer, derzeit in und um Amsterdam oder Haag wohnhaft, aber aus den verschiedensten Teilen des Landes stammend. Alle gehören gebildeten Gesellschaftskreisen an. Nur ganz wenige stammen aus dem Proletariat oder dem kleinen Mittelstand, einige stehen dem Großbürgertum nahe; die überwiegende Mehrzahl ist gehobener Mittelstand (Intellektuelle, Kaufleute, Mitglieder freier Berufe oder höhere Beamte). Diese Schicht ist in Holland heute noch durch eine relative Gesichertheit charakterisiert. Erst durch die immer stärker werdende Krise beginnt auch hier diese immer mehr ins Wanken zu geraten. Wir treffen in der Hauptsache ein ganz ähnliches Verhältnis in sozialer Beziehung wie im Deutschland um die Jahrhundertwende und, den ähnlichen äußeren Verhältnissen entsprechend, gewisse weitgehende Analogien psychologischer Art, so daß man sich in einer Beziehung in die Vergangenheit versetzt glaubt. Aber andererseits besteht eine bewundernswerte Aufgeschlossenheit für die fortgeschrittenste Technik, in der Schule charakterisiert durch starke Betonung von Rechnen und Mathematik, im Verkehr durch weitgehende Motorisierung und großzügige Straßen- und namentlich Brückenbauten und z. B. auf medizinischem Gebiet in raffiniertestem Ausbau der Untersuchungsmethodik.

Die erste mir auffallende Tatsache im Unterschied zu meinen deutschen Erfahrungen war die ganz andere Stellung zum Problem der *vorehelichen Keuschheit* sowohl der Frau als besonders auch des Mannes. Ich glaubte meinen Ohren nicht trauen zu dürfen, als mir ein Kollege kurz nach meiner Ankunft hier sagte, daß rund die Hälfte aller Mediziner keusch in die Ehe träte. Das sind jedenfalls sehr viel mehr als im gleichzeitigen Deutschland, Österreich, England, Amerika, Frankreich, Italien und Skandinavien. Freilich heiratet der Mediziner – man darf nicht sagen: der Arzt, weil ein sehr großer Teil noch Student ist – häufig bereits mit 22–23 Jahren. Die Frühehe ist also ein sehr wichtiges Phänomen. Die jungen Menschen sind gesellschaftlich noch durchaus unselbständige Persönlichkeiten, wenn sie die Ehe eingehen. In materieller Beziehung sind sie noch Teile der elterlichen Familie und bleiben es oft lange Zeit weiter, so daß ein beträchtlich enger Zusammenhang innerhalb dieser holländischen Großfamilien besteht: In allen wesentlichen äußeren Entscheidungen wie Wohnungs- und Einrichtungsfragen, Fragen der weiteren Fachausbildung, der Niederlassung und völligen Verselbständigung, ja in den letzten Jahren auch in der Frage der Nachkommenschaft, reden die Autoritäten der Großfamilie mit. Diese Abhängigkeit bleibt nicht selten lebenslänglich, da Ärzte häufig Krankenhäusern, Beratungsstellen und ähnlichen gemeinnützigen Veranstaltungen verbunden bleiben, von denen sie nicht nur ein – übrigens meist sehr kleines – Gehalt, sondern vor allem auch ein Prestige ihrer Klientel gegenüber empfangen. Diese Stellungen aber verdanken sie nicht nur ihren Fähigkeiten, sondern sehr häufig auch dem Einfluß ihrer Familie auf die Kuratorien, oft auch dem der Kirche oder Sekte. Psychologisch, für das Erlebnis des Einzelnen, leitet sich dieser Einfluß von der Familienautorität ab.

Diese materielle Gewalt der Familie drückt sich in einem sehr charakteristischen Faktum aus: wer in Holland vor seinem dreißigsten Lebensjahr heiraten will, gleichgültig ob Mann oder Frau, muß außer den anderwärts üblichen Papieren auch eine Erklärung seiner Eltern beibringen, daß sie mit der Eheschließung einverstanden sind. Zwar ist es (wie ich höre) nicht schwer, im Falle der Verweigerung der Erklärung diese durch einen Gerichtsbeschluß zu ersetzen. Aber allein die Tatsache, daß man eine derartige Erklärung erschmeicheln oder erstreiten muß, erhöht die Bedeutung der Eltern auch für den 20- bis 30jährigen. Daß diese gesetzliche Vorschrift nicht längst begraben wurde, zeigt, wie tief die Autorität der Eltern in der Bevölkerung verankert ist.

Andererseits schafft die Erklärung bei den Eltern die moralische Verpflichtung, für das junge Paar zu sorgen. Wo nicht von einer Seite ein so großes Kapital zur Verfügung gestellt werden kann, daß die materielle Sicherheit ein für alle Mal gewährleistet ist, ergibt sich die Notwendigkeit, durch Verhandlungen der Häupter der beiden Familien einen monatlich zu zahlenden Betrag jeder Familie festzusetzen. Also: nicht nur die beiden Ehepartner müssen einig werden, sondern auch die beiden Familien. Die Erklärung des Einverständnisses bedeutet dann in der Regel nicht nur ein einmaliges Laissez-faire, sondern eine – relative – Dauerbindung.

Am besten illustriere ich die Verhältnisse durch ein paar Beispiele, wie sie mir nicht selten begegnet sind und auch von zahlreichen Kollegen mir als kennzeichnend bestätigt wurden. Ein 21jähriger junger Mann verliebt sich auf einem Studentenball in eine 20jährige Studentin. Es kommt auf dem Heimweg zu Umarmungen und Küssen. Da fragt das Mädchen: »Bist Du noch rein?« Er beichtet darauf schuldbewußt, daß er als Siebzehnjähriger von einer verheirateten Verwandten verführt worden sei. Darauf das Mädchen: darüber müsse man hinwegzukommen suchen. Und bestellt ihn, da sie doch verlobt seien, für den anderen Tag zu ihren Eltern. Dort begrüßt ihn die Mutter: es sei ja sehr schlimm, daß er nicht keusch geblieben sei, aber es sei eben nichts mehr zu ändern; sie seien verlobt. »Ihr habt euch doch geküßt.« Und der Vater (puritanischer Großkaufmann) verlangt eine Unterredung mit dem Vater des Jungen. So muß denn dieser mit Angst und Bangen seinem Vater (höherem katholischem Beamten) gestehen. Und die Angst ist nicht unbegründet, denn die Antwort auf die Mitteilung des Heiratskandidaten lautet etwa: »Du Lausbub, werde erst etwas!« Dem armen Sünder bleibt also nichts anderes übrig, als diese Einstellung dem Vater der Braut mitzuteilen. Deren Familienrat beschließt: man wolle eine Zeitlang zuwarten; inzwischen dürfe der Bräutigam einmal wöchentlich in der Familie mitessen. Nach dieser Mahlzeit zieht sich das Brautpaar ins anschließende Zimmer zu einer Tasse Tee und gewählten Gesprächen zurück. Es ist wohl nicht erstaunlich, daß diese Situation nicht gerade liebesfördernd war. Der junge Mann wußte nicht, wie er das von ihm gar nicht beabsichtigte Verlöbnis wieder auflösen sollte. Aber was tun? Schließlich rieten einige Freunde dem Bräutigam wider Willen zu einer rettenden Tat: Auf einer Kirchweih zog der Jüngling mit zwei stadtbekannten Dirnen am Arm durch den Rummelplatz! Das war denn schließlich auch das Ende des Verlöbnisses.

Eheversprechungen werden sehr häufig aufgelöst. Die Zahl der zwei- oder dreimal Verlobten ist viel, viel größer als sie etwa in Deutschland war, wo in den entsprechenden Vorkriegsjahren eine Entlobung als gesellschaftliche Degradation empfunden wurde. Dies hat seinen Grund in dem stärkeren Keuschheitsideal für den Mann; der Strenge auf der einen Seite muß größere Milde auf einer anderen entsprechen.

Öffentliches Sich-Zeigen nicht nur mit einer Dirne, sondern überhaupt mit einem Mädchen, gar häufig mit demselben, wenn es nicht die Verlobte ist, gilt bei der Macht der elterlichen Autorität auch heute noch in vielen Kreisen – vor nicht allzu langer Zeit in den weitesten – als unschicklich, aber nicht etwa bei der älteren Generation allein, sondern auch bei den jungen Leuten selbst. Und so werden in Amsterdamer Studentenkreisen, allerdings nur zwischen Freunden, ernsthafteste Gespräche über die Möglichkeit von nicht rein platonischen Beziehungen zu Mädchen geführt. Da das direkte Kennenlernen von Mädchen erschwert, ja, fast unmöglich ist, beschäftigt sich die Phantasie umso mehr mit den Eigenschaften des anderen Geschlechts. Auf der einen Seite wird die Liebe und die Frau verhimmelt und vergeistigt; auf der anderen Seite müssen die Trauben sauer gemacht werden.

Es ist klar, daß bei solchen Schwierigkeiten von Bekanntschaften der Zufall eine große Rolle spielt. Häufig tritt er in der Gestalt eines Freundes in Erscheinung. So lernte ein 22jähriger Student der Rechte durch einen Kollegen dessen Schwester kennen. Beide waren musikalisch, und so ergab sich ganz von selbst ein quatre-mains mit der gleichaltrigen Konservatoristin. Gemeinsame Liebe der Musik, aber auch – was psychologisch bedeutsam war – gemeinsame Liebe des Bruders und Freundes erzeugten eine Atmosphäre gegenseitiger Verliebtheit. Der Vater des Mädchens, ein sehr reicher kalvinistischer Fabrikant, kann sich einen armen Schwiegersohn leisten, zumal da dieser als sehr begabt gilt. Und der Vater des jungen Mannes, kalvinistischer kaufmännischer Angestellter, gibt von West-Indien aus mit tausend Freuden seinen Segen, der ihn der weiteren Unterhaltspflicht für seinen Sohn entbindet. Während also der erste Fall an der Hartnäckigkeit des Vaters zu einem frühzeitigen glücklichen Ende kommt, muß der zweite in allen traurigen Folgen für alle Teile durchgelebt werden: Die beiden jungen Menschen sollen ja jetzt zusammen leben und nicht nur zusammen Klavier spielen; das verlangt aber noch anderes Zusammenpassen der Persönlichkeiten und noch andere Fertigkeiten. So mußte die Frau den zunächst kleinen Haushalt mit Liebe erfüllen und, als Kinder kamen, auch Mütterlichkeit erweisen. An der fehlte es, sowohl den Kindern wie dem Mann gegenüber. Und der Mann mußte nicht nur ein tüchtiger Gelehrter, sondern auch ein liebefähiger Mensch sein. Wenn schon die Kleinigkeiten des Tages unendliche Spannungen und Schwierigkeiten schufen, so hätte ein feinfühlender Liebhaber, eine einlebsame Liebhaberin manches ausgleichen können. Aber die Hemmungen der Kindheit wirkten in sexueller Beziehung nach der Eheschließung weiter. Auch in Liebesdingen muß man lernen, von anderen, aus Erfahrung, aus Erzählungen. Das war aber nicht möglich gewesen: Niemand hatte ihnen das Tabu, das auf der Geschlechtlichkeit lastete, aufgehoben, nicht einmal wie es bei den sogenannten Naturvölkern ist oder in Resten bei uns im Karneval, für bestimmte Zeiten. Und so wurden denn die kurzen Stunden des

Glückes der jungen Menschen, in denen sie aus ihrer Isolierung als Geschlechtswesen herauszukommen suchten, mit langjähriger qualvoller Ehe bestraft. Und dann kam die Scheidung.

Das war ein weiterer sehr wichtiger Eindruck, den mir meine Versetzung in das holländische Milieu gab: Der relativ häufigen vorehelichen Keuschheit beider Partner stand eine relative Häufigkeit der Ehescheidungen gegenüber.

In vielen Fällen allerdings ist die Kraft nicht gleich so stark, um das Fangnetz der Ehe, in die man hineinstolperte, nach Erkenntnis der Situation zu zerreißen. Häufig folgt nach den ersten Jahren der Ehe, einer Zeit der geistigen und oft auch noch wirtschaftlichen Unselbständigkeit, eine Periode der Auflehnung. Da beiden Partnern die sexuelle Erfahrung fehlt, ist das Zusammensein oft alles andere als lustvoll. Das kann doch nicht die Liebe sein, die Liebe, von deren Bedeutung als Lustfaktor man infolge der Stauung sich auch noch übertriebene Vorstellung gemacht hatte. Dafür ermorden sich Menschen! Nein! Diese Liebe muß also erst gesucht werden. Da das nicht offen möglich ist, will man sie erschleichen. Und nun beginnt nach drei- oder vierjähriger lustloser Ehe ein heimliches Jagen nach Genuß. Überall wird er vermutet: bei der Frau des Freundes, die ebenso in freudloser Ehe danach sucht, bei verheirateten Verwandten, bei Künstlerinnen, Ladenmädels und Dirnen.

Sehr häufig ist mir in der zweiten Hälfte der zwanziger oder in den ersten der dreißiger Jahre bei Männern und Frauen infolge der Enttäuschung an einem bestimmten Liebesobjekt eine scheinbar objektlose Zeit begegnet, in der bewußt nur der Genuß als solcher, man könnte meinen: der auto-erotische Genuß gesucht wird. Es ist aber in Wirklichkeit eine objektfeindliche Zeit. Das wesentliche positive Objekt ist das eigene Ich. Die »Erfolge«, die Potenz, die Schlauheit, mit der oft unbewußte Rache am Partner des Genusses durch Entladung gestauter Aggression genommen wird, befriedigen den Narzißmus.

Mehrfach hatte ich bei solchen Gelegenheiten Gebilde beobachtet, die an Gruppenehen erinnern: mehrere Ehepaare leben in einem wirren Knäuel zusammen. Dies scheint in der Unmöglichkeit vorehelicher Beziehungen begründet. So finden unbewußte homosexuelle und inzestuöse Strebungen ihren Ausdruck. Sie vermehren das an sich schon mächtige Schuldgefühl durch starke unbewußte Zuschüsse. Auch in dem weiter oben erwähnten Falle, wo die Schwester des Freundes geheiratet wurde, entlud sich ein verpönter Auspuff unbewußter Haßgefühle gegen den Bruder-Freund, den Veranlasser der Ehe, dessen (homosexueller) Schatten hemmend über der ganzen Ehe lag.

In diesem Zusammenhang *mit aller Reserve* eine Bemerkung über die

Häufigkeit, mit der ich hier in den nämlichen Kreisen auf offene und geheime Prostitution stieß, bei denen ich in der Nachkriegszeit in Deutschland ihr kaum mehr begegnete: neben der unbewußten Bedeutung der Homosexualität (weitgehende gleichgeschlechtliche Geselligkeit des jungen Mannes vor der Ehe) hat hieran die Vergeistigung der Liebe und des Liebespartners wesentlichen Anteil. Die Heiligkeit der Familie und der Mutter der Kinder verbietet das Liebesspiel, die extragenitalen, im Sinne der Gesellschaft wertlosen Vorspiele und Ersetzungen; nur am Minderwertigen sind sie tragbar und in Heimlichkeit. In Holland selbst sind heute noch in den hier beschriebenen Kreisen 3 und 4 Kinder nicht so gar selten. Erst in jüngster Zeit kommen nicht immer bereits in den allerersten Ehejahren Kinder. Freilich setzt im allgemeinen die bewußte Regulierung der Fruchtbarkeit meist erst nach mehrjähriger Ehe ein, und erst dann findet in der Ehe nicht nur die gesellschaftliche Forderung, Kinder in die Welt zu setzen, sondern auch der reine Sexualgenuß seine Befriedigung.

Das, was ich bisher geschildert habe, ist der Hintergrund, auf dem sich das Leben der sogenannten gebildeten Stände hier abzuspielen scheint, der selbst da noch unbewußt aber entscheidend eingreift, wo die letzten Jahre und Jahrzehnte den Vordergrund, das Bewußtsein, verändert haben. Die Wirtschaftskrise hat die Grundpfeiler dieser Schicht erschüttert, das Kapital verkleinert. Und auf eben dieser Basis, auf der die Sicherheit ruhte, welche die ältere Generation den Jungen bot, war auch die Moral begründet, welche die Jugend den Alten assimilierte. So wundert es uns denn nicht, wenn – wie ich vorher bereits erwähnte – heute in Studentenkreisen in Amsterdam die Möglichkeit von erotischen Beziehungen mit sogenannten anständigen Mädchen nicht nur diskutiert, sondern auch realisiert wird. Häufig allerdings nur im geheimen, wie z. B. ein Student, der ein Verhältnis mit einer Kollegin hat, aber entrüstet eine dahingehende Vermutung der Schwester (Kontoristin) abweist. Dies erhöht die inneren Kämpfe dieses Mädchens, die in tausend Konflikten ist, da sie der Freund und Kollege des Bruders umwirbt, obgleich er wie sie durch die Fessel der Erziehung noch gehindert ist. Wie sich die Zeiten geändert haben, möge man aus einem Ausspruch des Vaters des letztgenannten, eines protestantischen höheren Beamten ersehen. Er zweifelt zwar nicht an der Unberührtheit seines 23jährigen Sohnes, ahnt nicht, daß sie längst dahin wäre, könnte der Freund wenigstens der fast gleichaltrigen Schwester gegenüber ehrlich sein. Und so sagt denn der Vater zu seinem Sohn: »Ich hatte es in meiner Jugend doch besser als ihr. Bei uns gab es nicht einmal Versuchungen.«

Ich habe den Eindruck, daß die auch heute noch relativ strenge Sexualmoral in der von mir beobachteten (soziologisch allerdings sehr beschränkten) holländischen Gruppe als ein Symptom für das Fortbestehen einer starken Autorität aller gesellschaftlichen Institutionen angesehen werden darf. Denn in anderen Ländern, wo die Sexualmoral gelockerter ist, pflegt auch der gesamte traditionelle Kulturbau angegriffen zu sein.

19. Bemerkungen zur anal-erotischen Charakterbildung[1]

1908 veröffentlichte Freud[2] seine Arbeit über »Charakter und Anal-erotik«, die die Feststellung enthält, daß Personen, die besonders ordentlich, sparsam und eigensinnig sind, als Kleinkinder lange Zeit brauchten, um ihren Stuhlgang zu kontrollieren, und auch später vereinzeltes Mißglücken dieser Funktion zu beklagen hatten. Demzufolge wäre Charakter etwas Erworbenes wie jede andere Gruppe psychogener Symptome und stände in ursächlichem Zusammenhang mit unseren Triebschicksalen; der Analcharakter würde folglich auf einer Fixierung während der analen Phase beruhen.

Besonders dieser Aufsatz gab Anlaß zu einer großen Zahl von Veröffentlichungen, von denen eine Gruppe aus der ursprünglichen Trias der anal-erotischen Charakterzüge eine ständig sich erweiternde Reihe seelischer Eigenschaften herausarbeitete. Mit seiner bemerkenswerten Kritikfähigkeit nutzte Ernest Jones[3] die Fülle der Beobachtungen, die aus seinem Erfahrungsfeld wie auch aus dem anderer Forscher stammen, um das zufriedenstellendste Bild des Analcharakters zu schaffen, das wir besitzen: D. h., er gab uns einen ausgearbeiteten Katalog, nach dem diejenigen, die Analerotiker aus Disposition oder Erziehung sind, ihre Wahl unter dem Diktat ihrer individuellen Erfahrungen zu treffen scheinen. Zahlreiche andere Veröffentlichungen beschäftigten sich mit oralen und genitalen Charakteren. Aber dabei wurde offensichtlich, daß die Charaktertypen überlappten, von denen man annahm, sie seien getrennten Sexualzonen zugeordnet. Was die einen von uns mit Recht als anal charakterisierten, schrieben andere mit gleicher Berechtigung oralen Strebungen zu. Daß zwei diametral entgegengesetzte Eigenschaften, wie Sparsamkeit und Verschwendungslust, auf die gleichen Ursachen zurückzuführen sein sollten, konnte durch das Phänomen der Überkompensation erklärt werden. Übrig blieb nur noch zu versuchen, das Bild zu vervollständigen, indem man die Bedingungen freilegte, unter denen diese Eigenschaften im Individuum auftreten. Aber der Umstand, daß man bei mehreren Charakterzügen annahm, sie würden von verschiedenen Triebquellen gespeist, zeigte uns, daß die erogenen Zonen, denen wir früher überragende Bedeutung zugeschrieben hatten, nicht als der essentielle genetische Faktor angesehen werden konnten. So kam es, daß Freud sich in der »Neuen Folge« seiner Vorlesungen[4] hinsichtlich der Möglichkeit, weitere Entdeckungen im Bereich der Charakterologie zu machen, etwas pessimistisch äußerte. Auch hat sich in der Zwischenzeit die Psychoanalyse von der Untersuchung der Triebe weggewandt, was in der ersten Dekade ihres Bestehens ihre ständige Hauptbeschäftigung war. Die Erforschung der Ursprünge des Über-Ichs (die einige hervorragende Beiträge von Ernest Jones miteinschloß) machte schnelle Fortschritte; und schließlich zentrierte sich das Interesse auf die Ich-Entwicklung. Über diesen Weg wurde »Charakter-Analyse« ein wesentlicher Bereich unserer analytischen Praxis. Die Zeit ist gekommen, unsere frühen Untersuchungen wieder aufzunehmen, und der gegenwärtige Augenblick, zu dem wir uns dankbar an Ernest Jones' inspirierenden Einfluß erinnern, gibt uns dazu eine willkommene Gelegenheit[5]. Bei diesem Unterfangen können wir keine neuen wichtigen Probleme einführen, sondern nur unsere früheren Beobachtungen mit gegenwärtigen Begriffen wiederdarstellen. Denn Freud selbst beendete seine Pionierarbeit über den Anal-Charakter mit dieser Schlußfolgerung: »Die bleibenden Charakterzüge sind entweder unveränderte Fortsetzungen der ursprünglichen Triebe, Sublimierungen derselben oder Reaktionsbildungen gegen dieselben.«[6]

Wir wollen nun im Lichte der Jones'schen Beschreibung des Anal-Charakters die verschiedenen Anlässe untersuchen, die eine stimulierende Wirkung haben, wodurch wir leichter verstehen, wie dieser zustandekommt.

Wenn das Kleinkind fähig wird, sich frei zu bewegen, ist die Zeit gekommen, wo seine Pflegeperson Wert darauf legt, daß es lernt, die Anal-Funktionen zu beherrschen; denn es ist jetzt »so ein großer Junge« – abgesehen davon, daß das ganze Haus schmutzig gemacht würde. Die Pflegeperson muß deshalb das Kind dazu bringen, sein Geschäft zu einer Zeit und an einem Ort zu verrichten, der ihr paßt und nicht anders. Diese Aufgaben – wie oft das Kind fest auf den Topf gesetzt werden muß, damit das Zimmer aufgeräumt werden kann – bringen Konflikte mit dem Wunsch des Kindes nach Lust im allgemeinen, d. h. dem Spiel mit sich, und zwar nicht einfach mit dessen rein analem Aspekt: Das wäre sowohl die Lust, die von der Ansammlung und gelegentlichen Übergabe seines Kotes stammt, als auch seine Freude mit ihm zu spielen.

Es ist ein Grundzug des frühkindlichen Analkomplexes, daß er erstmals ein soziales Verpflichtungsgefühl in das Leben des heranwachsenden Kindes bringt. Zum ersten Mal muß es zwischen der Lust, die von seinen Körperfunktionen hergeleitet werden soll (momentaner Autoerotik), und der Liebe derer, die die Autorität über es innehaben, wählen (der Verheißung ihrer zukünftigen Achtung). Etliche von uns entscheiden sich für sofortige Lust um jeden Preis, sogar um den Preis unseres zukünftigen Heils; andere weigern sich, überhaupt etwas mit ihrem Körper zu tun zu haben, und leben nur für eine zukünftige Wiedervereinigung mit einer göttlichen Elternfigur. Wieder andere führen nur ein Leben von Zwang in dem Sinn, daß sie sich nur an etwas freuen können, wenn sie die Erlaubnis dazu haben, oder sogar, wenn es ihnen zu tun verboten wurde. Viele schaffen es auch, einem äußeren Zwang zu entweichen, indem sie ihn durch einen inneren ersetzen. Das macht sie fähig, sich von der Liebe ihrer launischen Gegenwartsautoritäten unabhängig zu machen, deren Einfluß jedoch weiterhin in ihnen sitzt unter der Maske ewiger übermenschlicher Gebote. Es ist richtig, daß die Vorgänge der Über-Ich-Bildung erst später ihre endgültige Form annehmen. Aber der Einfluß der analen Phase auf das Über-Ich ist unabweisbar; so hat man den Eindruck, daß das Über-Ich des Zwangsneurotikers ein anal-erotisches ist. Besonders sein strafender Aspekt kann oft bis zu den Erfahrungen dieser frühen Periode zurückgeführt werden.

Daß nicht die erogenen Zonen, sondern soziale Forderungen von ausschlaggebender Bedeutung sind, kann man bei den Fällen sehen, bei denen andere soziale Forderungen gleichzeitig mit den analen auftreten. So erlaubt man vielen Kindern schon in einem sehr frühen Alter am Tisch mit den Eltern zu essen – weil ein kleines Kind bei solchen Gelegenheiten sich komisch verhält, oft attraktiv verschmiert aussieht und überhaupt solche »charmanten« Dinge tut, die anderen verboten sind (kräht laut voll Freude über die Marmelade, pult mit den Fingern im Gemüsegericht), oder überhaupt, weil der Vater sonst sein Kind kaum sehen würde – mit anderen Worten, man erlaubt es, um die anal-erotischen, rebellischen oder die den Vater betreffenden Wünsche der Eltern zu befriedigen. Das Kleinkind sieht sich bald in Bezug auf das Essen mit den gleichen Forderungen konfrontiert, denen es im Zusammenhang mit dem Stuhlgang folgen muß: Es muß mit einer bestimmten Menge in einer gegebenen Zeit und an einem gegebenen Ort fertig werden und nicht anders. Das Gefühl, daß Essen eine Verpflichtung ist, ist besonders bei depressiven Fällen ausgeprägt, bei denen sich orale und anale Faktoren vermischen. Der pathologische Hunger, der bei Ängstlichen, Manischen und Depressiven vorkommt, bildet das orale Gegenstück zur Diarrhöe, einem zwingenden Auseinanderbersten der Zwangsbindungen, während Unfähigkeit zu oralem Genuß, begleitet von Regelmäßigkeit beim Essen, was Zeit und Menge betrifft, den Zwangstypus charakterisiert.

Die Unterschiede zwischen diesem Oral-Anal-Charakter und dem Anal-Charakter im engeren Sinne des Begriffs entsprechen den unterschiedlichen betroffenen Zonen. Überdies spielt das Bestehen auf korrektem Ablauf und Ordnung bei der Ausführung der einzelnen Bewegungen eine große Rolle beim Essen, aber nicht so sehr beim Stuhlgang. So schafft es nicht nur eine Disposition zum Ordentlich-Sein, sondern darüber hinaus zur Pedanterie. Weiter noch, die Sauberkeitserziehung wird meist den Müttern oder Kindermädchen überlassen; Liebe und Haß sind gegen sie und ihre Nachfolgerinnen gerichtet, und das Über-Ich, das entsteht, ist ein mütterliches. Auf der anderen Seite greift der Vater bei der Oralerziehung sehr häufig ein. Soweit die Auswirkungen von Aufgaben in Verbindung mit dem Essen zur Über-Ich-Bildung beitragen, entsteht in vielerlei Hinsicht ein väterliches Über-Ich. Daneben nimmt die Antwort des Kindes auf anale Forderungen, soweit sie eine negative ist, die Form des »Ich kann nicht« ein, was letztlich zu einer Haltung von Starrheit führt (so entwickelt sich Trotz); auf der anderen Seite kann das Kind bei der Oralerziehung, wenn es gezwungen wird, Nahrung gegen seinen Willen aufzunehmen, Zuflucht suchen beim Zusammenbeißen der Zähne oder Ausspucken des Essens, das mit Gewalt eingeflößt wurde (so wird eine verächtliche Haltung angeregt). Folglich entsprechen verschiedene leitende Affekte verschiedenen leitenden Trieben. Schließlich ist Essen eine rezeptive Tätigkeit, während die Stuhlentleerung das Gegenteil davon ist. Wie Perls[7] in seinem Vortrag beim Marienbader Kongreß zu zeigen vermochte, kann dieser Reaktionsmodus, der im Zusammenhang mit dem Essen erworben wurde, auch auf andere z. B. intellektuelle Bereiche übergreifen. Während sich die meisten Menschen in nachträglichem Gehorsam[8] nur an der intellektuellen Kost erfreuen, die ihnen erlaubt ist, ergötzen sich andere ohne Einschränkung; einige erbrechen unverdauten Stoff, andere wiederum hören nicht auf, das gleiche Material zu kauen und nur wenige sind unabhängig genug, sich zu erlauben, ihre Wahl vom Gesichtswinkel ihrer eigenen Lust bestimmen zu lassen, und das Material angemessen zu kauen und zu assimilieren. In diesem Zusammenhang sei darauf hingewiesen, daß Kauen eine der Haupttreibungsquellen bei der Oralerziehung bildet, die während der analen Stufe fortdauert. Soweit ich weiß, hat van Ophuijsen[9] bisher als einziger auf die Bedeutung dieses Faktors aufmerksam gemacht, obwohl er eine ausgedehnte Rolle bei Depressionszuständen wie auch der Charakterbildung spielt.

Sobald unser Interesse an der Bildung des Anal-Charakters von der Sexualzone des Anus zum Faktor der sozialen Erfordernisse gelenkt ist, beginnen wir nicht nur die Komplexität des charakterologischen Bildes, sondern auch ein Phänomen zu verstehen, das bislang weitgehend unbegreiflich war. Freud war sehr bald beeindruckt von der symbolischen Gleichsetzung, die in unserer Gesellschaft zwischen Kot-Schmutz, der wertlosesten Sache – auf der einen, und Geld-Gold, der wertvollsten Sache – auf der anderen Seite, hergestellt wird. Er machte klar, daß das Kind während der analen Phase dem Kot oder dem Akt, sich von ihm zu trennen, außerordentliche Bedeutung zumißt. Letzten Endes scheinen das Glück der Mutter (besonders wenn sie Analerotikerin ist), Leben und Gesundheit des Kindes und, am wertvollsten von allem, Mutters Liebe von dem Problem des Kotes oder dessen ordnungsgemäßer und uneingeschränkter Übergabe abzuhängen. Aber sobald das Kind gelernt hat, den Stuhlgang zu kontrollieren, so daß es nun wohl annehmen könnte, es hätte sich der Liebe und des Wohlwollens einer überaus glücklichen Mutter versichert, wartet auf es eine große Enttäuschung: Ist es solch eine wunderbare Errungenschaft, seinen Stuhlgang zu kontrollieren, während man wach ist? Nun erwartet man vom Kind, ihn sogar unter Kontrolle zu halten, wenn es schläft, und so geht es weiter: Hat es einmal gelernt, etwas zu beherrschen, wovon Liebe und Glück der Eltern abzuhängen schien, solange es das nicht konnte, hat es einmal die mächtige Heldentat geleistet, verliert sie sofort ihre Bedeutung und macht neuen Forderungen Platz – »Wenn du einmal lesen kannst«, »Wenn du einmal das kleine Einmaleins kannst«, usw. Sein ganzes Leben lang wird es ständig daran erinnert, daß das Geheimnis des Glücks in Dingen ruht, die es nicht tun kann und an Orten liegt, an denen es nicht ist. Immer wieder bleibt die mächtige Heldentat unbelohnt; man könnte tatsächlich in vielen Fällen sagen, daß der Erfüllung einer Aufgabe Bestrafung folgt. Denn früher wurde das Kind als das Baby behandelt; jetzt wird es gezwungen, sich zu benehmen wie ein großer Junge. Auch war es das jüngste oder einzige Kind, das Zentrum der elterlichen Aufmerksamkeit. Aber gerade um diese Zeit, wenn es seine ersten großen sozialen Erfolge durch das Erlernen der Kontrolle der analen Funktion erreicht hat, tritt ein neues Kind in die Szenerie, um Liebe und Aufmerksamkeit der Eltern zu fordern. Das ist nicht einfaches Zusammentreffen: Es passiert nur zu oft, daß die Sauberkeitserziehung eilig beschleunigt wird, und der kleine nun die Rolle des älteren Jungen spielen muß. Seine Enttäuschung darüber, daß der zu guter Letzt erreichte Erfolg seinen Wert verloren hat, mischt sich oft mit der Erfahrung des schrecklichen Rückschlags, wenn er merkt, daß er nicht länger der Eltern Baby und einziges Kind sein darf.

Das Kind kann auf verschiedene Weise reagieren, wenn eine beträchtliche Leistung, die früher wichtig schien, ihren ursprünglichen Wert verliert. Die zufriedenstellendste Lösung findet sich, wenn das Kind, angespornt durch seinen Wunsch, groß zu werden, von seinen Erziehern deren Wertschätzung der Bedeutung der neuen Forderungen, die an es gestellt werden, übernimmt und so freiwillig eine Entwertung der früheren Forderungen zustande bringt. Aber diesen Reaktionsmodus erreichen bei weitem nicht alle Kinder. Viele geben das Erreichte wieder auf und ziehen so erfolgreich neue Aufmerksamkeit auf dessen Wert. Sie bleiben ewig kleine Kinder, selbst wenn sie für ihren Trotz mit Verzicht auf fast alles bezahlen müssen oder sogar Bestrafungen unterworfen werden. Viele Kinder werden wieder unsauber, wenn der Rivale erscheint. Bei anderen verursacht dieses Ereignis chronische Verstopfung, die gleichzeitig Schwangerschaft bedeuten kann. In dieser Periode der Vernachlässigung ist das Kind oft erkältet, hier erleichtert die soziale Verpflichtung, den Nasenschleim der richtigen Person zur richtigen Zeit und in der richtigen Weise zu geben (die Nase ins Taschentuch auszuschnauben) und ihn nicht laufen zu lassen oder ihn hinunterzuschlucken, die Verschiebung aufs respiratorische System. Asthma wird häufig auf diese Art erworben und in einem meiner Fälle gab es eine eingebildete Brustkorbschwangerschaft, die durch extensives Aushusten der Babys aufgelöst wurde.

Eine beträchtliche Zahl von Menschen bewältigen nicht die notwendige Entwertung früherer Ziele, fühlen sich von den Autoritäten hintergangen und in nachträglichem Gehorsam bestehen sie hartnäckig darauf, wertlosen Dingen hohen Wert zuzuschreiben, immer in der hoffnungslosen Hoffnung, daß irgendwann die Eltern der Kindheit sich beschwören ließen. Die dummen und verräterischen Personen, die die Autorität über das Kind innehaben, können wiederum durch Gehorsam getäuscht und durch Pedanterie gequält werden.

Sobald die Essenserziehung des Kindes Erfolg hat, wird der Prozeß der Nahrungsaufnahme den momentanen Bedürfnissen angepaßt, was sowohl Zeit, Art und Menge betrifft. Die »korrekte« Art zu essen, wird so automatisch, daß Hände, Mund und Augen sich frei auf die elterlichen Anforderungen hinsichtlich sozialen Verhaltens und Rücksicht auf andere konzentrieren können. Sobald die anale Sauberkeitserziehung des Kindes Erfolg hat, gibt es seinen Kot nur, wenn Zeit und Ort günstig sind. Seine innere Haltung entspricht folgender Formel: Jetzt ist es möglich, jetzt ist es erlaubt; und nach angemessenen Vorbereitungen macht die Person des Kindes ihr Geschäft, während sein Ich vielleicht irgendwo ist. Die Lust, die von dem Vorgang und dem ausführenden Organ ausgeht, gelangt oft wenig, falls überhaupt, ins Bewußtsein.

Wenn das Kind auf diese Lust nicht verzichten will, haben wir es oft mit einer Trotzreaktion von seiner Seite zu tun: Es hat nicht mit Erfolg die notwendige Entwertung dieser Funktion vollzogen und hofft immer noch, seine Mutter werde eines Tages deren verminderte Wertschätzung aufgeben. Aber in einer beträchtlichen Anzahl von Fällen kann das Ich keine Gleichgültigkeit an der großartigen Aufführung entwickeln und sie durch automatisch wirkende Kräfte regulieren lassen. Unter dem Druck des Über-Ichs erklärt das Ich wiederholt: »Ich will, ich muß jetzt produzieren; sonst werde ich krank.« Bei dieser hochwichtigen Aufgabe möchte es beides spüren: Lust und daß es geliebt wird.

Diese Unfähigkeit von seiten des Ichs, sich vom Schauplatz zurückzuziehen, ist dem früher erwähnten dritten Faktor, dem der sozialen Verpflichtung, geschuldet. Nachdem das Kind erzogen wurde, Stuhlgang (und Harn) während des Wachseins zu kontrollieren, erwartet man von ihm nicht nur, die Erfüllung der Aufgabe als nichts besonderes anzusehen, sondern auch im Schlaf sauber zu bleiben. Das erzeugt einen Konflikt zwischen Sauberkeitserziehung und dem strengen Befehl zum Schlaf: Gleichzeitig und mit der gleichen Begründung, daß das Kind lernen muß, seinen Stuhlgang zu kontrollieren – wenn es nämlich nicht länger an einen festen Platz gebunden ist, sondern hinter der Mutter herlaufen kann, wann und wohin sie auch geht – wird es dringend notwendig, Vorkehrungen zu treffen, um sich von seiner Gegenwart zu gewissen Zeiten zu befreien. Das Kind fühlt so: Ihm wird gesagt, Schlaf sei gut für die Gesundheit. Das ist ein Beispiel für die Weisheit der Erwachsenen oder, wie das Kind oft denkt, ein reiner Vorwand. Die Eltern wollen einfach in Frieden gelassen werden und schließen das Kind aus, um nicht gestört zu werden (Erfahrungen der »Urszene«). Wenn wir heute mit vielen komplizierten seelischen Vorgängen des Kindes in diesem Zusammenhang vertraut sind, ist das besonders den Forschungen der Psychoanalyse zu verdanken. Um das Kind aus dem Weg zu haben, sagt die Mutter zu ihm: »Du kannst, du mußt schlafen. Du sollst das Licht nicht sehen, du sollst deine Puppe dich nicht rufen hören, du sollst nicht deine Arme und Beine fühlen.« In diesem Grad gibt es eine Parallele zu den analen Forderungen, mit dem Unterschied jedoch, daß wir nicht von einer Primärzone in Bezug zum Schlafen sprechen können, und daß das Ziel negativ ist, Ausschaltung von Wahrnehmung.

Aber früher oder später wird ein neuer Faktor eingeführt: Das Kind muß nun während des Schlafes Stuhlgang und Blase kontrollieren. So gebietet ihm die Mutter, alles Fühlen zu verlieren, sagt aber auf der anderen Seite: »Achte auf den Stuhl- und Harndrang, unterdrücke ihn, wenn du kannst und wenn es nicht geht, rufe mich oder geh und setz dich auf den Topf.« So offenbart die Mutter ihre innere Widersprüchlichkeit: Sie wird eine böse und unaufrichtige Mutter. Wir sind wohl vertraut mit der Verlogenheit, die so viele Bettnässer charakterisiert: Ihr Verhalten ist von der Mutter erworben, insoweit sich ihr Benehmen zu dieser Zeit dem Kind oft in diesem Licht darstellt. Ähnlich komplexe Prozesse können durch diesen besonderen Konflikt in Gang gesetzt zu werden und zur Entwicklung des Ehrgeizes führen, obwohl hier, wie ich schon anderweitig[10] ausgeführt habe, bestimmte Erfahrungen der Pubertät ein wichtiger Faktor sind. In dieser Periode wird das Kind oft trotzig und unzugänglich. Seine Mutter hat es enttäuscht. Sein eigenes Ich muß den Ersatz für die verlorene Liebe bieten, das eigene Ich, das danach trachtet, allgegenwärtig zu sein. Es wünscht sich allmächtig zu sein, auch wenn das Ich irgendwo ist und schläft. Und wiederum fürchtet mancher Anal-Erotiker nichts so sehr, als das etwas »aus sich heraus« passiert, nicht »wohlüberlegt«, sondern automatisch. Er muß überall anwesend sein und sich um alles kümmern. Äußerer Zwang jeglicher Art ist Ungerechtigkeit. Nur er darf sich (und anderen) Zwang auferlegen.

Diese Beobachtungen zum Thema des Anal-Charakters können notwendigerweise lediglich als Anregung vorgetragen werden. Sie ersparen uns nicht das nötige Studium eines umfassenden und gründlichen Werkes wie das von Ernest Jones; sie sind im Gegenteil dazu geschaffen, unser Interesse daran wiederzubeleben. In der Tat, der Mittelpunkt unseres Interesses hat sich von den sexuellen Zonen und den sexuellen Zielen verlagert zum Faktor der sozialen Forderungen und der Reaktionen auf diese. Denn die Kindheit, die wir uns wegen der Ursprünge dieses Charaktertyps anschauen, ist die Periode, in der das Individuum, nachdem es die Fähigkeit zur Fortbewegung erworben hat, lernen muß, zu reifen und Mitglied der Gemeinschaft zu werden; aber noch bleibt es so hilflos, daß es sich in weitem Ausmaß als Objekt äußeren Zwanges fühlt. Seine fast einzige Hilfsquelle ist ein trotziger scheinbar passiver Widerstand oder eine negative Reaktion (von Verachtung und Wut). Während der vorangegangenen oralen Entwicklungsphase war seine Hilflosigkeit ein Schutz vor elterlichen Forderungen, ein Mittel, um Hilfe zu erlangen. Sein weiterer Fortschritt zur phallischen Stufe wird es in Konkurrenz mit der äußeren Welt bringen und letztlich zum offenen, koordinierten positiven Handeln führen.

Anmerkungen

1 Rückübersetzung aus dem Englischen.

2 Freud 1908 b.

3 Jones 1919.

4 Freud 1933 a, S. 109.

5 Ernest Jones war am 1. Januar 1939 60 Jahre alt geworden (Anm. d. Hg.).

6 Freud 1908 b, S. 209.

7 Fritz Perls, der Schöpfer der Gestalttherapie, ging in Amsterdam bei Karl
  Landauer, dem er Respekt zollte, in Supervision (Perls, 1969, S. 40). Nach
  seiner Emigration nach Südafrika hielt er auf dem XIV. Internationalen
  Psychoanalytischen Kongreß in Marienbad 1936 einen Vortrag mit dem
  Thema: »Zur Theorie der oralen Widerstände« (Int. Z. Psychoanal. 1937,
  S. 176), der auf Ablehnung stieß und dessen Leitlinien Perls für den Kon-
  greßbericht nicht einsandte. Vgl. auch Perls 1947, S. 133–140, S. 145–151;
  1969, S. 45 (Anm. d. Hg.).

8 Vgl. Freud, 1909 b, S. 271.

9 Vgl. van Ophuijsen 1929.

10 Vgl. Landauer, 1935, S. 397 f, Nr. 17, S. 251 f dieses Bandes.

Anhang

Quellenverzeichnis

1. Die Gemütsbewegungen oder Affekte. In: Federn, P. und H. Meng (1939): *Das Psychoanalytische Volksbuch*, 3. umgearbeitete Auflage. Bern: Huber, S. 134–159.

2. Die Affekte und ihre Entwicklung (Affekte, Leidenschaften, Temperament) I. Vortrag, gehalten in der Wiener Psychoanalytischen Vereinigung am 6. Mai 1936. *Imago*, 22 (1936): S. 275–291. II Affektzonen, Affektziele und Affektobjekte. In englischer Sprache als Teil II mit dem Untertitel »Affective Zones, Affective Aims and Affective Objects. Read before the Fourteenth International Psycho-Analytical Congress, Marienbad, August 1936« des Aufsatzes »Affects, Passions and Temperament«, dessen erster Teil »Affects and their Development« dem Wiener Vortrag entspricht, erschienen. *International Journal of Psycho-Analysis*, 29 (1938): S. 388 (406)–415.

3. Äquivalente der Trauer. Vortrag auf der 1. Deutschen Zusammenkunft für Psychoanalyse in Würzburg, Oktober 1924. *Internationale Zeitschrift für Psychoanalyse*, 11 (1925): S. 194–205.

4. Zur psychosexuellen Genese der Dummheit. In: *Zeitschrift für Sexualwissenschaft und Sexualpolitik*, 16 (1929): S. 12–22, 87–96. Und in: *Almanach der Psychoanalyse 1930*. Wien: Internationaler Psychoanalytischer Verlag, S. 157–183.

5. Intelligenz und Dummheit. In: Federn, P. und H. Meng (1939): *Das Psychoanalytische Volksbuch*, 3. umgearbeitete Auflage. Bern: Huber, S. 160–174.

6. Spontanheilung einer Katatonie. *Internationale Zeitschrift für ärztliche Psychoanalyse*, 2 (1914): S. 441–459.

7. »Passive« Technik. Zur Analyse narzißtischer Erkrankungen. *Internationale Zeitschrift für Psychoanalyse*, 10 (1924): S. 415–422.

8. Gedanken bei Analyse einer Folie du doute. Vortrag in der Berliner Psychoanalytischen Vereinigung am 19. Januar 1924. *Internationale Zeitschrift für Psychoanalyse*, 11 (1925): S. 353–366.

9. Automatismen, Zwangsneurose und Paranoia. Vortrag auf dem IX. Internationalen Psychoanalytischen Kongreß, (Bad) Homburg (v. d. H.), September 1925. *Internationale Zeitschrift für Psychoanalyse*, 13 (1927): S. 10–19.

10. Unentstellte Träume. *Zeitschrift für psychoanalytische Pädagogik*, 2 (1927 / 28): S. 94–95.

11. Chi mal ti vuol, mal ti sogna. Ein Traum und seine Deutung im Dekameron. *Psychoanalytische Bewegung*, 1 (1929), S. 76.

12. Eine »Dirne«. Aus dem Vortragszyklus »Störungen des Gemeinschaftslebens« im Frankfurter Psychoanalytischen Institut. *Zeitschrift für psychoanalytische Pädagogik*, 4 (1930): S. 28–38. Und in: *Almanach der Psychoanalyse 1931*. Wien: Internationaler Psychoanalytischer Verlag, S. 162–175.

13. Die Gemeinschaft mit sich selber. Über narzißtische Charaktere, Neurosen und Psychosen. Aus einem im Winter 1929/30 im Frankfurter Psychoanalytischen Institut gehaltenen Vortragszyklus »Störungen des Gemeinschaftslebens«. *Psychoanalytische Bewegung*, 2 (1930): S. 260–272.

14. Die Zurückweisung der Aufklärung durch das Kind. *Zeitschrift für psychoanalytische Pädagogik*, 1 (1926/27): S. 224–228.

15. Analyse der Phobie eines achtjährigen Mädchens. *Zeitschrift für psychoanalytische Pädagogik*, 1 (1926/27): S. 254–257.

16. Das Menstruationserlebnis des Knaben. *Zeitschrift für psychoanalytische Pädagogik*, 5 (1931), S. 175–184. Und in: *Almanach der Psychoanalyse 1932*. Wien: Internationaler Psychoanalytischer Verlag, S. 152–164.

17. Die Ich-Organisation in der Pubertät. *Zeitschrift für psychoanalytische Pädagogik*, 9 (1935): S. 380–420.

18. Gutachten K. Landauer. In Horkheimer, M. (1936): *Studien über Autorität und Familie*. Forschungsberichte aus dem Institut für Sozialforschung. Zweite Abteilung. Erhebung über Sexualmoral. Paris: Félix Alcan, S. 285–291.

19. Bemerkungen zur anal-erotischen Charakterbildung. In englischer Sprache erschienen mit dem Titel: Some remarks on the formation of the anal-erotic character. *International Journal of Psycho-Analysis*, 20 (1939): S. 418–425.

Zur Textgestaltung:
Landauers Fußnoten, die den Text erläutern, wurden an Ort und Stelle belassen. Seine bibliographischen Angaben wurden modernisiert, ergänzt, für den heutigen Leser mit orientierenden Hinweisen versehen und als Anmerkungen an das Ende des jeweiligen Aufsatzes gesetzt.

Übersicht über wichtige Lebensdaten
Karl Landauers

12.10.1887	in München geboren
1901	Tod des Vaters Isidor Landauer
ca. 1910	Ende des Medizinstudiums, Beginn der psychiatrischen Ausbildung, u. a. bei Kraepelin
1912–1914	Psychoanalytische Ausbildung bei Freud, seit Okt. 1913 Mitglied der Wiener Psychoanalytischen Vereinigung
1914–1918	Militärarzt im Ersten Weltkrieg; Fortführung der wissenschaftlichen Arbeit; Freundschaft mit Heinrich Meng
1917	Heirat mit Lins Kahn und Geburt der Tochter Eva in Heilbronn
1919–1933	Wohnsitz in Frankfurt; allmählicher Aufbau einer psychoanalytischen Praxis
1923	Geburt der Tochter Suse
1924	»Passive« Technik; gemeinsam mit Abraham; Organisation der 1. Deutschen Zusammenkunft für Psychoanalyse in Würzburg am 10./11. Okt.; Vortrag: »Äquivalente der Trauer«
1925	Lokale Organisation des IX. Kongresses der Internationalen Psychoanalytischen Vereinigung in Bad Homburg; Vortrag: »Automatismen, Zwangsneurose und Paranoia«
1926	Geburt des Sohnes Paul Joachim; im Oktober Gründung der Südwestdeutschen Arbeitsgemeisnchaft für Psychoanalyse; Beginn der Mitarbeit bei der »Zeitschrift für Psychoanalytische Pädagogik« und beim »Psychoanalytischen Volksbuch«
1927/28	Beginn der Zusammenarbeit mit Max Horkheimer durch dessen Psychoanalyse
16.2.1929	Eröffnung des Frankfurter Psychoanalytischen Instituts
1929	»Zur psychosexuellen Genese der Dummheit«
1932	Lokale Organisation des XII. Kongresses der Internationalen Psychoanalytischen Vereinigung in Wiesbaden

1933	Flucht über Schweden nach Holland; Gründung einer neuen holländischen Zweigvereinigung der Internationalen Psychoanalytischen Vereinigung, die sich endgültig 1938 mit der alten vereinigt
1935	Vorstandsmitglied der Société Internationale de Recherches Sociales, Genf; »Die Ichorganisation in der Pubertät«
6.5.1936	Festvortrag zu Freuds 80. Geburtstag in den neuen Räumen der Wiener Psychoanalytischen Vereinigung: »Die Affekte und ihre Entwicklung«
1938–1940	Versuch, in die USA zu emigrieren, mißglückt
1939	»Intelligenz und Dummheit«. »Some remarks on the formation of the anal-erotic character«
Juni 1943	Verhaftung und Deportation in das KZ Westerbork und
Feb./Apr. 1944	in das KZ Bergen-Belsen
27.1.1945	Tod durch Verhungern

Karl Landauer – Gesamtbibliographie
(Publikationen und nicht veröffentlichte Vorträge)

1914

a) Spontanheilung einer Katatonie. In: Internationale Zeitschrift für ärztliche Psychoanalyse 2, S. 441–459.

Engl. Zusammenf.: Emerson, L. E. In: Psychoanalytic Review 3, 1916, S. 471.

Dt. Zusammenf.: Abraham, K. & J. Härnik: Spezielle Pathologie und Therapie der Neurosen und Psychosen. In: Bericht über die Fortschritte der Psychoanalyse in den Jahren 1914–1919. Wien: Int. Psychoanalyt. Verlag 1921, S. 159.

Rezensionen:

b) Lissmann, P.: Geburtenrückgang und männliche sexuelle Impotenz. In: Internationale Zeitschrift für ärztliche Psychoanalyse 2, S. 286–287.

c) Marcinowski, J.: Die Heilung eines schweren Falles von Asthma durch Psychoanalyse. In: Internationale Zeitschrift für ärztliche Psychoanalyse 2, S. 469–470.

1918

Handlungen des Schlafenden. In: Zeitschrift für die gesamte Neurologie und Psychiatrie, S. 331–351.

1919

a) Zur Psychologie der Kriegshysterie und ihre Heilung. In: Zeitschrift für die gesamte Neurologie und Psychiatrie, S. 249–262.

b) Die symptomatische Neurasthenie. In: Zeitschrift für die gesamte Neurologie und Psychiatrie, S. 316–328.

1920

Physiologisches und Pathologisches vom Muskelton. In: Deutsche Medizinische Wochenschrift. S. 1416–1418.

1921

a) Psychiatrische Beobachtungen beim Grippeschub im Spätwinter 1920. In: Archiv für Psychiatrie und Nervenkrankheiten 63, S. 477–529.

Rezension:

b) Kugler, E.: Die ätiologische Therapie der Neurosen. In: Internationale Zeitschrift für Psychoanalyse 7, S. 490.

1922

a) Das Tetanoid. Klinische Studie zu einem neurologisch-psychiatrischen Symptomenkomplex. In: Archiv für Psychiatrie und Nervenkrankheiten 66, S. 530–576.

1922

Rezensionen:

b) Hofmann, W.: Über den Einfluß der Gefühlsbetonung und einiger anderer Faktoren auf die Dauer und den Wechsel der Assoziationen. In: Internationale Zeitschrift für Psychoanalyse 8, S. 96–97.

c) Laignel-Lavastine, M. & J. Vinchen: Les symboles traditionnels et le freudisme. In: Internationale Zeitschrift für Psychoanalyse 8, S. 233.

1924

a) »Passive« Technik. Zur Analyse narzißtischer Erkrankungen. In: Internationale Zeitschrift für Psychoanalyse 10, S. 415–422.

Engl. Zusammenf.: Glover, E.: In: International Journal of Psycho-Analysis 6, 1925, S. 467–469.

Engl. Übersetzung in: Bergmann, M. S. und F. R. Hartman (Hg.) (1976): The Evolution of Psychoanalytic Technique. New York: Basic Books, S. 174–181.

Zusammenfassungen:

b) Realwert und Lustgewinn psychischer Krankheitsmechanismen (Autoreferat). In: Internationale Zeitschrift für Psychoanalyse 10, S. 222.

Engl.: The value in reality and pleasurable gain in the mechanisms of mental disease. In: International Journal of Psycho-Analysis 5, S. 400.

Rezensionen:

c) Leeser, O.: Grundlagen der Heilkunde. Lehrbuch der Homöopathie. In: Pannier, L. und H. Meng: Einführung in das Studium der Homöopathie. In: Internationale Zeitschrift für Psychoanalyse 10, S. 318–320.

d) Pfeifer, R. A.: Der Geisteskranke und sein Werk. In: Imago 10, S. 441.

1925

a) Äquivalente der Trauer. In: Internationale Zeitschrift für Psychoanalyse 11, S. 194–205.

b) Gedanken bei Analyse einer Folie du doute. In: Internationale Zeitschrift für Psychoanalyse 11, S. 353–366.

c) Zusammenf.: Automatismen, Zwangsneurose und Paranoia. In: Internationale Zeitschrift für Psychoanalyse 11, S. 507 (s. a. 1927).

Rezensionen:

d) Anonymous: Pathologisch-anatomische und klinische Arbeiten zum Geburtstrauma. In: Internationale Zeitschrift für Psychoanalyse 11, S. 232–234.

e) Rühle-Gerstl, A.: Freud und Adler. In: Internationale Zeitschrift für Psychoanalyse 11, S. 240–241.

1926

a) Die kindliche Bewegungsunruhe. Das Schicksal der den Stammganglien unterstehenden triebhaften Bewegungen. In: Internationale Zeitschrift für Psychoanalyse 12, S. 379–390.

Engl. Zusammenf.: In: Archives of Psychoanalysis 1, S. 213–216.

1926

Beiträge in:

Federn, P. & H. Meng: Das Psychoanalytische Volksbuch. 1. Aufl. Stuttgart, Berlin: Hippokrates Verl. 2. Aufl. in 2 Bänden, 1928 (s. a. 1939):

b) Die Bewußtseinsstörungen. (1. Fass.)
   1. Aufl., S. 319–332.
   2. Aufl., Bd. 2, S. 43–57.

c) Erkrankung und Gesundung als seelischer Vorgang (1. Fass.).
   1. Aufl., S. 288–294.
   2. Aufl., Bd. 2, S. 9–16.

d) Die Gemütsbewegungen oder Affekte (1. Fass.).
   1. Aufl., S. 114–127.
   2. Aufl., Bd. 1, S. 136–151.

e) Die Gemütserkrankungen (1. Fass.).
   1. Aufl., S. 372–380.
   2. Aufl., Bd. 2, S. 101–110.

f) Die körperlich verursachten Erkrankungen (1. Fass.).
   1. Aufl., S. 295–299.
   2. Aufl., Bd. 2, S. 16–22.

g) Paranoia (1. Fass.).
   1. Aufl., S. 395–402.
   2. Aufl., Bd. 2, S. 127–135.

h) Die Schizophrenie (1. Fass.).
   1. Aufl., S. 381–394.
   2. Aufl., Bd. 2, S. 111–135.

i) Die Triebe (1. Fass.).
   1. Aufl., S. 102–113.
   2. Aufl., Bd. 1, S. 123–153.

1927

a) Analyse der Phobie eines achtjährigen Mädchens. In: Zeitschrift für psychoanalytische Pädagogik 1, S. 254–257.
   Nachdruck: In: PsA-Info 1985, Nr. 24, S. 28–30.

b) Automatismen, Zwangsneurose und Paranoia. In: Internationale Zeitschrift für Psychoanalyse 13, S. 10–19 (s. a. 1925).
   Engl. Zusammenf.: Smith, E. J.: In: Psychoanalytic Review 13, S. 218.

c) Das Strafvollzugsgesetz. In: Zeitschrift für psychoanalytische Pädagogik 2, S. 33–38 und in: Almanach 1928. Wien: Intern. Psychoanal. Verl., S. 199–206.

d) Unentstellte Träume: In Zeitschrift für psychoanalytische Pädagogik 2, S. 94–95.

e) Die Zurückweisung der Aufklärung durch das Kind. In: Zeitschrift für psychoanalytische Pädagogik 1, S. 224–228.
   Wiederabdruck: In: Bittner, G. und W. Rehm: Psychoanalyse und Erziehung. Bern, Stuttgart: Huber 1964, S. 133–137

und: München: Goldmann 1966, S. 93–97.

Zusammenfassung:

f) Zur Psychologie der Manie (Zus. des Autors). In: Internationale Zeitschrift für Psychoanalyse 13, S. 471 (s. a. 1928).

Rezensionen:

g) Hartmann, H.: Die Grundlagen der Psychoanalyse. In: Zeitschrift für psychoanalytische Pädagogik 2, S. 28–29.

h) Seidel, A.: Bewußtsein als Verhängnis. In: Zeitschrift für psychoanalytische Pädagogik 1, S. 282–283.

1928

a) Entweder – Oder (Zur Frage des Sich-Zeigens). In: Zeitschrift für psychoanalytische Pädagogik 3, S. 41–43.

b) Die Formen der Selbstbefriedigung. In: Zeitschrift für psychoanalytische Pädagogik 2, S. 133–135.

c) Die Indikation zur psychoanalytischen Behandlung. In: Hippokrates. Zeitschrift für Einheitsbestrebungen der Gegenwartsmedizin 1, S. 265–279.

d) Neurosen des Kindesalters als Beispiel Freudscher Theorien. In: Allgemeine ärztliche Zeitschrift für Psychotherapie und psychische Hygiene 1, S. 661–672.

e) Die Onanieselbstbeschuldigungen in Psychosen. In: Zeitschrift für psychoanalytische Pädagogik 2, S. 161–162.

f) Zwei Vorbemerkungen zur Onaniediskussion. In: Zeitschrift für psychoanalytische Pädagogik 2, S. 115–116.

Zusammenfassung:

On the psychology of mania. In: Psychoanalytic Review 15, S. 91–92 (s. a. 1927).

1929

a) Chi mal ti vuol, mal ti sogna. Ein Traum und seine Deutung im Dekameron. In: Psychoanalytische Bewegung 1, S. 76.

b) Psychoanalyse und Medizin. In: Zeitschrift für psychoanalytische Pädagogik 3, S. 264–266.

c) Zur psychosexuellen Genese der Dummheit. In: Zeitschrift für Sexualwissenschaft und Sexualpolitik 16, S. 12–22, 87–96.
Wiederabdruck in: Almanach der Psychoanalyse 1930. Wien: Intern. Psychoanal. Verl., S. 157–183.
und in: Psyche 24, 1970, S. 463–484.
Zusammenf.: Sch., F.: Zur Theorie der Dummheit. Referat über eine Studie. In: Zeitschrift für psychoanalytische Pädagogik 4, S. 416–420.

d) Sigmund Freud. In: Frankfurter Israelitisches Gemeindeblatt 7, S. 247–249.

e) Die Unfallneurose im Lichte der Psychoanalyse. In: Riese, W. (Hrsg.): Die Unfallneurose als Problem der Gegenwartsmedizin. Stuttgart, Leipzig, Zürich: Hippokrates Verl., S. 65–85.

1930

a) Frankfurter Psychoanalytisches Institut. In: Internationale Zeitschrift für Psychoanalyse 16, S. 272–273.
Engl. in: International Journal of Psycho-Analysis 11, S. 246–247.

b) Eine »Dirne«. Aus dem Vortragszyklus »Störungen des Gemeinschaftslebens« im Frankfurter Psychoanalytischen Institut. In: Zeitschrift für psychoanalytische Pädagogik 4, S. 28–38.
Wiederabdruck in: Almanach der Psychoanalyse 1931. Wien: Intern. Psychoanal. Verl., S. 162–175.

c) Die Gemeinschaft mit sich selber. Über narzißtische Charaktere, Neurosen und Psychosen. Aus einem im Winter 1929/30 im Frankfurter Psychoanalytischen Institut gehaltenen Vortragszyklus »Störungen des Gemeinschaftslebens«. In: Psychoanalytische Bewegung 2, S. 260–272.
Unveröffentlichter Vortrag:

d) Das Individuum und seine Gemeinschaften. Vortrag auf der zweiten Tagung der Deutschen Psychoanalytischen Gesellschaft in Dresden vom 27.–29. Sept. (siehe Internationale Zeitschrift für Psychoanalyse 17, 1931, S. 156.)

1931

Das Menstruationserlebnis des Knaben. In: Zeitschrift für psychoanalytische Pädagogik 5, S. 175–184.
Wiederabdruck: In: Almanach der Psychoanalyse 1932. Wien: Intern. Psychoanal. Verl., S. 152–164.

1932

Unveröffentlichter Vortrag:

a) Die faselige Verblödung als Widerstand. Vortrag vor der Südwestdeutschen Arbeitsgemeinschaft für Psychoanalyse am 18. Dez. 1932 (siehe Korrespondenzblatt. In: Internationale Zeitschrift für Psychoanalyse 19, 1933, S. 284).
Rezensionen:

b) Bumke, O., G. Kolb, H. Roemer, E. Kahn: Handwörterbuch der Psychischen Hygiene und der Psychiatrischen Fürsorge. In: Zeitschrift für Sozialforschung 1, S. 168–169.

c) Fenichel, O.: Perversionen, Psychosen, Charakterstörungen. Und: Ders.: Hysterien und Zwangsneurosen. In: Zeitschrift für Sozialforschung 1, S. 427.

d) Freud, S.: Über libidinöse Typen. In: Zeitschrift für Sozialforschung 1, S. 168.

e) Jung, C. G.: Seelenprobleme der Gegenwart. In: Zeitschrift für Sozialforschung 1, S. 167–168.

1932

Rezensionen:

f) Lange-Eichbaum, W.: Das Genieproblem. In: Zeitschrift für Sozialforschung 1, S. 425–426.

g) Messer, A.: Sexualethik. In: Zeitschrift für Sozialforschung 1, S. 424–425.

h) Römer, G. A.: Die wissenschaftliche Erschließung der Innenwelt einer Persönlichkeit. In: Zeitschrift für Sozialforschung 1, S. 169.

1933
Rezensionen:
a) Freud, S.: Vorlesungen zur Einführung in die Psychoanalyse. Neue Folge. In: Zeitschrift für Sozialforschung 2, S. 118–119.
b) Laforgue, R.: Libido, Angst und Zivilisation. Psychoanalytische Studien. In: Zeitschrift für Sozialforschung 2, S. 123.
c) Nunberg. H.: Allgemeine Neurosenlehre auf psychoanalytischer Grundlage. In: Zeitschrift für Sozialforschung 2, S. 124.
d) Odenbach, K.: Neue Versuche über Denktypen an mehr als 2000 Schulkindern, In: Zeitschrift für psychoanalytische Pädagogik 7, S. 167.

1934
Rezensionen:
a) Kankeleit, O.: Die schöpferische Macht des Unbewußten.
Egeydi, H.: Die Irrtümer der Psychoanalyse.
In: Zeitschrift für Sozialforschung 3, S. 281–282.
b) Rank, O.: Erziehung und Weltanschauung. In: Zeitschrift für Sozialforschung 3, S. 278.
c) Reich, W.: Massenpsychologie des Faschismus.
Reich, W.: Charakteranalyse.
In: Zeitschrift für Sozialforschung 3, S. 106–107.

1935
a) Die Ich-Organisation in der Pubertät. In: Zeitschrift für psychoanalytische Pädagogik 9, S. 380–420.
Rezensionen:
b) Reik, Th.: Nachdenkliche Heiterkeit. Und:
Hartmann, H.: Psychoanalyse und Weltanschauung.
In: Zeitschrift für Sozialforschung 4, S. 117.

1936
a) Die Affekte und ihre Entwicklung. In: Imago 22, S. 275–291.
Wiederabdruck in: Psyche 42, 1988, S. 258–274.
Engl.: Affects, passions and temperament. In: International Journal of Psycho-Analysis 19, 1938, S. 388–415.
b) Gutachten. In: Studium über Autorität und Familie. Forschungsbericht aus dem Institut für Sozialforschung. Paris: Alcan, S. 285–291.
Unveröffentlichte Vorträge:
c) Die Psychoanalyse kleiner Gemeinschaften. Vortrag gehalten in Holland, wahrscheinlich bei der »Nederlandsche Vereeniging voor Psychoanalyse«.

1937
a) Freuds Lehre vom Traum. Vortrag, gehalten auf der Freud-Feier zu Amsterdam am 21. Dezember 1936.

304

Psychiatrische en Neurologische Bladen 41, S. 549–564.
Zusammenfassungen:
a) Zur Affektlehre (Affektziele, Affektzonen, Affektobjekte). Vortrag gehalten am 6.5.36 auf dem 14. Kongreß der IPV in Marienbad (siehe Internationale Zeitschrift für Psychoanalyse 23, S. 173–174).
c) Methode und Technik der Kontrollanalyse. Leitlinien eines Vortrags, gehalten auf der 2. Vierländertagung in Budapest vom 15.–17. März (siehe Internationale Zeitschrift für Psychoanalyse 23, S. 336).

1938
Affects, Passions and Temperament. In: International Journal of Psycho-Analysis 19, S. 388–415. (Teil I, S. 388–406: »Affects and their Development« ist die engl. Fassung von 1936a. Teil II, S. 406–415: »Affective Zones, Affective Aims and Affective Objects« ist die engl. Fassung des Vortrages, der in 1937c zusammengefaßt ist.)

1939
a) Some remarks on the formation of the anal-erotic character. In: International Journal of Psycho-Analysis 20, S. 418–425.
   Rezension: Fenichel, O. In: Internationale Zeitschrift für Psychoanalyse und Imago 26, 1941, S. 335–336.
   Engl. in: Psychoanalytic Quarterly 11, 1942, S. 599.
   Umgearbeitete Beiträge sowie eine Erstveröffentlichung (siehe 1926):
   Federn, P. und H. Meng: Das Psychoanalytische Volksbuch. 3. umgearb. Aufl. Bern: Huber. 4. Aufl. Bern: Huber, o. J. 5. umgearb. Aufl. in 2 Bänden. Bd. 1: Allgemeiner Teil. Bern, Stuttgart: Huber 1957. Bd. 2: Psychoanalyse und Alltag. Spezieller Teil des Psychoanalytischen Volksbuches. Bern, Stuttgart: Huber 1964:
b) Die Bewußtseinsstörungen.
   3. und 4. Aufl., S. 430–445.
   5. Aufl. Bd. 1, S. 240–250.
c) Erkranken und Gesunden.
   3. und 4. Aufl., S. 381–391.
   5. Aufl. Bd. 1, S. 215–222.
d) Die Gemütsbewegungen oder Affekte.
   3. und 4. Aufl., S. 134–159.
   5. Aufl. Bd. 1, S. 172–190.
e) Die Gemütserkrankungen.
   3. und 4. Aufl., S. 488–506.
   5. Aufl. Bd. 1, S. 289–294.
f) Intelligenz und Dummheit. (Erstveröff. in der 3. Aufl.)
   3. und 4. Aufl., S. 160–174.
   5. Aufl. Bd. 2, S. 155–165.
g) Die körperlichen Erkrankungen.
   3. und 4. Aufl., S. 392–396.
   5. Aufl. Bd. 1, S. 223–225.

h) Paranoia.
  3. und 4. Aufl., S. 521–528.
  5. Aufl. Bd. 1, S. 312–317.
i) Die Schizophrenie.
  3. und 4. Aufl., S. 507–520.
  5. Aufl. Bd. 1, S. 312–317.
k) Die Triebe.
  3. und 4. Aufl., S. 121–133.
  5. Aufl. Bd. 1, S. 191–202.

  und in: H. Meng (Hrsg.): Psychoanalyse und Medizin. München: Goldmann 1965.

1939
Unveröffentlichte Vorträge:
Pathologische Regressionen auf frühe Entwicklungsstufen des Ichs. Vortrag vor der Nederlandsche Vereeniging voor Psychoanalyse am 14. Januar 1939 (Siehe Internationale Zeitschrift für Psychoanalyse und Imago 25, 1940: S. 99).
Bericht über eine Analyse (mit 2 Selbstportraits). Vortrag, gehalten bei der Amsterdamer Gruppe der Nederlandsche Vereeniging voor Psychoanalyse (Siehe International Journal of Psycho-Analysis 27, 1946: S. 84).

Literaturverzeichnis

Abraham, K. (1917): Über Ejaculatio praecox. *Psychoanalytische Studien*, Bd. I. Frankfurt am Main: S. Fischer, 1969, S. 43–60.

– (1923): Ergänzungen zur Lehre vom Analcharakter. *Psychoanalytische Studien*, Bd. I. Frankfurt am Main: S. Fischer, 1969, S. 184–204.

– (1924): Versuch einer Entwicklungsgeschichte der Libido auf Grund der Psychoanalyse seelischer Störungen. *Psychoanalytische Studien*, Bd. I. Frankfurt am Main: S. Fischer, 1969, S. 113–183.

– (1925): Psychoanalytische Studien zur Charakterbildung. *Psychoanalytische Studien*, Bd. I. Frankfurt am Main: S. Fischer, 1969, S. 184–226.

Alexander, F. (1925): Metapsychologische Darstellung des Heilungsvorganges. *Int. Z. Psychoanal.* 11, S. 157–178.

Anonym (o. J.): *Aus den Memoiren einer Sängerin.* 2 Teile. Boston: Reginald Chesterfield.

Bergmann, Gustav v. (1922): *Seele und Körper in der inneren Medizin.* Frankfurter Universitätsreden. Frankfurt am Main: Blazek und Bergmann.

– (1926): Ulcus pepticum (ventriculi, duodeni, jejuni). In: Mohr, L. und R. Staehelin: *Handbuch der Inneren Medizin.* Bd. 3/1, 2. Aufl. Berlin: Springer, S. 633–831.

– (1932): *Funktionelle Pathologie. Eine Sammlung von Ergebnissen und Anschauungen einer Arbeitsrichtung.* Berlin: Springer.

Bernfeld, S. (1925): *Psychologie des Säuglings.* Wien: Springer.

Bleuler, E. (1911): *Dementia praecox oder Gruppe der Schizophrenien.* In: Aschaffenburg: Handbuch der Psychiatrie, Spez. Teil, 4. Abt., 1. Hälfte. Leipzig und Wien: Deuticke (Nachdruck: Tübingen: Ed. diskord, 1988).

Breuer, J. und Freud, S. (1895): *Studien über Hysterie.* Frankfurt am Main: Fischer Taschenbuch 6001, 1970.

Burlingham, D. (1935): Die Einfühlung des Kleinkindes in die Mutter. *Imago*, 21, S. 429–444.

Darwin, Ch. (1859): *Über die Entstehung der Arten durch natürliche Zuchtwahl.* Stuttgart: Schweizerbart, 3. Aufl. 1867.

Darwin, Ch. (1872): *Der Ausdruck der Gemüthsbewegungen bei dem Menschen und den Tieren.* Stuttgart: Schweizerbart.

Eissler, K. (1971): *Talent and Genius. The fictitious Case of Tausk contra Freud.* New York: Quadrangle Books.

Eitingon, M. (1922): Bericht über die Berliner Psychoanalytische Poliklinik März 1920– Juni 1922. *Int. Z. Psychoanal.*, 8: S. 506–520.

– (1924): Bericht über die Berliner Psychoanalytische Poliklinik Juni 1922–März 1924. *Int. Z. Psychoanal.*, 10: S. 229–240.

Federn, P. (1926): Einige Variationen des Ichgefühls. In: *Ichpsychologie und die Psychosen*. Frankfurt am Main: Suhrkamp, 1978, S. 29–39.

– (1932): Das Ichgefühl im Traume. In: *Ichpsychologie und die Psychosen*. Frankfurt am Main: Suhrkamp, 1978, S. 59–83.

Fenichel, O. (1931): *Hysterien und Zwangsneurosen*. Darmstadt: Wiss. Buchgesellschaft, 1973.

– (1935): Zur Kritik des Todestriebes. *Imago*, 21: S. 458–466.

– (1945): *The Psychoanalytic Theory of Neurosis*. London: Routledge and Kegan Paul, 1971.

Ferenczi, S. (1914a): Einige klinische Beobachtungen bei der Paranoia und der Paraphrenie. In: *Schriften zur Psychoanalyse I*. Frankfurt am Main: S. Fischer, 1970, S. 176–183.

– (1914b): Zur Nosologie der männlichen Homosexualität. In: *Schriften zur Psychoanalyse I*. Frankfurt am Main: S. Fischer, 1970, S. 184–197.

– (1919): Zur psychoanalytischen Technik. In: *Schriften zur Psychoanalyse I*. Frankfurt am Main: S. Fischer, 1970, S. 272–283.

– (1921a): Psychoanalytische Betrachtungen über den Tic. In: *Schriften zur Psychoanalyse II*. Frankfurt am Main: S. Fischer, 1972, S. 39–69.

– (1921b): Weiterer Ausbau der »aktiven Technik« in der Psychoanalyse. In: *Schriften zur Psychoanalyse II*. Frankfurt am Main: S. Fischer, 1972, S. 74–91.

– (1924): Über forcierte Phantasien. In: *Schriften zur Psychoanalyse II*. Frankfurt am Main: S. Fischer, 1972, S. 138–146.

– (1924b): Versuch einer Genitaltheorie. In: *Schriften zur Psychoanalyse II*. Frankfurt am Main: S. Fischer, 1972, S. 317–400.

– (1925): Zur Psychoanalyse von Sexualgewohnheiten. In: *Schriften zur Psychoanalyse II*. Frankfurt am Main: S. Fischer, 1972, S. 147–181.

Ferenczi, S. und O. Rank (1923): *Entwicklungsziele der Psychoanalyse*. Leipzig–Wien: Int. Psychoanalytischer Verlag.

Freud, A. (1927): *Einführung in die Technik der Kinderanalyse*. Wien: Int. Psychoanalytischer Verlag.

Freud, S. (1894a): Die Abwehr-Neuropsychosen. *G. W.* 1, S. 59–79.

– (1895b): Über die Berechtigung von der Neurasthenie einen bestimmten Symstemkomplex als Angstneurose abzugrenzen. *G. W.* 1, S. 313–342.

– (1905d): Drei Abhandlungen zur Sexualtheorie. *G. W.* 5, S. 27–145.

– (1905e): Bruchstück einer Hysterieanalyse. *G. W.* 5, S. 161–286.

– (1908b): Charakter und Analerotik. *G. W.* 7, S. 201–209.

– (1909b): Analyse der Phobie eines fünfjährigen Knaben. *G. W.* 7, S. 241–377.

– (1910c): Eine Kindheitserinnerung des Leonardo da Vinci. *G. W.* 8, S. 127–221.

– (1910h): Über einen besonderen Typus der Objektwahl beim Manne (Beiträge zur Psychologie des Liebeslebens I). *G. W.* 8, S. 65–77.

– (1910i): Die psychogene Sehstörung in psychoanalytischer Auffassung. *G. W.* 8, S. 93–102.

– (1911c): Psychoanalytische Bemerkungen über einen autobiographisch be-

schriebenen Fall von Paranoia (Dementia paranoides). *G. W.* 8, S. 239–320.
- (1912 d): Über die allgemeinste Erniedrigung des Liebeslebens (Beiträge zur Psychologie des Liebeslebens II.) *G. W.* 8, S. 78–91.
- (1912 e): Ratschläge für den Arzt bei der psychoanalytischen Behandlung. *G. W.* 8, S. 375–387.
- (1913 c): Zur Einleitung der Behandlung. *G. W.* 8, S. 453–478.
- (1914 c): Zur Einführung des Narzißmus. *G. W.* 10, S. 137–170.
- (1915 d): Die Verdrängung. *G. W.* 10, S. 247–261.
- (1915 e): Das Unbewußte. *G. W.* 10, S. 263–303.
- (1917 e): Trauer und Melancholie. *G. W.* 10, S. 427–446.
- (1923 b): Das Ich und das Es. *G. W.* 13, S. 235–289.
- (1924 c): Das ökonomische Problem des Masochismus. *G. W.* 13, S. 369–383.
- (1926 d): Hemmung, Symptom und Angst. *G. W.* 14, S. 111–205.

Gelb, A. und K. Goldstein (1920): *Psychologische Analysen hirnpathologischer Fälle*, Bd. 1. Leipzig: J. A. Barth.

Goldstein, K. (1927 a): Die Beziehungen der Psychoanalyse zur Biologie. In: W. Eliasberg (Hrsg.): *Bericht über den II. allgemeinen ärztlichen Kongreß für Psychotherapie in Bad Nauheim, 27.–30. April 1927*, S. 15–52.
- (1927 b): Zum Problem der Angst. In: *Selected Papers / Ausgewählte Schriften*. Den Haag: Martinus Nijhoff, 1971, S. 231–262.

Goldstein, K. und F. Reichmann (1916): Beiträge zur Kasuistik und Symptomatologie der Kleinhirnerkrankungen (im besonderen zu den Störungen der Bewegungen, der Gewichts-, Raum- und Zeiteinschätzung). *Arch. f. Psychiatrie und Nervenkrankheiten*, 56: S. 466–521.

Grein, E. (Hrsg.) (1925): *Tagebuch-Aufzeichnungen von Ludwig II. König von Bayern*. Schaan-Liechtenstein: Rupert Quaderer.

Groddeck, G. (1923): *Das Buch vom Es. Psychoanalytische Briefe an eine Freundin*. Neu hrsg. von Helmut Siefert. Frankfurt am Main: Fischer Taschenbuch, 1979.
- (1988): *Vorträge*, Bd. II. 1917–1918, hrsg. von Beate Schuh und Frieder Kern. Frankfurt am Main: Stroemfeld / Roter Stern.

Hahn, R. (1920): Beiträge zur Psychologie des Vorbeiredens mit Berücksichtigung des kindlichen Verhaltens. I. Falschbenennen von Farben. *Z. Neurol. Psych.*, 56: S. 317–325.

Hattingberg, Hans v. (1914): Analerotik, Angstlust und Eigensinn. *Int. Z. Psychoanal.*, 2: S. 245–258.

Hebbel, F. (1857): *Sämmtliche Werke*, Bd. 7, Gedichte I, Hamburg: Hoffmann und Campe, 1891.

Homburger, A. (1922): Über die Entwicklung der menschlichen Motorik und ihre Beziehung zu den Bewegungsstörungen der Schizophrenen. *Z. Neurol. Psych.*, 78: S. 562–570.

Homburger, A. (1932): Motorik. In: Bumke, O.: *Handbuch der Geisteskrankheiten*. Bd. 9, Spez. Teil 5. Berlin: Springer, S. 211–264.

Jones, E. (1918, dt. 1919): Über analerotische Charakterzüge. In: *Die Theorie der Symbolik und andere Aufsätze*. Mit einem Vorwort von Peter Krumme.

Frankfurt am Main: Athenäum, 1987, S. 115–142.

Kielholz, A. (1923): Zur Genese und Dynamik des Erfinderwahns. *Int. Z. Psychoanal.*, 9: S. 472–483.

Kolle, K. (1956): *Große Nervenärzte. 21 Lebensbilder*. Stuttgart: Thieme.

Landauer, K.: siehe Gesamtbibliographie

Lombroso, C. (1887): *Genie und Irrsinn in ihren Beziehungen zum Gesetz, zur Kritik und zur Geschichte*. Leipzig: Reclam.

Mack Brunswick, R. (1929): Ein Nachtrag zu Freuds »Geschichte einer infantilen Neurose«. *Int. Z. Psychoanal.*, 15: S. 1–43.

Marcinowski, J. (1913): Die Heilung eines schweren Falles von Asthma durch Psychoanalyse. *Jahrbuch für psychoanalytische und psychopathologische Forschungen*, Bd. 5, S. 529–620.

Nunberg, H. und E. Federn (1967): *Protokolle der Wiener Psychoanalytischen Vereinigung*, Bd. 2. Frankfurt am Main: S. Fischer, 1977.

Nunberg, H. und E. Federn (1975): *Protokolle der Wiener Psychoanalytischen Vereinigung*, Bd. 4. Frankfurt am Main: S. Fischer, 1981.

Ophuijsen, J. H. W. van (1929): Das Sexualziel des gewalttätigen Sadismus. *Int. Z. Psychoanal.*, 15: S. 154–159.

Perls, F. (1947): *Das Ich, der Hunger und die Aggression. Die Anfänge der Gestalttherapie*. Stuttgart: Klett-Cotta, 1978.

– (1969): *Gestaltwahrnehmung. Verworfenes und Wiedergefundenes aus meiner Mülltonne. Die ungewöhnliche Autobiograohie des Begründers der Gestalttherapie*. Frankfurt am Main: Verlag für humanistische Psychologie, Werner Flach KG, 1981.

Prinzhorn, H. (1927): *Leib–Seele–Einheit. Ein Kernproblem der Neuen Psychologie*. Potsdam: Müller & Kiepenheuer und Zürich: Orell Füssli.

Radó, S. (1926): Die psychische Wirkung der Rauschgifte. *Int. Z. Psychoanal.*, 12: S. 540–556.

Rank, O. (1912): Die Symbolschichtung im mythischen Denken. *Jahrbuch der Psychoanalyse*, 4: S. 51–115. In: Rank (1919) Kap. VII.

– (1913): Die Symbolik. *Grenzfragen des Nerven- und Seelenlebens*, Nr. 93. In: Rank (1919) Kap. II.

– (1914a): Der Doppelgänger. Eine psychoanalytische Studie. *Imago*, 3: S. 97–164.

– (1914b): Traum und Mythus. Anhang 2 zu Kap. VI von Freud, S. (1914): *Die Traumdeutung 4. Aufl.* Leipzig und Wien: Deuticke. In: Rank (1919) Kap. II.

– (1919): *Psychoanalytische Beiträge zur Mythenforschung. Gesammelte Studien aus den Jahren 1912 bis 1914*. Leipzig und Wien: Internationaler Psychoanalytischer Verlag.

Riklin, F. (1908): *Wunscherfüllung und Symbolik im Märchen*. Wien, Leipzig: Heller. Nachdruck: Nendeln / Liechtenstein, 1970.

Rothe, H.-J. (1987): Zur Erinnerung an Karl Landauer. Geb. am 12. 10. 1887 in München, gest. am 27. 1. 1945 in Bergen-Belsen. *Materialien aus dem Sigmund-Freud-Institut Frankfurt*, Nr. 4.

Sadger, J. *(1910): Über Urethralerotik. Jahrbuch für psychoanalytische und psychopathologische Forschung*, Bd. 2. Leipzig und Wien: Deuticke, S. 409–450.

Schilder, P. (1923): *Das Körperschema. Ein Beitrag zur Lehre vom Bewußtsein des eigenen Körpers*. Berlin: Springer.

Seidel, A. (1927): *Bewußtsein als Verhängnis*. Aus dem Nachlaß herausgegeben von Hans Prinzhorn. Bonn: Cohen.

Stärcke, A. (1929): Das Gewissen und die Wiederholung. *Int. Z. Psychoanal.*, 15: S. 222–230.

Stekel, W. (1907): *Nervöse Angstzustände und ihre Behandlung*. Wien–Berlin: Urban & Schwarzenberg.

Storfer, A. J. (1912): Jungfrau und Dirne. *Zentralblatt für Psychoanalyse und Psychotherapie*, 2: S. 200–204.

– (1914): *Marias jungfräuliche Mutterschaft. Ein völkerpsychologisches Fragment über Sexualsymbolik*. Berlin: Barsdorf.

»*Tausendundeine Nacht*« (1895–97). Übers. von Max Henning. Leipzig: Reclam.

Tausk, V. (1916): Bemerkungen zu Abrahams Aufsatz »Über Ejaculatio praecox«. *Int. Z. Psychoanal.*, 4: S. 315–327.

Weiß, K. (1913): Vom Reim und Refrain. Ein Beitrag zur Psychogenese dichterischer Ausdrucksmittel. *Imago*, 2: S. 552–572.

Westerman-Holstijn, A. (1935): Verschillene sorten van Narcisme. *Psychiatrische en Neurologische Bladen*, 39: S. 670–673.

Namen- und Sachregister

Sigmund Freud Studienausgabe
in zehn Bänden mit Ergänzungsband
Revidierte Neuausgabe – in der ursprünglichen Ausstattung

Herausgegeben von
Alexander Mitscherlich · Angela Richards · James Strachey
Mitherausgeber des Ergänzungsbandes
Ilse Grubrich-Simitis

An der großen Freud-Rezeption der siebziger Jahre hatte die *Studienausgabe* einen bedeutenden Anteil. Als sie 1969 – 75 erstmals erschien, erhielt sie begeisterte Pressestimmen:

»Ein Freud für alle. Diese Ausgabe ist wirklich eine Tat.«
Kölner Stadtanzeiger

».... sorgfältig und hervorragend ediert.«   *Die Zeit*

Der umfangreiche kritische Apparat dieser ersten kommentierten deutschen Freud-Ausgabe umfaßt editorische Vorbemerkungen zu den einzelnen Schriften, zahlreiche Fußnoten sowie Anhänge. Die Vorbemerkungen und Fußnoten informieren u.a. über Entstehungszeit und -umstände des betreffenden Werks, über Textveränderungen, die Freud bei Neuauflagen einführte, sie erläutern die vielen literarischen und historischen Anspielungen, machen auf Parallelstellen aufmerksam, wenn Freud ein und dasselbe Thema in unterschiedlichen Zusammenhängen und in verschiedenen Perioden seines langen Forscherlebens behandelte, und regen den Leser durch ein Netz von Querverweisen zu weiterem Studium an. Der Anhang eines jeden Bandes ist mit Bibliographie, Abkürzungsliste, ausführlichem Namen- und Sachregister sowie einem Gesamtinhaltsplan der *Studienausgabe* ausgestattet.

Die *Studienausgabe* – zunächst im Rahmen der Buchreihe *Conditio humana; Ergebnisse aus den Wissenschaften vom Menschen* veröffentlicht – war vorübergehend nur in Taschenbuchform lieferbar. Jetzt wird sie auf vielfachen Wunsch wieder in der ursprünglichen Ausstattung vorgelegt. Gleichzeitig wurden die editorischen Begleittexte und die Bibliographien um Hinweise auf in der Zwischenzeit publizierte Freud-Neuerscheinungen ergänzt. Außerdem wurde das Querverweissystem der bei Erstpublikation nacheinander erschienenen Bände durch Angabe der konkreten Seitenzahlen vervollständigt, was den Gebrauch der *Studienausgabe* zusätzlich erleichtert.

S. Fischer Verlag

Sigmund Freud Studienausgabe
in zehn Bänden mit Ergänzungsband
Revidierte Neuausgabe – in der ursprünglichen Ausstattung

Die Bände sind nach Themen geordnet, wodurch dem Leser eine rasche
Orientierung im vielgestaltigen Werk Freuds ermöglicht wird. Innerhalb
der Bände gilt das chronologische Gliederungsprinzip.

S. Fischer Verlag

fi 81 / 2 b